통나무
2007

The Gospel According to John

요한복음강해

도올 김용옥

통나무

목차

병들고 가난하고 소외받은 이웃을 일으키시는 예수
렘브란트 1650, 파리, 개인소장, 187×171mm

서(序): 한국 성서수용의 주체적 역사

요한복음 The Gospel According to John

예루살렘에서 갈릴리 나사렛으로 돌아가는 마리아, 예수, 요셉(눅 2:51)
렘브란트 1654, 144×95㎜

서(序)

한국 성서수용의 주체적 역사

도론(導論)

본서는 원래 한국교육방송공사(EBS)에서 최근에 신설한 인터넷 어학교육 프로그램(www.ebslang.co.kr)의 교재로서 개발된 책이다. 2000년 밀레니엄의 시작을 기념하는 프로그램으로 나와 교육방송이 『노자와 21세기』라는 강의를 공동개발하여 지상파 텔레비젼을 통하여 56강을 강의한 것이 미증유의 폭발적 인기를 끌어, 우리나라 방송사에 신기원을 이룩했고, 시들어가던 인문학(*studia humanitatis*)에 활기를 불어넣어 주었을 뿐 아니라, 서양의 학문전통이 아닌 우리민족 고유의 가치관에 대하여 자부감을 갖는 실마리가 되었고, 방송계에 대중강의 프로그램을 유행시키는 끊임없는 영감의 시원이 되었다. 이제 텔레비젼 강의가 아닌 인터넷 렉쳐의 새로운 기원을 창출해 보자는 교육방송의 야심찬 기획에 나는 인터넷이라는 새로운 매체의 가능성에 대하여 새로운 눈을 뜨게 되었고, 인문학을 대중문화와 접목시키는 끊임없는 시도야말로 이 시대의 지성의 사명이라는 생각이 끓어올라 적극 찬동하게 되었다. 어학교육만 해도 그것이 어학으로 그치는 것이 아니라, 우리는 언어를 통해 인간과 문명 그 모든 것을 말할 수 있다.

내가 어학실력이 탁월하다는 정평이 있으니 우리나라의 젊은이들에게 그러한 어학능력을 전수해줄 수만 있다면 얼마나 좋겠냐는 것이 방송관계자들의 소망이었다. 최소한 영어, 중국어, 일본어 학습에 관한 도올선생 어학강좌가 한국 젊은이들에게 어학이라는 학문에 관한 새로운 인식의 계기를 만들어줄 수만 있다면 얼마나 좋겠냐는 것이었다. 합의를 보고 난 후 문제가 되는 것은 교재의 선택이었다. 너무 딱딱한 고전은 젊은이들에게 소원하게 느껴지고 시세를 타는 소설류는 너무 가벼워 내가 강의하기에는 좀 맛이 적다. 이 양면을 다 포괄할 수 있으면서도 쉽고 가슴에 와 닿는 영어교재!

곰곰이 생각해보니 나의 인식의 지평 위에 부각하는 것은 영어성경밖에는 없었다. 그런데 바이블은 단순한 어학교재로서 끝나는 것이 아니라 종교적 가치관이나 실존적 선택의 문제가 개입되기 때문에 영어교재로서만 안일하게 취급하기 어려운 측면이 있다. 그러나 어차피 영어라는 것 자체가 서양문화전통의 소산이고, 그 영어라는 언어를 형성시키는 거대문명줄기의 하나가 기독교성서였다는 엄연한 사실을 전제로 한다면 영어를 제대로 알기 위해서는 영어성경을 알 필요가 있다는 것은 세속적 당위일 수도 있다. 마치 중국어를 제대로 하기 위해서, 최소한 고급중국어작문을 멋있게 구사할 수 있는 수준의 어학실력을 보유하기 위해서는 중국고전을 알아야 한다는 것이 너무도 당연한 이야기인 것처럼.

그래서 우리는 이러한 합의에 도달했다. 인터넷강의에서는 가급적이면 어학중심으로 강의를 하고, 교재 속에서는 성서의 이해를 돕는 신학적 해설을 하는 것이 좋겠다. 좋다! 그래서 요한복음강해를 하기 전에 요한복음을 바라보는 나의 시각을 정확히 연역(衍繹)해낼 필요가 있다고 생각되어 붓을 대기 시작한 것이 1500매의 장문의 논문이 되어 하는 수 없이 『기독교 성서의 이해』라는 단행본으로 엮어내기에 이르렀다. 그러니까 『기독교 성서의 이해』는 본서의 프롤로그에 해당되는 책이다. 그러니까 본서는 사실 여기서 시작되는 것이 아니고 이미 『이해』로부터 시작된 것이므로, 이 책을 읽고자 하는 사람은 수고스럽지만 『이해』로부터 읽어야만 이 책에서 내가 말하는 논지를 료연(了然)하게 파악할 수 있다. 요한복음은 4복음서와의 관계를 떠나 말할 수 없고, 4복음서는 27서체제 전체와의 관계를 떠나 말할 수 없고, 27서체제는 초대교회사를 모르고는 말할 수 없고, 초대교회사는 헬레니즘·로마문명의 전체맥락을 모르고 말할 수 없고, 헬레니즘·로마문명은 그것을 탄생시킨 주변의 제 고문명(古文明)과 향후 전개된 인류사 제 문제와 관련된다. 이 모든 것을 나는 『이해』

속에서 말하였다. 그리고 이러한 기독교성서의 역사를 단순히 서양인의 관점에서 전술(專述)한 것이 아니라, 오늘 나의 입장에서, 우리 조선문명의 입장에서, 오늘 우리민족의 기독교 현실 속에서 통술(通述)한 것이다.

기독교는 본시 서양종교가 아니다

기독교는 결코 서양문명의 전유물이 아니다. 그것은 본래 아시아 대륙의 서단에서 태어나 소아시아에서 초대교회의 역사를 일구어냈고 그 힘으로 동방에서 서방으로 점점 힘을 뻗쳐간 종교다. 서세동점(西勢東漸)이 아닌 동세서점(東勢西漸)의 한 본보기다. 뿐만 아니라 근대적 시민사회의 가치관이 극대화된 20세기에 이르러서는 기독교는 서구정통사회에서는 그 힘을 유실하였다. 다시 말해서 팍스로마나의 로마제국의 영화가 미치던 세력판도내에서는 기독교는 이미 활력을 유실하였다. 마치 우리민족이 현재 유교를 유명무실한 것으로 인식하는 것과 하등의 다를 바가 없다. 유럽의 거대한 교회들은 관광자원이나 국가세금으로 운영될 뿐 실제 살아있는 신앙공동체로서 실존하고 있질 못하다. 우선 기독교가 로마제국의 역사를 통하여 중세기를 장악할 수 있었던 것은 교황과 황제의 권력이 하나로 결탁되어 있기 때문에만 가능한 현상이었다. 말틴 루터가 95개조(Ninety-Five Theses)를 내걸고 오직 신앙에 의한 정의만을 외치면서 종교개혁의 기치를 내건 이래 황권의 지원을 받은 교권은 붕괴되어갔고, 쯔빙글리, 칼빈, 녹스의 활약, 앵그리칸 쳐치의 성립 등으로 시민사회의 새로운 윤리의 기초가 건설되었고, 급기야 시민혁명이 일어나면서 정(政)·교(教)는 완전히 분리되기에 이른 것이다. 오늘날에도 신흥종교를 창시하는 자들이 기독교에 비적할 세계판도를 꿈꾸며 자기네들도 그와 같은 영화를 누릴 수 있다고 착각하지만, 그것은 로마제국과 같은 막강한 정치권력과의 노골적 결탁이 이루어지지 않는 한 근원적으로 불가능한 꿈이다. 게다가 로마제국은 이제 영원히 다시 존재할 수가 없다. 인류는 20세기를 통하여 이미 되돌아갈 수 없는 문명의 여로를 개척하여 왔다. 인류역사상 지구가 이와 같이 민족국가단위로 분할된 유례가 없었으며, 그 모든 단위가 이제 좋든 싫든 왕정의 하이어라키를 탈피하고 시민사회의 평등구조로 이행되어가고 있기 때문이다. 여기서 종교의 역할은, 기독교역사를 중심으로 말해도, 여태까지의 2천 년의 역사와는 아주 본질적으로 상이한 새로운 축을 마련하지 않으면 아니 된다.

우리민족은 매우 열렬하게 기독교를 자신들 내면의 가치관으로 수용하였다. 이미 중국은 로마시대 때부터 기독교와 교통이 있었고 그 뒤로도 네스토리아니즘(Nestorianism, 景教)이 당태종의 시대에 장안(長安)에 큰 사원을 세울 만큼(파사사波斯寺, 현종 때 대진사大秦寺로 개칭) 성행했고, 근세에도 제수이트파들의 맹렬한 선교활동이 있었지만, 기독교는 결국 중국대륙에서 미미한 존재로 남았다. 중국인의 심성에 기독교적 가치관이 수용되질 않았던 것이다. 일본도 마찬가지다. 인구의 1%도 안되는 지식인중심의 소규모공동체로서 머물러 있다.

조선후기 남인들의 활약

한국의 기독교사에서 우리가 가장 주목해야 할 세계사적 사실은 우리민족은 선교를 당한 것이 아니라, 우리민족 스스로 주체적으로, 능동적으로 기독교를 수용하였다는 것이다. 외국선교사들이 조선선교에 눈독을 들이기도 전에, 아무도 기독교가 무엇인지, 어떤 것인지도 모를 때에, 조선왕조의 유술독존(儒術獨尊)의 성리학(性理學) 일색의 빈곤한 사상풍토에서 억눌린 남인(南人)들이 주축이 되어 스스로 『천주실의 天主實義』『교우론 交友論』『칠극 七克』『성리진전 性理眞詮』 등 밀반입된 기독교 서적을 보면서, 스스로 깨우치고, 스스로 주일을 제정하고, 스스로 계율을 만들고, 스스로 교리에 의한 새로운 우주와 가치관을 탐색하고 실천하였던 것이다.

이익(李瀷, 1681~1763)은 일찍이 기독교의 하나님을 유교의 천제(天帝)와 동일시하였고, 기독교가 불교의 윤회를 비판하면서도 천당·지옥을 운운하는 것은 논리적으로 옳지 않다고 비판적 견해를 표방하였지만 기독교의 교리에 대한 이해가 있었고, 그의 문제(門弟) 홍유한(洪有漢, 혹은 洪儒漢)은 기독교 교리에 심취하여 순흥(順興) 소백산 기슭에서 13년간 혼자 은둔하면서 앵코라이트(獨修士)의 생활을 하였고 예산(禮山) 자택에서 청결한 생활을 하다가 죽었는데 주변사람들에게 미친 감화가 컸다고 한다. 그 뒤 권철신(權哲身)이라는 유학자가 정유년(1777)에 경기도 광주군(廣州郡) 퇴촌면(退村面) 우산리(牛山里) 천진암(天眞菴) 등지에서 정약전(丁若銓), 정약용(丁若鏞, 참

가했을지도 모르나 기록상 확증은 없다)과 같은 당대의 석학들과 하나님의 존재와 유일성, 천지창조, 영혼의 신령성과 불멸성, 후세의 상선벌악(賞善罰惡) 등 기독교 교리에 관하여 토론하고 당대 우리나라에 사절들을 통하여 유입되어 있던 많은 철학, 기하학, 종교에 관한 서적들을 검토하고 해독하는 은밀한 독서모임을 열었는데, 이 모임의 소식을 들은 이벽(李檗, 李蘗, 李德操, 경주 이씨)이 한겨울 100여 리가 되는 눈길을 호랑이의 포효소리를 들으면서도 두려워하지 않고 자정에 절간에 도착하여 경악과 환희의 자리가 되었다는 감동적인 이야기가 달레의 『한국천주교회사』에 상술되어 있다(上 300).

바로 이 열성적 신앙의 소유자 이벽의 절친한 친구가 우리나라 최초의 수세자(受洗者) 이승훈(李承薰, 1756~1801)이다.

우리는 역사를 잘못 배운다. 우리나라의 기독교전래에 관한 이야기하면, 으레 이승훈이라는 자가 북경에 서장관(書狀官)으로 가는 아버지 이동욱(李東郁)을 따라갔다가 우연히 서양 선교사를 만났고 세례를 받고 십자가 고상(苦像), 묵주, 상본(像本, 성화) 등을 가지고 돌아왔다. 그래서 기독교를 퍼뜨리기 시작했다(1784년 봄). 웃기는 이야기다!

이승훈은 아버지를 따라 북경에 가게 되기 전까지는 물론 기독교에 대해서 잘 알지는 못했다. 그러나 이승훈의 어머니가 이가환(李家

煥, 1742~1801)의 누이이고, 그의 부인이 정약용의 누나이다. 그러니까 그는 기독교라는 신학문, 그러니까 서학(西學)에 관하여 개방적인 자세를 가질 수 있는 마음은 있었을 것이다. 그런데 그가 북경에서 서양 신부들을 만난 것은 우연이 아니라 매우 의도적인 것이었다. 그의 행동의 저변에는 매우 간곡한 친구 이벽의 간청이 있었던 것이다. 이벽은 당대의 석학들인 정약전·정약용 형제들과 서학에 관하여 아무리 깊게 열흘 밤을 지새우며 토론을 하였어도 무엇인가 석연치 않았고 더 알고싶은 것이 많았으나 알 길이 없었다. 그런데 때마침 절친한 친구 이승훈이 북경을 가게 되었다는 소식을 듣고 이것이야말로 하늘이 내린 천우신조의 기회라 믿고 이승훈에게 달려간 것이다. 그리고 이승훈에게 자기가 여태까지 공부하고 알아낸 것과 서학에 관한 모든 것을 토로한다.

> "여보게! 이 우주는 유학이 말하는 리(理)를 넘어서서 모든 것을 주재하는 창조주 하나님이 계시단 말야. 이 하나님을 모르면 도덕의 원리도 알 수 없고, 천체의 운행도 알 수 없고, 이 세계의 시작과 종말도, 선행과 악행의 응보문제도 풀리지 않아."

이승훈은 그의 간곡한 언변에 감동을 받고 감탄하여 그가 펼치는 책들을 들여다 보았다.

> "그래! 그래! 자네 말을 들으니 뭔가 내 마음에 기쁨이 넘쳐나고 서광이 비치는군. 그렇다면 이 마당에 내가 할 수 있는 일이 뭔가?"

> "있구 말구! 있구 말구! 자네가 북경에 가게 된 것은 하나님께서 우리나라를 불쌍히 여기사 구원코자 하시는 표적일세. 북경에 가거들랑 즉시 천주예배당을 찾아가게. 그리고 꼭 서양인 학자들을 만나 모든 것을 물어보고 상의하게. 그들과 교리를 깊게 파고들어(필담으로) 우주와 인간의 모든 진리를 캐묻고, 특히 기독교 예배행위에 관하여 자세히 알아오게. 그리고 관계된 서적들을 될 수 있는 대로 많이 가져오란 말야! 삶과 죽음의 문제, 영혼과 영원의 큰 문제들이 자네 손에 달려있으니 경솔하게 행동하지 말게!" (달레, 『한국천주교회사』 上 303~4; 黃嗣永의 『帛書』에도 비슷한 내용이 있다.)

그러니까 이승훈은 아버지를 따라갔다가 북경에서 우연히 교당에 들른 것이 아니다. 그는 북경에 도착하자마자 자기 발길로 교당을 찾았고, 결국 프랑스계 예수회원 그라몽(Jean-Joseph de Grammont)으로부터 세례를 받았다. 물론 자발적인 행동이다. 그는 40일 동안 그곳의 네 군데 성당에서 열심히 필담으로 기독교교리를 익혔고 세례를 받을 자격을 얻었다. 그는 조선 기독교의 주춧돌이 되리라는 소망을 담아 "베드로"(반석)라는 세례명을 얻었다. 갑신(1784)년 봄 귀국하자마자 그는 북경에서 구해온 책들을 이벽에게 건네주었다. 이벽은 미친 듯이 기뻐 날뛰며 그 책을 귀하게 싸가지고 집으로 돌아와 그 길로 외딴 집에 세를 내었다. 그리고 골방에 쑤셔박혀 독서와 묵상에 전념했다. 이승훈이 가져온 책들을 독파해나가면서 새로운 생명이 자신의 영혼을 뒤흔드는 것을 감지했고, 그리스도에 대한 신앙은 점점 강렬해져갔다. 그리고 동포들에게 하나님의 은혜를 선포하고 싶은 소망도 날로 불타올랐다. 교리의 논리적 증명, 미신에 대한 반박, 7성사의 해설, 교리문답과 복음성서의 주해, 교회 칼렌다상의 매일매일의 성인행적, 기도서 등을 독파하고 은신처를 나오자마자 이승훈, 정약전, 정약용 형제를 방문하여 이와 같이 말했다.

> 이것은 참으로 위대한 가르침이요, 진정한 도리이외다. 하나님께서 우리나라의 억조의 동포를 불쌍히 여기셔서, 우리가 그들에게 세계구속의 은혜에 참여케 하기를 원하시고 계시오. 이것은 하나님의 명령이오. 우리는 천주의 부르심에 귀를 막고 있을 수가 없소. 기독교를 전파하고 모든 사람에게 복음을 전해야 하오(달레, 『한국천주교회사』 上 307~8; 三浦和三郎, 『朝鮮殉教史』 46).

이벽이 우리나라 최초의 전도의 축으로 삼은 곳이 현재 경기도 양평 일대인 양근(楊根)이었다. 양근에서 학식과 덕망이 높은 가문의 사람들로서 리버럴한 마음을 가진 두 문중을 집요하게 포섭했다. 그 하나가 녹암(鹿菴) 권철신(權哲身, 1736~1801) 5형제요, 또 하나가 그 유명한 나주 정씨 삼형제 정약종(丁若鍾, 1760~1801), 약전(若銓, 1758~1816), 약용(若鏞, 1762~1836)이다. 이 두 문중이 호상 교류가 있었고 모두 남인계열이었다. 권철신의 아버지는 관찰사였고 그 동생 직암(稷菴, 移菴이라는 설도 있다) 권일신(權日身, 1751~1791)은 매우 열렬히 신앙을 받아들이고 포교에 전념한다. 정약용 집안도 아버지 재원(載遠)은 진주목사를 지냈고, 어머니 해남 윤씨는 자화상으로 유명한 윤두서(尹斗緖)의 손녀였는데, 나 도올의 친할머니 해남 윤씨도 바로 같은 지붕 아래 손이다. 이벽이 이 양근의 두 명문가를 포섭할 수 있었던 것은 이벽 또한 경주 이씨이지만 세거지가 바로 같은 지역이었고(광주군), 이벽의 누이가 바로 정씨 집안의 맏아들 약현(若鉉)의 부인이었기에(많은 기록이 이벽의 부인이 약용의 누이라고 되어있는데 잘못된 것이다), 그런 지연·혈연으로 접근이 가능했던 것이다.

하여튼 우리나라 기독교의 발생지가 양평이라 해도 잘못된 말은 아니다. 20세기에도 좌·우 이념을 아우르는 거목, 민족지도자 여운형이 이 지역출신인 것도 결코 우연은 아니다. 이벽의 선교활동으로 양평 일향(一鄕)은 기독교를 배우지 않는 이가 없었고 한 마을도 기독교에 종사하지 않는 곳이 없었다. 그리하여 정조 24년에는 양평군수가 인책당하여 자퇴한 일까지 있었는데 신도 중에는 특히 부녀자가 많았다. 밤이면 부녀들이 너울이나 장옷을 푹 뒤집어쓰고 소록소록 예배처로 모여드는 광경은 양평 일대의 가경이었다. 국법에 역적행위만 아니면 형벌이 사족의 부녀에게 직접 미치지는 않았기 때문에, 위험성이 적은 부녀들 중심으로 기독교가 퍼져나갔던 것이다. 이 양문(兩門) 선비 중에서 가장 크게 조선기독교사에 영향을 끼친 사람으로는 역시 서학의 교리를 부녀자들이나 일반대중이 쉽게 이해할 수 있도록 국문으로 『주교요지』(쥬교요지) 상하 2권을 저술한 정약종을 꼽아야 할 것이다.

내가 일찍이 대학시절에 강화도 어느 고택에서 민박하다가 그 집 헛간에 불쏘시개로 버려진 책을 주웠는데 그것이 바로 정약종이 쓴 『쥬교요지』였다. 그 원본이 내 서재에 지금도 꽂혀있다. 매우 소화된 우리 언어로 기독교의 요지를 조목조목 잘 설명하고 있다.

> 세상 사람이 눈으로 보지 못하여도 이치로 생각하면 믿을 일이 많으니 유복자 그 아비를 보지 못하여도 제 몸이 생긴 것을 헤아리면 아비 있는 줄을 알 것이요, 사람의 조상을 본 이 없어도 그 자손을 보면 조상 있는 줄을 믿을 것이요, 시골 백성이 임금을 뵈옵지 못하여도 나라가 있고 정사 있는 것을 보면 임금이 계신 줄을 믿을지니, 이와 같이 세상 사람이 비록 천주를 뵈옵지 못하고 천당에 가보지 못하였으나 세상 임금의 상과 벌을 보면 어찌 천지 임금의 무궁하신 상벌이 없다 하리오.

이승훈은 세례를 받은 첫 한국인이므로, 그의 교리 이해가 타인보다 오히려 일천하지만, 이승훈이래야 세례를 줄 수가 있었다. 이승훈은 먼저 이벽과 권일신에게 세례를 베풀었다. 이승훈, 이벽, 권일신 이 세 사람이야말로 우리나라 기독교의 개산조(開山祖)라 해야 할 것이다.

> 세례를 받은 이승훈, 이덕조(李德祚=이벽), 권일신 이 세 사람이야말로 조선천주교회의 창립자이며, 그들의 열심에 넘친 운동에 의하여 신도의 수가 날로 증가하여 갔다.(三浦和三郎, 『朝鮮殉教史』 50. 李德祚→德操).

이덕조, 이승훈, 권일신은 배교자가 아니다

이 세 사람이 결국 모두 배교(背教)를 하였다고 사가들이 별 생각 없이 기술하고 있다. 하지만 쉽게 배교라 규정할 수 있는 그러한 성격의 행동을 한 것은 아니다. 이벽과 같은 사람의 경우, 열렬히 전도를 계속하다가 사학(邪學)에 미쳐 돌아다니는 아들을 말리기 위해 목에 줄을 매고 자살하려는 아버지의 모습을 목도하고, 전통적인 효도의 관념과 새로운 진리로서 체득한 기독교사상간에 심각한 갈등 속에서 오뇌(懊惱)하다가 당시 기세를 떨치던 페스트에 걸려 8일간 앓은 뒤 세상을 떴다. 32세의 꽃다운 나이였다. 달레 신부(CH. Dallet)와 같은 교회사가들은 이를 배교로 단정짓고 있으나 "순교의 영광"을 얻지 못했다고 해서 곧바로 배교라는 말을 쓸 수는 없다. 삼엄한 역사환경하의 고뇌에 찬 역정 속에서 일순간 기로선택의 갈등을 이겨내지 못하였다고는 하지만, 이들의 배교야말로 순교일 수도 있다. 이들의 배교를 탓하기 전에 오히려 일제하에서 보수적 사제단들이 끊임없이 보여온 친일행각의 배교적 행위를 더 철저히 반성함이 옳다. 초기 기독교도들의 일시적 배교는 교회조직에 대한 배교지만, 보수적 사제들의 배교는 교회조직을 유지하기 위하여 사랑과 소망과 믿음과 헌신의 복음을 배신한 흉악한 배교다.

지금은 마치 안중근 의사의 이토오 처단이 카톨릭 신도 도마 안응칠(安應七: 안중근의 다른 이름)의 자랑스러운 의거이며, 카톨릭의 사회참여의 영광스러운 상징인 것처럼 선전하지만, 당시 뮈텔 주교는 안중근이 "천주교 신자"라고 보도한 언론에게 그러한 흉악한 살인자가 천주교 신자일 수가 없다고 펄쩍 뛰면서 항의하기를 일삼았는가 하면, 안중근이 그에게 세례를 베푼 프랑스인 빌렘 홍석구 신부에게 성사를 요청하자, 홍 신부 스스로 감옥에 면회가기를 주저했을 뿐 아니라 뮈텔 주교는 순수히 종교적인 성사집행까지도 극구 반대하고 면회가는 것을 허락하지 않았다. 그런데 가관인 것은, 뮈텔 주교에게 항명하면서까지 요녕성 여순감옥에 찾아간 홍 신부가 안중근에게 뭐라 말했는 줄 아는가? 안중근은 이토오 개인을 죽인 것이 아니라 대한의용군 참모중장의 신분으로 조국의 독립과 동양평화를 위해 대일본제국과 전쟁을 수행한 것이므로 자신을 일반 살인피고로 취급할 것이 아니라, 전쟁포로로서 만국공법에 의한 국제재판에 회부해야 마땅하다고 당당히 외치고 있었는데, 그 당당하고 떳떳한 안중근을 면회한 프랑스인 홍 신부는 안중근이 이토오를 쏜 것은 그와 일본제국에 대한 오해에서 비롯된 것이며 하나님의 성도로서 사람을 죽인 것은 하나님 앞에 대죄를 범한 것이니 살인죄를 참회하라고 강요한다. 안중근이 아무리 성숙한 인간이라고 하지만 불과 31세의 청년이었는데 얼마나 혼란스러웠을까? 그러나 그는 죽을 때까지 조금도 부끄러운 언행을 남기지 않았다. 그리고 죽기 직전 그는 황해도 고향의 교우들에게 다음과 같은 메시지를 남겼다: "인생이 있는 이상 죽음 또한 이르든 늦든 면치 못하는 바이다. 믿는 이인 나는 그 하루를 앞서 성단에 오르니 교우의 힘에 의해 한국독립의 길보를 가져다 주기를 기다릴 뿐이다."

뿐만 아니다! 카톨릭교회는 한국의 독립이나 억압받는 한국민의 민족정서에 아무런 관심이 없었다. 대일본제국과 좋은 관계를 유지하여 교회조직을 보전하는 데만 관심이 컸다. 그리고 급기야는 신사참배까지도 용인해버린다. 그들 스스로 우상숭배배격의 계율을 어기고 신앙과 지조를 팽개쳐버린 것이다. 1932년판 뮈텔 주교 감준의 『천주교요리 天主教要理』를 잠깐 보자!

> 신사참배는 비록 그 시작은 종교적이라 할지라도 지금은 일반의 인정과 관계당국의 성명에 의하야 국가의 한 가지 예식으로 되어 있으니 저것(유교적 제사)과 혼동할 것이 아니며, 천황폐하의 어전 앞에 예함도 이단이 아닌즉 국민된 자 가히 행할 것이오……

이러한 한국천주교회의 부끄러운 역사는 문규현 신부님의 『한국천주교회사』 2권에 매우 진솔하게 기술되어 있다. 하여튼 한국인들은 자신의 실존과 역사의 내면으로부터 주체적으로 지배계급의 폐

악으로부터 벗어나 새로운 생명의 하나님 말씀을 진심으로 갈구한 반면 서양의 선교사들은 당초로부터 조선민중 스스로의 요구에 의하여 자발적으로 형성된 가성직제도(假聖職制度)가 불법이라는 지령이나 내리는가 하면, 조상제사가 교리에 어긋난다는 등 쓸데없는 율법적 구속만을 강요하여 초기 기독교인들, 특히 양반층을 교회와 교리로부터 소외시키는 바보스러운 짓만을 일삼았다. 전부는 아니었겠지만 상당수의 선교사들이 한국인을 개돼지 우리에 사는 사람들처럼 쳐다보았다. 그리고 그들은 군림하는 자세였고 권위주의적이었다. 안중근에게 세례를 준 프랑스인 홍 신부만 해도 너무 사람이 권위주의적이었기 때문에 안중근이 거룩한 교회 안에서 어찌 이 같은 도리가 있을까보냐 하고 항의하자, 홍 신부가 안중근을 혹심하게 두들겨 팼는데 안중근이 신부래서 참고 말았다는 이야기가 안중근 자서전 『안응칠역사 安應七歷史』에 소상히 적혀있다. 참으로 한심한 일이다. 신부가 신도들을 제멋대로 구타하다니!

하여튼 이승훈은 제일 먼저 이벽과 권일신에게 세례를 주었고, 그 뒤로 권일신의 제자인 이단원(李端源), 그리고 정씨 집안 삼형제, 홍낙민(洪樂敏), 최인길(崔仁吉), 지황(池璜), 최창현(崔昌賢), 김범우(金範禹), 유항검(柳恒儉) 등에게 전후로 세례를 주었다. 남인계열의 양반계급 중 매우 시세에 밝은 총명한 인물들과, 그리고 계급적으로는 양반에 비해 좀 천시의 대상이었지만 중인계급의 사람들이 많았다. 중인들은 기술직의 사람들이었기 때문에 이념에 얽매이지 않고 변해가는 사회실상을 정확히 파악했고 또 국제적 감각이 있었다. 이들은 모두 천주교를 하나의 종교로서 받아들이지 않았고 성리학을 대치할 수 있는 새로운 윤리적 학문으로서 받아들였다. 그래서 꼭 "천주학"(天主學)이라 불렀고, 당국이 발하는 토사문(討邪文)에도 "사교"(邪教)라는 말을 쓰지 않았고 꼭 "사학"(邪學)이라고 했다. 조선유학의 모든 과제상황은 주리론·주기론을 막론하고 자기억제와 자기통제를 통한 도덕함양에 있었기 때문에 그러한 윤리학적 과제를 천주학이 보다 효율적으로 달성케 해준다고 믿었던 것이다.

이들 세례를 통하여 모인 신앙공동체가 형성된 것은 1784년 초겨울경이었다. 그래서 이 해를 한국기독교의 창설기로 공식화한다. 1984년에 교회창설 200주년 기념행사를 했던 것도 이 신앙공동체의 형성을 기준으로 한 것이다. 김범우는 서울사람으로 역관집안에서 태어났다. 학문을 좋아하며, 평소부터 무인기질이 농후하고 활달한 이벽과 친교를 맺고 지냈다. 이벽의 전도로 기독교를 신앙케 되었는데 그는 매우 열심히 교리를 실천했고 자기의 온 가족뿐 아니라 역관계급의 여러 친구들을 가르치고 입교시켰다. 그의 집이 바로 지금의 명동성당 부근 명례방(明禮坊)에 있었는데 김범우집에서 신앙집회가 자주 열렸다.

1785년초 형조판서 김화진(金華鎭)은 유력한 사대부 사이에서 퍼져가는 기독교열기에 일격을 가하고자 김범우집 집회를 발각해내고 관계된 양반사대부는 손을 대지 않고 만만한 중인(中人)인 김범우(金範禹)만을 붙잡아다가 국문하고 배교하라고 재촉하였다. 김범우는 혹심한 고문에도 굴하지 않고 자신의 신앙에 한점의 부끄러움도 없다고만 외쳤다. 우리가 너무도 양반중심의 역사만을 생각하는데, 우리나라 기독교사의 최초의 순교자가 중인 김범우라는 사실을 기억하자! 그리고 그의 집이 우리나라 최초의 신앙공동체의 센터였고 그 자리에 고딕양식의 "뾰쭉집" 명동성당이 섰다는 것도 함께 기억하자!(1898. 5.29. 준공). 혜화동로타리일대에도 카톨릭 관계시설이 많은데 그곳도 옛날에는 부근에 반수(泮水)가 흐르고 있어 반촌(泮村)이라 불렀던 곳으로, 정약용과 이승훈이 같이 천주교 교리를 강술하였던 장소다. 김범우는 단양으로 귀양가서 곧 죽었다: "한 알의 밀이 땅에 떨어져서 죽지 아니 하면 한 알 그대로 있고 죽으면 많은 열매를 맺느니라"(요 12:24). 김범우는 한국순교사의 초화(初花)였다.

세계선교사의 유일한 사례

여기 오직 내가 말하려고 하는 것은, 한국기독교는 선교사들이 밀가루포대와 더불어 던져놓은 것은 아니라는 역사적 사실이다. 한국기독교는 바티칸의 선교작전과는 무관하게 우리민족 스스로 복음을 갈구하여 주체적으로 수용한 새로운 배움이요 학문이었다. 그들은 성리학의 윤리적 관심 속에서 성리학을 초월하는 새로운 생명의 말씀을 갈구하였던 것이다. 기독교의 전파는 모두 선교사들의 선교작전에 의하여 강압적으로 이루어진다. 그런데 우리민족은 기독교를 주체적으로 능동적으로 자발적으로 수용하였다. ***이것은 세계선교사에 거의 있을 수 없는 유일한 사례에 속하는 것이다.*** 이들의 관심은 결코 정치적인 것도 아니었으며 제도적인 것도 아니었다. 더 이상 조선왕조를 지배해온 유교적 이데올로기가 우리민족의 미래를 보장할 수 없겠다는 판단이 앞섰기에, 유교가 제공하지 못하는 어떤 새로운 문명의 패러다임을 기독교에서 찾으려 했던 것이다. 과연 이들의 판단은 옳았는가?

정약종의 『쥬교요지』를 보면 매우 소박한 언어와 단순한 논리를 구사하고 있지만 매우 깊이있게 기독교교리 전반을 소화하여 요약하고 있다. 그들의 학문적 탐구의 깊이를 성찰케 한다. 이벽이 남긴 『성교요지 聖教要旨』도 그가 얼마나 신·구약성서를 탐독하여 소화했는가를 입증한다. 우리민족의 자발적인 기독교수용이 성서를 기반으로 한 학문적 수용이라는 것을 말해준다. 그래서 훗날의 가혹한 박해도 견디어 낼 수 있는 깊은 뿌리를 마련했던 것이다. 물론 학문적인 접근인 만큼 기독교에 대한 기성 유학자들의 반박도 만만치 않았다. 시대순으로 나열하면, 유몽인(柳夢寅), 이익(李瀷), 신후담(愼後聃), 안정복(安鼎福), 이헌경(李獻慶), 홍정하(洪正河)의 비판이 모두 유교적 합리주의에 기반한 강력한 필치를 구사하고 있다(이들의 논박을 내가 일일이 여기 소개할 수는 없다. 도날드 베이커의 『조선후기유교와 천주교의 대립』, 박종홍의 "서구사상의 도입, 비판과 섭취," 『실학사상의 탐구』 172~277 등을 참고하면 좋을 것이다).

이들의 상식에서 볼 때, 기독교는 매우 비상식적인 신화적 장난에 불과했다. 기껏해야 불교의 윤회·왕생의 허탄(虛誕)한 이야기 그 이상의 아무런 새로움도 없다는 것이다. 기독교는 비윤리적이며 비합리적이며 비논리적이며 반사회적이며 비현실적이며 매우 이기적이고 미신적이라고 개탄하였던 것이다. 사실 유교를 신봉하는 사람들의 입장에서 보면 기독교가 어떠한 논리를 구사해도 초월적 세계를 말하는 한 그것은 매우 졸(拙)하고 잡(雜)스럽고 허(虛)할 수밖에 없다. 논리적으로 말하자면 기독교의 뮈토스(mythos)가 유교의 로고스(logos: 여기의 로고스는 요한복음의 로고스와는 다른 "이성"의 개념이다)를 설득시킬 수 있는 길은 요원하다. 그렇다면 과연 유교의 로고스는 기독교의 뮈토스를 막아냈는가?

기독교의 뮈토스와 유교의 로고스

유학자들의 막강한 비판공세에도 불구하고, 정치권력과 결탁된 유교세력의 박해에도 불구하고, 기독교는 20세기 우리문명의 한 주축으로 진입하였다. 과연 그 비결은 무엇이었을까? 순교의 광영(光榮)만이 그 해답은 아닐 것이다. 외래문명의 흡수라는 것은 그것을 흡수할 수 있는 자기 자체내의 동질적 요소가 있을 때만이 가능한 것이다. 고기도 먹어버릇하던 사람이 잘 먹을 수 있고, 김치도 사우어크라프트나 비슷한 발효식품을 먹어버릇하던 사람이라야 제대로 먹을 줄을 안다.

그런데 기독교의 수용이 성공적일 수 있었던 비결에는 그러한 문화적 동질성을 뛰어넘는 새로운 비젼이 있었다. 그 비젼은 무엇이었을까? 한마디로 그것을 나보고 직언하라고 한다면 나는 감언할 것이다: 그것은 인간평등의 이상이라고! 세계종교사에 있어서 기독교가 공헌한 가장 획기적인 패러다임은 바로 인간평등의 존엄성의 실현이었다. 그리고 그것은 바로 예수의 말씀 그 자체로 소급되는 것이다. 근세 시민사회의 이상이 아니라 이미 예수라는 역사적 지평 속에 내재하는 이상이었다. 예수는 당시 한 사회에서 가능한 최하의 소외된 계층에게 기쁜 소식을 가져다 주었던 것이다. 유교에도 물론 인(仁)의 사상이라든가 유교무류(有教無類: 가르침에는 신분의 차별이 있을 수 없다)의 보편주의적 가치관이 있지만, 그 현실은 역시 사(士)를 중심으로 한 윤리체계였기 때문에 교육받고 벼슬한 남자중심의 종교라면 종교였다. 불교도 인간차별에 대한 조장은 없지만, 어디까지나 인간내면의 성찰을 통한 자기구원이었기에 사회적 구원의 측면에서는 매우 소극적이고 엘리티스틱하다. 그리고 무교(巫教)도 기복적(祈福的) 행태가 주축이기 때문에 사회적 구원에 관한 관심이 거의 없다. 그러나 기독교는 억압받고 가난하고 소외된 그들에게 곧바로 천국을 선포한다. 유교의 신분주의에 찌든 종법사회의 분별적 구분을 전제로 할 때 기독교의 메시지는 그것으로 이미 하나의 천지개벽이었다. 모든 남녀노소가 신분과 나이, 성별, 학식의 고하를 막론하고 한자리에 앉아 같이 찬송가를 부를 수 있다는 사실 그 자체가 이미 하나의 혁명이었다.

기독교는 분명 20세기를 통하여 이 땅에 시민사회를 형성시키는 데 매우 중요한 이념적 틀을 제공하였다. 그리고 연세·이화로 상징되는 프로테스탄트의 교육정책은 우리민족을 개명한 세기로 인도하는 데 엄청난 기여를 하였다. 그리고 기독교와 더불어 유입된 많은 신학문, 특히 과학과 그 정신은 우리민족의 심성을 합리화시키는 데 큰 기여를 하였다. 그것은 기독교의 뮈토스적 세계와는 정반대의 진리체계였던 것이다.

팔레스타인과 조선이 공유한 역사적 지평

그러나 무엇보다도 기독교가 우리민족에게 아필되었던 가장 절박한 이유는 바로 예수가 그의 말씀을 선포하였던 팔레스타인의 역사적 지평이나 우리민족이 체험하고 있었던 조선말기로부터 일제강점의 압제에 이르는 역사적 지평이 거의 동일한 상황이었다는 데 있다. 바빌론유치로부터 돌아와 이제 겨우 안정되어가려고 하던 차에 헬라의 식민지가 되었고 또 로마의 식민지가 되어 국민들은 압제에 시달리게 되었고 독립을 꿈꾸며 메시아의 대망에 모든 소망을 걸었다. 그러한 절박한 시대상황 속에 갈릴리 예수의 포효와 방황과 선포는 우리민족의 절박한 상황에서는 그냥 그대로, 논리적 가불가를 따지기 전에 이미 가슴을 파고들어 눈물을 흘리게 만들었다.

그의 영적 세례는 억압받던 한(韓) 민중에게는 구원의 빛이었다. 유학에서는 구원(salvation)이라는 말이 존재하지 않는다. 오로지 인간의 심성에 내재하는 덕성의 축적에 따라 이루어지는 도덕적 인격의 완성(moral perfection)이 있을 뿐이요, 구원이란 인간이 살아가면서 스스로 해결해야 하는 일시적 과제상황일 뿐이다. 그것을 구원이니 이런 말로 굳이 선포할 필요가 없다는 것이 유학의 입장이다. 그러나 민중에게는 이 "구원"이라는 한마디, 그것이 구세주의 선포에 귀를 기울이고 마음을 열고 세례를 받음으로써 일시에 이루어질 수 있다는 해방감은 특히 모든 관습과 도덕에 얽매여있던 부녀자들에게는 생명의 도약이요 환희였다.

생각해보라! 예수의 메시지의 핵심은 율법의 부정이다! 율법을 사랑으로 대치함으로써 율법의 완성을 말한 것이며, 이 율법의 완성이란 반드시 율법의 철저한 부정을 통해서만 이루어지는 것이다. 마태가 "내가 율법이나 선지자나 폐하러 온 줄로 생각지 말라. 폐하러 온 것이 아니요 완전케 하려 함이로라"(마 5:17)라는 로기온을 삽입시켰다고 해서 우리는 예수의 율법의 부정의 의미를 축소시켜서는 아니된다. 마태는 유대인의 율법주의에 대한 존숭이 있었던 사람이요, 유대인을 위한 복음을 쓰려고 했기 때문에, 그리고 신약을 구약의 완성으로서 그 연속성을 강조하는 신학적 입장을 가지고 있었기 때문에, 그 나름대로 피치못할 사정이 있었던 것이다. 예수는 율법에 얽매여사는 인간들을 "독사의 자식들"(마 12:34, 23:33)이라고 혐오했고, 그는 안식일에도 규정된 계율을 자유롭게 어겼다. 그리고 말한다.

> 안식일은 사람을 위하여 있는 것이요, 사람이 안식일을 위하여 있는 것이 아니라 (막 2:27).

이러한 말을 들었을 때 돼지머리 올려놓고 굿을 하거나, 사대봉사한다고 시시콜콜 때를 맞추어 일년 내내 제사를 지내야 하던 조선의 아낙들에게 그 아니 기쁜 소식이 아닐 수 있으랴! 조선왕조 오백년의 두터운 종법사회의 예악(禮樂) 율법(律法)에 억눌려 신음하던 사대부가의 아낙들도 이러한 야소(耶蘇=예수 그리스도)의 말씀을 들었을 때 가슴이 벅차고 뜨거운 생명과 사랑의 열기가 존재의 심연에서 울렁거리는 것을 느꼈을 것이다. 나는 나의 어머니의 신앙세계, 그 눈물을 통해 이 감격을 어렵지 않게 공감할 수 있다. 그리고 죽음과 부활의 메시지도 이러한 율법의 부정과 결부되어 있는 것이다.

> 나는 이미 율법의 손에 죽어서 율법의 지배에서 벗어나 하나님을 위하여 살게 되었습니다. 나는 그리스도와 함께 십자가에 달려 죽었습니다. 이제는 내가 사는 것이 아니라 그리스도가 내 안에서 사시는 것입니다 (갈 2:19~20).

여기서 사도 바울은 "죽음과 부활"을 말하고 있지만, 바울은 분명 물리적인, 육체적인 죽음과 부활을 이야기하고 있질 않다. 그의 죽음은 율법과 더불어 죽는 것을 말하는 것이요, 그의 부활은 예수 그리스도의 사랑과 더불어 다시 태어나는 것을 말하는 것이다. 그러니까 그는 육체적 부활(physical resurrection)을 말한 것이 아니라 정신적 부활(spiritual resurrection)을 말한 것이다. "나는 그리스도와 함께 십자가에 달려 죽었다. 이제는 내가 사는 것이 아니라 그리스도가 내 안에서 사는 것이다"(我已經與基督同釘十字架, 現在活着的, 不再是我, 乃是基督在我裡面活着。)

우리 조선의 크리스챤의 마음을 환희로 채운 이러한 죽음과 부활의 메시지는 분명 예수의 오리지날한 메시지이기도 했던 것이다. 생각을 바꾸어라! 율법 속에서 살지마라! 서로 이웃을 사랑하라! 그리하면 바로 여기 이 땅이 천국이 된다. 주님의 기도도 이러하다: "당신의 나라가 여기에 임하옵시며, 당신의 뜻이 하늘에서 이루어진 것 같이 땅에서도 이루어지이다(마 6:10)." (Thy kingdom come, Thy will be done, On earth as it is in heaven.) 과연 예수를 우리는 황당무계한 천당만을 이야기하는 신비주의사상가로서만, 초월적인 신비스러운 하나님의 아들로서만 이야기해야 할까? 유학자들에게도 이러한 해석은 결코 어렵지 않게 수용될 수 있었을 것이다. 예수의 궁극적 관심은 지금, 여기, 이 순간이었다. ***조선의 아낙들은 예수의 육체적 부활을 신앙함으로써 자신의 정신적 부활을 꾀할 수 있다고 생각했다.*** 그것은 성령으로 충만한 새로운 인생이었다.

주몽과 모세

구약만 해도 그렇다. 조선의 민중들은 구약의 역사를 남의 민족의 이야기로 생각한 것이 아니라 자신의 민족의 이야기로 생각했다. 시내의 광야를 헤매는 유대민족의 이야기가 대흥안령(大興安嶺) 동쪽의 드넓은 동북평원을 헤매던 과거의 아련한 추억으로 느껴졌을 것이다. 모세가 홍해를 가르고 애굽을 탈출하던 이야기는 이스라엘 민족의 이야기가 아니라 바로 우리민족의 이야기였다. 홍해를 가르는 이야기가 우리민족설화에도 있는가? 물론 있다! 주몽이 동부여에서 큰 이야기나 모세가 애굽에서 큰 이야기가 같은 위인설화양식이요, 모세가 탈출할 때 홍해를 가르는 이야기나 주몽이 송화강(松花江) 엄리대수(淹利大水)에 이르러 연별부구(連鼈浮龜: 자라와 거북이가 수천마리 올라와서 다리를 만들고 지나감에 흩어져 버렸다)의 장관 위로 말타고 달리는 모습이나 동일한 설화양식이다. 그 이적을 행한 신령한 권능의 주체가 야훼가 되었든, 해모수가 되었든 분별할 바가 아니다. 모두 같은 하나님의 권능이라고 우리민족은 생각하였던 것이다. 모세의 이야기는 출애굽기에 쓰여있고, 주몽의 이야기는 『삼국사기』와 『광개토경평안호태왕릉비문 廣開土境平安好太王陵碑文』, 왕충(王充)의 『논형 論衡』에 실려있다.

그런데 이 두 설화양식의 최대의 차이는 그 스케일감이나 진실성에 있는 것이 아니다. 유대민족은 홍해를 가르고 이스라엘민족을 애굽에서 구해낸 야훼 하나님의 이야기를 전민족적 체험으로 받아들였다는 것이다. 그 민족적 체험의 바탕 위에서 민족과 야훼가 더 이상 다른 신을 섬기지 않겠다는 계약을 맺은 것이요, 그 계약의 조건

항목들이 바로 유대민족의 율법이었다. 그리고 그러한 율법은 구전으로 암송되면서 정확하게 민족전체의 구심점으로 확산되어갔고 위대한 문학의 옷을 입게 되었다. 그것이 문자로 기록된 것은 모두 바빌로니아유치시대였다. 모세5경(Pentateuch)이 유치시대가 끝나가는 BC 5세기말에나 그 모습을 드러낸 것이다.

대흥안령 정상의 포효

그러나 우리민족은 그러한 설화들이 전민족의 체험으로서 계승되지 않고 단절되었다는 데 그 비극이 있다. 홍익인간(弘益人間)의 장엄한 이상을 가슴에 품고, 천부인(天符印) 세 개를 두 손에 쥐고 풍백(風伯), 우사(雨師), 운사(雲師), 주곡(主穀)·주명(主命)·주병(主病)·주형(主刑)·주선악(主善惡)의 제신들 3천여 명을 거느리고 태백산 마루턱에 강림하는 장엄한 모습은 결코 묘향산 호랑이나 곰이 암울한 굴 속에서 쪼그리고 앉아있는 구질구질한 모습은 아니었을 것이다. 그것은 주몽과 같은 씩씩한 젊은 청년 3천여 명이 대흥안령 정상에 우뚝서서 동북의 대평원을 한눈에 굽어보며 쩌렁쩌렁 울리는 목소리로 민족의 명운을 설계하던 대 포효의 한 장면이었을 것이다.

남강 이승훈 선생, 다석 유영모 선생, 우찌무라 칸조오(內村鑑三, 1861~1930) 등의 훈도를 받고 친구 김교신(金敎臣, 1901~1945)과 함께 조선성서연구회를 조직하여 성서를 연구하고 『성서조선 聖書朝鮮』을 창간하였다가 투옥된 우리 기독교계의 선각자, 함석헌(咸錫憲)옹의 비전을 한번 되새겨보자!

> 헤아릴 수 없는 아득한 옛적의 어느날, 망망한 만주 평원의 거친 풀밭 위에 먼동이 틀 무렵, 훤하게 밝아오는 그 빛이 억만년 사람의 그림자를 본 일 없는 흥안령의 마루턱을 희망과 장엄으로 물들일 때, 몸집이 큼직큼직하고 힘줄이 불툭불툭한 큰 사람의 한 떼가 허리엔 제각기 돌도끼를 차고, 손에는 억센 활들을 들고 선발대의 걸음으로 그 꼭대기에 턱턱 나타났다.
>
> 흐트러진 머리털 사이로 보이는 널따란 그 이마에는 어진 이의 기상(氣象)이 떠어 있고, 쏘는 듯한 눈빛에는 날쌤의 정신(精神)이 들어있다. 주먹은 굳게 쥐어 굳센 뜻을 보이고 입은 무겁게 다물어 삼가는 마음을 나타낸다. 문득 솟는 해가 결승선을 차 던지는 용사 같이 불끈 솟아 지평선을 떠날 때 그들은 한소리 높여 "여기다!" 하고 외쳤다. 장사들의 우렁찬 소리는 아침 햇빛을 타고 우뢰같이 울리며 끝없는 만주벌판으로 내리달았다. 이런 상상을 나는 몇 번씩 해보았다. 이것은 턱없는 상상일까? 한국역사(韓國歷史)의 시작은 아마도 이러하였을 것이다(『뜻으로 본 한국역사』 126).

우리민족은 구약을 읽으면서 만주벌판에서 잃어버린 하나님과의 민족적 계약을 되찾고 싶어했을지도 모른다. 그들은 봉오동에서 청산리에서 싸우고 또 싸우면서 아마테라스 오오미카미(天照大神)를 단숨에 쳐부술 수 있는 하나님의 불기둥의 구원을 갈구하고 또 갈구했을 것이다. (청산리대첩에서 홍범도가 이끈 주력부대는 기독교인들이었고, 김좌진의 서로군정서부대는 나철이 창립한 대종교의 사람들이었다.)

그것은 절망 속의 한가닥 소망이었다. 나는 해란강 굽이치는 비암산 일송정 산마루에서 한인들이 일구어놓은 너른 서전벌 수전을 바라보며 그 고난의 역정과 그 소망을 목도하였던 것이다.

이스라엘의 역사 개관

구약의 역사는 이스라엘민족의 지도자들이 끊임없이 하나님을 배반하고 민족의 희망을 좌절시킨 역사다. 사울(Saul)의 등장은 곧 이스라엘민족이 최초로 민족국가(a nation-state)로서 인류사의 지평에 떠오른 사건이었다(사울의 지배는 약 BC 1020~1000년경). 국민들의 지도자며 제사장격 예언자(priestly prophet)였던 사무엘(Samuel)에게 국민들이 왕을 요구하자, 사무엘이 최초의 왕으로서 머리에 기름을 붓고 입을 맞추어 이스라엘의 수령으로 성별(聖別)해 세운 사울(삼상 10:1)! 후대의 사도 바울이 같은 베냐민지파의 사람으로 자기의 선조라고 그토록 프라이드를 느꼈던 사울은 애초부터 매우 비극적인 인물이었다. 디 에이치 로렌스(D. H. Lawrence, 1885~1930)가 쓴 『다윗』이라는 희곡 속에서 사울은 자신을 이와 같이 묘사하고 있다: "나는 고해(苦海)에 던져진 사람. 두 바람 사이에서 끝없이 흩날릴 뿐." (I am a man given over to trouble and tossed between two winds.) 그 두 바람이란 사무엘과 다윗이었을까?

사울은 처음부터 그를 세운 사무엘에게 하나님 야훼에 대한 불복종으로 내침을 받았고 그 뒤로는 끊임없이 다윗과의 부질없는 질투와 경쟁 속에서 자신을 파멸로 이끈다. 다윗의 행운은 사울의 불운일 뿐, 사울은 또다시 블레셋(the Philistines: 현재 팔레스타인해방기구[PLO] 사람들의 원조. 팔레스타인 토착민) 사람들과 끊임없이 부질없는 전쟁만을 일삼다가 결국 길보아산 정상에서 그 비운을 마감하고 만다. 블레셋군의 화살에 맞자 사울은 무기 당번의 부하에게 소리친다: "내 목을 쳐라! 오랑캐에게 욕을 당할 수는 없다." 무기 당번이 감히 칼을 뽑지 못하고 망설이자, 사울은 스스로 칼을 뽑아 자결한다(삼상 31:4).

사울의 궁중악사로 채용되어 사울의 부마까지 된 다윗(David), 블레셋의 거인 장수 골리앗을 팔매 돌 하나로 쓰러뜨리고 그 거구를 밟고 서서 그의 칼집에서 칼을 뽑아 목을 썩 베어버린(삼상 17:51) 전 이스라엘의 민족영웅 다윗, 이스라엘의 다양한 지파들의 이해관계를 절충시켜 최초로 한 민족이라는 개념을 공고히 만든 진정한 이스라엘의 왕 다윗! 그 다윗도 통치성세에 육욕을 못이겨 야훼 하나님을 배반하는 흉칙한 범죄를 저지르고 만다. 어느날 저녁 다윗은 침대에서 일어나 궁전 옥상을 거닐다가 내려다보이는 민가에서 백옥 같은 몸을 섬섬한 손길로 쓰다듬으며 목욕하고 있는 여인을 우연히 보게 되었다(삼하 11:2). 너무도 너무도 아름다운 여인이었다. 여인은 마침 부정을 씻고 몸이 정결한 때였다. 다윗은 사령을 보내어 그 여인을 데려다가 정을 통해버리고 만다. 그 여인의 이름은 밧세바(Bathsheba)! 우리야(Uriah)라는 엄연한 남편이 있는 정숙한 여인이었다. 남편 우리야도 힛타이트(Hittite) 사람이었는데 다윗 군대의 정예로운 장교로서 다윗왕에게 충직할 뿐 아니라 국가에 충성하는 매우 건실한 인물이었다. 밧세바가 임신했다는 것을 통보하자 다윗은 남편 우리야를 불러 후하게 대접하고 전공을 위로하며 집에 돌아가 푹 쉬라고 권유하였다. 밧세바의 임신을 은폐시키려는 작전에서였다. 그러나 우리야는 상관 요압 장군이나 다윗왕의 다른 부하들이 들판에 진을 치고 있는데 어찌 자기만 홀로 집에 가서 편히 쉬며 먹고 마시고 아내와 더불어 밤을 지낼 수 있을까 보냐하고 대궐 문간에서 근위병들과 함께 자고 만다. 다음날도 불러 같은 식탁에서 먹고 마시고 흠뻑 취하게 하여 집에 가서 쉬라고 했으나 충직한 그는 근위병들과 함께 자고 만다. 다급해진 다윗은 우리야의 상관 요압 대장에게 전갈을 보내, 우리야를 가장 전투가 극심한 전선으로 보내어 그를 죽게 하라고 명령한다. 우리야는 아내의 부정도 모르고 극렬한 전선에서 최선을 다하여 충직하게 싸우다 전사하고 만다. 우리야가 죽자 다윗은 밧세바의 곡(哭)을 마치게 하고 부인으로 맞아들인다. 너무도 치사한 다윗의 모습이다. 신약성서의 기자들이 예수를 이토록 치사한 세속군주 다윗과 동일시하는 것은 예수에 대한 치욕이요 모독이다. 이 일이 있은 후, 다윗의 아들과 딸 사이에 근친상간의 부끄러운 일이 이어지고 그 일로 두 아들이 반목하여 누이를 범한 동생을 죽이고 자신(압살롬)은 결국 아버지에게 반란을 일으켰다가 패배하여 도주하다가 상수리나무 가지에 목이 걸려 공중에 매달리게 된다. 요압 장군은 창 세 개를 연거푸 던져 압살롬의 심장을 찔러버린다. 사랑하는 아들 압살롬의 전사소식을 듣자 다윗은 성문 위 골방으로 올라가 “내 자식 압살롬아! 내 자식 압살롬아! 차라리 내가 죽을 것을, 이게 웬 일이냐? 내 자식 압살롬아 내 자식아!" 하면서 목놓아 운다(삼하 19:1). 다윗왕은 이렇게 기울어져갔다. 크리스마스 때가 되면 우리가 "기쁘다 구주 오셨네! …… 노엘, 노엘 이스라엘왕이 나셨네!" 하고 목놓아 부르던 그 "이스라엘왕"의 원조가 바로 요 정도의 꼴밖에는 안되는 인간이었다. 모두가 충직한 우리야를 죽이고 밧세바를 아내로 취한 업보의 원연(冤緣)이다. 이 밧세바에게서 솔로몬이 태어났다.

이스라엘 통일국가의 황금시기를 구가한 킹 솔로몬!(BC 962~922 재위). 한 아이를 놓고 두 창녀가 싸우는 장면에서 지혜로운 결정을 내려 아이의 친 엄마를 찾아준 솔로몬, 그 지혜의 화신 솔로몬도 결국 음탕과 방탕, 그리고 사치와 자만 속에서 야훼와 국민을 배반하고 국가를 파멸로 이끈다. 그는 호색가였으며 수많은 외국여인들과 사랑을 나누었다. 이집트 파라오왕의 딸뿐 아니라 모압 여인, 암몬 여인, 에돔 여인, 시돈 여인, 히타이트 여인 등 외국여인들을 후궁으로 맞아들였다(왕상 11:1). 외국여자를 아내로 삼지말라는 야훼의 명령을 어기고 이 외국여인들과 깊은 사랑에 빠졌다. 무려 칠백 명이나 되는 후궁을 거느렸고 그 외로도 수청드는 여자가 삼백 명이나 되었다(왕상 11:3). 솔로몬은 외국인 왕비들이 하자는 대로 왕비들이 섬기는 신들에게 분향하고 제물까지 드렸다. 야훼의 진노는 너무도 당연한 것이었다. 솔로몬은 과도한 성전건축과 여타 건축붐을 일으켜 북부 이스라엘 사람들과 가나안 사람들을 강제노역으로 억압하고 착취했기 때문에 그들의 원성을 샀다. 구태의연한 부족개념을 타파해버리고 정치적인 중앙집권을 이룩했지만 빈·부의 차가 너무 극심하게 벌어져 사회분열을 조장시켰다. 결국 그의 사후 남·북왕국으로 분열된다. 통일왕국은 결국 사울, 다윗, 솔로몬 3대로 끝나버리고만 셈이다. 사실 솔로몬은 우리에게 너무 잘못 그려져 있다. 그는 아방궁에 갇힌 진시황 이상의 인물은 결코 아니었던 것이다.

북쪽 왕국을 우리가 이스라엘왕국이라 부르고 남쪽 왕국을 유다왕국이라 부른다. 그러다가 북방의 이스라엘왕국은 BC 722년에 앗시리아에게 멸망되고 유다왕국은 앗시리아의 속주국으로 BC 625까지 유지되다가 BC 587년에 바빌로니아에게 멸망되었는데, 바빌로니아왕 느부갓네살(Nebuchadrezzar, BC 605~562)은 유다왕국의 사람들을 거의 통채로 바빌론으로 사로잡아 가버렸다. 그래서 이 사건을 "바빌론 유치"라고 부르는 것이다.

> 이스라엘은 사자에게 쫓겨 흩어진 양떼, 처음에는 앗시리아 왕에게 잡혀 먹혔고 다음에는 바빌론 왕 느부갓네살에게 뼈까지 씹어 먹혔다(렘 50:17).

바빌론 유치 시대는 야훼의 힘으로 풀려나질 못했다. 그때는 모세와 아론의 지팡이가 없었다. 단지 새로 일어난 페르시아(바사)의 왕 사이러스 2세(Cyrus II, BC c. 550~529: 성서 발음은 "고레스")가 BC 539

년에 바빌론을 점령함으로써 풀려난 것이다. 이 바빌론 유치에서 풀려나 예루살렘으로 돌아오는 새로운 엑소더스(a new Exodus)의 감격을 보통 세컨드 이사야(Second Isaiah, or Deutero-Isaiah: 현 이사야서 40~55장)라고 불리우는 제2 이사야서는 너무도 아름답고 찬란하게 표현하고 있다. 그 해방의 고지(告知)와 그에 따른 경고, 찾아든 해방의 환희와 권고가 시온의 부흥을 향해 노래되고 있다.

"위로하여라. 나의 백성을 위로하여라."
너희의 하나님께서 말씀하신다.
"예루살렘 시민에게 다정스레 일러라.
이제 복역기간이 끝났다고,
그만하면 벌을 받을 만큼 받았다고,
야훼의 손에서 죄벌을 곱절이나 받았다고 외쳐라."
한 소리 있어 외친다.
"야훼께서 오신다.
사막에 길을 내어라.
우리의 하나님께서 오신다.
벌판에 큰 길을 훤히 닦아라.
모든 골짜기를 메우고, 산과 언덕을 깎아 내려라.
절벽은 평지를 만들고, 비탈진 산골길은 넓혀라.
야훼의 영광이 나타나리니
모든 사람이 그 영화를 뵈리라.

야훼께서 친히 이렇게 약속하셨다."

한 소리 있어 명하신다. "외쳐라."

"무엇을 외칠까요?"하고 나는 물었다.

"모든 인생은 한낱 풀포기,

그 영화는 들에 핀 꽃과 같다!

풀은 시들고 꽃은 진다,

스쳐가는 야훼의 입김에.

백성이란 실로 들풀과 같은 존재.

풀은 시들고 꽃은 지지만

우리 하나님의 말씀은 영원히 서 있으리라."

너, 시온아.

높은 산에 올라 기쁜 소식을 전하여라.

너, 예루살렘아.

힘껏 외쳐 기쁜 소식을 전하여라.

두려워 말고 소리를 질러라.

유다의 모든 도시에 알려라.

너희의 하나님께서 저기 오신다.

주 야훼께서 저기 권능을 떨치시며 오신다(사 40:1~10).

……

"광풍에 시달려 고생하여도 위로해주는 이 없는 도성아,

이제 나는 너의 돌들을 홍옥 위에 쌓아올리고

청옥 위에 성의 주추를 놓으리라.

루비로 요새의 뾰쭉탑을 만들고
수정으로 성문들을 만들며
성 둘레를 보석으로 쌓으리라.
너의 아들들은 모두 야훼의 제자가 되고
크나큰 평화를 누리리라.
네가 정의 위에 튼튼히 서서
온갖 압박에서 풀려나리니,
두려워할 일이 없으리라.
온갖 공포가 사라져
너에게 닥쳐오지 아니하리라. ……
너를 치려고 벼린 무기는
아무리 잘 만들었어도 소용이 없으리라.
너를 법정에 고소하는 혀가
도리어 패소의 쓴잔을 마시리라.
바로 이것이 야훼의 종들이 나에게서 받은 몫이다.
내가 이 권리를 그들에게 돌려준다."
야훼의 말씀이시다(사 54:11~17).

유대인들은 예루살렘에 돌아와 제2의 성전(Second Temple)을 지었다. 그러나 곧 알렉산더대제의 말발굽에 무릎을 꿇었다. 그리고 프톨레미왕조(the Ptolemies)로 넘어갔다가 셀루시드왕조(the Seleucids)로 다시 인계된다. 유다 마카비(Judas Maccabeus)의 반란은 결국 하스모니아 독립왕조의 성립을 가져오는 데까지 성공적이었지만 바리새인들의 반항 등 내부의 결속이 이루어지지 않아, 지배왕조 자체내의 내분으로 로마의 중재를 요청하였고 BC 63년 다메섹에 있던 로마 장군 폼페이우스는 예루살렘을 함락시킨다. 결국 로마의 식민지가 된 것도, 지배계급간의 내전에 의한 것이다. 하스모니아왕조의 탐욕스럽고 방자한 통치를 종식시키고 제사장 통치를 복구하고, 정치권력을 로마에게 이양하자고 한 것도 국민임시대표기구의 요청이었던 것이다. 100년 가량의 독립왕조도 이렇게 종결되고 말았다. 정치적 자유를 갈망하였던 많은 유대인들이 자신들의 왕과 대제사장보다는 오히려 이방의 통치자를 더 기꺼이 인정하였던 것이다. 참으로 어리석은 역사라 하지 않을 수 없다.

예수와 바울의 시대가 이어지고, 결국 AD 70년 예루살렘성전이 또 무너진다(헤롯이 지은 제3의 성전). 그리고 바르 코크바의 폭동(독립전쟁이었지만 종교적 폭동의 성격이 강하다)으로 AD 135년 이후에는 이스라엘은 더 이상 하나의 국가적 정체(政體)로서 존속할 수가 없었다. 모두 다이애스포라로 뿔뿔이 흩어져갔고 팔레스타인에 남은 유대인 숫자는 극소수에 불과하였다. 그 후 비잔틴제국이 그곳에 세워진 기독교 성전들의 후원을 통하여 팔레스타인의 번영을 꾀하였지만 AD 7세기에는 또다시 팔레스타인은 무슬림의 손으로 넘어갔다. 이슬람국가가 된 것이다. 이슬람이 된 팔레스타인사람들은 예루살렘성전의 폐허 위에 거대한 바위를 모신 이슬람 바위성전(the Dome of the Rock)을 지었다(AD 691). 그곳은 아라비아의 메카 다음으로 중요한 이슬람성지가 되어버린 것이다. 솔로몬의 성전이 이제는 이슬람의 성전이 되어버린 것이다. 이런 기구한 운명에 따라 예루살렘은 세 거대종교, 유대교, 이슬람, 기독교의 공동성지가 되었다. 그리고 1100년부터 1291년 사이에는 아무런 명분없는 그 무지막지한 십자군전쟁으로 팔레스타인의 지배권이 무슬림과 십자군 사이를 오락가락했다. 그리고 1517년에는 오토만 터키의 지배권으로 들어갔다. 1917년 11월 2일 영국은 발푸아선언(The Balfour Declaration)을 통해 팔레스타인에 사는 기존의 비유대인 커뮤니티의 민권과 종교적 권리를 침해하지 않는다는 조건하에서 팔레스타인을 유대인의 민족적 고향으로서 재건할 것을(the reconstitution of Palestine as the Jewish national home) 지지하였고, 1918년에는 영국이 팔레스타인을 점령해버린다. 히틀러의 유대인 박해로 많은 유대인들이 팔레스타인으로 유입되면서 유대인과 아랍인들 사이에 적대적 감정과 긴장이 고조되기 시작한다. 제2차 세계대전이 끝나면서 미국은 시온주의자들의 유대인국가건설을 노골적으로 지원하였고, 47년 11월 유엔은 연방화안을 거부하고 아랍, 유대의 개별국가를 건설하여 예루살렘을 국제관리하에 두도록 하는 분할안을 채택하였다. 1948년 5월 14일, 이스라엘국가의 건국이 선포되자마자 전쟁이 개시되어 중동의 암운은 오늘에까지 이르고 있으며 조선국가의 남·북문제에까지 영향을 끼치고 있다. 내가 이 글을 쓰고 있는 며칠 전에는 바빌론(이라크)의 영주 후세인의 교수형이 집행되었다. 이를 바빌론 유치시대의 업보라

해야 할 것인가? 후세인은 느부갓네살의 후신이었을까?

이스라엘역사는 존경의 대상아닌 반성의 대상

이렇게 유대민족의 역사를 통관하여 보면 그것은 숭모(崇慕)의 대상이 되어야 할 역사가 아니라 반성의 대상이 되어야 할 역사요, 야훼 하나님을 잘 섬긴 역사가 아니라, 끊임없이 야훼를 배반한 음탕과 방탕, 방종과 방황의 역사다. 그들이 지은 죄 때문에 끊임없이 다이애스포라를 전전해야만 했던 방황과 방랑 속에서 하나님의 뜻(Will of God), 즉 섭리(Providence)를 찾은 구속사요 신성사(神聖史, heilige Geschichte)였다. 지도자들의 죄악은 이스라엘 민중에게 끊임없는 각성을 요구하였고, 끊임없이 야훼와의 계약을 준수케 만들었다. 그것이 유대민족의 저주요 축복이요 강인함이었다.

우리민족의 역사 또한 전관(全觀)하여보면, 저 광활한 대흥안령 동쪽의 평원을 주름잡다가 끊임없는 저주와 방랑 속에 자신의 영토를 축소해가면서 한반도라는 조그만 다이애스포라로 밀폐되어온 역사였다. 그것도 모자라 북한까지 중국에 떼멕힐 판이고, 그것도 모자라 남한까지 호남·영남으로 갈라져서 아웅다웅, 하나님의 뜻이 무엇인지를 도무지 상고치 않는다. 신라의 삼국통일이라니! 참으로 가소로운 역사의 휴지쪽에 쓰여진 허구적 개념일 뿐이다. 백제나 고구려가 약세에 몰리어 강성해진 신라에게 흡수통일된 것이 아니다. 백제는 무왕 이래 중흥의 초석을 닦았고 의자왕은 계백과 같은 명장을 거느린 현명한 왕이었다. 고구려도 희대의 호걸영주 장수왕이 융흥의 기초를 닦은 이래 영양왕 때에는 수 문제 30만 대군, 수 양제의 미증유의 113만 대군(보급부대를 합치면 300만이 족히 넘는다)을 물리쳐 수 왕조 자체를 멸망시켜버렸고, 보장왕 때에는 당 태종의 20만 대군도 명장 연개소문의 철통 같은 수비를 바늘구멍도 뚫지 못하고 끝내 무릎 꿇고 말았던 것이다. 이러한 거대한 국제정세의 변화에 따라 신라가 백제와 고구려의 위세에 짓눌려 후환을 없애고자 당을 끌어들여 여(麗)·제(濟)를 친 것이니, 백제·고구려가 신라와의 국소전에서 패한 것이 아니요, 당대 세계 최대규모의 국제전에서 최강국인 당에게 패한 것이다. 그러니 이들 모두 지금으로 말하자면 미국에게 패한 것이다. 이것은 마치 남한이 미국의 전력을 끌어들여 북한을 친 것과 같은 짓거리이니 어찌 이를 삼국통일이라 말할 수 있으리오? 그것은 실상 삼국통일이 아니라 삼국해체였고, 통일국가의 출발이 아니라 남·북조시대의 개시였다(남조:신라, 북조:발해).

신라의 삼국통일은 허구, 남북조시대의 개시일뿐

그나마 김춘추와 그 아들 김법민에게 갸륵한 공을 인정해준다면 삼국해체 후 조선강역 전체를 지배하려는 당의 야욕을 물리친 것이겠으나 그것도 실상인즉 당시는 티베트(=토번, 吐蕃)가 강성하여 당을 압박하여 한반도·만주 동부전선에 전력을 쏟을 수 있는 여력이 없었기 때문이었다. 그리고 끝까지 분투한 것은 백제·고구려의 유민들이었다. 지금도 예산 대흥면에 남아있는 임존성(任存城)의 폐허만 밟아 봐도 용맹하고 지략에 넘치는 칠척 거구 흑치상지(黑齒常之)의 찬란한 승전의 함성이 귓가를 쟁쟁히 울린다. 그는 그 후로 당에 건너가 티베트 고지에서 토번과 싸우며 멸절할 수밖에 없었던 당나라의 10만대군을 안전하게 후퇴시키는 지모를 발휘하였고 식읍 3000호를 소유하는 국공(國公)의 지위에까지 오른 대장군이었다. 이토록 흑치상지, 을지문덕, 연개소문과 같은 이들로 대변되는 우리 한민족의 기상이 삼국통일로 인하여 크게 꺾이었음은 두말할 나위가 없다.

유득공의 눈물어린 호소

고려도 고구려의 고토를 회복한다 하여 국호까지 그렇게 정해놓고는 유득공(柳得恭, 1749~?: 조선왕조 정조 때의 대학자, 개화된 북학파며 4가시인의 한 사람)이 『발해고』 서문에서 개탄하고 있는 대로 발해가 요나라에 멸망하여 10여만 명 이상의 발해 지배자와 사관을 포함한 발해 유민들이 고려로 피난해왔는데도 한 줄의 발해사도 남기지 않았다. 썩어빠진 놈들이라 해야 옳다!

> 부여씨가 망하고 고씨가 망하자 김씨가 그 남쪽을 영유하였고, 대씨가 그 북쪽을 영유하여 발해라 하였다. 이것은 남북국(南北國)이라 일컫는 것이니, 마땅히 남북국사(南北國史)가 있어야 했음에도, 고려가 이를 편찬하지 않은 것은 잘못된 일이다. 무릇 대씨는 누구인가? 바로 고구려 사람이다. 그가 소유한 땅은 누구의 땅인가? 바로 고구려 땅으로, 동쪽과 서쪽과 북쪽을 개척하여 고구려 원래 땅보다도 더 넓혀놓은 것이다. 김씨가 망하고 대씨가

망한 뒤에 왕씨가 이를 통합하여 고려라 하였는데, 그 남쪽으로 김씨의 땅을 온전히 소유하게 되었지만, 그 북쪽으로는 대씨의 땅을 모두 온전하게 소유하지 못하여, 그 나머지가 여진족에 들어가기도 하고 거란족에 들어가기도 하였다.

이때에 고려를 위하여 계책을 세우는 사람이 급히 발해사를 써서, 이를 가지고 "왜 우리 발해땅을 돌려주지 않는가? 발해땅은 바로 고구려땅이다"라고 말하고 여진족을 꾸짖은 뒤에 장군 한 명을 보내어 그 땅을 거두어 오게 하였다면, 토문강(土門江) 북쪽의 땅까지(토문강은 지금 송화강松花江이다) 소유할 수 있었을 것이다. 또 이를 가지고 "왜 우리 발해땅을 돌려주지 않는가? 발해땅은 바로 고구려땅이다"라고 말하고 거란족을 꾸짖은 뒤에 장군 한 명을 보내어 그 땅을 거두어 오게 하였다면, 압록강 서쪽의 땅을 소유할 수 있었을 것이다. 그러나 끝내 발해사를 쓰지 않아서 토문강 북쪽과 압록강 서쪽이 누구의 땅인지 알지 못하게 되어, 여진족을 꾸짖으려 해도 할 말이 없고, 거란족을 꾸짖으려 해도 할 말이 없게 되었다. 고려가 마침내 약한 나라가 된 것은 발해땅을 얻지 못하였기 때문이니, 어찌 통탄을 금할 수 있으리오!

누가 "발해는 요나라에 멸망되었으니 고려가 무슨 수로 그 역사를 쓰겠는가?" 하고 말할지 모르나, 그것은 그렇지 않다. 발해는 중국제도를 본받았으니 반드시 사관(史官)을 두었을 것이다. 또 발해 수도 홀한성(忽汗城)이 격파되어 고려로 도망해온 사람들이 세자이하 10여만 명이나 되었으니, 사관이 없더라도 반드시 역사서라도 있었을 것이고, 사관이 없고 역사서가 없다고 하더라도 세자에게 물어보았다면 역대 발해왕의 사적을 알 수 있었을 것이고, 발해 대부 은계종(隱繼宗)에게 물어보았다면 발해의 예법을 알 수 있었을 것이고, 10여만 명에게 물어보았다면 모르는 것이 없었을 것이다. 장건장(張建章, 806~866: 당나라 사람으로 사신으로 발해 갔다와서 『발해기 渤海記』 3권을 지음. 이 책은 없어지고 그 내용이 『신당서』 「발해전」에 보존됨)은 당나라 사람이었으면서도 오히려 『발해국기』를 지었는데, 고려 사람이 어찌 홀로 발해 역사를 지을 수 없었단 말인가? 오호라!

乃扶餘氏亡, 高氏亡, 金氏有其南, 大氏有其北, 曰渤海。是謂南北國, 宜其有南北國史, 而高麗不修之, 非矣。夫大氏者何人也? 乃高句驪之人也; 其所有之地何地也? 乃高句驪之地也。而斥其東, 斥其西, 斥其北, 而大之耳。及夫金氏亡, 大氏亡, 王氏統而有之, 曰高麗。其南有金氏之地則全, 而其北有大氏之地則不全, 或入於女眞, 或入於契丹。

當是時爲高麗計者, 宜急修渤海史, 執而責諸女眞曰: "何不歸我渤海之地? 渤海之地, 乃高句驪之地也。" 使一將軍往收之, 土門以北, 可有也。執而責諸契丹曰: "何不歸我渤海之地? 渤海之地, 乃高句驪之地也。" 使一將軍往收之, 鴨綠以西, 可有也。竟不修渤海史, 使土門以北·鴨綠以西, 不知爲誰氏之地。欲責女眞而無其辭, 欲責契丹而無其辭。高麗遂爲弱國者, 未得渤海之地故也, 可勝歎哉!

或曰: "渤海爲遼所滅, 高麗何從而修其史乎!" 此有不然者, 渤海憲象中國, 必立史官。其忽汗城之破也, 世子以下奔高麗者, 十餘萬人。無其官, 則必有其書矣; 無其官無其書, 而問於世子, 則其世可知也; 問於隱繼宗, 則其禮可知也; 問於十餘萬人, 則

> 無不可知也。張建章, 唐人也, 尙著渤海國記, 以高麗之人, 而獨不可修渤海之史乎! 嗚呼!

에는 바람이 휘몰아치는데 이 유득공의 『발해고』를 가슴에 품고 블라디보스톡, 우수리스크, 핫산 크라스키노의 고지에서 여기저기 흐트러져 있는 발해의 유적을 내려다보면서 나 도올의 가슴에 피눈물이 맺히지 않을 수 없었다. 어찌 이 유득공의 한언(恨言)이 지나간 옛 한언(閒言)이라 말할 수 있으리오! 최초로 건원칭제를 한 묘청의 기상이 생각이 부족한 김부식 같은 이들의 출정으로 꺾인 것도 아까운 일이요, 중원의 대세를 파악하고 고려의 국운을 중흥코자 요동 정벌을 굳은 마음으로 단행한 충직한 최영 장군의 홍지(鴻志)가 이성계의 위화도회군으로 좌절된 것도 안타까운 일이다. 위화도회군을 우리는 조선왕조의 건국의 초석이 된 사건으로 칭송하고 있으나 그것은 참으로 잘못된 일이었다.

위화도 회군은 한민족역사에 지은 대죄

나는 압록강 하구의 위화도 앞 뱃전 이물에 서서 이성계의 우행을 통탄치 않을 수 없었다. 나는 이성계의 혁명을 나무라는 것이 아니다. 그가 우군도통사(右軍都統使)로서 위화도까지 대군을 이끌고 어렵게 당도한 마당에는 반드시 요동을 정벌하고 그 여세를 몰아 당당하게 혁명을 했어야 옳다! 그 위화도에까지 간 우리 조선땅의 젊은이들이 얼마였는지 아는가? 팔도도통사(八道都統使) 최영, 좌군도통사

조민수, 우군도통사 이성계의 지휘 아래 좌·우군이 3만 8천여 명이었고 기타 1만 1천여 명, 말 2만 1천여 필로 10만 대군이었다. 더구나 당시 요동의 명군(明軍)은 고약(孤弱)했을 뿐 아니라 명태조 주원장(朱元章, 1328~1398)은 양자강 이남의 금릉(金陵=남경南京)을 수도로 정하고 그곳을 정치·경제의 중심으로 삼았기 때문에 중원(中原)이 아닌 요동은 안중에도 없었다. 철령위(鐵嶺衛)를 설치한다는 것은 순전히 허세에 불과한 블러핑에 불과했다. 실제로 위화도에 가보면 거기서부터 광막한 서간도의 모든 옥토(沃土)는 거저 먹을 수 있는 위치에 있다. 그런데 왜 이성계는 회군을 했을까? 그것은 오직 지쳐있었던 군인들에게 안도감을 주어 인기를 얻고 국가기강을 혼란시켜 최영과 우왕을 타도하기 위한 구실을 만든 것뿐이다. 그것은 참으로 군인이 할 짓은 아니다. 그가 국가와 민족대계를 조금이라도 생각할 줄 아는 사람이었더라면 위화도에서 압록강은 건넜어야 옳다. 그 거리 불과 몇 미터, 여의도에서 강북으로 오는 거리보다도 좁다. 그 몇 미터만 건넜더라면 그 광막한 요동이 조선왕조에 속했을 것이다. 위화도에서 회군함으로써 우리민족은 영원한 우리의 고향에 넘지못할 금줄을 스스로 그어버리고 만 것이다. 오호 통재라!

문제는 북방정책의 좌절에 있는 것이 아니라 조선건국의 명분이 빈곤하다는 데 있다. 고구려의 고토를 회복함으로써 고려왕조의 명분을 완성하고 그 당당한 명분으로써 조선왕조를 세웠더라면 그토록 지리멸렬한 왕자의 난이나 이방원의 살생부가 필요하지 않았을 것이고, 세종이 기른 집현전 학사들이 세조의 찬탈에도 그토록 비굴하게 살아남아 선비의 기상을 그토록 위축시키지는 않았을 것이다. 이제 "클레오파트라의 코"를 말해서 무엇하리오마는, 군인으로서 자신의 구국의 신념에 따라 남로당 조직원이 되고 또 그 조직을 배신하여 살아남아 위화도회군 이상의 반전을 꾀하여 쿠데타에 성공했다 하여 우리가 박정희 대통령에게 긍정적인 가치판단만을 내릴 수는 없듯이, 이태조의 위화도회군에 대하여 교과서에서 무작정 찬양하듯이 용비어천가만을 부를 수는 없는 노릇이다. 그렇다면 과연 역사를 왜 쓰는가?

옹졸하기만 한 좌절의 역사

생각해보라! 세조의 찬탈에서 살아남은 훈구파들을 치고 나오는 조광조의 지치주의(至治主義)도 너무 옹졸하고, 조광조에 계보를 대는 향후 사람들의 파벌의식도 너무 협애한 느낌이 든다. 저 광활한 대륙의 기상이 이제 태백산 줄기에도 못미치는 소백산의 골골에 웅크리고 앉아 관념의 유희를 일삼는 꼴이 되고 만다. 선조가 명군이라고 한다면 어찌 율곡의 십만양병의 소리를 들을 수 없었는가? 대란 속에서도 국권을 지킨 이순신은 어찌하여 노량대첩에서 스스로 목숨을 끊어야 했는가? 그가 왜병의 조총 총구에 몸을 내맡기고 판옥선 이물에 서있던 까닭이 무엇이뇨? 그가 평소 "목숨을 던질 줄 알면 반드시 살 것이요, 살려고 바둥거리면 반드시 죽을 것이다"(必死則生, 必生則死。『李忠武公全書』卷八, 26b)라고 장병들에게 한 말이 이제는 자신의 생애에 적용되어야 할 시점이라는 것을 정확히 꿰뚫은 것이다. 조선왕조는 이미 이태조의 건국이념이래, 이순신과 같은 인물을 살아있는 영웅으로 키워줄 수 있는 배짱이 없는 나라였다. 애기장수는 씨부터 말려 죽였고, 애기장수로서 살아남은 광산인 김덕령(金德齡, 1567~1596) 같은 의병장도 왜적을 잘 무찌른 죄밖에는 없는데 쌩으로 패 죽였다. 전혀 무관한 트집을 잡아 20일 동안 계속 두들겨 패는 혹독한 고문으로 옥사시켰던 것이다. 광주의 충장로가 그의 피비린내 나는 이름을 딴 것이고 바로 그곳에서 광주민중항쟁의 피가 다시 흘렀으니 역사의 아이러니도 이만저만한 것이 아니다. 충장공 김덕령 민간설화에 의하면 아무리 패도 죽지를 않자, 고문관이 어떻게 하면 당신을 죽일 수 있느냐고 묻자, "날 죽이려면 '만고충신효자 김덕령' 이라는 비를 세워주오" 했다. 그대로 하자, "내 다리 아래의 비늘을 뜯고 그곳을 세 번 때리면 죽는다" 고 알려주었다. 김덕령은 그대로 죽었다. 이 모든 설화가 억울한 죽음을 애석해하는 민중의 신음이요 하나님의 소리다. 지금도 굿판이라는 굿판엘 다 가보아도 울긋불긋한 최영 장군의 걸개그림은 꼭 걸려있다. 그가 위화도회군으로 희생된지 600년이 지났어도 민중은 그에 대한 사랑을 잃지 않고 기억하고 있는 것이다.

조선왕조는 그토록 혹독한 임진왜란을 치르고서도 300년 후에 다시 다가올 경술왜란(1910)에 대비할 수 있는 아무런 교훈을 얻지 못했다. 마치 우리가 일제에 대한 반성이 부족하듯이, 반민특위를 별다른 이유없이 묵살시키고 말 듯이, 임란 이후의 논공행상도 개판이었다. 정확한 포폄이 이루어지질 않았다. 그리고 그 후로도 국제적 평형감각이 있는 인물은 다 제거시켰다. 광해군과 같은 인물을 폐위시킨 것이나, 소현세자 같은 국제감각이 있었던 뛰어난 인물을 살해시킨 것은 참으로 애석한 일이다. 아담 샬 등과 친교를 맺고 청나라의 문물에 눈이 밝아진 소현세자는 입국한지 2달 후인 1645년 4월 23일 갑자기 병으로 드러누웠고, 와병한지 3일만에 의문의 죽음을 당하였다. 그의 온몸이 새까맣게 변해 있었고, 뱃속에서는 피가 쏟아졌다고 『실록』은 쓰고 있다. 아버지 인조가 죽인 것이다. 이것이 우리나라가 깨인 사람, 큰 인물을 대하는 방식이다. 구약의 음란과 음탕과 음모와 무엇이 다를 바가 있으랴!

우리민족의 시련과 유대민족의 시련

이제 나는 입을 다물려 한다. 그러나 내가 꼭 하고 싶었던 이야기는 우리민족의 초기기독교인들은 이스라엘민족의 역사를 읽으면서 자기민족의 역사를 반성할 줄 알았고, 그러한 좌절과 패배와 낭패 속에서도 하나님의 뜻을 읽으려 했다는 것이다. 왜 이다지도 혹독하게 우리에게 시련이 다가오는 것일까? 왜 우리는 나라를 잃고 이렇게 헤매어야만 하는가? 애굽이라는 식민지로부터 시작해서 바빌론의 유치시대로, 예루살렘성전파괴 이후의 이천 년의 다이애스포라로 이어지는 유대민족의 시련이 곧 우리민족의 시련처럼 느껴졌고 또 그 역사 속에 역사하시는 하나님의 섭리가 분명히 우리민족역사에도 내재한다는 확신을 가지고 있었던 것이다.

북간도 명동학교와 우리민족정신사

나는 장공 김재준 목사님께 내 생애 처음으로 동양사강의를 들었고, 문익환 선생으로부터 구약학개론을 들었고 문동환 선생으로부터 교육학 개론을 들었다. 그리고 때때로 강원룡 목사가 와서 특강을 했고 문재린 노목사님은 임마누엘이라는 히브리글자가 쓰여져 있는 교정에서 잡초를 뽑고 계시곤 했다. 이 분들이 모두 북간도 용정에 있는 명동학교(明東學校)와 관련이 있고 북간도민족운동의 선구자이며 기독교 신앙인이었던 규암(圭巖) 김약연(金躍淵, 1868~1942) 선생의 훈도를 받은 사람들이다.

> 죽는 날까지 하늘을 우러러
> 한점 부끄럼이 없기를,
> 잎새에 이는 바람에도
> 나는 괴로워 했다.
> 별을 노래하는 마음으로
> 모든 죽어가는 것을
> 사랑해야지.
> 그리고 나한테 주어진 길을
> 걸어가야겠다.
> 오늘밤에도 별이
> 바람에 스치운다.

우리에게 너무도 친숙한 이 시의 주인공 윤동주는 문익환과 같이 뒹군 명동학교 동급생이다. 우리에게 『아리랑』이라는 불후의 명작 필름을 남긴 회령 사람 춘사 나운규도 바로 이 명동학교출신이다. 모두 기독교정신의 훈도를 받고 민족정신을 지켜나간 사람들이다.

내가 생각하고 있는 기독교는 이런 기독교다. 절박한 상황에서 메시아를 기다리며 자신의 죄악을 반성하고, 나 일신의 편안함이나 세속적 영욕에서 벗어나 항상 하나님의 뜻대로 헌신하는 사람들의 자발적 공동체로서의 기독교! 그런데 오늘날의 한국기독교는 그러한 초기기독교의 긴장감으로부터 너무 지나치게 이완되어 있다는 느낌이 있다. 그러한 절박한 공동의 구원을 향해 기도하는 사람들의 모임이 아니라, 이 사회의 특권층들의 소셜클럽, 풍요로운 사교모임 이상의 별다른 느낌을 주지 않을 때가 많다.

내가 한국신학대학을 다닐 때만 해도, 수유리 한신동산에 여기저기 흩어져있는 나즈막한 송림 사이의 집들로부터 새벽이면 여기저기서 쏟아져나오는 신학생들의 행렬이 산마루 오솔길에 가득찼고 항상 자연스럽게 사중창으로 울려퍼지는 찬송가의 화음이 삼각산의 골골을 메웠다. 그리고 새벽 채플시간이면 모두 조용히 기도하며 묵상하던 그 모습에는 그래도 북간도 용정의 기개와 절개와 기품이 서려있었고 항상 회개하는 눈시울에는 성스러운 눈물이 고여있었다. 그런데 지금 우리가 압제와 압박과 긴박의 식민지세월 속에서 "요단강 건너가 만나리……"를 목놓아 부르던 그 피세적 기독교를 되찾자

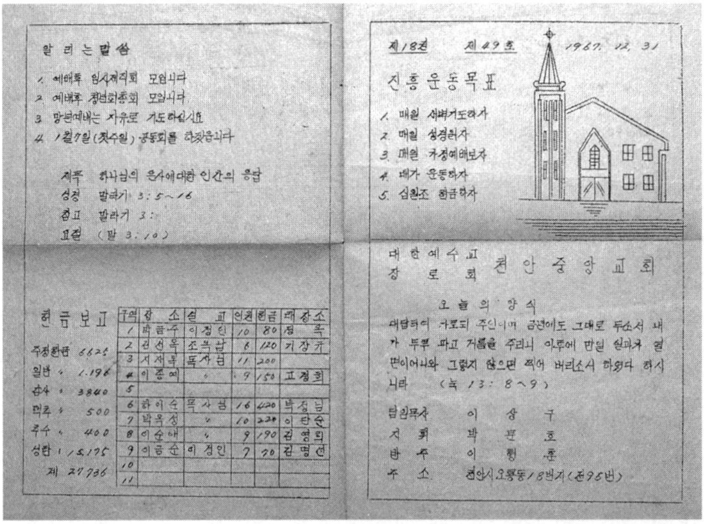

알리는 말씀

1. 예배후 임시제직회 모입니다
2. 예배후 청년회총회 모입니다
3. 망년예배는 자유로 기도하십시요
4. 1월7일(첫주일) 공동회를 하겠읍니다

제목 하나님의 은사에대한 인간의 응답
성경 말라기 3:5~16
참고 말라기 3:
요절 (말 3:10)

헌금보고

주정헌금 6625
일반 〃 1.196
감사 〃 3840
맥추 〃 500
주수 〃 400
성탄 〃 15175
계 27736

구역	장소	설교	인원	헌금	래장소
1	최금수	이정인	10	80	정 옥
2	권선옥	조부남	6	120	기장규
3	지재옥	목사님	11	200	
4	이종예	〃	9	150	고정희
5					
6	하이순	목사님	16	420	박정님
7	박옥성	〃	10	220	이탄순
8	이순애	〃	9	190	김영희
9	이금순	이정인	7	70	김명선
10					
11					

제18권 제49호 1967. 12. 31

진흥운동목표

1. 매일 새벽기도하자
2. 매일 성경읽자
3. 매일 가정예배보자
4. 배가 운동하자
5. 십일조 헌금하자

대한예수교 장로회 천안중앙교회

오늘의 양식

대답하여 가로되 주인이여 금년에도 그대로 두소서 내가 두루 파고 거름을 주리니 이후에 만일 실과가 열면이어니와 그렇지 않으면 찍어 버리소서 하였다 하시니라 (눅 13:8~9)

담임목사 이상구
지휘 박문호
반주 이형춘
주소 천안시오룡동18번지(전95번)

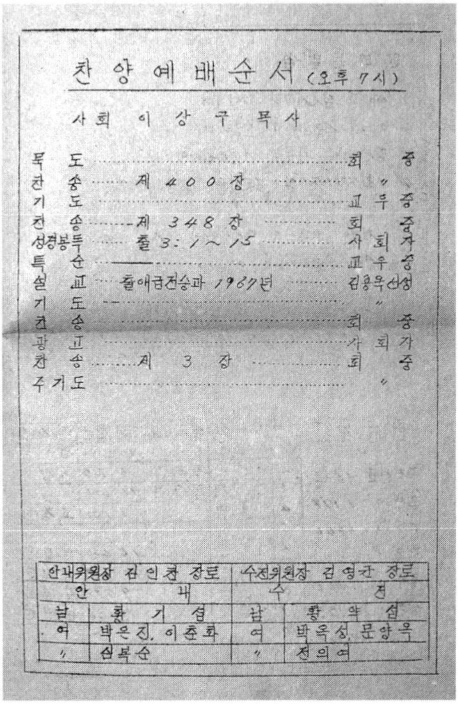

찬양예배순서(오후 7시)

사회 이상구 목사

묵도 ………… 회중
찬송 …… 제400장 …… 〃
기도 ………… 교우중
찬송 …… 제348장 …… 회중
성경봉독 …… 출 3:1~15 …… 사회자
특순 ………… 교우중
설교 …… 출애급전승과 1967년 …… 김용옥선생
기도 ………… 〃
찬송 ………… 회중
광고 ………… 사회자
찬송 …… 제3장 …… 회중
주기도 ………… 〃

안내위원장 김인창 장로		수전위원장 김영간 장로	
안내		수전	
남	황기섭	남	황약섭
여	박은진, 이춘화	여	박옥성, 문양옥
〃	심복순	〃	전의여

1967년
마지막 날
오백여명의
신도 앞에서 한
나의 첫설교를
전하는 주보.
이후로 나는 여러곳
큰 회중 앞에서 계속
설교를 했다.

는 것도 아니요, 초기기독교가 지향하던 순교자의 순결성을 유지하자는 것도 아니지마는, 신·구약의 말씀 속에서 참으로 역사 속에서 역사하시는 하나님의 뜻을 찾던 민족적 체험의 감격이 오늘 이 찬란한 대한민국 기독교의 성취를 이루어 놓았다는 것을 항상 반추하며 그 초지를 잊지말아야 한다는 것을 상기시키고 싶은 것이다. 그리고 우리가 다시 한번 확인해야 할 주제는 우리 기독교의 자주성과 자발성, 주체성과 능동성이다. 많은 사람들이 아직도 기독교를 서양종교로 잘못 알고 있으며, 아직도 한국의 기독교가 선교사들이 선교를 잘한 덕분에 생겨난 것인 줄 생각한다. 한국에 온 선교사들이 훌륭한 것이 아니라, 그들의 선교를 의미있게 만들어준 조선의 민중들의 의지가 위대한 것이다. 테레사 수녀가 위대한 것이 아니라 테레사 수녀를 있게 만드는 인도의 사람과 문화와 토양이 위대한 것이다. 내가 하바드대학을 졸업할 때, 졸업식 키노트 스피치는 솔제니친이 했고, 명예박사학위 수여자의 하이라이트는 테레사 수녀님이었다. 그래서 전날 하바드 야드에 조용히 앉아계신 수녀님께 내가 그러한 나의 생각을 전했다. 수녀님은 조용히 들으시고 묵언으로 화답했다.

한국기독교는 세계기독교의 생명력

20세기 세계기독교가 한국민중의 놀라운 선교정신 때문에 그 생명력을 유지했다고 말해도 결코 과언이 아니다. 오늘날 이 지구상에서 일요일날 실제적으로 교회를 가는 인구가 이토록 많은 나라는 거의 대한민국이 유일할 것이다. 한국은 현재 이 지구상에 액티브한 기독교 신도가 비율적으로 가장 많은 나라 중의 하나로 꼽힐 것이다. 그리고 사람이 꽉꽉 들어차는 대형교회가 많기로는 세계제일일 것이다. 이 지구상의 모든 대형교회들은 텅텅 비어있는 것이다. 미국에서 일요일날 대학가에서 성경을 겨드랑이에 끼고 자랑스럽게 교회에 가는 학생들 모습을 보기는 하늘에 별따기 같이 드문 일이다. 그런데 우리나라 어느 대학을 가도 도서관에 들어가보면 책상 위에 성경부터 놓고 앉아있는 학생들의 비율이 수십 퍼센트는 꼭 된다. 참 놀라운 일이다. 내가 대학 다닐 때만 해도 정상적으로 학문하는 대학생이 그렇게 성경소지를 표면화시키는 일은 드물었다. 나는 성경을 항상 몰래 읽는 것처럼 읽었고 교회 다닌다는 사실에 대해서도 웬지 부끄럼을 탔다. 하여튼 좋은 세상이 온 듯한데, 그토록 자신을 자랑스럽게 드러내는 기독교인들의 성서이해가 과연 어떠한 수준에 머무르고 있는지…… 하여튼 나 도올보다는 더 훌륭한 기독교인이 되어주기만을 기도하고 또 기도한다.

기독교는 20세기를 통하여 이미 과학화되고 민주화되고 개인화된 서구사회에서는 그 생명력과 활력을 잃었다. 사실 20세기 미국의 기독교도 억압받던 흑인 인구가 유지시켜 온 것이고, 그 영적 영감을 불어 넣어준 것이다. 소울 뮤직이니, 가스펠송이니, 재즈니 하는 것들이 미국기독교의 생명력을 유지시켜준 것이다. 기독교는 현재 서구를 떠나 제3세계를 밭으로 하여 생명의 씨앗을 뿌리고 있는 것이다. 그 제3세계 기독교의 가장 거대한 축이 한국의 기독교라고 말할 수 있다. 따라서 한국기독교의 미래가 세계기독교의 미래를 운명지을 수 있다는 역설도 얼마든지 가능하다. 바티칸도 현재 중국선교에 눈독을 들이고 있고, 한국기독교도 북한선교와 중국선교에 깊은 관심을 표명하고 있다. 그러나 우리가 깨달아야 할 것은 더 이상 한국기독교가 팽창주의적 전도나 건축헌금의 긴장감으로 유지할 수도 없고, 해서는 아니 된다는 것이다. 종교에는 본시 원본(原本)이라는 것이 없다. 오직 하나님의 말씀이 있을 뿐이요, 그 말씀에 대한 인간의 해석이 있을 뿐이다. 그 해석은 모두 그 당장(當場)의 문화적 토양 속에서 토착화되어갈 뿐이다. 나는 한국기독교의 미래는 오직 "성서의 바른 이해" 그 하나에 달려있다고 생각한다. 그 이해를 위하여 나는 요한복음을 강해하고자 하는 것이다.

성서 판본들

영어성서는 1952년에 나온 미국의 개정표준판(Revised Standard Version)을 썼다. 성서의 판본에 관해서는 나의 별책 『기독교 성서의 이해』의 판본관련 부분을 참고하는 것이 좋을 것이다. 보통 "RSV"라고 약칭하는데, 이것은 1611년에 성립한 킹 제임스 흠정역(King James Version)을 개정한 1901년의 미국표준판(American Standard Version)을 다시 개정한 것이다. 여기 "개정"(Revised)이라는 말에 좀 주의를 기울일 필요가 있다. 보통 개정이라 하면 기존의 번역의 문체나 오역을 다듬거나 수정하는 것으로 이해하기 쉽지만, 이 RSV의 경우는 KJV에 비해 근본적으로 판본이 다르다는 것을 이해해야 한다.

KJV의 저본이 된 희랍어텍스트는 불완전한 판본이었다. KJV가 성립한 이후로 몇 세기 동안 많은 희랍어 양피지·파피루스 고사본들이 발견되어 보다 완정(完整)한 형태로 희랍어 판본이 종합되고 다듬어졌다. 19세기 말기에나 제대로 된 희랍어판본이 성립한 것이다. RSV는 이러한 새로운 희랍어성경판본에 의거한 것이며, 따라서 KJV보다 더 희랍어원문에 충실한 번역이다. 물론 KJV의 고품격의 옛말영어는 그 나름대로 독특한 문화사적 가치를 보유한다. RSV판본 이후의 모든 판본들은 읽고 이해하기는 쉬우나 상당부분이 파라프레이즈 되어서 원문의 맛으로부터 멀어진 느낌이 있다. 나는 RSV를 사용하였다.

한국말성경은 개역한글판, 공동번역판, 한국 천주교 주교회의판을 참고하였다. 1937년에 완성되어 1952년에 그 개정판이 성립한 개역한글판은 그 나름대로 문제는 있다 해도 한국기독교의 통합된 상징이라 할 수 있으며 매우 아름다운 우리말을 보존하고 있다. 1964년에 나온 貫珠聖經全書 簡易國漢文한글판이 아직도 많이 보급되고 있는데 이 개역한글판은 우리가 지켜가야 할 우리성서임을 밝혀둔다. 공동번역판도 매우 훌륭한 작업이다. 성서의 "이해"라는 측면에서 공동번역판이 달성한 성과는 이루 말할 수 없이 지대하다. 주교회의판은 공동번역판을 개정한 것이다.

다음, 현재 세계적으로 통용되는 희랍어성경은 두 판본이 있다. 하나는 독일의 신약텍스트연구소에서 나온 것이고 하나는 미국의 연합성서공회에서 나온 것이다. 나는 대학시절부터 가지고 있던 *Novum Testamentum Graece*, Württembergische Bibelanstalt, Stuttgart, 1963년 제25판을 썼고, *The Greek New Testament*, United Bible Societies, 2005년 제10판도 같이 참고하였다. 양자는 물론 대동소이하다. 라틴어성경은 *Novum Testamentum Graece et Latine*, Deutsche Bibelgesellschaft, Stuttgart, 1999년 교정판(3. korrigierter Druck 1999)을 참고하였고, 셉츄아진트는 *Septuaginta*, Deutsche Bibelgesellschaft, 1979년판을 필요에 따라 참고하였다. 히브리성경(구약)은 *JPS Hebrew-English TANAKH*, The Jewish Publication Society, 2000년판을 필요에 따라 참고하였다.

요한복음

The Gospel According to John

예수의 말씀을 듣는 예루살렘 군중
요한복음 전체의 분위기를 잘 나타내고 있다
렘브란트 1656, 206×156mm

The Gospel According to John

Chapter 1

제1장

강해 우선 제목부터 정확히 이해하고 들어가는 것이 좋겠다. "요한복음"은 "요한의 복음"이 아니다. 다시 말해서 요한이 주제가 되는 복음이 아니라는 뜻이다. 요한은 단지 복음의 기술자에 지나지 않는다. 그래서 "according to"라고 한 것이다. "요한의 복음서"가 아닌 "요한에 의한 복음서"라는 뜻이다. 그럼 누구의 복음인가? 그것은 두말할 나위 없이 "예수 그리스도의 복음"이다. 그러니까 온전한 제목은 "The Gospel of Jesus Christ According to John"이다. 이러한 단순한 사실부터 명료하게 인식하고 들어가야 한다. 요한에 의한, 요한이 기술한 예수 그리스도의 복음서인 것이다.

최근에 공개되어 관심과 논란의 대상이 된 2세기 중엽의 "유다복음서"(*The Gospel of Judas*, 요한복음서보다 약 50년 뒤늦게 성립)의 경우, 이것은 "유다에 의한 예수 그리스도의 복음서"가 아니라 "가룟 유다 자신이 전하는, 그의 복음"에 관한 책이다. 그러니까 주인공이 가룟 유다가 되어 있으며 내용도 예수의 생애를 그리고 있지 않다. 예수가 십자가에 못박히기 전 8일간의 상황, 주로 가룟 유다와의 대화가 수록되어 있다.

RSV

1 In the beginning was the Word, and the Word was with God, and the Word was God.
2 He was in the beginning with God;
3 all things were made through him, and without him was not anything made that was made.

신개역

1 **태초에 말씀이 계시니라. 이 말씀이 하나님과 함께 계셨으니, 이 말씀이 곧 하나님이시니라.**
2 **그가 태초에 하나님과 함께 계셨고;**
3 **만물이 그로 말미암아 지은 바 되었으니, 지어진 것이 아무것도 그가 없이는 지어진 것이 없느니라.**

강해 우선 "태초"라는 말이 과연 정확하게 무엇을 뜻하는지 퍼뜩 석연하게 가슴을 지나치지는 않는다. "태초에"라는 말은 "엔 아르케"(Ἐν ἀρχῇ)라는 희랍어의 번역인데, 이 "아르케"라는 개념은 소크라테스 이전부터 희랍철학에서 매우 빈번하게 쓰이던 말이었다. 그것은 이 우주를 구성하는 궁극적인 원질(原質, archē, Urstoff)이라는 의미도 되지만, 그냥 "시작," "그 무엇이 시작되는 최초의 단초"의 의미로 평범하게 쓰인 말이었다.

여기 "태초"라는 말에서 가장 문제가 되는 것은 "태초"가 시간상(上)의 개념인가? 시간을 벗어난 개념인가 하는 것이다. 그런데 과연 "시간을 벗어난" "시간 밖의"라는 개념이 과연 구체적으로 무엇을 의미할까? 현대물리학에서 말하는 "빅뱅"(Big Bang)의 이론으로 이 논의를 바꾸어 본다면 빅뱅 그것이 바로 시간과 공간 그 자체의 창조이기 때문에 "시간 이전의 세계"라는 개념 자체가 성립하기 어렵다. 다시 말해서 현대물리학에서는 시간은 물질과 더불어 있는 것이라고 본다. 물질이 없으면 시간도 없다. 다시 말해서 유기체의 생로병사가 없으면 시간이 없는 것이요, 무기물의 생성과 소멸이 없으면 시간도 없는 것이다. 다시 말해서 변화(change)를 일으키는 스터프(stuff, 존재의 건덕지)가 없으면 시간도 없는 것이다. 따라서 물질로 구성된 이 세계를 부정하면 시간도 부정된다. 우리나라 공동번역판은 이 구절을 다음과 같이 번역했다.

한 처음, 천지가 창조되기 전부터 말씀이 계셨다.

그런데 이런 번역은 좀 곤란하다. "천지가 창조되기 전부터"라는 구절은 원문에 없는 말이기 때문이다. 공동번역자는 이 구절, 즉 "엔 아르케"라는 말을 "시간 이전에"라는 뜻으로 해석했던 것이다. 그런데 자신의 해석을 본문에다 삽입시키는 것은 매우 불성실한 것이고, 위험하고, 또 많은 오해의 소지를 야기시키며, 가장 결정적인 오류는 많은 해석의 가능성을 묵살해버리고 하나의 해석을 독점해버린다는 것이다. 이 공동번역의 실수가 다음과 같은 무자비한 막된 번역들을 잉태시킨다. 성서원에서 나온 현대어성경은 다음과 같이 쓰고 있다.

천지가 창조되기 전, 아무것도 존재하기 전에 말씀이 계셨다.

내가 생각하기에 이 번역은 정말 엉터리 번역이다. 성서를 이렇게 엉터리로 조작한다는 것은 참 부끄러운 일이다. 성서 희랍어원문에는 "천지가 창조되기 전"이라는 말도 없고, "아무것도 존재하기 전에"라는 말도 없다. 다음에 나오는 말을 보자! "말씀이 계셨다." 그렇다면 말씀은 존재가 아니란 말인가? "계셨다"는 말은 곧 "존재"라는 의미이다. 말씀은 분명히 존재이다. 그렇다면 "존재가 있기 전에 존재가 있었다"라는 말이 도대체 성립할 수 있는가? 성서를 번역한다고 덤벼들기 전에 우리말부터 공부하는 것이 좋을 것 같다. 한국 천주교 주교회의판은 다음과 같다.

한 처음에 말씀이 계셨다.

매우 성실하고 좋은 번역이다. “엔 아르케 엔 호 로고스”(Ἐν ἀρχῇ ἦν ὁ λόγος)라는 이 간결한 성경말씀에 가장 가깝게 오는 것은 개역한글판(태초에 말씀이 계시니라)과 주교회의판 두 판본뿐이다. 구관이 역시 명관이라, 그래서 내가 개역한글판(1952년 성립)을 옛 판이라 해서 우습게 보지 말라고 한 것이다.

그런데 공동번역판의 번역자들이나 그 후의 번역자들이 “태초에”를 “시간 이전에”로 해석한 것은 불트만의 『요한복음주석』의 영향을 받았기 때문이다.

> The *archē* is not therefore the first member of a temporal succession, but lies before all time, and therefore before all worlds. Thus the Logos does not belong to the world—not even in the sense of being the key for explaining how the world and time began.(Rudolf Bultmann, *The Gospel of John* 31:이제부터 불트만 주석은 *BG*로 약칭).
>
> “태초”는 시간계열의 첫 고리가 아니다. 태초는 모든 시간에 선행하며 따라서 모든 세계에 대하여 선재한다. 따라서 로고스는 이 세계에 속하지 않는다. 이 세계와 시간이 어떻게 시작되었는지를 설명할 수 있는 열쇠가 되는 그러한 의미도 내포하고 있질 않다.

이러한 불트만의 주석은 매우 그럴듯하다. 그러나 그가 아무리 존경스러운 석학이라 할지라도 그의 주석을 우리가 그대로 따라야 할지에 관한 논의는 차원을 달리하는 것이다. 불트만의 주석이 매우 그럴듯한 것은 오직 그가 요한복음을 바라보는 전체적 해석의 틀 속에서만 그럴듯한 것이다. 그 틀이 바로 영지주의(Gnosticism)라는 것이다. 그가 영지주의를 긍정하든지 부정하든지를 불문하고, 그는 요한복음을 영지주의라는 신화적 세계관의 구조 속에서 파악하려는 명백한 의도를 가지고 있기 때문에 "태초"는 당연히 시간 밖으로 나가버린다. 공관복음서가 예수를 역사적 지평 위에서 제시하려고 노력한 것에 비해, 요한복음은 그 역사적 지평에 대한 해석의 틀을 제공하려는 것이기 때문에 공관복음서를 뛰어넘는 어떤 통합적 우주론이 있어야 하는 것은 너무도 당연하다. 그리고 당시의 모든 우주론이라는 것은 요즈음 우리가 알고 있는 합리적·과학적 우주론이 아니었기에 당연히 신화적일 수밖에 없었다.

그러나 우리가 불트만을 읽을 때 조심해야 하는 중요한 사실은 그는 영지주의를 너무 명료하게 실체화하고 있다는 것이다. 그에게는 영지주의로 규정된 명료한 신화적 세계관이 실체화되어 있는 것이다. 불트만만 해도 나그 함마디 문서를 접하지 못했으며 당대의 다양하고 풍요로운 세계관들을 포괄적으로 이해할 수 있는 틀이 부족했다. 나는 요한복음을 영지주의라든가 반영지주의라든가 하는 틀 속에서 이해해서는 안된다고 생각한다. 영지주의라는 전제로부터 요한복음을 근원적으로 해방시켜야 한다고 나는 생각하는 것이다. 요한복음이 영지주의를 부정했다, 거부했다고 말하는 동시에 이미 영지주의적 세계관은 요한복음에 배어들어가 버린다. 다시 한번 주교회의판 성경구절을 되씹어보자!

한 처음에 말씀이 계셨다.

아무 편견없이, 아무런 지식의 현학적 과시가 없이, 이 한마디를 생각해보자! "한 처음"이 과연 시간 이전(pre-temporal)을 의미하는 것을까? "처음"이란 무엇인가? "처음"이라는 우리말은 분명히 시간 계열의 첫 고리를 의미한다. 그것은 시간상의 시작을 의미하는 것이다. "한 처음!" 여러 가지 처음이 있지만, 그 많은 처음 중에서 최초의 처음, 즉 우주의 시작과도 같은 "한 처음," 그 처음부터 말씀은 있었다 하더라도, 그 말씀은 결코 시간 밖으로 도망가지는 않는다. 그 말씀은 시간과 더불어 있다는 것을 요한복음의 저자는 첫머리에서 말하려는 것이다. 이것은 결코 창세기적 메시지가 아니다! 한 처음부터 이 시간과 공간의 우주와 같이하는 말씀의 존재를 강조하는 것이다. 희랍철학의 아르케도 탈레스로부터 시작하는 모든 자연철학자들에게 있어서 시간의 시작을 의미하는 것이며 선시적(先時的, pre-temporal) 그 무엇을 의미하지는 않는다. 따라서 우주의 원질을 의미하는 아르케도 이 시공적 세계에 내재하는 궁극적 원질을 의미하는 것이며 이 시공적 세계를 초월하는 그 무엇은 아니다. 그 초월성은 후대 플라톤철학에서나 형상화된 것이다. 불트만은 요한복음을 주석하는 데 있어서 요한복음과 희랍철학과의 관계를 철저히 단절시키려고 노력한다(*BG* 24). 그러나 요한복음의 신화적 세계관이 희랍 철학과는 전혀 다른 그 어떤 가치관의 소산이라고 말한다 할지라도 요한복음은 일차적으로 희랍어로 쓰여진 것이며, 요한복음의 청취자(聽取者)나 독취자(讀取者)나 모두 헬레니즘의 가치관에 푹 젖어 있었던 로마사람들이었다. 이 그레코·로망 전통의 연속적인 일반적인 가치관을 단절시키고, 무리하게 해석하는 것은 소수 현대기독교 신학자들의 독단에 불과하다. 요한복음의 언어는 매우 일반적인 희랍 철학의 전통 속에서 일차적으로 료해되어야 한다는 것은 해석학적 당위에 속하는 것이다. 그 토양 위에서 독특한 기독교적 해석구조를 정립해야 하는 것이다. 우리가 기억해야 할 중요한 사실은 여기 태초니, 로고스니 하는 말들이 특별한 설명이 없이 논의되고 있다는 것은 최소한 요한의 커뮤니티 안에서는 누구나 알아듣는 메시지였다는 것이다. 그것은 물론 희랍문화의 상식적 가치관을 전제로 하지 않고서는 이야기될 수 없는 것이다.

만약 "처음"을 시간 밖으로 설정한다면(논리적으로도 불가능하지만), 요한복음의 세계관은 이 세계와 하나님을 완전히 단절시키는 메시지가 되고 만다. 시간의 부정은 이 변화하는 세계의 부정을 의미한다. 요한복음의 우주관 속에는 이 세계에 대한 부정을 숨기지 않고 명백하게 드러내고 있다고는 하지만 처음부터 요한복음을 그런 방식으로만 해석한다면, 요한복음은 완전히 피세적, 초세간적 메시지가 되어버리고 만다. 그렇다면 과연 이 세계 안에 사는 우리에게 무엇이 기쁜 소식이란 말인가? 우리가 아무리 발버둥쳐봐야 결국 우리는 이 세계, 이 시간과 공간을 떠날 수 없다. 오직 죽음으로써 이 시공을 떠날 수 있고, 복음은 오로지 죽음 후에나 적용되는 기쁜 소식이라고 한다면, 이집트의 사자(死者)의 서(書)나 읽을 것이지 무엇 때문에 요한복음을 읽을 것인가? 그토록 죽음이 그리운 사람은 티벹 밀교로나 가서 삶과 죽음의 사이 중유(中有, antarā-bhava)의 미로나 헤매어라! 나 도올은 중유의 미묘함에 관심이 없노라! 모든 종교의 정도(正道)는 현(顯)에 있지 밀(密)에 있지 아니 하다. 불(佛)의 대로(大路)는 오직 선(禪)에 있고 조주(趙州)가 말하는 평상심(平常心)에 있나니……

이제 "태초"라는 말에 이어지는 "말씀," 즉 로고스를 이야기해야 하고, 또 "계시다"라는 말이 과연 무엇을 의미하는지를 이야기해야 한다. 그런데 여기 우리의 고민이 있다. 이런 식으로 요한복음 전체를 해석해나가려면 최소한 원고지 1만 장은 필요할 것이다. 아니 1만 장으로도 족히 모자랄 것이다. 그러니 어찌할 것인가? 1천 매 정도로 본서의 매수를 제한시켜 달라는 출판사와 방송사의 부탁도 있고, 6척도 아니 되는 이 단구(單軀)의 기력의 한계도 있으니 이를 어찌하리오! 독자 여러분들께서 나보다 훌륭한 신학자 선생님들의 해석과 주석을 많이 읽고 스스로 깨우치기를 바란다. 나는 간결히 문제되는 것만 약언코자 한다.

1절과 2절을 통하여 가장 고민스러운 것은 아주 단순한 신택스(syntax)상의 모순에 관한 것이다.

1. 말씀이 하나님과 함께 계셨다.
2. 이 말씀이 곧 하나님이시다.

제1 명제와 제2 명제가 완전히 다른 문맥에서 독자적으로 등장한다면 그런대로 해석이 가능하지만 이 두 명제가 하나의 문장 속에서 융합되어 있는 것이다.

1. 갑돌이와 을돌이는 같이 있었다.
2. 갑돌이는 을돌이이다.

제1 명제에서는 분명히 갑돌이와 을돌이는 다른 두 개의 개체이다. 그러나 제2 명제에서는 갑돌이와 을돌이는 같은 동일한 개체이다. 다시 말해서 하나이지 둘이 아니다. "갑돌이와 을돌이는 같이 있었는데 갑돌이와 을돌이는 한 사람(존재)이었다." "A와 B는 같이 있었는데 A는 B였다." 알 듯 말 듯, 도무지 아리송하다. 나는 성서를 읽을 때, 이런 말들이 도무지 이해가 가질 않았다. 하늘에서 뚝 떨어진 말이라 생각하질 말고, 과연 요한복음의 저자가 우리에게 무엇을 전하려 하는지, 아무리 하나님의 말씀이라 하더라도 그것이 인간의 언어라는 외투를 입은 한에 있어서는 분명히 사람에게 이해되기 위한 것이다. 인간에게 이해되지 않는 말은 말이 아니다. 그것을 방언이라 말할지는 몰라도 성서는, 최소한 복음서는 방언을 적어놓은 것은 아니다. 분명한 타게트가 있었고, 그들 타게트에게 의미를 전달했고 또 그 의미는 타게트에 의하여 이해되었던 것이다.

"말씀이 하나님과 함께 계셨고, 말씀은 곧 하나님이시다"라는 이 논리적으로 모순되는 말을 이해하기 위하여서는 우리는 우선 "말씀"이라는 말을 이해할 필요가 있다. "말씀"은 희랍어로 "로고스"(Logos)라고 하는데, "로고스"라는 말에 겁먹을 필요는 없다. 그것은 희랍사람들이 예로부터 아주 흔하게 쓰는 그냥 "말하다"라는 동사의 명사형일 뿐이다. 우리가 현재 누구든지 말을 하면서 살고 있기 때문에 "말한다"는 사실을 너무 대수롭지 않게 생각할 수 있지만, 사실 인간이 인간다울 수 있는 가장 근원적인 이유는 우리가 말을 한다는 사실일 것이다. 우리는 아리스토텔레스의 다음과 같은 말을 기억한다: "인간은 이성적 동물이다."(zōon noētikon, animal ratiōnāle). 인간은 물론 동물에 속한다. 동물의 외연이 인간보다 넓다. 동물의 개념 속에는 인간외로 많은 동물의 종이 들어있다. 인간이라는 동물을 타동물과 구분짓는 속성을 종차(種差)라고 한다면 그 종차의 가장 현저한 특질이 바로 "이성적"이라는 속성이다. 그런데 사실 이 명제는 실제로 이와 같이 전환될 수 있다: "인간은 말하는 동물이다."

인간이 인간다울 수 있는 이유, 바로 타동물과 구분될 수 있는 이

유가 말씀, 즉 로고스인 것이다. 그런데 말은 거저 혓바닥만 움직여서 되는 것이 아니다. 개도 새도 고양이도 혓바닥을 움직이고 성대를 떨 수는 있다. 우리가 말할 수 있는 동물이 된 것은 말할 수 있는 어떤 공통의 보편적인 능력이 우리 영혼에 내장되어 있기 때문이다. 그 말할 수 있는 능력을 희랍인들은 이성이라고 불렀다. 그 이성이라는 말도 로고스라는 개념으로 표현했다. 희랍인들은 인간의 말과 그 말할 수 있는 능력을 철학의 가장 큰 주제로 삼았다. 이러한 희랍전통에서 이 요한복음의 언어가 탄생된 것이다. 요한복음의 대상층에 관하여 20세기 영국 신약학의 최거목이라고 말할 수 있는 다드(C. H. Dodd)는 다음과 같이 말한다.

> It seems therefore that we are to think of the work as addressed to a wide public consisting primarily of devout and thoughtful persons(for the thoughtless and religiously indifferent would never trouble to open such a book as this) in the varied and cosmopolitan society of a great Hellenistic city such as Ephesus under the Roman Empire.(*The Interpretation of the Fourth Gospel* 9).
>
> 나의 결론은 이러하다. 이 요한복음은 로마제국하의 위대한 헬레니즘문명의 도시 중의 하나인 에베소 같은 그러한 도시의 매우 다양하고 코스모폴리탄적인 사회 분위기 속의 아주 독실하고 사려깊은(생각없고 종교적으로 무관심한 계층의 사람들은 아예 이런 심오한 복음을 들으려고 꿈도 안 꾸겠지만) 인물들로 구성된 광범위한 일반 지식대중을 향하여 쓰여진 작품으로서 간주해야 한다는

것이다.(이러한 다드의 주장은 요한복음주석의 권위자인 바레트[C. K. Barrett]에 의해서도 부담없이 수용되고 있다. *The Gospel According to St. John* 136, 한국신학연구소 번역본 I-209)

그런데 이 희랍전통에 있어서, 로고스라는 개념, 즉 이 말씀을 최초로 자신의 철학적 담론의 주축적 개념으로 삼고 거기에 우주론적인 의미를 부여한 사람이 바로 에베소 사람으로서 에베소에서 활약한 헤라클레이토스(Heraclitus)였다. 그는 BC 500년 전후로 크게 활약한 사람이며 파르메니데스(Parmenides)보다 약 25세 연상이다. 우리가 상식적으로 생각하듯이 요한복음을 AD 100년경에 에베소에서 성립한 작품으로 본다면, 헤라클레이토스와 요한은 600년의 세월을 격하고 있지만 동일한 이오니아의 에베소를 배경으로 하고 있다는 공통점이 있다. 에베소는 이오니아왕국의 중심지였다. 전하는 바에 의하면, 헤라클레이토스는 왕족으로서 그 왕국을 물려받을 수 있는 위치에 있었으나 동생에게 왕위를 물려주고 자신은 진리추구에만 몰두했다. 그는 우주에 대한 열렬한 탐색 끝에 로고스에 도달했다. 그가 말하는 로고스는 단순한 철학적 탐색의 논리적 결과가 아니라 영감에 찬 우주에 대한 지식, 즉 영지의 획득의 결과였다. 그는 매우 신비로운 사상가였으며 금욕주의자였고 세속의 영예에 관심이 없었다. 그는 어린아이들과 장기를 두면서 놀곤 했는데, 시민들이 그에게 왜 그렇게 소일하냐고 비판하면, "뭐가 그리 놀랄 일 있는가? 아무짝에 쓸모없는 인간들 같으니라구. 그럼 내가 너희들과 정치장기라도

두란 말이냐?" 하고 되치곤 했다. 그 어느 누구도 헤라클레이토스와 요한복음의 저자를 연결시키려는 시도를 하지 않는다. 그러나 고대사회에선 600년의 세월이란 그리 긴 세월이 아니다. 헤라클레이토스는 철학적 사상가일 뿐 아니라, 수도자이기도 했고, 종교적 사상가이기도 했고, 지혜로운 스승이기도 했다. 헤라클레이토스의 로고스전통은 에베소의 문화를 통해 요한에게 다양한 전승의 갈래들과 함께 전달되었을 것이다. 그 직접적 사승관계를 떠나 독자들은 헤라클레이토스를 이해하면서 요한의 로고스기독론(Logos-Christology)을 본질적으로 이해할 수 있는 수없는 실마리들을 발견하게 될 것이다. 양자는 매우 본질적으로 차원을 달리하는 것 같으면서도 공통의 언어적 기반 속에서 제각기 특징있는 사유체계를 구성하고 있다. 나는 양자의 공통성이 요한복음을 이해하는 열쇠라고 생각한다. 헤라클레이토스는 말한다.

> 한 사람이 최상의 사람이라면 그는 나에게 만 명보다 더 위대하다 (즉 일당만一當萬이다.) (fr. 49)
>
> 한 사람의 충고를 잘 따르는 것이 정치적 율법을 따르는 것보다 더 낫다 (fr. 33).
>
> 오만은 도시의 대화재보다 더 신속히 꺼야 한다 (fr. 43).
>
> 내 말을 들으려 말고, 로고스(말씀)에 귀를 기울여라 (fr. 50).

> 내가 아무리 말씀(로고스)에 관하여 기술을 하여도 사람들은 항상 말씀을 이해하지 못한다. 말씀을 듣기 전이나, 말씀을 들을 때조차도 똑같이 말씀이 무엇인지 모른다. 만물이 이 말씀에 따라 생성되지 않는 것이 없음에도 불구하고 사람들은 말씀을 만나본 적이[체험한 적이] 없는 것처럼 보인다. 내가 설명하는 대로 말(이론)과 행위(실제과정)를 체험하고 있을 때에도, 내가 만물은 그 구성에 따라 어떻게 작용하고 있는지를 분별시켜주어도 사람들은 말씀에 무지한 듯하다. 이 세상 사람들은 자고있는 동안에 무엇을 했는지를 망각하는 것처럼 눈뜨고 있을 동안에도 무엇을 하고 있는지를 알아차리지 못한다 (fr. 1).

헤라클레이토스의 말들은 이와 같이 신비로운 단편들로 구성되어 있다. 제일 끝에 인용한 제1 단편은 요한복음 1:10을 연상시킨다.

> 그가 세상에 계셨으며, 세상은 그로 말미암아 지은 바 되었으되,
> 세상이 그를 알지 못하였고;

사람들이 밝은 대낮에 눈을 뜨고 살면서도 잠이나 어둠 속에서 보지 못하는 것처럼 알아차리지 못하는 그 말씀, 그 로고스란 무엇인가?

> 태양은 날로 새로워진다 (fr. 6).

헤라클레이토스는 이 우주를 불(Fire)이라고 생각한다. 날로 새로워

지는 저 태양! 아니, 매순간 새로워지는 저 불덩어리, 태양! 이 우주의 삼라만상 모든 것이 저 태양과도 같은 불이라고 생각한다. 불이란 무엇인가? 한번 생각해보자! 불이란 무엇인가?

1) 뜨겁다.
2) 위로 올라간다.
3) 모든 구성요소가 격렬하게 움직인다.
4) 반드시 인풋이 있고 아웃풋이 있으며, 그 생성과 소멸의 긴장 속에서 일정한 모습을 유지한다.

헤라클레이토스는 말한다.

> 이 질서 지워진 세계(코스모스)! 항상 모두에게 똑같은 모습으로 나타나는 이 세계는 하나의 신이나 인간에 의하여 창조된 것이 아니다. 그것은 항상 있어왔고 있을 것이다. 그것은 영원히 살아있는 불(ever-living Fire)이다. 그것은 일정량만큼 켜지고 일정량만큼 꺼진다 (fr. 30).

헤라클레이토스는 신에 의한 이 세계(코스모스)의 창조를 거부하고 이 세계의 항재성(恒在性), 영원성(永遠性)을 말하고 있다는 측면에서는 요한의 로고스론과는 매우 다르다고 말할 수 있을지 모르지만, 제3절에 말하는 "짓는 자"와 "지어진 자," 다시 말해서 "창조주"와 "창조되어지는 세계"와의 관계를 완벽하게 이원적으로 갈라만 놓는 것이 과연 요한복음의 바른 해석인가 하는 데는 최근의 여러 문헌에 나타나는 세계관에 비추어볼 때 재해석의 여지가 있다. 하여튼 헤라클레이토스의 로고스적 세계관은 이 세계에 대한 긍정으로부터 출발한다는 데에 대비되는 특성이 있다. 이 세계는 불처럼 끊임없이 켜지고 꺼지는 역동적 변화(Flux) 속에 있다.

> 같은 강물에 두 번 들어갈 수 없다 (fr. 91).
> It is not possible to step twice into the same river.

강물은 끊임없이 흐른다. 따라서 우리는 같은 강물에 두 번 들어갈 수는 없다. 그러나 헤라클레이토스는 이렇게 끊임없이 흐르는 세계를 부정하는 것이 아니라 긍정한다. 불도 물처럼 끊임없이 흐른다. 이렇게 끊임없이 변화하는 역동적인 유동의 세계 속에서 그는 통일성, 조화성을 발견한다.

우리가 불을 잘 관찰하면, 모든 대립이 통일된다. 모순율이 적용되질 않는다. A가 A 아닌 것이 되고, 죽음과 삶이 끊임없이 반복된다. 사는 것이 죽는 것이고, 죽는 것이 사는 것이다. 헤라클레이토스는 말한다. 불은 전쟁이다. 전쟁이야말로 정의로운 것이다. 끊임없는 대립을 통하여 조화를 찾아가기 때문이다. 평화는 죽음이다. A가 영원히 A인 존재(Being)의 순간은 없다. A는 끊임없이 투쟁을 통하여 A 아닌 것으로 생성(Becoming)된다. 이러한 대립, 투쟁, 갈등, 전쟁 속에서 긴장을 유지하는 것, 그것이 바로 헤라클레이토스는 생명이라고 보는 것이고, 삶이라고 보는 것이다. 그 역동적 조화의 긴장(dynamic equivalence)을 그는 로고스라고 본다. 로고스는 가장 보편적인 것이며, 가장 공통된 것이며, 시작과 끝을 공유하는 수미일관한 것이다.

> 원에서 시작과 끝은 동일하다(fr. 103).

그 가장 공통된 것, 이 우주생성의 가장 보편적 원리가 로고스이다. 그 로고스는 만물에게 질서를 주며 만물의 생성을 유도하는 법칙이다. 하나의 도시국가가 공통된 법률이 있어서 운영되듯이, 만물도 공통된 로고스에 의하여 생성·소멸한다. 만물의 법칙, 질서, 규율, 비율, 적도(適度)가 로고스라면, 그것을 파악하는 우리의 이성도 로고스이다. 그리고 그 이성이야말로 생명의 본질이다. 그리고 그것은 신성한 것이다.

> 인성(人性)은 이해력을 가지고 있질 못하다. 그러나 신성(神性)이 이해력을 가지고 있는 것이다.
>
> Human nature has no power of understanding; but the divine nature has it.(fr. 78).

법칙, 사유, 이성, 신성(神性)이 모두 로고스라는 개념으로 묶여진다. 그런데 로고스는 불과도 같은 것이다. 여기서 물론 불이라는 것이 이오니아학파의 사람들이 말하는 궁극적 물질 즉 원질(아르케)과 같은 것이라기보다는 끊임없는 변화와 투쟁과 영원성을 구현하는 물리적 상징과도 같은 것이다(W.K.C.Guthrie, *The Greek Philosophers* 45). 헤라클레이토스는 또 말한다.

> 영혼에게 있어서 물이 된다는 것은 죽음이다(fr. 36).
>
> 영혼은 마를수록 현명하고 최선이다(fr. 118).
>
> 취한 사람은 비틀거린다. 털도 안 난 소년에게 이끌려가면서도 어디로 가는지도 모른다. 그의 영혼이 젖었기 때문이다(fr. 117).

헤라클레이토스에게 있어서는 정신과 육체가 완전히 이원화되지는 않는다. 그러니까 동양의 기철학적 세계관에 보다 상통한다. 수화론(水火論), 기혈론(氣血論)의 원리 비슷한 사유가 있다. 정신은 불에 가깝고 육체는 물에 가깝다. 따라서 정신은 드라이할수록(마를수록), 즉 불에 가까울수록 좋은 것이다. 불은 하늘로 치솟는다. 그것은 신적인 세계를 지향한다. 요한복음의 세계관에 있어서 이 헤라클레이토스의 불(퓌르)은 빛(포스)으로 환치되었다. 그리고 육체와 물질적 세계는 어둠(스코티아)으로 나타난다. 그 단초는 헤라클레이토스에게도 있다. 그러나 요한처럼 이원론적이지는 않다. 불은 물에 닿으면 꺼진다. 그러나 헤라클레이토스에게 있어서 죽음(death)은 멸절

(annihilation)이 아니다. 그것은 반드시 다른 생성으로 이어진다.

이제 "로고스"라는 말과 관련하여 왜 그것이 우주생성의 원리 · 법칙, 말씀, 이성, 영혼, 정신, 빛, 생명, 인간에게 내재하는 신성 등등의 의미를 지니는지 이제 독자들은 깨달았을 것이다. 헤라클레이토스는 희랍문명세계에 기초적인 어휘를 제공한 사람이었다. 그는 에베소 사람들의 상식이고 교양이었다. 그런데 문제는 헤라클레이토스로부터 요한에 이르는 600년의 로고스의 역사를 이제부터 이야기해야 한다는 것이다. 물론 이 방대한 주제를 여기에 담는다는 것은 불가능하다. 아주 소략하게 간단히 언급하겠다.

헤라클레이토스는 이 변화하는 시공의 세계를 긍정하였다. 당연히 우리 인생, 우리 삶, 우리 몸은 이 시공의 세계의 일부이므로 그것도 전체적으로 긍정된다. 다시 말해서 이런 상황에서는 우리 몸(Mom)을 구성하는 육체와 정신의 근원적인 분리가 일어나지 않는다. 존재론적으로 이원화되지는 않는다. 헤라클레이토스는 변화를 있는 그대로만 긍정한 것이 아니라, 그 변화를 유지시키고 있는 초감각적인 "말씀"(로고스)을 동시에 탐구하였다. 그러나 이 말씀은 우리의 일상적 감각(the senses)의 대상은 아니지만 그렇다고 존재론적으로 이 세계를 초월하는 것이 아니다. 대립 속의 긴장, 대립의 화해(the harmony of opposites), 모순의 통일성(the identity of opposites), 투쟁 속의 조화 속에 로고스는 내재하는 것이다. 로고스는 법칙으로서 우주에 내재하는 동시에 사유의 법칙으로서 우리 마음에, 우리 영혼에 내재하는 것이며, 그것이 생명이요 빛이었다.

> 막걸리(퀴케온, kykeōn)는 저어지고 있을 때만 막걸리이다. 저어지고 있지 않으면 그것은 분리된다 (fr. 125).

여기 "막걸리"로 번역된 퀴케온(kykeōn)은 포도주와 으깬 치즈와 보리 미숫가루를 혼합한 고대 희랍의 상용음료인데 그것은 항상 휘젓지 않으면 요소들이 다 분리되어 따로따로 놀기 때문에 그 맛이 제맛이 나질 않는다. 두루두루 잘 휘저어서 잘 혼합되어 있는 상태, 그래서 모든 요소들이 끊임없이 투쟁하고 있는 상태를 살아있는 우주의 상태라 보았고 그 속에 로고스는 깃들어 있다고 보았다.

그런데 이 헤라클레이토스는 이전의 피타고라스학파나 올페이즘의 수학적 사유를 비판하고 나온 것이다. 그런데 헤라클레이토스에게 비판의 결정타를 멕인 철학자는 파르메니데스(Parmenides)였다. 지금 이태리 남부 서쪽 해변가, 나폴리를 지나 살레르노(Salerno) 밑으로 파에스툼(Paestum)이라는 곳이 있는데 그곳에서 동남쪽 25마일 떨어진 곳에 엘레아(Elea)라는 이오니아의 식민지가 있었다. 파르메니데스는 이 엘레아학파의 거장이다. 그런데 그는 헤라클레이토스의 변화의 철학을 전면적으로 거부하고 불변의 존재의 철학을 주창하였다.

1. A는 A이다. (A is A.)
2. A는 B가 된다. (A becomes B.)

1의 경우에는 A는 항상 A이기 때문에 "존재"라 말할 수 있다. 그것은 변화하지 않기 때문에 항상 그 모습으로 있어서 그 동일성 즉 아이덴티티(identity)를 주장하기가 쉽다. 그러면 진리는 쉽게 확보된다. 그런데 A가 B로 되는 제2 명제의 경우 A는 항상 A가 아닌 것으로 변해버린다. 그러면 어느 순간에도 A의 동일성을 확보하기가 어렵다. 일례를 들면, "갑돌이는 좋은 사람이다"라고 말을 하려면 좋은 사람으로서의 갑돌이의 동일성이 지속되어야 하는데, "갑돌이는 좋은 사람이다"라고 말하는 순간에, 같은 강물에 두 번 들어갈 수가 없듯이, 이미 갑돌이는 갑돌이가 아닌 그 무엇으로 되어버리기 때문에, "갑돌이는 좋은 사람이다"라는 말은 픽션이 되어버리고 만다. 갑돌이는 이미 나쁜 사람이 되어 있을 수도 있고, 갑돌이가 아닌 그 무엇이 되어 버렸을 수도 있다. 따라서 진리는 오직 동일성이 확보되는 존재(Being)의 세계에서만 가능하고, 헤라클레이토스가 말하는 생성(Becoming)의 세계는 허상에 불과하고 진리(episteme)가 성립할 수 없는 픽션에 불과하다는 것이다. 사유와 사유의 대상은 하나일 수밖에 없고 따라서 사유되어지는 이 세계는 모두 불변의 하나의 존재일 수밖에 없다는 것이 파르메니데스의 철학이다. 파르메니데스에게는 감각적 대상이 되는 시공의 세계가 근원적으로 존재하지 않는다.

(Hence the empirical world is nonexistent.)

파르메니데스의 논리는 어찌보면 괴변처럼 들리기도 하지만, 하여튼 파르메니데스로 인하여 희랍철학은 추상적 사유의 세계를 열었다. 다시 말해서 외재적 사실에 대한 레퍼런스(참고)가 없이도 사유만으로써 이 세계의 진실성을 확보하는 독특한 문명의 길을 개척한 효시였다. 감관의 세계를 희생시키면서 사유의 세계를 고양시키는 최초의 혁명적 사상가로서 파르메니데스는 인류사의 지평 위에 떠올랐다. 그는 현상(現象, Appearance)과 실재(實在, Reality)의 차이를 지적한 최초의 사상가였다. 파르메니데스 이후로 희랍철학은 이 이전으로 되돌아갈 수 없는 새로운 시대를 연다. 플라톤이 바로 헤라클레이토스가 아닌 파르메니데스의 제자(사숙)였던 것이다. 플라톤은 헤라클레이토스의 논의를 현상계에만 국한시키고, 그러한 논의로는 도저히 진지(眞知, episteme, knowledge)가 불가능하다고 보았다. 현상계에 대한 우리의 지식은 억견(臆見, doxa, opinion)에 불과하다. 따라서 영원성이 확보될 수 있는 진지의 실재세계는 이 물리적 코스모스 밖(外, without)에 있을 수밖에 없다. 시공의 세계는 감각의 환영이고 시공을 초월한 이성의 세계야말로 실재하는 진지의 세계이다. 현대물리학적으로 말하자면 시공을 초월한다는 문제는 상상조차 하기 어렵다. 그러나 플라톤은 우리의 사유의 세계야말로 시공을 초월하는 그 무엇이라고 보았으며, 그 사유의 세계만이 리얼(real)하다고 보았던 것이다. 그 사유의 세계야말로 이 물리적 우주의 본

(paradeigma)으로서 실재하는 것이고 이 세계는 그 본에 따라 만들어진 일시적인 허상인 것이다.

파르메니데스의 세계 The Realm of Parmenides	가사계 可思界 Kosmos noetos	실재 實在 Reality	진지 眞知 episteme	영혼 Soul	하나님 God	빛 phōs
헤라클레이토스의 세계 The Realm of Heraclitus	가시계 可視界 Kosmos horatos	현상 現象 Appearance	억견 臆見 doxa	육체 Body	세계 World	어둠 skotia

플라톤철학의 궁극적 의미에 관해서는 많은 다양한 해석이 있을 수 있으나 일단 플라톤이 인류의 역사에서 항상 기억되어온 그의 현실적 사유체계는 현상(phenomena)과 본체(noumena)의 이원론이다. 플라톤의 이원론(Platonic dualism)이야말로 화이트헤드가 서양사상사는 플라톤의 각주에 불과하다고 말한 그 모든 각주의 원전이다. 이 플라톤의 이원론적 사유체계야말로 서양인들의 정신세계를 확고히 지배했으며 그 정신세계 속에 바로 초기기독교의 형성과정도 자리잡고 있다. 많은 사람들이 기독교(Christianity)와 플라토니즘(Platonism)의 관계를 역사적으로 생각할 때, 기독교라는 확고한 실체가 유대교전통이나 어떤 다른 이방전통에서 따로 형성되었고 그것이 나중에 기독교 교부들에 의하여, 예를 들면 아우구스티누스 같은 플라톤주의적 대 사상가(Platonic thinker)에 의하여 접합이 시도되었다고 생각하기 쉬운데 이것은 참으로 실제적 역사정황에 대한 디테일이 부족한 데서 오는 그릇된 정보일 뿐이며, 오판일 뿐이다. 기독

교가 되었든 우리가 영지주의(Gnosticism)라고 막연하게 부르는 그 무엇이든, 지금 요한복음을 논하는 이 자리에서는 일체의 실체적 사유를 거부해야 한다. 기독교든 영지주의든 지금 이 단계에서는 형성 중일 뿐이며, 형성되어 있는 어떤 실체(entity)가 아니다. 그 형성되어 가고 있는 장(場)이 헬레니즘문화권이며, 그것은 플라톤적 사유에 의하여 지배되고 있었던 지적 세계였다. 초기기독교가 형성되어가고 있었던 그 시기에는 우리가 흔히 중기 플라토니즘(Middle Platonism, BC 80년경부터 AD 220년경까지의 플라톤학파의 다양한 활동을 일컫는 말. 플로티누스의 네오플라토니즘까지도 이 중기 플라토니즘의 소산이다)이라고 하는 사유체계가 스토아철학의 로고스론과 접합되어 기승을 부리던 때였다. 따라서 초기기독교의 형성 자체가 플라토니스트들의 참여로 이루어진 것이다. 다시 말해서 당대 초기교회에 나오던 지적 신도들의 상당수가 플라토니스트들이었고, 희랍어를 말하는 일반교양인들도 그 영향권하에 있었다. 따라서 지금 요한이 이러한 난해한 듯이 보이는 복음서의 언어를 구사할 수 있었던 것도 바로 이러한 스토아주의적으로 윤색된 플라톤적 언어(a highly stoicized form of Platonism)의 일반교양적 바탕이 있기 때문에 가능한 것이다. 지금 우리가 논의하고 있는 요한복음의 서막, 1장 1절부터 18절까지는 요한의 커뮤니티나 에베소의 교회에서 암송되었던 어떤 독립된 찬가(송가)의 형식이라고 간주되는 것이다.

또다시 복잡한 논의로 함몰되는 것을 예방하기 위하여 독자들은 플라톤적 이원론을 생각할 때면 상기의 도표만을 정확하게 기억하는 것으로 족하다. 파르메니데스의 전통을 이은 플라토니즘의 핵심이 그 도표에 다 요약되어 있다. 그렇게 되면 당연히 헤라클레이토스가 말한 로고스(Logos)는, 우주의 투쟁의 긴장 속에 내재하던(immanent) 로고스로부터, 우주 밖의, 그러니까 시공을 벗어난 초월적인(transcendent) 로고스로 그 성격이 바뀔 수밖에 없다. 그리고 그 로고스는 이데아적인 것이 되고 물질적 성격이 완전히 추상되어버린(빠져버린) 이성적 실체가 되어버린다.

상기의 이원론적 도표에서 가장 우리에게 문제가 되는 것은 감각적으로 파악하는 이 시공의 가시계(可視界, Kosmos horatos)와 이성적 예지에 의하여 파악되는 초시공적인 가사계(可思界, Kosmos noetos)의 이원적 대비에 있어서 가시계는 억견에 불과한 허상이고 가사계야말로 실제로 "있는" 참된 지식의 대상이라고 하는 역설이다. 이러한 플라톤의 이데아론을 신봉하는 사람들에게 있어서는 사유될 수 있는, 즉 한번도 우리가 경험해보지 못한 하나님의 하늘나라야말로 실제로 있는 것이고, 우리가 눈으로 보고 살고 있는 이 시공의 세계는 실제로 있는 것이 아닌 그림자와도 같은 허깨비가 되어버릴 수밖에 없는 것이다. 지금 여기서 아내와 사랑을 나누고 자식들과 엉켜서 매일매일 살아가는 이 시공 속의 삶은 허깨비고 허상이고 가짜고 환영이고, 진짜 사는 것은 하늘나라에서 사는 것일까? 과연 여러분들은 이 땅에서 잘 살기를 원하는가? 저 하늘나라에서 잘 살기를 원하는가?

나는 하늘나라에서 잘 살기를 원한다	O
나는 이 땅에서 잘 살기를 원한다	X

나의 이 물음표에서 상기한 바대로 윗칸에 "네"를 하고, 아랫칸에 "아니오"를 한 사람을 가장 정통적인 크리스챤이라고 불러야 할까? 사실은 이들은 크리스챤이 아니다. 이들이야말로 기독교인이 아닌 플라토니스트인 것이다. 플라톤의 철학은 당대인들에게 단순한 사변체계로서 그친 것이 아니라 그것은 매우 심오한 종교였다. 더구나 플라톤에게는 『티마이오스』라는 우주창조에 관한 신학적인 저작이 있었기 때문에(『티마이오스』는 박종현 · 김영균에 의하여 우리말로 아주 훌륭하게 번역되었다. 서광사 초판 2000년) 당대 사람들에게 많은 영감과 오석(誤釋)의 여지를 던져주고 있었다. 실제로 『티마이오스』는 엄청 읽혔다. 이 작품 속에 그 유명한 아틀란티스섬의 전설도 들어있었던 것이다.

그런데 윗 표를 갈릴리의 지평에서 마귀를 쫓아내고, 병든자를 고쳐주고, 굶주린 자들을 먹여주고, 마음이 가난한 자들에게 기쁜 소식을 선포하던 예수에게 제시하면, 그는 오(○) · 엑스(×)를 어떻게 칠 것이라고 생각하는가? 그 해답은 너무도 명백하지 않은가?

플라토니즘의 이원론이 확립된 이후, 그 향후의 사색경로는 이 이원적 세계를 어떻게 연속적인 관계로서 연결하여 파악하느냐 하는 과제상황으로 집중되었다. 이러한 사색경로는 중기 플라토니즘으로부터 3세기의 네오플라토니즘(Neoplatonism)의 거장 플로티누스(Plotinus, AD 204~270)의 유출설(the theory of emanation)에까지 발전되어 내려오지만, 우리의 논의와 관련하여 가장 주목을 받아야 할 사상가는 알렉산드리아의 거부집안에서 태어난 심오한 사상가 필로(Philo Judaeus, BC 20~AD 50)이다. 그의 동생 알렉산더는 알렉산드리아의 관세청장으로서 거부를 축적했으며 복음서에 나오는 헤롯 대왕의 손자 아그리파의 딸 베레니체(Berenice)는 알렉산더의 아들 마르쿠스(Marcus)에게 시집을 왔다. 알렉산더는 예루살렘성전 건축을 할 때 그 9개의 대문을 전부 화려한 금 · 은판으로 휘덮는 헌금을 했으며 유대지방의 행정장관(AD 46~48)을 거쳐 네로 황제 때는 이집트의 제독(prefect)이 되었다. 물론 필로는 자기의 동생의 세속적 성공과는 무관한 매우 사변적 삶을 살았으며 플라톤주의자로서 희랍문헌에 대해 백과사전적인 지식을 소유했으며 아주 대단히 유려한 희랍어문체를 구사했다. 그의 방대한 저작이 현존하고 있다.

여기서 우리가 알아야 할 중요한 사실은 필로는 같은 유대인으로서 예수와 완전히 동시대의 인물이라는 것이다. 예수가 갈릴리에서 소외받는 민중에게 천국의 도래를 외치고 있을 때, 필로는 알렉산드리아의 방대한 희랍철학문헌과 셉츄아진트(그가 공부한 구약은 완전히 셉츄아진트며 히브리원문이 아니었다)를 놓고 어떻게 이 양대문명의 조류를 융합시킬 것인가를 고민하고 있었다. 그는 동생에게 "나를 하늘나라의 전망대(heavenly lookout)로부터 사소한 속세의 잡무(civil chores)로 끌어내리질 말아다오"라고 외치면서 오직 유대민족의 구약적 내러티브를 플라톤의 지고의 신을 향한 에로스적 영혼의 탐색에 결부시키고, 모세의 율법을 에로스적 충동의 금욕주의와 결합시켜 해석했다. 예수의 동시대에도 바로 이러한 문명의 전기를 이룩할 만한 지적 사업들이 이루어지고 있었다는 헬레니즘의 보편적 토양에 관해 우리는 새롭게 눈을 떠야 할 것이다. 필로는 유대민족의 절대적이고 인간적이고 윤리적인 하나님의 개념과 플라톤주의와 피타고라스주의의 추상적이고 인식론적이고 초월적인 신학을 융합시키려는 노력의 산물로서 "창조되어질 수 없는 하나님 아버지, 그 아버지의 맏아들"(the first begotten Son of the uncreated Father)로서의 로고스(Logos), 신과 세계의 중간단계에 있는 신적인 존재로서의 로고스를 상정하고, 그 로고스를 통하여 신의 마음(the divine mind)과 인간의 마음(the human mind)이 융합될 수 있다고 믿었다.

그는 이러한 과정을 통하여 하나님의 강림(a supernatural descent)보다는 인간정신의 고양(a psychic ascent)을 꾀하였다. 그러니까 기독교라는 것이 역사에 내음새를 피우기도 전에 이미 당대세계는 기독교사상의 발전경로를 준비하고 있었던 것이다. 필로로부터 플로티누스에 이르는 과정에 요한이 있다. 요한의 로고스기독론은 그것이 기독교적이냐 영지주의적이냐 하는 유치한 질문을 던지기 전에 이러한 다양한 헬레니즘 문명의 일반적 토양 속에 형성되어가고 있는 초기기독교의 한 계기일 뿐이다. 당대의 헬레니즘은 플라토니즘을 인식론적 관심에서 구원론적 관심으로 전향시켰으며 그 구원은 반드시 초월적 신을 전제로 했으며, 그것은 상대적으로 인간이 살고있는 세계의 폄하를 수반시켰다. 따라서 인간의 과제상황은 이 세계로부터의 탈출에 있었다. 이러한 과제상황을 전제로 하게 되면 우주는 탈출해야 할 대상으로서의 저차원적 우주와 탈출해서 지향해야 할 대상으로서의 고차원적 우주로 분열하게 된다. 이러한 우주론적 이원론(Cosmic Dualism)은 당대의 매우 일반적 통념이었으며 이러한 통념과 결합되는 다양한 사상들, 헬라스, 바빌로니아, 이집트, 페르시아, 인도, 에티오피아, 소아시아 등지로부터 유입되는 사상들과 혼합되는 신크레티즘(syncretism)의 다양한 형태들을 우리는 결코 하나의 영지주의라는 개념으로 고착시킬 수는 없다. 그리고 로고스사상은 잠언(箴言), 욥기, 전도서, 아가(雅歌)와 같은 유대민족의 지혜문학이나 또는 묵시문학과 융합되면서 발전하였던 것이다. 잠언에서 지혜(소피아)는 말씀(로고스)처럼 의인화(여성단수)되고 실체화되어 나타난다. 그것은 이집트황실 교육용의 지혜문학과도 관련이 있다.

지혜가 거리에서 외치고
장터에서 목청을 돋우며
떠들썩한 네거리에서 소리치고
성문 어귀에서 말을 전한다 (잠 1:20~21).

이제 독자들은 로고스라는 개념의 성립과정에 관하여 대강의 설명을 들은 셈이다. 그렇다면 이제 우리가 해야할 일은 최초의 본 텍스트에 관한 질문으로 되돌아가는 것이다. 요한에게서 로고스는 "호 로고스"로서 관사와 함께 인격화되었다. 그것은 우리의 해석에 있어서는 "태초에" 그 시간의 처음으로부터 "있었다" 즉 존재하였다. 그런데 그 "로고스가 하나님과 함께 있었다"라는 주장에 있어서는 로고스는 분명 하나님과 분열된 그 무엇이다. 그러나 이때의 하나님(테오스)은 분명 희랍철학에서 말하는 "최고선"이라든가 "불피동의 사동자"와 같은 이념이나 원리를 말하는 것은 아니다. 그것은 이 세계를 창조했으며 이 세계를 주재하고 있는 인격신(personal God)으로서의 하나님이다. 그런데 유대교의 전통 속에서는 창조는 "무로부터의 창조"(*creatio ex nihilo*)이다. 따라서 하나님은 시간 밖으로 나가야 한다. 만약 하나님이 시간 속에서 이 세계를 창조했다면 그는 이 세계의 디자이너밖에는 되지 않는다. 그것은 무로부터의 창조가 아니라 유로부터 유에로의 변형(transformation)에 불과하기 때문이다.

그러나 이러한 "무로부터의 창조"라는 개념도 그 근원을 엄밀하게 따지고 들어가면 유대교적인 개념이 아니라 희랍철학적 개념이라고 나는 생각한다. 다시 말해서 구약적 개념이 아니라 신약적 개념인 것이다. 구약의 하나님은 단지 민족적 계약의 전제로서의 절대적 존재일 뿐이며, 구체적으로 이 우주창조에 관한 논리적 규정이 아니다. 따라서 유(有)니 무(無)니 하는 것을 따지기 이전에 이미 계약의 당사

자로서 실존화되어 있을 뿐이다. 그것은 인격신이다. "인격신"이라는 것은 무엇을 의미하는가? 그것은 오로지 인간의 삶과의 교섭 속에서만 의미를 갖는 존재라는 것이다. 시공 속에 있는 나, 실존인간과 관계없는 시공 밖의 절대적 존재가 과연 무슨 의미가 있으며, 나에게 무슨 존재론적 구속력을 갖는다는 말인가? 그것은 오로지 인간에게 "말씀"을 전하는 존재일 뿐이며 그 말씀은 인간에게 이해되는 말씀일 뿐이다. 따라서 하나님은 반드시 이 세계 속으로 진입하지 않으면 아니 된다. 그것은 인간의 역사(歷史) 속에서 역사(役事)하지 않으면 안된다. 그것은 시간 속에서 드러나는 하나님이다.

그런데 요한의 하나님이 구약의 하나님과 다른 것은 유대민족에게 계약의 충실한 이행을 점검하기 위하여 진노의 불길로 드러나는 것이 아니라, 세계의 암흑 속에 빠져 고뇌하고 있는 인간을 구원하기 위한 구속자, 구세주의 모습으로 드러나는 것이다. 그 구속자(救贖者)가 바로 로고스이다. 따라서 이 구속자가 하나님으로부터 이 세계로 파견되기 위해서는 하나님으로부터 분열되지 않으면 안된다. 이것이 바로 "말씀이 하나님과 함께 계셨다"라는 문장이 암시하고 있는 것이다. 그러나 이 말씀은 하나님과 다른 또 하나의 실체로서 존재하는 것은 아니다. 여기에 이미 삼위일체론적인 논란의 모든 씨앗이 담겨있다. 로고스는 유일신인 하나님과 다른 또 하나의 마이너한 하나님이 아니다. 그렇게 되면 다신론이 된다. 실제로 하나님과 이 세계의 이원적 분열을 설명하기 위한 장치로서 그 사이에 다양한 중간차원 신들을 설정하는 설명방식이 요한의 시대에 이미 성행하고 있었다. 최근 공개된 유다복음서에서도 이 세계는 하나님이 직접 창조한 것이 아니라, 하나님이 창조한 바보멍청이 같은 중간 신들에 의해 창조되었다. 그래서 인간은 멍청한 신들에 의하여 기만을 당하면서 그 멍청한 신들이 지고의 하나님인 것인 양 잘못 섬기고 있다는 것이다. 따라서 구원의 목적인 이 잘못된 창조의 세계를 벗어나서 진짜 하나님에게로 가는 것이며, 그 진짜 하나님에게로 가는 지혜(그노시스)를 유다에게 가르쳐주는 댓가로 예수를 배반하는 사명을 준다. 그러면서 그는 12제자의 차원을 뛰어넘는 제13의 위대한 사도로 승격된다.

하여튼 이러한 식의 설명은 구원의 그림을 매우 구질구질하게 만든다. 요한은 이러한 구질구질한 분별적 개념들을 싹 쓸어버리고 싶은 것이다. 그래서 그는 감언(敢言)한다: "이 말씀이 곧 하나님이시었다."

말씀이 하나님과 함께 계셨다	구원론적 측면 soteriological aspect
말씀이 곧 하나님이시었다	우주론적 측면 cosmological aspect

그러나 양자 사이의 논리적 모순은 결코 해결되지 않는다. 그러나 그 논리적 모순을 해결치 않고 그대로 연접시키는 과감성에 요한복

음의 위대성이 있다. 그러한 모순은 요한복음이 그리고 있는 예수의 모습에서도 계속 유지되고 있는 것이다.

> I and the Father are one.
> 나와 아버지는 하나이니라 (10:30).
>
> the Father is greater than I.
> 아버지는 나보다 크시니라 (14:28).

그러나 요한복음 제1장의 강조는 현재 구속론적 측면에 있다. 따라서 2절에서 바로 "그가 태초에 하나님과 함께 계셨고"라고 같은 말을 반복함으로써 로고스의 구속자적 의미에 대한 어떠한 오해도 배제하고 있다. 말씀은 하나님이시었고 인간의 구원을 위해 말씀은 하나님과 함께 계시다가 이 세계로 진입하였던 것이다. 여기 우리가 또다시 주목해야 할 것은 2절의 "태초에"라는 말이다. "태초"는 이미 시공속으로의 진입을 의미한다. 이 세계속에서도 로고스는 하나님과 함께 하셨으며, 이 세계의 창조에 하나님의 말씀으로서 참여하였다는 것을 나타내고 있다(제3절). 제1절의 "말씀이 곧 하나님"이라는 명제는 파르메니데스적 세계관을 나타낸다면 제2절과 제3절의 로고스는 헤라클레이토스적 세계관을 나타낸다. 파르메니데스와 헤라클레이토스의 분열과 융합은 요한복음의 끊임없는 주제를 형성한다. 우리는 분열의 측면만을 강조해서도 아니되고 융합의 측면만을 강조해서도 아니된다. 바로 이것이 요한복음을 읽어나가는 묘미이다.

RSV

4 In him was life, and the life was the light of men.
5 The light shines in the darkness, and the darkness has not overcome it.

신개역

4 **그 안에 생명이 있었으니, 이 생명은 사람들의 빛이 었다.**
5 **빛이 어둠에 비취니, 어둠이 빛을 이기지 못하더라.**

강해 로고스는 제3절에서 이 세계의 창조와 생성에 관여한다. 그 창조와 생성을 통해 로고스는 인간과의 동질성을 확보하고 있다. 그러나 헬레니즘의 일반적 정서였던 우주론적 이원론(Cosmic Dualism)을 야기시키는 가장 본질적인 관심은 일차적으로 윤리적인 것이었다. 다시 말해서 이 세계의 악(Evil)을 어떻게 설명하느냐에 관한 것이었다. 당대의 신화적 세계관에 젖어있던 사람들은 악에 대한 상황윤리적 사고력을 결하고 있었기 때문에 반드시 그 기원(Origin)을 찾으려 했다.

선·악의 문제에 있어서 동아시아문명권의 사람들은 그것을 실체화시키지 않았기 때문에 매우 쉽게 해결할 수가 있었다. 예를 들면, 모래 한 톨이 화단에 있을 때는 선(善, the good)이다. 그런데 그것이 내 밥그릇에 들어와 있으면 악(惡, the evil)이다. 그것은 내 이빨을 망가뜨리고 맹장염을 일으키고 생명을 위협한다. 그러나 모래 한 톨 그 자체에 악이나 선이 들어있는 것은 아니다. 그것을 악이나 선으로 규정할 수 있는 상황이 있을 뿐이며, 그 상황은 가변적이다. 따라서 절대적 악이나 절대적 선은 없다.

그러나 유대문명권이나 중동문명권(오리엔트), 헬라문명권의 사람들은 선·악을 절대시하고 실체화시키고 존재화시킨다. 그것이 실체가 되고, 존재가 되면 반드시 그 존재의 계보나 창조자를 찾게 마련이다. 그러면 이 세계의 악은 악의 주인이 따로 설정되어야 한다. 그렇게 되면 이 세계의 선은 선신(善神)이 창조하고, 이 세계의 악은 악신(惡神)이 창조하게 되며 그렇게 되면 이 세계도 선·악으로 분열하게 되고 신(하나님)도 선·악으로 분열하게 된다. 그렇게 되면 인류의 역사는 선신과 악신의 우주적 대결의 장이 되어버리고 만다.

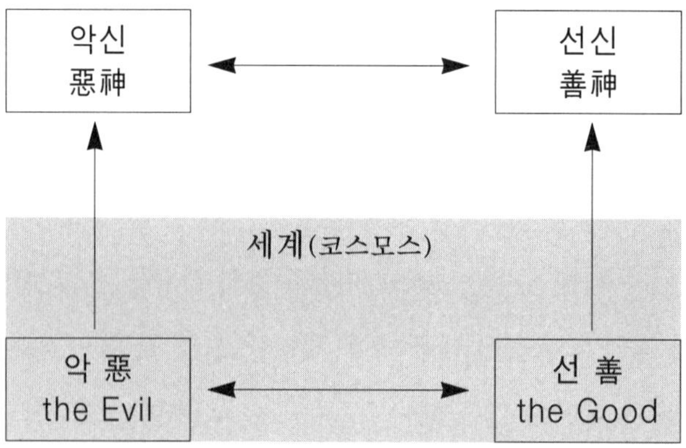

이러한 윤리적 이원론의 우주론이 페르시아의 조로아스터교(Zoroastrianism, BC 6세기 창시)로부터 메소포타미아의 마니교(Manichaeism, AD 3세기 전반 창시)에 이르는 오리엔트문명의 대체적 추세였고 그것은 유대교, 기독교, 영지주의, 불교, 이슬람에 끊임없는 영감과 영향과 자극을 던졌다. 물론 요한복음의 사상에도 이러한 이원론적 구도의 영향이 없는 것이 아니다. 선·악을 실체화시키고 그 기원을 따져서 문제를 해결하려는 노력은 매우 그럴듯한 것 같지만 근원적으로 선·악의 문제는 해결될 길이 없다. 어떤 사람이 매우 악한 행위를 했다 해서(예를 들면, 사람을 많이 죽였다) 그것을 악신의 지배에 의한 소행으로 보고 당장에 죽여버린다고 해서 문제가 해결되지는 않는다. 아무리 악행을 저질렀다 해도, 수감생활을 하는 것을 보면 그는 매우 선량한 사람일 수도 있다. 구약의 욥기도 그 큰 틀 속에는 이러한 우주론적 이원론의 분열이 도사리고 있지만 욥은 자신의 실존적 선택의 일원론적 성실성으로 그 분열을 분쇄시키는 거인의 모습으로 그려지고 있다.

역사적 예수는 결코 선·악의 문제에 관하여 이원론적 관심을 보이는 사상가가 아니다. 그는 근원적으로 성론(性論)에 관심이 없다. 인간의 본성이 근본적으로 악하냐, 선하냐? 이러한 것은 예수의 복음의 내용이 아니다. 그의 메시지에는 성선·성악이라는 말이 없다. 그는 단지 천국을 선포할 뿐이다. 그리고 외친다: "회개하라!"(Repent!) 이 "회개"(悔改)라는 말은 "뉘우침"을 의미한다. 뉘우침이라는 말은 죄가 있다는 것을 전제로 한다. 물론 사람이 죄가 없기는 힘들다. 그러나 죄가 있다든가 없다든가 하는 문제는 인간본성에 죄가 내재한다든가 안한다든가 하는 문제는 아니다. 좋은 사람도 있고 나쁜 사람도 있다. 정의로운 사람도 있고 사악한 사람도 있다. 총명한 사람도 있고 아둔한 사람도 있다. 모든 것이 케이스 바이 케이스다. 예수의 유명한 비유에 "씨 뿌리는 자"의 비유가 있다(마 13:1~9, 막 4:1~9, 눅 8:4~8). 씨는 길바닥에 떨어질 수도 있고, 돌밭에 떨어질 수도 있고, 가시덤불 속에 떨어질 수도 있고, 좋은 땅에 떨어질 수도 있다. 그 상황에 따라 결과는 너무도 다르다. 인간이라는 종자도 마찬가지다. 예수는 결코 "원죄"(Original Sin)를 말하지 않는다. 인간은 태어나서부터 죄인이라는 사상은 매우 괴이한 사상이다. 예수는 결코 그런 말을 한 적이 없다. 모든 인간을 근원적으로 죄인으로 규정하는 그런 시각이 예수에게는 없다. 예수의 로기온(직접 담화) 속에는 그런 생각의 내음새조차 없다. 인간의 원죄를 주장한 것은, 부활의 의미를 추상적으로 강조하기 위하여 원죄를 추상화시켜 윤색해야만 했던 사도 바울의 사상이었다. 예수에게는 그런 이론적 추상성이 없다.

여기 "회개하라!"라는 말의 원어는 "메타노이아"(metanoia)이며 그것은 노이아의 메타일 뿐이다(a change of mind). 즉 마음의 상태(노이아)의 변화(메타)일 뿐이다. 그것은 회개(悔改)가 아닌 회심(回心)이다. 즉 마음의 방향을 트는 것이다. 악한 상태에서 선한 상태로, 이기적 욕정에서 보편적 사랑으로 마음을 돌리는 것이다. "하나님의 나라가 가까웠다. 회개하라." (The Kingdom of God is at hand; repent!)라는 것은 원죄를 뉘우치라는 것이 아니다. 우리의 마음의 상태를 바르게 회전시키면 곧 하나님의 나라가 우리에게 성큼 다가선다는 의미이다. 회심(回心)은 우리에게 다시 태어남을 요구하며, 새로운 주체성, 새로운 사회관계, 새로운 세계인식을 요구한다. 바로 그것이 천국이다!

여기 로고스가 세계의 창조에 관여한다는 생각 속에는 유일신사상에 있어서 가장 중요한 논점이 들어있다. 그것은 이 세계를 창조한 하나님이 유일한 하나님이라고 한다면 하나님은 자기가 창조한 세계에 대해 전적으로 책임이 있다는 것이다. 즉 이 세계의 악도 결국 하나님에 의한 피조의 결과이며 그 악도 하나님의 책임 속에 들어있다는 것이다. 그런데 악은, 실상 악이 따로 존재하는 것이 아니라, 인간의 악한 의지(the bad will)와 관련되어 있다. 악한 인간을 악하게 만드는 것은 악한 의지일 뿐이다. 사실 이 세계 그 자체가 악한 것은 아니다. 인간의 의지가 악할 뿐이다. 그렇다고 인간이 죄인은 아니다. 인간은 죄를 지을 뿐이다. (Hence Jesus does not preach that all are sinners, but speaks to sinful men. R. Bultmann, *Jesus and the Word* 198). 이 세계의 진정한 악은 인간의 악한 의지일 뿐이다. (The real evil in the world, then, is the evil will of men. 同上 50). 그런데 인간의 악한 의지는 대개 인간의 육체의 타성과 관련되어 있다. 따라서 일반적으로 육체는 도덕적으로 선량한 것으로 간주되지 않는다. 탐욕과 모든 이

기적 충족의 원천이다.

그러나 지금 우리의 고민은 이러한 역사적 예수와 요한의 예수와의 괴리감에 있다. 마가가 그리는 예수와 요한이 그리는 예수는 매우 그 깔고 있는 세계관의 구조가 다르다. 요한은 여태까지 우리가 논의한 역사적 지평 속의 예수와는 달리 매우 이원론적 구조 속에서 조망하려고 한다. 그러나 우리는 궁극적으로 요한복음의 메시지를 역사적 예수와 같이 조망해야만 그 궁극적 의미를 발견할 수 있다. 요한은 역사적 예수를 그리고 있는 것이 아니라, 초기교회의 교인들의 심상 속에서 해석된 예수를 다시 해석하고 있는 것이다. 보르그(Marcus J. Borg)는 말한다:

> 그렇다! 요한복음은 결코 역사적 예수에 관한 정보의 소스로서 사용될 수는 없다. 그렇다고 요한복음을 틀렸다고 말할 수는 없다. 요한복음이 역사적 지평을 가리키지 않는다는 사실 자체가 오히려 우리로 하여금 요한복음의 성격이 무엇인지를 더 명료하게 인식케 해준다. 역사적 예수의 그림을 그리려는 것이 아니라 그것은 초기기독교인들의 체험 속에서 부활한 살아있는 예수를 말하고 있는 것이다. 요한복음은 오순절의 성령강림이래 근 7·80년 동안의 기독교인들의 공동체의 축적된 경험 속에서 우러나온 것이다. 요한복음 속에는 예수에 관한 역사적 전통이 초기 크리스챤들의 부활하신 예수의 진행중인 체험에 의하여 이론적으로 철저히 변형되었다. 요한복음은 승화된 교회의 추억의 결정(結晶)이다(*Jesus: A New Vision* 6).

헤라클레이토스에게 있어서도 로고스는 우주적 생명이면서 동시에 개인의 생명이었다. 그 생명은 불이었다. 우리의 몸을 생각해보아도 차가우면 그것은 송장이지 생명이 아니다. 밖이 아무리 얼음처럼 차가워도 우리 몸은 살아있는 한은 36℃의 항온을 유지한다. 생명은 곧 불인 것이다. 성경 속에서 항상 성령을 불로 인식하는 것은 이 때문이다. 성령이 강림하면 우리 몸이 뜨겁게 느껴지는 것도 생명의 속성에 속하는 것이다. 차가운 인간은 마음도 차갑고 사랑도 차갑다. 불은 반드시 빛을 수반한다. 불과 빛은 동의어라 말할 수 있다. 빛은 반드시 어둠에 대비된다. 요한의 세계관은 하나님과 세계의 이원적 분별이 있다. 그것은 그의 구속론적 장치를 위해서 필요불가결했던 신화적 세계관이었다. 흔히 이 신화적 세계관의 장치를 우리가 영지주의라고 부르고 있지만 나는 그런 개념을 사용하기를 거부한다. 그것은 요한이 구속론적 메시지를 강조하기 위하여 빌려야만 했던 당대 통념의 드라마적 틀이었다.

우리가 어릴 때 읽은 마크 트웨인(Mark Twain, 1835~1910)의 동화에 『왕자와 거지 *The Prince and the Pauper*』(1881)라는 작품이 있다. 요한복음의 신화구조는 영지주의를 들먹이지 않아도 이 거지왕자를 연상하면 매우 정확하고 쉽게 이해가 될 수 있을 것이다. 우연히 얼굴이나 생긴 것이 똑같은 거지를 발견하고 한번 옷을 갈아입은 덕택에 거지가 된 왕자! 그 왕자는 주변사람들에게 아무리 내가 왕자라고 외쳐도 씨알이 먹힐 리가 없다. 그는 이미 거지가 되어버린 것이다. 여기서부터 이 거지왕자의 수난(Passion)은 시작된다.

로고스는 하나님의 말씀이다. 로고스는 하나님이면서 하나님의 말씀으로서 하나님으로부터 분열되어 이 세계로 파견된다. 그런데 이 세계로 진입하기 위해서는 반드시 이 세계의 옷을 입어야 한다. 다시 말해서 이 세계의 사람들과 똑같은 형상의 모습으로 나타나야 한다. 그 모습이란 곧 인간과 똑같은 육체를 입는 것이다. 그것을 말씀의 수육(受肉, Incarnation)이라고도 하고 말씀이 육화(肉化)되었다고 말한다. 그는 육화됨으로써 어둠의 세계 속으로 진입하는 것이다. 그 순간 이미 그는 "거지왕자" 신세가 되어버린다. 육화된 이상 그 어느 누구도 그가 자기네와 똑같은 신분의 거지로 알지, 왕자라고 생각치 않는 것이다. 그는 이미 인간이 되어버린 것이다. 그러나 거지왕자가 계속 나는 왕자라고 외쳐대듯이 로고스는 나는 범인이 아니라, 육화된 하나님의 말씀이라고 공공연히 외쳐댄다. 공관복음서에서는 예수는 하나님의 아들, 메시아라는 사실을 감추려고 노력한다. 그러나 요한복음에서는 예수는 처음부터 자신의 하나님 아들됨을 공공연히 드러낸다. 그러나 주변의 사람들은 그 사실을 인정하지 않는다. 이미 예수의 수난의 역사는 예정된 것이다. ***예수의 자기인식과 타인들의 예수인식의 괴리가 요한복음이라는 작품의 줄기찬 긴장감이다.***

예수는 로고스이며 온전하게 하나님의 말씀이며, 온전하게 빛의 수육체이다. 그런데 어둠 속에 살고 있는 인간에게도 온전하지는 않지만 부분적인 빛의 파편이 있다. 그 빛의 파편이 바로 인간의 영혼이며 그 영혼은 육체라는 감옥 속에 갇혀있다. 그 갇혀있는 빛의 파편을 당연히 원래의 자기 고향, 즉 하나님의 세계로 돌아가고 싶어하는 에로스적(상향上向의) 충동이 있다. 그런데 감옥을 지키는 수문장들은 그러한 빛의 자기인식을 어둠 속에 계속 파묻어 버린다. 스스로 자기의 정체를 인식하지 못하도록 어둠에 취하게 만드는 것이다. 그런데 예수라는 로고스, 즉 온전한 빛이 나타남으로서 이들은 취함에서 깨어날 수 있는 계기를 얻는다. 마치 피아노 현줄에서 한 음을 꽝 때리면 모든 배음관계에 있는 현줄이 같이 울리는 것과도 같다. 빛은 빛끼리 통한다. 그리고 빛(불꽃)은 하나로 뭉치기를 좋아한다. 초원에 제각기 떨어진 불똥들이 제각기 타면서 거대한 하나의 화염으로 뭉쳐지듯이 이 작은 불씨들은 하나의 불꽃으로 뭉쳐 하늘로 올라가고자 하는 것이다. 이것이 곧 예수가 인간의 탈을 쓰고 "거지왕자"가 된 소이연이다. 인간들이 자신에게 내재하고 있는 생명의 빛을 직시하도록 만들어주는 것이다. 예수는 자신의 수난을 통하여 이 세계의 어둠을 해체시키고 인간들에게 내재하고 있는 빛을 해방시키는 것이다. 그러기 위해서는 로고스는 수난을 통하여 자신을 파멸시킴으로써 자신의 본모습을 되찾는다. 그는 인간과 자기자신을 함께 구속함으로써 스스로 구속되는 것이다.(He is redeemed, by redeeming himself. *BG* 25)

바로 이 내용이 상기본문의 내용이다. "로고스 안에 생명이 있었다. 그런데 그 생명이 사람들의 빛(빛의 파편으로서의 영혼)이었다."

"빛이 어둠에 비취니 어둠이 빛을 이기지 못하더라"는 내가 RSV의 영어 때문에 그렇게 번역한 것이다. 우리 개한판(개역한글판)의 "빛이 어두움에 비취되 어두움이 깨닫지 못하더라"도 좋은 번역이다. "깨닫지 못한다"는 "알아차리지 못한다"이다. 즉 사람들이 거지왕자가 진짜 왕자인줄을 알아차리지 못한다는 뜻이다. 그 원문의 동사는 "우 카텔라벤"(*οὐ κατέλαβεν*)인데 그것은 1) 어둠이 빛을 알아차리지 못한다 2) 어둠이 빛을 이기지 못한다, 따라잡아 압도할 길이 없다 3) 불을 끌 수 없다는 뜻이 있다.

개한판의 번역용어 "어두움"은 좋지 못하다.

RSV

6 There was a man sent from God, whose name

was John.

7 He came for testimony, to bear witness to the light, that all might believe through him.

8 He was not the light, but came to bear witness to the light.

신개역

6 **하나님으로부터 보내심을 받은 사람이 있었으니, 그의 이름은 요한이었다.**

7 **그는 증거하러 왔으니, 곧 빛에 대하여 증언하여, 모든 사람들이 자기를 통하여 믿게 하려 함이라.**

8 **그는 이 빛이 아니요, 이 빛에 대하여 증언하러 온 자라.**

강해 요한복음의 저자는 이 시점에서 구약성서의 내러티브 스타일로 요한의 등장을 보도한다. 그러나 복음서 저자는 요한에 대한 역사적 사실을 보도하지 않는다. 요한이 세례자라는 것을 잘 알고 있으면서도 마가처럼 그 세례의 사실을 먼저 보도하지 않는다. 요한이 역사적 지평에서 등장하게 된 그 의의를 먼저 로고스기독론의 틀에서 추상적으로 보도하고 있는 것이다.

요한은 "하나님으로부터 보내심을 받은 사람" 이다. 제멋대로 역사에 나타난 자처인이 아니요(5:43), 하나님이 보낸 자다. 요한의 합법적 지위는 대단한 것이다. 하나님이 직접 보낸 자이니까. 그렇다면, 즉 그도 하나님이 직접 보낸 자라고 한다면, 세례 요한 또한 로고스가 아닌가? 여기에 바로 사람들이 세례 요한을 로고스로서 오인할 수 있는 위험성이 있다. 그래서 복음서 저자는 세례 요한을 단지 로고스가 아닌 로고스에 대한 증언자로서 그 성격을 확연하게 제한시켜야 할 필요를 느낀다. 그래서 "곧 빛에 대하여 증언하여"라고 한 것이다. 그의 증언의 내용은 곧 예수야말로 로고스라는 것을 입증하는 것이다. "모든 사람들이 자기를 통하여 믿게 하려 함이라"는 이해하기가 좀 불안하다. "믿다"라는 동사는 타동사이며 과연 무엇을 믿는 것인지 그 내용이 명시되어야 하는데 여기서는 완전자동사인 것과도 같은 절대화법으로 되어 있기 때문이다. 요한복음에서 이런 식의 절대화법으로서의 "믿다"는 대개 "예수는 그리스도이며, 하나님의 아들임을 믿는다"라는 내용이 축약되어 있다. 따라서 모든 사람들로 하여금 자기의 증언을 통하여 예수야말로 로고스며 그리스도며 신의 아들임을 믿게 하려 한다는 뜻이 명료하게 내포되어 있다. 그리고 다시 한번 반복한다. "세례 요한은 빛이 아니다. 그는 빛에 대하여 증언하러 온 자다." 여기서 "증언"은 "판결이 선언되는 법정에서 진술하는 것과도 같은 책임있는 진술"을 의미한다(*BG* 50~51, 주5).

여기서 요한에 관한 전반적 상황에 대하여 몇 마디만 첨가할 필요를 느낀다. 우리나라 사람들에게도 "세례 요한"이라는 말은 기독교인이든지 아니든지를 막론하고 일반회화에서 일반명사화해서 쓸 정도로 보편화되어 있다. "세례 요한"이라는 말은 어떤 본론이 나타나기 전에 서막에 해당되는 성격의 인간, 위대한 사람보다는 한 급 아래의 인간으로서 그 위대한 사람을 위대하게 돋보이게 만드는 데만 역할이 있는 인간, 선구자(forerunner)이고 선행자이지만 카페트만 깔아놓고 자기는 사라지는 인간이라는 맥락에서 우리는 보통 "세례 요한"이라는 말에 의미부여를 하고 있다. 사실 이러한 심상이 우리 마음에 박혀있다는 사실 자체가 초기기독교인들의 프로파간다가 얼마나 성공적이었나를 잘 말해주고 있다.

한번 잘 평심(平心)하게 놓고 생각해 보아라! 예수가 세례 요한에게 세례를 받았다는 것은 움직일 수 없는 역사적 사실인 것이 분명하다. 그렇지 않다면 구태여 그 사실을 복음서의 저자들이 기록했을 리가 없다. 그러나 실제로 예수가 세례 요한에게 세례를 받았다는 사실은 예수의 제자들로 볼 때, 초기 크리스챤들의 입장에서 볼 때, 매우 껄끄러운 사건이었다. 당연히 예수는 죄인(sinner)이 될 것이고 세례자인 요한은 예수보다 한 급수가 높은 상관(superior)이 될 것은 너무도 명약관화하기 때문이다. 그리고 광야에서 외치는 세례 요한이나 예수나 동급의 역사적 거물들이다. 그런데 예수가 세례 요한을 찾아가서 세례를 받았다는 사실은 곧 예수가 세례 요한의 제자가 되었다는 것을 의미할 것이며, 예수는 한때 세례 요한의 문하에 입문하여 공부하고 또 성장한 인물임에 분명하다는 역사적 사실(historical fact)

을 반영하는 것이다. 그러나 물론 예수는 세례 요한을 뛰어넘는 사상이 있었고 그 문하에서 나와 열두 제자를 세우고 새로운 일가(一家)를 이루어 새로운 민중의 지도자가 되었던 것이다. 이러한 사실의 루트가 없는 이상 세례 요한이라는 인물을 구태여 복음서에 등장시켜야 할 하등의 이유가 없다. 그런데 우선 세례 요한의 "세례"(Baptism)라는 개념을 먼저 정확히 인식할 필요가 있다. 우리는 너무도 고대 초기의 혁신적 개념들을 그 후에 그 개념들이 안착되고 고착된 후대역사의 색안경을 끼고 보기 때문에 그 기발하고 신선한 원래 의미를 포착하지 못할 때가 많다. "세례"가 그 충격적인 사례 중의 하나다.

세례는 현재 기독교의 의식으로 고착화 되어있기 때문에, 으레 예전부터 있었던 전례라고 생각하기 쉬운데, 세례는 완벽하게 새로운, 세례 요한의 기발한 발명품이다. 그러니까 세례 요한은 "세례"의 창시자요 개조(開祖)이다. 세례라는 아이디어는 유대교전통에 없는 것이었다. 유대교 율법주의에서는 그러한 개념이 성립할 수가 없다. 그런 의미에서 세례 요한은 유대교의 최대 이단자였다(an unorthodox Jewish figure named John the Baptist).

세례란 바로 인간이 강물에 한번 풍덩 빠졌다가 나오는 순간에 여태까지 지은 모든 인간내면의 죄악이 사라진다는 것이다("preaching a baptism of repentance for the forgiveness of sins." 막 1:4, 눅 3:3). 이것은 매우 혁명적인 발상이다. 물론 과거 유대교전통에도 물과 관련된 "정화淨化"(purification)의 개념은 있었다. 남녀가 섹스를 하고 난 다음에 목욕을 하여 몸을 정화시킨다든가(레 15:18), 시체를 만진 사람은 삼일째 되는 날과 칠일째 되는 날에 그 잿물로 죄를 씻어 몸을 정화시킨다든가(민 19:11~12), 하는 따위의 정화 개념은 있었다. 그러나 그것은 "물리적인 몸의 씻음"이다. 요한의 발명은 그따위 정화가 아니라, 물에 한번 풍덩 빠졌다가 나오는 순간에 인간내면에 쌓인 모든 정신적 죄가 싹 씻겨 없어지고 새로운 사람(a new-born man)이 된다는 것이다. 그 얼마나 기발하고 신선한 착상인가? 그것은 점수(漸修)가 아닌 돈오(頓悟)였고, 절차없는 해탈이었고, 권위없는 해방이었고, 모든 율법으로부터의 풀려남이었다. 당대의 민중들에게 세례 이상의 감격은 없었을 것이다. 너무도 많은 사람들이 요단강으로 몰려들기 시작했다. 당대 민중들은 세례 요한에게서 새로운 희망을 발견했다. 그는 민중에게는 예언자였고 메시아였으며 광야에서 포효하는 금욕의 성자였다.

불트만은 세례의 발상은 아예 페르시아나 바빌론의 신화적 구조에서 왔거나, 당대 만대아니즘(Mandaeanism: "지식을 가짐"을 뜻하는 만다야*mandayya*에서 옴)과의 직접적 교섭에서 생겨났을 것이라고 말한다(*Jesus and the Word* 24). 그러니까 세례는 동방에서 왔다. 많은 기독교인들이 세례는 서양의 기독교에서 우리나라로 건너온 풍습이라고 생각하기 쉬우나, 실상은 우리나라 무속에서 발견하는 정화예식이 오히려 기독교세례의 프로토타입일지도 모른다. 하여튼 예수는 이러한 세례 요한의 혁명적 발상에 이끌리어 그에게 세례를 받았고 그의 문하에서 공생애를 시작하였던 것이다. 복음서는 당연히 세례 요한을 위하여 쓴 책이 아니다. 그것은 예수를 주인공으로 하여, 예수를 하나님의 아들로서 선포하기 위하여 예수의 제자들이 예수의 입장에서, 초기기독교 교회의 입장에서 쓴 서물이다. 따라서 당연히 세례 요한은 B급 조연자가 되어야지 예수와 같은 A급 주연자가 되면 안된다. 그러나 예수가 한때 세례 요한의 제자였다는 역사적 사실은 부담스럽게 복음서에 반영되어 있다. 세례 요한에 관해 제일 먼저 쓴 마가는 이런 부담감을 묘하게 해소시킨다.

> 요한은 약대털을 입고 허리에 가죽띠를 띠고 메뚜기와 석청을 먹더라. 그가 전파하여 가로되, "나보다 능력 많으신 이가 내 뒤에 오시나니 나는 굽혀 그의 신들메를 풀기도 감당치 못하겠노라. 나는 너희에게 물로 세례를 주었거니와 그는 성령으로 너희에게 세례를 주시리라." 그때에 예수께서 갈릴리 나사렛으로부터 와서 요단강에서 요한에게 세례를 받으시고…… (막 1:6~9)

여기 "신들메"라는 번역어는 희랍·로마시대에 흔히 신발로 사용되었던 샌달(sandal, *ὑποδημάτων*)의 끈을 가리키고 있다. 이 샌달은 밑에 가죽창만 있고 거기에 긴 가죽끈이 달리고 고리가 있어서 그 가죽끈으로 발을 묶는 형태이다. 그 묶는 방식이 매우 다양하고 발목에까지 높게 올라온다. 그런데 당대사람들은 실내에서는 샌달을 신지 않았다. 꼭 나갈 때 신고, 들어올 때 벗는데, 그것도 높은 신분의 사람들만 신는다. 노예에게는 샌달 신는 것이 허용되질 않았다. 따라서 이 샌달을 신고 벗는 것은 끈을 감고 푸는 행위인데 이것은 종(노예)이 문간에서 무릎꿇고 하는 일이다. 예수가 최후의 만찬에서 제자들의 발을 씻어주는 장면이 있는 것도, 만찬에서 초대되어 오는 손님들을 문간에서 노예가 신을 벗겨주고 발을 씻어주게 되어있는 당대습관의 한 장면을 전제로 해서만 이해될 수 있는 것이다. 당시 샌달은 밖에서 걷고 나면 발 전체가 흙탕이 되었던 것이다. 예수는 스스로 노예의 모습으로 제자들의 발을 씻겨준 것이다(요 13:4~5). 자기비하의 극단적 행위이다. 그러나 천국에서는 자기를 낮추면 낮출수록 높아진다는 그의 신념을 마지막 만찬에서 몸으로 실천하여 보여준 것이다.

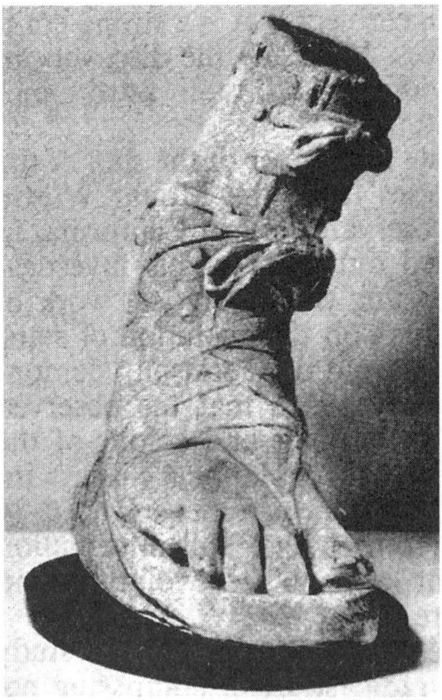

뉴욕 메트로폴리탄
박물관 소장품. 대리석 조각.

그런데 여기 세례 요한은 "나는 굽혀 그의 신들메를 풀기도 감당치 못하겠노라"라고 말한 것은 예수의 노예 노릇을 할 자격조차도 없다는 극단적 표현이다. 사실 이런 단어의 구사는 좀 과장된 표현이다. 다시 말해서 세례 요한을 예수와 비견하여 극단적으로 비하시켜야만 했던 복음서 저자들의 고충에서 꾸며진 말들일 것이다. 물론 세례 요한이 대세를 장악했고 예수가 먼저 시시하게 죽고 말았더라면, 세례 요한의 제자들이 쓴 복음서 속에서는 당연히 예수와 세례 요한의 위치가 바뀌어 나타날 것이다.(실제로 만대아교 문헌에서는 예수는 거짓 메시아로 나타나고 세례 요한은 세례를 통하여 병고침의 기적을 행하는 진짜 메시아로 나타난다. 만대아교는 세례를 중시했으며 세례야말로 불멸과 정화와 신체의 건강을 가져다주는 은혜로운 행위였다. 그들은 건강한 결혼생활을 바람직하게 생각했고, 독신은 불건강의 원인으로 보았다.) 그나마 담담한 마가의 표현에 비하여, 마태의 기술은 세례 요한의 위치에 대한 부담감이 더 노골적으로 드러난다.

> 이때에 예수께서 갈릴리로부터 요단강에 이르러 요한에게 세례를 받으려 하신대, 요한이 말려 가로되, "내가 당신에게 세례를 받아야 할 터인데 어찌 당신이 내게로 오시나이까?" 예수께서 대답하여 가라사대, "이제 허락하라. 우리가 이와 같이 하여 모든 의를 이루는 것이 합당하니라" 하신대 이에 요한이 허락하는지라. 예수께서 세례를 받으시고 곧 물에서 올라오실 새, 하늘이 열리고 하나님의 성령이 비둘기 같이 내려 자기 위에 임하심을 보시더니, 하늘에서부터 소리가 있어 말씀하시되, "이는 내 사랑하는 아들이요, 내 기뻐하는 자라" 하시니라 (마 3:13~17).

"나야말로 당신에게 세례를 받아야 할 사람인데 내가 당신에게 세례를 주다니요?" 하고 항의하는 세례 요한의 모습은 사실 매우 어색하다. 그래서 그 어색함에 대하여 곧 예수에 대한 인가(認可)는 요한으로부터 오는 것이 아니라 하늘에서 온다는 이야기가 첨가되고 있는 것이다. 그러나 하여튼 예수가 요한에게 세례를 받는다는 것은 매우 부담스러운 사건이었다. 그것은 "죄사함"의 행위이고 보면 예수는 죄가 있어야만 하기 때문이다. 『나사렛인의 복음서 *the Gospel of the Nazoreans*』 2장에는 다음과 같은 이야기가 실려있다.

> 보라! 주님의 어머니와 그의 남동생들이 예수에게 말하였다: "세례 요한이 죄의 용서를 위한 세례를 준답니다. 빨리 가서 그에게 세례를 받읍시다." 그러나 예수는 그들에게 말하였다: "내가 무슨 죄를 졌기에 그에게 가서 세례를 받아야 합니까? 혹시 내가 이렇게 말하는 것이 무지의 죄가 될지는 모르겠네요."

당시 예수가 세례 요한에게 세례를 받은 사실에 대한 여러 가지 텐션이 노출되어 있는 것이다. 예수는 평범한 사람으로써(당연히 사람인 이상 죄지은 것이 있었을 것이다) 세례 요한에게 세례를 받았고, 무엇보다도 세례 요한의 세례운동의 새로운 의미와 민중의 호응에 깊은 관심을 표명하고, 모든 의로운 사람은 요한의 세례운동에 동참해야 한다고 생각했을 것이다(류형기, 『성서주해』 3-135). 예수는 세례 요한의 제자가 되었던 것이다.

그러나 요한복음의 저자의 입장에서는 이 모든 이야기가 불필요한 논의가 되어버린다. 이러한 구구한 변명을 해야할 필요가 없다. 예수는 로고스로서 육화된 존재이며 태초로부터 이 우주의 생성에 관여한 자이며 하나님의 아들인 자로서 처음부터 설정된 이상, 그의 미션이 지상에서 인가를 받아야 할 하등의 이유가 없다. 따라서 세례 요한에게 세례를 받아야 할 하등의 이유가 없다. 요한복음서에서는 예수가 세례 요한에게 세례를 받지 않는다. 세례 요한은 오직 예수가 로고스임을 입증하는 증언자로서만 규정되고 한정될 뿐이다. 따라서 요한복음이후에는 기독교 커뮤니티에서 세례 요한의 세례는 더 이상 문제가 되질 않았다. 세례 요한의 세례는 사라지고 예수의 계시만 살아남았다.

요한에게 세례받는 예수(마 3:13-15, 막 1:9-11, 눅 3:21-22)

렘브란트 1660, 215×165㎜

뿐만 아니다! 로고스기독론의 논리적 구조 속에서는 동정녀 마리아 탄생이니, 베들레헴 말구유니, 동방박사니, 유년설화니, 예수의 족보니 하는 일체의 초장의 이야기들이 불필요해진다. 예수는 태초로부터 존재했었기 때문에 전혀 처녀의 자궁을 통해 잉태되었다는 사건으로서 그 신성을 확보할 필요가 없어진다. 그리고 14절의 "말씀이 육신이 되어 우리 가운데 거하시매"라는 한마디로 다 해결되어 버린다. 그리고 예수는 그냥 나사렛의 평범한 인간으로서 복음서의 지평 위로 떠오르게 되는 것이다. ***로고스의 화신이기 때문에 신성한 것이 아니라, 로고스의 화신이기 때문에 신성을 가장하는 일체의 장치가 생략되고 더 인간화되어 나타난다는 데 요한복음의 메시지의 강력성과 인간적 매력의 강렬함이 있는 것이다.*** 요한복음에서의 "생략의 묘미"는 메시지의 내용을 더 풍부하게 만든다. 말씀(로고스)의 기쁜 소식으로만 충만케 되는 것이다.

역사적으로 세례 요한은 예수에 비해 그 실존성이 더 확실했던 인물이었다. 예수 당대의 사가 요세푸스(Flavius Josephus, AD 37~c. AD 100)의 『유대고대사 *The Jewish Antiquities*』 속에서도 예수는 불확실한 자료로 나타나지만, 세례 요한은 그 역사성이 확실한 인물로서 묘사되고 있다. 『고대사』 속의 예수 묘사는 그 짧은 단락이 생략되어도 앞뒤가 정확하게 연속될 수가 있고 그 내용이 의심스러운 구석이 많아 후대의 첨가로서 간주되지만, 세례 요한은 AD 30년경 헤롯 안티파스(Herod Antipas, AD 4~39)에 의하여 처형된 정치사적 사건의 주인공으로서 확실하게 묘사되고 있는 것이다.(신약성서를 공부하면서 요세푸스를 안 읽는다는 것은 어불성설이다. 요세푸스의 전집 *The Works of Josephus*, tr. by William Whiston이 단권으로 아주 잘 나와 있기 때문에 누구든지 쉽게 구입해볼 수 있다. 우리나라에서 나온 개설서로서는 감신대 신약학 교수 유태엽이 번역한 스티브 메이슨의 『요세푸스와 신약성서』가 있다. 쉽고 간결하게 쓴 매우 좋은 책인데 번역도 훌륭하다. 많은 사람들의 일독을 권하고 싶다. 생명의 말씀사에서 김지찬 역으로 『요세푸스』 4권이 나왔다. 이런 책들은 성서를 공부하는 사람들이 꼭 참고해야 할 책이다.)

> 지금, 많은 유대인들이 헤롯 군대의 파멸이 신의 진노로 인한 것이라고 믿고 있다. 세례자라고 불리우고 있는 요한에 대하여 그가 한 짓에 대한 정의로운 응징으로 간주되고 있는 것이다. 요한은 선한 사람이었고, 유대인들로 하여금 좋은 덕성을 발휘하도록 이끌었다. 그리고 서로가 서로에게 의로울 수 있도록 지도하여 하나님을 공경케 함으로써 세례를 받도록 만들었다. 그 세례 요한을 헤롯이 살해한 것이다(*Antiquities* Book 18, Chap. 5, 116~117).

여기 우선 우리는 요한이 헤롯왕과 맞설 정도로, 헤롯의 파멸이 요한이라는 선량한 민중의 지도자를 그릇 처단한 데서 유래한 파멸이라고 유대사람들이 믿을 정도로 역사적 하중이 있었던 인물이라는 그 역사적 사실을 확인할 수가 있다. 물론 세례 요한이 헤롯이 동생의 부인 헤로디아스를 아내로 취한 것이 율법에 어긋날 뿐 아니라 부

도덕한 행위라는 것을 비난했을 수는 있지만, 그 비난으로 인하여 헤롯왕에게 죽임을 당했다고 볼 수는 없다. 아무리 헤롯왕이라도 요한과 같은 위치에 있는 민중의 지도자를 그 정도의 명분으로 처단할 수는 없다. 살로메의 춤으로 요한의 모가지가 쟁반 위에 올려진다는 너무도 매혹적인 이야기는, 그것이 비록 구스타프 프로베의 소설이나(Gustav Flaubert: 『헤로디아스』라는 소설을 쓴 19세기 불란서 사실주의문학의 거장), 리차드 스트라우스의 오페라(『살로메』, 1905년 초연)나, 오스카 와일드의 희곡에 엄청난 영감을 불어넣어주기는 했어도, 마가의 발명이라고 하지 않을 수 없다(막 6:14~29, 마 14:1~12). 요세푸스와 같은 화려한 문체를 사랑하는 사가에게, 더구나 궁정의 정보에 직접적인 루트가 확보되어 있었던 그에게 그토록 매혹적인 이야기가 포착되지 않았을 리는 만무하다. 그리고 마가복음의 이야기라도 그에게 자료로 있었다면 안 썼을 리 만무하다. 요세푸스와 마가는 완벽하게 동시대의 사람이지만, 마가의 자료는 요세푸스에게 전달될 길이 없었다. 그것은 스트라우스의 매혹적인 "일곱 망사의 춤"(Dance of the Seven Veils)만큼이나 완벽한 마가의 픽션이었다. 마가의 의도는 명백하다. 예수의 생애와 세례 요한의 생애에 아날로지를 성립시켜서 병치시킴으로서 예수의 삶의 이야기에 신빙성과 풍요로움을 더해주는 것이다. 둘 다 천국의 도래와 회개와 죄사함을 외치다가 별로 마음내키지 않아하는 세속적 지배자들에 의해 억지로 처단되었다. 하나는 본디오 빌라도에게, 하나는 헤롯 안티파스에게. 그리고 시체는 둘 다 제자들에 의해 장사지내졌고, 둘 다 부활했다는 소문이 돌았다(마 14:2). 세례 요한의 생애는 나사렛 예수의 선구자적 삶이었던 것이다(the precursor of Jesus).

> 이제 엄청나게 많은 사람들이 떼지어 세례 요한에게 모이기 시작했고 그의 설교를 듣는 군중들은 최고의 감명을 받게 되자, 헤롯은 충격을 금치 못했다. 세례 요한이 군중에 끼치는 위대한 영향력과 웅변의 힘은 하시고 반란을 일으킬 수 있는 소지를 지니고 있었다. 군중은 그가 말하는 것은 무엇이든지 받아들이고 그가 내리는 명령은 무엇이든지 따를 수 있는 기세였다. 그래서 헤롯은 요한이 폭동을 일으키기 전에 먼저 요한을 선제공격하여 그를 제거하는 것이 상책이라는 생각에 도달하였다. 폭동을 앉아서 기다리느니 때를 놓쳐 후회하는 것보다는 과감히 그를 치고 볼 일이라고 판단했다. 따라서 이러한 헤롯의 의심스러운 성격 때문에 요한은 마캐루스 성채(the castle of Machaerus)로 보내졌고, 거기서 곧 요한은 형장의 이슬로 사라졌다 (同上, 118~119).

여기서 요세푸스의 기술은 전반부의 요한에 대한 존경심어린 태도가 매우 정치사적 냉혹함으로 전환되고 있다. 웬일일까? 여기서 바로 우리는 예수와 세례 요한의 관계를 조망하게 되는 당대의 역사적 상황의 절박성을 인지해야 한다. 당시의 정황은 어떠했는가?

세례 요한은 예수가 완벽하게 갈릴리 촌사람인 것에 비하면 좀 더 세련된 유대지방 출신의 사람인 것이 분명하고 누가의 장황스러운 그의 출생설화에 비추어 본다면 꽤 지체높은 집안(제사장)의 사람일 수도 있다. 그러나 사실 그러한 얘기는 모두 신빙성이 없다. 요즈음 쿰란 커뮤니티의 발굴로 인하여 당대에 사막에서 공동생활을 하던 사람들의 한 전형이 구체적 역사사실로 드러나게 되었고 세례 요한의 성격에 관해서도 새로운 조망이 이루어지고 있다. 세례 요한도 쿰란 커뮤니티와도 같은 사막공동체를 운영하고 있었던 한 수장이라는 가설이 거의 정설화되었고 구체적으로 세례 요한이 쿰란 공동체의 주요멤버였지 않나 하는 연구방향도 설정되었다. 세례 요한이나 쿰란 공동체나 같은 엣세네파에 속하는 사람들이라고 보는 데는 현재 크게 이견이 없다. 특히 엣세네파에 관해서는 요세푸스 자신이 젊었을 때 엣세네파의 엄격한 훈련을 거쳤다고 그의 『생애 *Life*』에서 고백하고 있다. 엣세네 공동체의 정식회원이 되기 위해 만 3년의 수행기간이 요구되었다고 『유대전쟁사 *The Jewish War*』에서 기술하고 있는 것이다(2. 137~142). 그런데 재미있는 것은 그의 이런 고백이 사실이든지 아니든지간에, 당대 유대인의 상당한 지식인들이나 지도급인사, 혹은 지사(志士)들이 이런 사막공동체에서 수련생활을 하는 것이 삶의 한 단계로서 매우 보편적인 현상이었다는 것과, 요세푸스가 자신의 체험에서 우러나오는 엣세네파에 대한 기술, 생활규율이나 지향목표나 가치관이나 삶의 목표 같은 것이 거의 정확하게 쿰란문서상에 나타나는 정보들과 일치한다는 사실이다. 혹자는 세례 요한의 세례 개념이 쿰란 공동체에도 있다고 주장하여 양자간의 묵시론적 비전과 세례운동의 공통성을 지적하였지만, 보다 디테일한 연구의 성과로 볼 때 양자는 확연히 구분된다.

1) 쿰란 공동체에서는 물속에 몸을 담그는 예식이 있었으나 그것은 개인이 스스로 들어가는 것이었고, 세례자(baptizer)가 없었다. 카리스마적 타인의 세례베풂행위에 의한 죄사함이 아니었다.

2) 요한의 세례는 묵시론적 종말을 전제로 한 구원의 특별한 행위였다. 그러나 쿰란의 세례는 유대교 전통에 따른 정화 의례(儀禮)였다.

3) 요한은 요단강의 동쪽 강둑 아래라는 어떤 특정지역에서 세례를 베풀었다. 다시 말해서 "요단강"이라고 하는 장소에 어떤 특별한 상징적 의미가 있었다. 그러나 쿰란의 세례는 특정지역이 없었으며 제식의 필요에 따라 아무데서나 세례반(洗禮盤, font)을 설치하면 가능한 것이었다.

4) 요한의 세례는 한 사람의 일생에서 딱 한 번이면 족한 것이다(a one-time event in that person's life). 그것은 한 개인에게 1:1로 베푸는 일회적 행위이다. 그런데 쿰란의 세례는 자기 혼자서 하루에도 몇 번씩 들어갈 수 있었다.

5) 요한의 세례는 최후의 심판을 앞두고 죄사함을 보장하는 행위였다. 그러나 쿰란의 엣세네의 목욕세례는 최후의 심판과 연결되지도 않았고 죄사함도 이루어지지 않는다.

6) 요한의 세례는 회심(回心), 즉 삶의 역전이나 다시 태어남을 보장한다. 그러나 쿰란의 세례는 모세의 율법에 대한 완벽한 복종을 의미하는 것이다. 회심의 모티프가 없다.

7) 쿰란 엣세네파에서는 세례에 참여하기 위해서는 1년의 공동생활 유예기간이 반드시 필요했다. 요한의 세례는 당장에서 즉각적으

로 이루어진다.

8) 쿰란의 세례는 반드시 자기네 공동체에 소속한 정규멤버(only full-fledged members of their union)에게만 한정되는 것이었다. 요한의 세례는 남녀노소의 구분이 없었고, 신분의 차이나, 소속단체의 여하를 불문하고 베풀었다. 그리고 세례 후에 요한 공동체의 멤버가 될 것도 일체 요구하지 않았다. (이상의 분석은 Hartmut Stegemann, *The Library of Qumran* 221~2를 볼 것. 쿰란 공동체에 관한 매우 탁월한 최근 독일성서학자의 연구성과이다. 괴팅겐대학 신약학 교수).

이상의 분석으로 쿰란 공동체의 특수한 폐쇄적 성격과 요한의 보다 혁명적인 개방적 성격이 뚜렷하게 드러났을 것이다. 요한이 엣세네파와 모종의 연관성이 있을 수는 있으나 요한을 엣세네파라는 개념 속에서 묶기에는 그의 발상은 너무도 혁명적인 것이었다. 쿰란 공동체에서 요한의 세례장소까지 걸어서 5시간밖에 걸리지 않는다. 그러나 요한이 쿰란을 간 적이 있다 해도 요단강으로 되돌아가는 음식과 음료를 제공받는 그 이상의 관련은 없었을 것이다.

사막은 문명의 거부라는 어떤 상징성이 있다. 사막의 고독은 현세로 모든 영욕과 집념으로부터 격리된 고독이며 그 고독은 반드시 종교적인 인간들에게는 하나님과의 직접 대면을 전제로 하고 있다. 사막은 끊임없는 종교적 영감의 원천이었다.

로마의 통치는 가혹했다.

로마인들이여! 기억하라!
그대들의 힘으로 지구상의 모든 인종을 다스릴지니.
그 다스림의 기술은 이것이라.
평화를 주기 위해 법률의 지배를 부과하라.
복종하는 자들은 아껴주고
덤비는 놈들은 남김없이 쓰러뜨려라!

이것은 유명한 로마의 시인 베르길리우스(Virgil, BC 70~BC 19)의 『아에네이드 *Aeneid*』의 한 구절이다. 이 로마의 찬가는 매우 영웅적으로 들리지만 사실 평정당하고 복종당하고 쓰러뜨림을 당하는 자들의 입장에서 본다면 너무도 가혹한 현실이다. 로마와 싸우다가 쓰러진 반란군 장수 칼가쿠스(Calgacus)는 이렇게 피를 토한다.

이 세계를 도둑질하는 놈들이여!
이제 땅이 모자라 바다까지 도둑질하려는구나!
빈곤한 땅이든 부유한 땅이든 똑같은 열정으로 훔쳐먹는 로마놈들아!
노략질하고 도륙질하고 도둑질하면서 그것을 제국이라 오명(誤名)하고,
폐허를 만들면서 평화라 선전한다.

예수가 살았던 팔레스타인은 이러한 로마의 식민정책의 폐허지였다. 요세푸스의 기록에 의하면 당시 팔레스타인에는 끊임없이 반란이 일어났다. 일어나서 싸우고 쓰러지고, 싸우고 쓰러지고, 또 싸우고 또 쓰러지고, 또 싸우고 또 쓰러지고, 또 또! 이 반란에 가담하는 사람들은 결국 농민들(peasants)이었다. 예수나 세례 요한이나 모두 이 농민군중 속에 서 있었다. 그런데 이 민중은 보통 민중이 아니다. 이스라엘 민중이다. 몇천 년 동안 하나님과의 계약 속에서 종교적 향심(向心)을 다져온 민중이다. 그 향심이란 무엇인가? 그 향심이란 바로 다윗왕과 같은 메시아가 나타나서 강력한 새로운 독자적 왕국을 세워주리라는 묵시적 환상이다. 물론 내가 보기에는 환상(幻相, fantasy)이지만 그들에게는 곧 실현가능한 실상(實相, reality)이다. 그들은 그러한 신념 속에서 몇천 년 동안을 줄기차게 끈질기게 살아왔다. 바로 이 "농민의 묵시론"(peasant apocalyptism)의 기반 위에 지금 세례 요한과 예수가 서 있다. 일단 예수는 세례 요한의 제자가 되었던 것이다.

그런데 이 묵시론적 환상을 역사학에서는 "천년왕국의 민중운동" 이라고 부르는데 밀레니알리즘(millennialism) 혹은 밀레네리아니즘(millenarianism)이라고 한다. 그 말 자체는 요한계시록(20:1~7)에서 유래되었지만 동서고금의 현상을 지칭하는 말로 일반화해서 쓴다(mille 천 ennium〈annus 년). 사실 이 밀레네리아니즘, 천년지복설의 구체적 연원을 따져올라가면 1천 년씩 3단위로 인류의 역사를 생각한 이란의 조로아스터교가 조종격이고, 이것이 신구약중간시대에 팔레스타인으로 유입되어 크게 붐을 일으켰다. 유대민족은 바빌로니아(이라크) 포로시대에서 풀려난 것이 바로 페르시아(이란)의 사이러스(바사의 고레스) 덕분이라고 생각했기 때문에, 즉 페르시아 사람들이야말로 이스라엘 민족을 해방시킬 사명을 야훼로부터 받았다고 생각했다. 이것은 최고의 선지자 이사야가 그렇게 말한 것이다. 따라서 바빌론유치시대 이후에는 페르시아(이란)적 가치관이 마음놓고 유입되었으며 특히 조로아스터적인 이원론과 묵시론이 따라들어와 성행했다. 그러나 조로아스터의 이원론은 야훼의 유일신앙과 충돌을 일으킨다. 그러나 유대민족은 선신과 악신의 이원론을 절충적으로 받아들인다. 즉 야훼 아래의 천사와 사탄의 개념으로 한 급 낮추어 페르시아의 이원론을 수용한 것이다. 구약의 세계에서도 실체화된 사탄의 개념은 그렇게 크게 나타나지 않는다. 야훼를 수종드는 천사의 모습은 많았어도 사탄은 그렇게 천사와 대립되는 개념으로 두드러지지 않았다. 그런데 신구약중간시대, 즉 간약시대에는 사탄의 세력의 성장시기라고도 말할 수 있다. 이원적 사탄의 개념이 두드러지게 나타난다. 이것이 욥기로부터 쿰란 공동체를 거쳐 요한묵시록에까지 연결되는 이원론이며, 특히 예수시대의 농민반란의 기반이 되는 농민묵시론의 기본적 정조(情調)였다. 뿐만 아니라 그것은 이란과 동문화권인 인도, 그리고 중국, 한국에까지 뻗친 미륵강생의 묵시론과도 직접적 관련이 있으며, 예수시대의 농민반란의 정황은 시대는 다르다 해도 고려말 최씨무단정치하에서 일어난 수없는 농민반란을 지배한 미륵사상, 만적(萬積)의 난에서 보여지는 유토피아적 평등사상을 연상하면 쉽게 이해가 갈 것이다. 뿐만 아니다! 동시대에 농민반란을 규합하여 새로운 왕조의 수립에까지 성공한 명태조 주원장(朱元璋, 1328~98)의 정신세계에도 이러한 밀레네리아니즘이 깔려있다. 반란군 홍건적(紅巾賊)의 리더 곽자흥(郭子興)의 부하로서 두각을 드러낸 청년 승려 주원장은 당대에 크게 유행하던 백련교(白蓮教)의 신앙을 수용하였는데, 이 백련교야말로, 조로아스터교—영지주의로 연결되는 마니교(Manichaeism)가 중국으로 전파되어 홍기한 이원론적·묵시론적 세계관의 대표적 형태였다. 바로 요한복음에서 말하는 빛과 암흑의 이원론적 사상이 이 백련교에 뚜렷이 있었으며 그것이 중국에서는 해(日)와 달(月)로 표현되어, 보통 마니교—백련교를 빛과 암흑의 종교라 하여 명교(明教)라 불렀다. 주원장이 후에 국호를 명(明)이라고 한 것도 요한복음적 세계관과 직접적인 연계선상에 있다.(日빛 + 月어둠 = 明). 내가 이런 말을 하면 어리둥절해 하는 사람이 있을지 모르겠으나 이것은 매우 기초적인 역사적 사실에 속하는 것이며 구체적 사상의 계보가 확실한 담론이다. 주원장은 자신을 명교(明教)의 구세주로 생각하였던 것이다. (의심이 가는 사람은 마니교의 역사에 관하여 조금만 깊게 연구해보면 다 알 수 있을 것이다.)

하여튼 민중운동으로서의 묵시론적 환상에는 빛과 암흑의 이원론이 확실하게 대비되며 이 암흑의 세계를 사탄의 지배로 보고, 이 사탄의 지배를 종식시킬 세계의 종말을 예언케 된다. 그 예언을 구심점으로 하여 민중의 마음이 결집되는 것이다. 이러한 민중묵시론의 특징은 다음의 5가지로 요약된다.

1. 이 신념을 신봉하는 사람들 전체가 같이 구원된다는 의미에서 "집단적" 이다.
2. 구원이 피안의 천국에서 이루어지는 것이 아니라 지상에서 실현된다는 의미에서 "현세적" 이다.
3. 그것은 곧 바로 실현된다는 의미에서 "즉좌적卽座的" 이다.
4. 구원이 이 세계의 모습을 개선시키는 정도의 것이 아니라, 그 가치관과 삶은 완전히 변화시킨다는 의미에서 "전면적" 이다.
5. 그리고 구원이 초자연적 신의 섭리에 의하여 이루어진다는 의미에서 "기적적" 이다.

그리고 이 다섯 가지 특징의 이면에는 다음의 여섯 가지 측면이 또 전제될 수도 있다.

1. 이 세계는 구원할 건덕지도 없이 나쁜 것이다.
2. 전체적인 변혁이 필요하다.
3. 인간이 이러한 변혁을 실행해나갈 수 있는 주체는 아니다.
4. 변혁은 초자연자에 의하여 달성된다.
5. 새로운 질서가 확립되면 믿는 자는 가장 우월한 지위를 획득하지만 믿지 않는 자(적敵)는 어떠한 지위도 획득치 못한다.
6. 이러한 진리를 아는 사람은 그 신앙을 공표하고 오는 심판의 날을 준비해야 한다.

이상은 역사학에서 말하는 천년왕국사상에 대한 일반적 특징을 요약하여 독자들의 이해를 돕고자 한 것이다(스즈키 츄우세이 편, 『千年王國的民衆運動の硏究』 3~4).

예수의 시대는 이러한 농민반란이 끊이질 않았다. 제1세기의 30년대, 40년대, 50년대, 60년대는 모두 이러한 묵시론적 환상을 지닌 민중들의 반란이 끊임없이 일어났다. 그런데 민중의 묵시론적 운동의 발발에는 항상 구심체가 있었는데, 그 구심체의 대부분이 협잡꾼, 사기꾼, 불량한 부랑자, 거짓 예언자들이었다고 요세푸스는 기록하고 있다. 오늘날 우리나라의 신흥종교나 유사종교, 기독교적 묵시론을 내거는 모든 예언자종교의 교주라고 죽치고 앉아있는 자들의 꼬라지를 연상하면 예수 당시의 사기꾼들이 어떤 모습이었나를 쉽게 연상할 수 있을 것이다.

> 하나님의 영감을 가장한 야바위꾼들, 속임수로 가득찬 협잡꾼들은 항상 현세적 지배구조의 혁명적 변화를 선언했다. 그리고 군중들을 미친 사람들처럼 행동하게 만들었다. 그리고 하나님께서 반드시 해방의 증표(tokens of deliverance)를 내려주실 것이라는 신념하에 군중들을 사막으로 끌고 나갔다(*The Jewish War* 2.259).

> 예루살렘을 모든 불경으로 더럽히는 도둑놈들! 이런 협잡꾼들 사기꾼들이 요번에는 군중에게 손을 뻗친다. 그들은 군중들을 설득하여 꼭 사막으로 데리고 나간다. 그리곤 하나님의 섭리(the Providence of God)에 의하여 실행되는 경이(wonders)와 증표

(signs)가 그들의 눈앞에 나타날 것이라고 예언한다(*The Antiquities* 20. 167~8).

재미있는 것은 당대의 지배자들의 눈에는 세례 요한이나 예수나 이러한 사기꾼·협잡꾼 중의 한 사람으로 보였을 것이라는 사실이다. 바로 위에서 인용한 『유대고대사』에는, 이어서 펠릭스(Felix) 총독의 시대에 이집트에서 온 어떤 사기꾼 예언자가 3만여 명의 군중을 끌어모아서 사막으로 나갔다가 예루살렘 동편에 있는 감람산(the Mt. of Olives)에 나타난 이야기가 실려있다. 감람산에서 예루살렘성은 1천 미터 정도의 거리밖에 되지 않으며 한눈에 도시 전체가 굽어보이는 최고의(해발 700m 정도) 전망사이트이다. 노아가 홍수를 피했다는 것을 알게 해 준 올리브 이파리도 바로 이 산에서 비둘기가 물고 온 것이다(창 8:11). 이곳에 수만 명이 올라가서, 곧 저기 저 로마놈들이 지배하고 있는 예루살렘성이 하나님의 불기둥으로 무너지리라고 소리를 지르고 있는 것이다. 로마 총독의 입장에서 본다면 스트레스도 이만저만한 스트레스가 아니다. 물론 이런 민중의 묵시론적 혁명운동은 신의 섭리, 신의 중재(Divine Intervention)를 전제로 하기 때문에 비폭력적(non-violent)이다. 다시 말해서 조직된 군대는 아니다. 그러나 신화적 가치관에 지배되는 지배자들은 이들을 두려워하지 않을 수 없다. 펠릭스는 신속하게 무장된 기병과 보병을 파견하였다. 아수라장이 벌어졌다. 400명이 당장에서 살해되었고 200명이 생포되었다. 그러나 이집트인 사기꾼은 잽싸게 도망쳐서 어디론가 사라지고 말았다. 그 사기꾼은 역사에 다시 등장하지 않았다. 하나님의 섭리는 이루어지지 않았고, 그 섭리를 믿은 사람만 죽어넘어졌다. 평창동에서 휴거를 기다리는 사람에게도 마찬가지다. 여호와 하나님은 오지 않고 목소리 터지게 외치던 그들만 웃음거리가 되고만다. 이것이 예수시대에 비일비재했던 현실이었다.

그렇다면 또 다시 한번 불경스럽지만 평심(平心)하게 물어보자! 세례 요한은 과연 그러한 사기꾼 중의 한 사람이었고, 예수는 그러한 사기꾼을 따르던 군중 속의 한 사람이었단 말인가? 우리 가슴속의 진실이 말해준다. 세례 요한의 세례운동은 분명 그러한 야바위꾼들의 선동적 행위를 넘어서는 어떤 인간내면의 보편적 진실이 있었다. 그러나 세례 요한의 비젼은 정치적 색채를 벗어나지 못했으며 그에게는 매우 명료한(엣세네파적이라고 해도 좋다) 묵시론적 비젼이 있었다. 명료한 미래적 시점에 하나님의 나라가 도래할 것이며 그 시점을 위해 우리는 준비해야 한다. 회개하고 죄사함을 얻으라! 사실 우리가 액면적으로 해석하고 있는 "회개하라! 천국이 가까웠느니라"(마 3:2)는 예수의 메시지라기보다는 원래 요한의 메시지였다. 그리고 그 메시지는 임박한 천국의 도래를 전제로 한 것이고, 그는 그것을 정치적으로 해석했다.

앞에서 세례 요한의 세례와 쿰란의 세례를 비교하여 논하는 자리에서 "요단강"이라는 장소의 상징적 의미를 논한 적이 있는데, 사실

"요한이 요단강에서 세례를 주었다"는 명제에서 중요한 것은 "요단강"이라는 의미체였다. 요단강이란 무엇인가? 그것은 새로운 출애굽의 역사였다. 이집트(애굽)의 압제로부터 벗어나 모세와 아론의 지팡이로 인도하시고 만나 항아리로 먹여주신 야훼 하나님의 역사의 재인식이었다. 그토록 넘고 싶었던 요단강! 압제의 사슬을 벗어나 저 젖과 꿀이 흐르는 땅 가나안으로 들어가기 위해서는 반드시 넘어야 하는 강, 요단강! 모세는 그 그리운 요단강을 바라보며 느보산에서 죽었고, 드디어 그를 이은 민족의 지도자 여호수아가 넘었다. 자! 이제 모세와 여호수아가 넘은 이 요단강을 우리들의 죄를 씻음으로서 다시 넘자! 이제 총칼로 넘는 것이 아니라 우리의 죄를 씻음으로써 다시 넘자! 사실 세례 요한이 말한 요단강은 단순한 물이 아니라, 민족적 체험의 축적된 상징이요, 그것은 정치혁명이기도 했던 것이다. 요한은 요단강 전역을 휘돌아 다니면서 세례를 베풀었고 그것은 안티파스 헤롯이 지배하던 갈릴리와 페레아(Galilee and Perea) 지역 전체의 군중을 끌어모으는 작업이었다. 우리는 세례 요한이 어떠한 정치적 작업을 획책했는지는 물론 구체적으로 알 수가 없다. 그러나 그는 분명 어떤 민중혁명의 거대한 시한폭탄을 만들어가고 있었음이 분명하다. 4·19의 학생의거로도 막강한 미국의 지원하에 굳건한 듯이 보였던 이승만 정권이 넘어갔던 것이다. 세례 요한의 세례운동의 정치적 위험성은 안티파스에게 전달되었고, 안티파스는 더 늦기 전에 "선제공격"을 해야할 필요를 느꼈다고 요세푸스는 적고 있는 것이다. 과감하게 세례 요한 한 사람을 제거함으로써 그 운동전체를 소멸시킬 수 있다고 판단했던 것이다. 한 사람의 제거가 더 큰 민중운동을 폭발시킬 것인가? 그대로 사그러지고 말 것인가? 그 상황판단의 기로에서 헤롯은 고민했다. 세례 요한은 살로메의 쟁반 위로 올라간 것이 아니라 마캐루스 성채로 비밀리에 호송되었고 거기서 곧 살해되었던 것이다. 리차드 스트라우스의 오페라에서는 음흉한 헤롯은 자기 부인의 딸 살로메에게 음탕한 욕정을 드러내고, 매혹적인 무녀 살로메는 금욕주의자인 요한에게 채울 수 없는 욕정의 불길을 태우지만 결국 요한의 모가지는 쟁반 위로 올라왔고, 살로메는 그 쟁반에 담긴 요한의 입술에 욕정의 키스를 퍼붓는다. 요한은 분명 매혹적인 사나이였지만 뜻을 못이루고 죽는다. 혁명은 일어나지 않았다. 바로 이 현실을 예수는 그 문하에서 체험한 것이다.

예수와 요한의 관계를 정확하게 이해하기 위하여 우리가 혼동하지 말아야 할 매우 중요한 신학적 개념이 있다. 묵시론(Apocalyptism)과 종말론(Eschatology)의 차이에 관한 것이다. 묵시론이나 종말론이나 똑같이 시간의 종말(end-time)을 전제하고 있는 듯이 보이지만 양자의 개념은 매우 다르다. 묵시론 즉 아포칼립스라는 것은 "신의 계시"라는 뜻이며 덮여져 있던 비밀이 밝혀진다는 뜻이다. 어느 미래의 시점에 신의 비밀이 밝혀진다는 뜻이며 그 강조는 이 현세적 세계의 종말이 신의 계시의 드러남으로 인해 어느 미래의 시점에 이루어진다는 데 있다. 그것은 이 세계의 파멸과 새로운 하나님의 나라의 시작을 의미한다. 그런데 종말론은 비슷한 전제가 있기는 하지만, 현세의 가치적 부정에 더 강조점이 있으며, 현세의 물리적 종말을 반드시 전제로 하지는 않는다. 묵시론은 계시적 개념이지만, 종말론은 보다 순수하게 시간적 개념이다. 현세적 가치를 부정하는 사람들에게는 이 세계의 부정(world-negation)과 동시에 새로운 세계의 발견에 대한 희망이 있다. 그러나 새로운 세계의 발견이 곧 현세의 물리적 멸절을 뜻하지는 않는다. 세례 요한은 천국과 회개를 ***묵시론적으로*** 해석했지만 예수는 천국과 회개를 ***종말론적으로*** 해석했다. 예수는 종말론자였지만 묵시론자는 아니었다. 다시 말해서 그의 관심은 미래의 한 시점에 있었던 것이 아니라 "오늘, 여기"(Here and Now)에 있었던 것이다.

가장 큰 번역상의 오해가 "회개" 즉 "메타노이아"의 문제와 더불어 "하나님의 나라" "천국"이라는 번역술어에 내재하고 있다. 메타노이아가 회개(悔改)가 아닌, 회심(回心)이라는 것은 이미 말했다. 그런데 천국이나 하나님의 나라에 해당되는 영역술어도 "Kingdom of God"으로 되어있어 혼동을 일으킨다. "King"은 왕이라는 말이라서 매우 전제군주의 지배적 가치관이 배어있고 "dom"은 장소, 나라라는 어떠한 지리적 영역을 전제하고 있다. 그러나 "Kingdom, 왕국"에 해당되는 희랍어 원문은 "바실레이아"(*βασιλεία*, basileia)이며, 그것은 결코 왕국을 가리키는 것이 아니라 "지배"(rule) "다스림"(reign)을 의미하는 말이다. 그러니까 지역적 개념의 "하나님의 나라"가 아니라 그것은 "하나님의 법칙이 지배하는 새로운 세상," "모든 인간이 하나님의 말씀에 순종하는 새로운 세상"을 뜻하는 것이다.

그러니까 "회개하라, 하나님의 나라가 가까웠다"는 것은 "너의 마음을 바꾸어라! 그리하면 하나님께서 지배하는 세상이 올 것이다!" 라는 뜻이다. 결국 천국은 "Kingdom of God"이 아니라 "Reign of God, 신의 지배"에 관한 것이고, 그것은 결국 "메타-노이아" 즉 정신, 누우스(nous), 우리의 마음의 문제로 귀결되는 것이다. 구약의 용법에 있어서도 때로 "하나님의 나라"는 "지혜의 나라"로 나타나며, 그것은 지혜가 인간의 마음을 다스림을 의미하는 것이다. 예수의 관심은 어디까지나 지금, 여기, 인간의 마음이었다. 마음의 혁명이 없이 정치적 혁명은 성공할 수 없다. 군중의 마음으로부터 정치적 혁명의 전제가 없이 새로운 하나님의 나라를 건설하자! 예수는 세례 요한과 다른 길을 걸었다. 세례 요한은 광야에서 단식을 했다. 그러나 예수는 갈릴리의 지평 어느 곳에서든지 민중들과 더불어 같이 먹으며 잔치를 했다. John fasts! Jesus feasts! 요한은 단식을 했고 예수는 잔치를 벌였던 것이다(Crossan, *Jesus* 48).

세례 요한 John the Baptist	묵시론적 Apocalyptic	미래의 한 시점 a future point	정치적 political	도래 Coming
예수 Jesus	종말론적 Eschatological	지금, 여기 Here and Now	비정치적 non-political	회심 Turning

예수 자신의 세례 요한에 대한 최종적 평가는 이러하다. 그것은 Q 자료에 속하는 것이다.

> 내가 진실로 너희에게 이르노니, 여자가 낳은 자 중에 세례 요한보다 큰 이가 일어남이 없도다. 그러나 천국에서는 극히 작은 자라도 저보다 크니라 (마 11:11).

> "내가 너희에게 말하노니 여자가 낳은 자 중에 요한보다 큰 이가 없도다. 그러나 하나님의 나라에서는 극히 작은 자라도 저보다 크니라" 하시니…(눅 7:28)

세례 요한은 분명 헤롯 안티파스보다 위대한 인물이었다. 아니, 비교도 될 수가 없다. 여자 자궁에서 태어난 인물 중에 요한보다 더 위대한 인물은 없었다. 요한의 현세에서의 생애는 그토록 위대한 삶이었다. 헤롯 안티파스도, 살로메도 그를 죽이지 못했다. 그러나! 예수는 말한다. 새로 도래하는 하나님의 지배영역에서는 극히 작은 자라도 세례 요한보다는 더 크다, 더 위대하다. 세례 요한의 비젼은 세속적 비젼이었다. 여자의 자궁에서 나온 사람들이 모두 꿈꿀 수 있는 비젼이었다. 그러나 지금 예수가 열려고 하는 세계는 하나님의 다스림(Reign of God)의 세계다. 이 새로운 세계에 있어서는 조그만 어린 아이라도 세례 요한보다는 더 크다. 요한은 구시대의 종결이었다.

> 모든 예언서와 율법이 예언하는 일은 요한에게서 끝난다
> (마 11:13).

예수는 새로운 시대의 시작인 것이다. 나 도올은 말한다. 세례 요한은 세례 요한이었고 예수는 예수였다. 이제 우리는 왜 예수가 예수인지를 깨달아야 하는 것이다.

* 어떤 한 주제라도 독립적으로 건드리게 되면 무한히 설명이 길어진다. 이런 식으로 주해를 해나가면 매 줄마다 이만큼의 분량의 주석이 필요할 것 같다. 이제부터는 나의 언어를 절제하여 본문의 해석으로만 만족할 수밖에 없다. 독자들의 양해를 구한다. 내가 수만 매의 원고라도 썼으면 좋겠지만 후학들에게 많은 과제상황을 넘겨주는 것이 좋을 것 같다. 성서는 성서만으로 해석이 되지 않는다. 반드시 문·사·철의 자료를 동시에 전관해야만 이해되는 것이다. 성서는 성서 문장 하나로 끝나는 것이 아니라 매 줄이 인류사 전체의 문제와 연결되어 있다. 그래서 우리나라 신학도들에게 보다 넓은 견식을 소유할 것을 촉구한다. 여태까지 우리가 알아왔던 신학이라는 개념으로만은 성서는 주해될 수 없다.
그리고 성서의 해석은 자유로워야 한다. 그 자유로움이 결코 정통신앙을 해치는 것이 아니라, 오히려 정통신앙으로 하여금 험난한 시대에 살아남을 수 있도록 해준다. 우리나라 기독교 인구는 날이 갈수록 줄어들 것이다. 20세기의 흥분이 21세기에 지속되리라는 것은 환상에 불과하다. 이제 기독교는 교회를 지을 것이 아니라 인물을 키워야 한다. 나 도올의 주석을 뛰어넘을 수 있는 수천수만의 신예·정예 신학도들을 길러내야 한다. 지금 내가 쓰고 있는 이 책 하나만 해도 어찌 그대들이 성전이라 부르는 거대한 세멘트 건물의 건축에 비할 수 있으리오? 그 수천 개를 합쳐도 훌륭한 신학도 한 명이 짓는 하나님 말씀의 건축물의 벽돌 한 장의 값어치에도 미치지 못한다. 한국교회의 반성을 촉구한다.

지금 내가 여기서 말하는 주석의 핵심은 요한복음이 이원론적 신화구조를 빌리고 있다고 할지라도 그 메시지의 핵심은 지금 여기 우리의 삶의 궁극적 의미에 관한 것이라는 그 한마디를 상기시키고 싶은 것이다. 그 핵심을 상실하면 그대들은 예수의 제자가 아니요, 세례 요한의 제자로서 마캐루스 성채 밖을 영원히 떠돌고 있을 뿐일 것이다.

RSV

9 The true light that enlightens every man was coming into the world;

10 he was in the world, and the world was made through him, yet the world knew him not;

11 he came to his own home, and his own people received him not.

12 But to all who received him, who believed in his name, he gave power to become children of God;

13 who were born, not of blood nor of the will of the flesh nor of the will of man, but of God.

신개역

9 **참 빛, 곧 세상에 와서 각 사람을 비추는 빛이 있었나니;**

10 **그가 세상에 계셨으며, 세상은 그로 말미암아 지은 바 되었으되, 세상이 그를 알지 못하였고;**

11 **그가 자신의 땅으로 왔으나, 그곳 자신의 사람들이**

그를 받아들이지 아니 하였다.

12 **그러나 그를 받아들이는 모든 사람들, 곧 그의 이름**
을 믿는 자들에게는 하나님의 자녀가 되는 특권을 주
셨으니;

13 **이는 혈통으로나 육정으로나 사람의 뜻으로 나지 아**
니 하고 오직 하나님께로서 난 자들이니라.

강해 "세상이 그를 알지 못하였다" "자신의 땅으로 왔으나, 그곳 자신의 사람들이 그를 받아들이지 아니하였다"는 대체적으로는 반유대적 정서가 섞인 표현이다. 요한복음의 시대에는 이미 초대교회 내의 유대인들은 더 이상 문제가 되지 않았다. 그들은 예수를 받아들이지 않은 사람들로서 복음서 저자의 의식 속에서 떨어져 나갔다. 그렇다고 여기의 표현들을 반유대인적으로만 해석할 필요는 없다고 보는 주석가의 입장도 있다. 보편적인 추상적 언어로 이해해야 한다는 것이다. 그러나 요한복음 전편을 통하여 유대인들이 예수에 대한 적대적 실체로서 객화되고 소외되어 있다는 것은 부동의 사실이다.

11절의 "to his own home"은 희랍어의 "타 이디아, *τὰ ἴδια*"의 번역인데, 고향을 뜻하는 것이 아니고, "원래 자기의 것"이라는 소유를 나타내는 표현이다. 원래 자기에게 속해 있었던, 자기의 고유한 소유물이라는 뜻이다. 로고스에게는 이 세계는 원래 자기에게 속한 것이었다. 그러니까 로고스와 이 세계 사이에는 본질적인 동질성이 성립한다.

여기 "그를 받아들인다"는 표현은 "사람으로서 말씀을 받아들인다"는 뜻이다. 말씀을 받아들인다는 것은 자신에게 내재하는 말씀의 가능성을 인지한다는 것이다. 그렇게 말씀을 받아들이는 것만이 하나님의 자녀가 되는 유일한 길이다. 말씀을 받아들일 때만 우리는 하나님의 자녀가 될 수 있는 특권(ἐξουσία, exousia)을 획득하게 되는 것이다. 여기 "엑소우시아"(power)를 개한판(개역한글판)은 "권세"로 번역하였는데 전달이 어렵다. 그것은 하나님의 자녀가 될 수 있는 힘을 얻는다, 권리(right, authority)를 얻는다는 뜻이다. 하나님의 자녀가 된다는 것은 육체를 통하여 이루어지지 않는다. 즉 육신의 족보로는 하나님의 자녀가 될 수 없는 것이다. 13절은 모두 섹스를 통하여, 몸과 몸이 교접하고 남자와 여자의 피가 교환되어 이루어지는 사태가 아니라는 뜻이다. "사람의 뜻"이라는 표현은 "남자의 욕망"이라는 뜻이다. 남성중심주의적인 생식관이 반영되어 있다. 하나님의 자녀가 되는 길은 오직 하나님의 말씀을 받아들일 때만 가능한 것이다. 그래서 "하나님에게서 난 사람"이라고 표현한 것이다. 하나님에게서 난 사람이라는 표현은 종말론적 함의가 있다. 즉 하나님의 자녀로서 새롭게 태어난 사람이어야 하며, 모든 것이 새롭게 인식되는 사람이어야만 종말론적 구원의 자리에 설 수 있다는 것이다. 즉 자신에게 내재하는 생명의 빛을 발견함으로써 하나님과 소통하는 새로운 삶의 가능성을 발견해야 하는 것이다.

RSV

14 And the Word became flesh and dwelt among us,
full of grace and truth; we have beheld his glory,
glory as of the only Son from the Father.
15 (John bore witness to him, and cried, "This was
he of whom I said, 'He who comes after me
ranks before me, for he was before me.'")
16 And from his fulness have we all received, grace
upon grace.
17 For the law was given through Moses; grace and
truth came through Jesus Christ.
18 No one has ever seen God; the only Son, who is
in the bosom of the Father, he has made him
known.

신개역

14 말씀이 육신이 되어 우리 가운데 거하시매, 그에게
는 은혜와 진리가 충만하였다; 우리는 그의 영광을
보았으니, 그것은 아버지의 독생자로서의 영광이었
다.
15 요한이 그에 대하여 증언하여, 외쳐 가로되, "'내 뒤
에 오시는 이가 나보다 앞선 것은 나보다 먼저 존재
하신 분이기 때문이다.'라고 내가 전에 말한 것은 바

로 이 분을 두고 한 말이다." 하니라.

16 **그의 충만함으로부터 우리 모두가 은혜를 받고 또 받**
는다.

17 **율법은 모세를 통하여 주어진 것이요; 은혜와 진리는**
예수 그리스도를 통하여 온 것이니라.

18 **그 누구도 하나님을 본 사람은 없도다; 그러나 아버**
지의 품속에 있는 독생자, 그가 하나님을 우리에게
드러내셨느니라.

강해 혹자는 15절을 삽입구로 본다. 그러나 그것을 반드시 삽입구로 간주할 필요는 없다. 물론 15절이 없어도 연결은 부드럽다.

16절의 "grace upon grace"는 "은혜를 받고 또 받는다"로 번역하였다. 은혜받음의 무궁무진함을 나타내는 말이다. "진리"(알레테이아, alētheia)는 신의 본질이며 "은혜"(카리스, charis)는 그 진리를 깨달을 수 있는 우리에게 내재하는 생명의 빛이다. 은혜를 받는다는 것은 나에게 내재하는 하나님의 생명의 빛을 깨닫는다는 뜻이다. 그것은 하나님의 선물이며, 외재적 구속인 율법(노모스, nomos, *νόμος*)과 대립되는 것이다. 진리는 은혜의 내용이다.

하나님은 볼 수가 없다. 그것은 시공의 밖에 있는 절대적 타자(the Absolute Other)이기 때문이다. 로고스는 그 밖에서 우리 인간세로 진입했다. 그러므로 그는 하나님의 계시자(Revealer)이다. "계시"라는 뜻은 하나님을 우리에게 드러낸다는 것이다. 우리는 로고스라는 매체를 통하여 하나님을 만날 수 있다. 영지주의적 언어를 빌린다면 로고스만이 우리가 신에 도달하는 그노시스(gnosis)를 얻을 수 있는 유일한 통로이다. 14장 6절에서는 "나로 말미암지 않고는 아버지께로 올 자가 없다"라고 말하고, 9절에서는 "나를 본 자는 아버지를 본다" 라고 말한다. 그것은 궁극적으로 나라는 인간 실존에 내재하는 신적인 존재성의 자각이다.

RSV

19 And this is the testimony of John, when the Jews sent priests and Levites from Jerusalem to ask him, "Who are you?"

20 He confessed, he did not deny, but confessed, "I am not the Christ."

21 And they asked him, "What then? Are you Elijah?" He said, "I am not." "Are you the prophet?" And he answered, "No."

22 They said to him then, "Who are you? Let us have an answer for those who sent us. What do you say about yourself?"

23 He said, "I am the voice of one crying in the wilderness, 'Make straight the way of the Lord,'

as the prophet Isaiah said."
24 Now they had been sent from the Pharisees.
25 They asked him, "Then why are you baptizing, if
you are neither the Christ, nor Elijah, nor the
prophet?"
26 John answered them, "I baptize with water; but
among you stands one whom you do not know,
27 even he who comes after me, the thong of whose
sandal I am not worthy to untie."
28 This took place in Bethany beyond the Jordan,
where John was baptizing.

신개역

19 유대인들이 예루살렘에서 제사장들과 레위인들을 요
한에게 보내어, "네가 누구냐?"하고 물었을 때에 요
한의 증언이 이러하니라.
20 그는 고백하였으나 (세례같은 활동을) 부인하지는 않
았다. 그는 "나는 그리스도가 아니로다."라고 확실하
게 고백하였던 것이다.
21 그러자 저희가 요한에게 물었다: "그러면 도대체 무
엇이냐? 네가 엘리야라도 된단 말이냐?" 요한이 가
로되: "나는 엘리야가 아니라." 저희는 또 물었다:
"그럼 네가 그 선지자냐?" 요한이 대답하였다: "그

또한 아니라."
22 저희는 또 물었다: "그럼 넌 누구냐? 우리를 보낸 이
들에게 우리가 대답할 수 있게 하라. 너는 너에 대하
여 무엇이라 말하느뇨?"
23 요한이 말하였다: "나는 선지자 이사야의 말과 같이
'주의 길을 곧게 하라.' 고 광야에서 외치는 자의 소
리로라."
24 저희는 바리새인들에게서 보내어진 자들이라.
25 저희가 또 물어 가로되: "네가 만일 그리스도도 아니
요, 엘리야도 아니요, 그 선지자도 아닐진대, 어찌하
여 세례를 주느뇨?"
26 요한이 대답하되, "나는 물로 세례를 주거니와, 너희
가운데 너희가 알지 못하는 한 사람이 섰으니,
27 곧 내 뒤에 오시는 그 분이라. 나는 그 분의 신들메
풀기도 감당치 못하겠노라." 하더라.
28 이 일은 요한이 세례주던 곳, 요단강 건너편 베다니
에서 일어난 일이니라.

강해 요한복음 전체구조에서 볼 때 1장 18절까지는 서막(the Prologue)에 해당되는 특이한 언어로 구성되어 있다. 그 서막 부분은 마치 『중용 中庸』 1장이 『중용』 전체를 압축하고 있는 이론적 배경이 되듯이(그 뒤로는 공자 말씀이 나온다), 요한복음 전체를 지원하는 어떤 이론적, 그러니까 우주론적 배경을 이루는, 압축되어 있으면서 장

쾌한 서사시라고 말할 수 있다. 그것은 보통 복음서 저자 자신의 저작이라기보다는 기존했던 어떤 송가형식이라고 보며, 그것을 저자가 가져다 쓰면서 좀더 의미부여를 하고 손질을 가했을 것이다. 따라서 이 장쾌한 서막과 그 이후의 내러티브 사이에는 약간의 논리적 괴리가 있을 수도 있다. 허나 대체적으로 요한복음 전체가 하나의 유기적 통일성을 이루고 있다는 것은 의심할 여지가 없다. (혹자는 유기적 통일성의 완벽성 때문에 서막이 요한이 어디서 따온 것이라는 통념을 거부한다. 그것은 완벽한 요한의 저작이며 아마도 요한이 복음서를 다 쓴 후에 나중에 숨을 가다듬고 총체적으로 압축한 내용을 붙여놓은 것이라고 보는 것이 더 합당하다는 것이다. Carson, *John*, 111~112.)

그러니까 복음서 저자의 붓은 실제로 19절부터 움직이기 시작했다고도 볼 수 있다. 마가가 복음을 세례 요한의 광야외침으로 시작했듯이 요한도 자신의 복음을 세례 요한의 증언(The Testimony of John the Baptist: 증언에 쓰인 단어는 마르튀리아, *μαρτυρία*)으로부터 시작한다. 그러나 이 기술은 세례 요한 자신의 선교활동에 대한 객관적 기술이 아니라, 세례 요한의 예수에 대한 증언으로부터 시작한다. 증언(마르튀리아)이란 법정에서 법적 효력을 가지는 엄숙한 증언이라는 뉘앙스가 있다. 이 증언은 처음에는 요한 자신의 선교에 관한 심문으로 시작하여(19~28) 예수에 관한 증언으로 옮아간다(29~34).

제4 복음서가 여타 공관복음서와 다른 것은 예수의 생애를 연대기적으로 기술하지 않는다는 것이다. 로고스의 이 지상에서의 사역의 의미를 극대화시키기 위하여 요한복음서 저자는 갈릴리라는 로칼한 "촌티"를 벗어버린다. 그리고 곧바로 예루살렘으로부터 시작한다. 요한에 대한 심문도 유대민족의 최고권력기관이라 할 수 있는 예루살렘의 산헤드린(Sanhedrin)에서 심문관들을 요한이 세례를 주고있는 요단강 건너편의 현장에까지 파견하여 그곳에서 요한을 심문하는 매우 헤비한 장면으로부터 곧바로 시작해버린다. 매우 과감한 설정이다. 따라서 요한이 세례를 주는 곳도 갈릴리에 가까운 요단강 상류가 아니라 사해에 가까운 요단강 하류지역이다. 그리고 예수는 "갈릴리 촌놈"이 아니라 예루살렘을 무시로 들락거리는 내셔날한 인물이다.

"유대인들이 예루살렘에서 제사장들과 레위인들을 요한에게 보냈다"(19)라는 표현에서 주목되는 것은, 불트만이 지적하고 있듯이, 마치 예수도 그렇고 세례 요한조차도 유대인이 아닌 것처럼 소외시키고 있다는 것이다. 적대적 관계로서 마치 이방인취급 하듯이 설정하고 있다는 것이다. 그렇지 않다면 "유대인들이"라는 주어를 쓸 까닭이 없다. 이것은 제4 복음서 시대에는 이미 기독교가 완전히 탈유대인화되었다는 것을 방증한다.

20절의 "He confessed, he did not deny,"는 목적어가 명기되지 않아 헷갈리기 쉽다. "고백"함의 내용은 "나는 그리스도가 아니요, 예수야말로 그리스도요, 하나님의 아들이다"라는 것이고, 부인하지 않았다는 것은 자기의 세례와 같은 선교활동에 관하여는 당당하게 부인하지 않았다는 것이다. 전반적으로 요한의 대답은 매우 짧고 간결하다. 결국 심문관놈들에 대한 존경심이 없는 것이다. 그들에게 구구한 변명을 할 필요가 없는 것이다. 그들은 어차피 세례 요한이나 예수의 행위나 말씀을 이해할 수 있는 차원의 인간들이 아니다. 그래서 요한은 무뚝뚝하게 "아니다"라고 간결히 답할 뿐이다.

"그럼 네가 엘리야냐?"(21) 여기에는 종말론적 메시아사상이 깔려있다. 유대인들의 통념에는 구원의 시대가 열리면 그 시초에 ***엘리야가 우선 돌아온다***(Elijah would return.)는 믿음이 있었다. 메시아의 길을 준비하는 선구자로서 엘리야가 나타난다. 따라서 기독교전통에서는 요한이 예수의 선구자로서 돌아온 엘리야(the returned Elijah, 막 9:11~13, 마 11:14)로서 인식된다. 예수 자신까지도 세례 요한을 엘리야로서 인정했다. 그런데 세례 요한 자신은 그의 "엘리야됨"도 간결하게 부정해버린다. 나는 그리스도도 아니요, 전통적 유대민족의 메시아의 길잡이로서의 엘리야도 아니다. 사실 요한이 엘리야됨을 부정한 것은 매우 강력한 메시지다. 너희들이 생각하는 차원에서는 도저히 로고스의 도래라는 사건을 이해할 길이 없다는 것이다.

"그럼, 넌 그 예언자(the prophet)냐?" 여기서 말하는 "그 예언자" "그 선지자"는 분명 엘리야라는 또 다른 하나의 인물이지만 "그"가 과연 누구를 지칭하고 있는지는 확실하게 말할 수 없다. 그러나 심문자와 요한 사이에서는 "그 예언자(선지자)"가 누구인지는 서로 묵약적으로 알고있다. 많은 주석가들이 그 예언자는 모세(Moses)일 것이라고 말한다. 그러나 모세는 모든 예언자를 뛰어넘는 거대한 인물이기 때문에 타 예언자와 병렬되기 어렵다. 그러나 구원의 시대에는 모세도 돌아올 수 있다는 믿음이 있었다. "그럼 너는 모세란 말이냐?" "난 모세도 아니다!" 모세의 영예까지 거부하는 세례 요한의 모습은 참으로 거룩하다. "그리스도도 아니요, 엘리야도 아니요, 모세도 아니라면 넌 도대체 뭐냐? 네가 네 자신을 규정하는 말이 있을 것 아니냐? 그럼 그 얘기라도 해봐라! 우리도 참 딱하다. 우리를 보낸 사람들에게 가서 피워야 할 구라라도 건져가야 할 것이 아니냐?"

여기에 나타나는 세례 요한의 말은 너무도 간결하고 멋들어지다.

> 나는 주의 길을 곧게 하라고 광야에서 외치는 자의 소리로라!
> (23)

"길을 곧게 한다"는 말은 광야의 꼬불꼬불한 길, 요리조리 돌아가야 하는 길을 곧바로 갈 수 있도록, 편하게 갈 수 있도록, 평탄케 하고 곧바르게 만든다는 것이다. 즉 하나님의 말씀이 방해받지 않고 이 땅에 편하게 안착할 수 있도록 만든다는 것이다. 이 23절은 제2 이사야서라고 불리는 이사야 40:3을 인용한 것이다. 공관서에도 나타난다(마 3:3, 막 1:3, 눅 3:4).

다음 24절은 문제가 있다. 당시 바리새인은 산헤드린을 장악하고 제사장들과 레위인들을 파견할 수 있는 입장에 있질 않았다. 따라서 심문인들이 바리새인들에 의하여 파견되었다고 볼 수는 없다. 그렇다면 새 팀이 도착했다는 말인가? 그것도 곤란하다. 질문이 계속 같은 장(場)의 맥락에서 연결되고 있기 때문이다. 우리의 해결책은 이것이다. 심문단 중에 제사장들과 레위인들 외로 일부 바리새인들에 의하여 파견된 사람들도 끼어있었다는 것이다. 25절의 "어찌하여 세례를 주느뇨?"는 네가 그리스도(왕처럼 기름부음을 받은 자)도 아니요, 엘리야도 아니요, 모세도 아니라면서, 도대체 무슨 권한으로, 어떤 권능에 의거하여 세례를 베푸냐는 뜻이다. 요한의 세례의 혁명적·비전통적(unconventional) 성격이 감지되고 있다. 그 행위의 궁극적 정당성의 근거를 묻는 것이다.

28절의 "요단강 건너편 베다니에서 일어난 일이다"라는 구절은 매우 요한복음다운 표현이다. 세례 요한의 세례에 관하여 공관복음서는 역사적 지평의 사건으로 기술하는 태도를 취하면서도 그것이 그냥 "요단강"이라고만 막연히 이야기할 뿐 구체적인 지명을 명기하지는 않는다. 그러나 요한복음의 저자는 역사적 지평의 사실로서 사건들을 제시하기보다는 그의 해석적 틀 속에서 사건들을 시대순을 무시하고 배열하고 있는 듯한 느낌을 주면서도, 28절의 표현이 말해주듯이 매우 정확한 시간과 장소를 갖는 역사적 사실인 것처럼 기술해나간다. 내가 "인 것처럼"이라는 표현을 썼지만, 최소한 요한복음의 저자에게 있어서 이러한 표현, "이것은 요단강 건너의 베다니에서 일어난 사건이다"라는 이 표현이 두뇌 속의 창작물이 아니라, 매우 당대의 사실적·구체적 상황에 밝았던 사람의 전승의 확실한 맥을 잇고 있다는 것이 요즈음의 연구를 통해 밝혀지고 있다. 요한복음이 오히려 공관복음보다도 더 사실에 가까운 전승을 풍요롭게 보존하고 있다는 것이다. 요한의 세례장소로서 구체화된 지명은 베다니와 함께 애논(3:23)이다. 모두 요한복음에만 나온다. 물론 베다니(Bethany)는 예루살렘에서 여리고로 가는 도중에 동남쪽에 있는 지명으로서 나사로의 동네로 유명하다(11:1). 그러나 불행하게도 요단강 건너에는 베다니라는 지명이 없다. 요한이 없는 지명을 만들어낼 리는 없다. 요단강 건너에 베다니라는 지명이나 동네가 또 있었는데 그것이 사라져서 이름도 같이 사라졌을 수도 있다. 그러나 베다니(Bethany)라는 지명은 구약에서 바샨(Bashan)으로도 불리운 바타네아(Batanea)의 와전일 것이라고 보기도 한다. 그것을 베다니라는 지명으로 구태여 표기한 것은 청자에게 모종의 연상을 통해 특별한 의미를 부여하려는 의도가 있을 수도 있다는 것이다. 10:40과 11:1에 나오는 베다니, 그리고 11:45~53의 예수의 죽음의 선포, 그리고 이런 사건들과 1:28과의 연상 속에는 "세상의 죄를 지고 가는 하나님의 어린 양"으로서의 예수의 수난과 죽음과 부활의 어떤 상징체계가 베다니와 얽혀있을 수도 있다는 것이다(Carson, *John* 146~7).

RSV

29 The next day he saw Jesus coming toward him, and said, "Behold, the Lamb of God, who takes away the sin of the world!

30 This is he of whom I said, 'After me comes a man who ranks before me, for he was before me.'

31 I myself did not know him; but for this I came baptizing with water, that he might be revealed to Israel."

32 And John bore witness, "I saw the Spirit descend as a dove from heaven, and it remained on him.

33 I myself did not know him; but he who sent me to baptize with water said to me, 'He on whom you see the Spirit descend and remain, this is he who baptizes with the Holy Spirit.'

34 And I have seen and have borne witness that this is the Son of God."

신개역

29 **이튿날 요한이 예수께서 자기에게 다가오심을 보고 가로되, "보라! 세상의 죄를 지고 가는 하나님의 어린 양이로다!**

30 **내가 전에 말하기를 '내 뒤에 오는 사람이 있는데 나**

보다 앞선 것은 그가 나보다 먼저 존재했기 때문이
라.' 했던 것도 바로 이 분을 가리킴이라.
31 나도 그를 미처 알지 못하였으나, 내가 와서 물로 세
례를 주는 것은, 그를 이스라엘에 드러내려 함이라."
하니라.
32 요한이 또 증언하여 가로되, "내가 보매 성령이 비둘
기처럼 하늘에서 내려와 그의 위에 머물렀더라.
33 나도 미처 그를 알지 못하였으나, 나를 보내어 물로
세례를 주라 하신 그이가 나에게 말씀하시되, '성령
이 내려서 누구 위에든지 머무는 것을 보거든 그가
곧 성령으로 세례를 주는 이인줄 알라.' 하셨기에,
34 내가 보고 그가 하나님의 아들이심을 증언하였노
라." 하니라.

강해. "이튿날"은 예루살렘 취조단이 왔다간 다음날이라는 뜻이다. "세상의 죄를 지고 가는 하나님의 어린 양"(29)이라는 표현은 이미 요한복음의 사상은 처음부터 예수의 죽음이 세상의 죄를 대속한다는 의미를 구현하고 있다는 것을 말해준다. 예수는 유월절 날 바치는 제물로서 비유되었다. 유월절의 피로 출애굽사건이 이루어질 수 있었고 민족적 구원이 가능했다. 따라서 예수의 피는 그런 구원을 가능케 하는 희생의 상징이다. 출애굽은 단지 이스라엘민족만을 위한 것이지만 예수의 희생은 민족단위라는 편협한 패거리의식을 초월하는 보편적 인류의 구원을 위한 것이다. 고린도전서 5장 7절

에는 요한복음에 선행하는 초대교회의 그러한 인식이 반영되어 있다.

우리의 유월절 양 곧 그리스도께서 희생이 되셨느니라(고전 5:7).

요한복음은 마가복음보다 예수가 십자가에 못박히는 날과 그 전날의 유월절 최후의 만찬일을 하루씩 앞당겨 설정했다. 요한의 시기설정에 의하면 예수는 성전에서 유월절 양을 잡고 있었을 바로 그 순간에 십자가에서 죽은 것이다. 이것은 결코 정확한 역사는 아닐지도 모른다. 그러나 그것이 요한의 신학이다. 요한은 수미일관하게 유월절의 희생양 이미지를 관철시켰다. (On his dating Jesus died on the cross at the moment when the Passover lambs were being slaughtered in the Temple. This may not be good history; but it does seem to be Johannine theology. C. K. Barrett, *St. John* 51).

"나도 그를 미처 알지 못했다"(31, 33)는 것은 전혀 이름도 들어보지 못한 생면부지의 사람이라는 뜻이 아니라 그를 그리스도로서, 이 세계를 구원할 수 있는 약속된 메시아(the promised Messiah)로서 미처 깨닫지 못했다는 뜻이다. 그래서 나는 번역 속에 "미처"라는 말을 삽입했다.

물의 세례와 성령의 세례의 아날로지는 4복음에 다 공통된 것이다. 그런데 마태(3:11)와 누가(3:16)는 성령(Holy Spirit) 외로 불(Fire)을 첨가했다. 마가의 자료를 놓고 그 의미를 강화시키려니까 불을 첨가한 것인데 우리에게는 헤라클레이토스의 사상과 관련하여 이해가 쉽다.

> 그는 성령과 불로 너희에게 세례를 주실 것이요 (마 3:11).
>
> 그는 성령과 불로 너희에게 세례를 주실 것이요 (눅 3:16).

물은 "씻는다"는 이미지가 있다. 불은 "생명의 불꽃"이라는 이미지가 있다. 물은 아래로 내려가고(현실세계) 불은 위로 올라간다(이상세계). 물로 미역감기는 쉽다. 그러나 불로 미역감기는 쉽지 않다. 한번 생각해보라! 어떻게 불로 미역감아야 할지를! 세례 요한은 물의 혁명을 꿈꾸었다. 예수는 불의 혁명을 꿈꾸었다. 세례 요한은 구시대의 종결이었고, 예수는 새시대의 시작이었다. 예수의 새시대는 영원한 새로움(eternal renewal)이었다.

예수	불의 세례	올라감	이 상	영혼의 씻음	불의 혁명	새시대
세례 요한	물의 세례	내려감	현 실	육신의 씻음	물의 혁명	구시대

RSV

35 The next day again John was standing with two of his disciples;

36 and he looked at Jesus as he walked, and said, "Behold, the Lamb of God!"

37 The two disciples heard him say this, and they followed Jesus.

38 Jesus turned, and saw them following, and said to them, "What do you seek?" And they said to him, "Rabbi" (which means Teacher), "where are you staying?"

39 He said to them, "Come and see." They came and saw where he was staying; and they stayed with him that day, for it was about the tenth hour.

40 One of the two who heard John speak, and followed him, was Andrew, Simon Peter's brother.

41 He first found his brother Simon, and said to him, "We have found the Messiah" (which means Christ).

42 He brought him to Jesus. Jesus looked at him, and said, "So you are Simon the son of John? You shall be called Cephas" (which means Peter).

신개역

35 또 이튿날, 요한이 자기 제자 중 두 사람과 함께 서
있다가
36 예수의 다니심을 보고 말하되, "보라! 하나님의 어린
양이로다."
37 두 제자가 그의 선생의 말을 듣고 예수를 좇거늘,
38 예수께서 돌이켜 그들이 좇는 것을 보시고, 물어 가
라사대, "무엇을 구하느냐?" 그들이 대답하여 가로
되, "랍비여! 어디에 묵고 계시오니이까?" 하니(랍비
는 번역하면 "선생"이라),
39 예수께서 가라사대, "따라오라! 그리고 보라!" 저희
가 가서 계신 데를 보고 그날 함께 거하였다. 때는
제 십시쯤 되었더라.
40 세례 요한의 말을 듣고 예수를 좇은 두 사람 중에 하
나는 시몬 베드로의 형제 안드레였다.
41 그가 먼저 자기의 형제 시몬을 찾아 말하되, "우리가
메시아를 만났도다." 하고(메시아는 번역하면 "그리
스도"라),
42 데리고 예수께로 오니, 예수께서 보시고 가라사대,
"네가 요한의 아들 시몬이 아니냐? 너는 이제부터
게바라 불리리라." 하시니라(게바는 번역하면 "베드
로"라).

강해 예수의 첫 제자는 요한의 제자였다. 물론 공관복음서 접근

방식과 영 다르다. 공관복음서에서는 시몬과 안드레 형제가 갈릴리 바다의 고기잡는 현장에서 갑자기 부름을 받고 따르는 것으로 되어 있다. 그러나 여기서는 시몬의 동생 안드레가 원래 세례 요한의 제자였던 것으로 되어있다. 그렇다고 안드레가 세례 요한을 배반하고 더 좋은 선생을 따라나선 것은 결코 아니다. 안드레의 선생인 세례 요한 자신의 말을 듣고 예수를 따를 동기를 얻었던 것이다. 그들은 선생의 말씀에 충실했고, 요한도 떠나가는 제자들을 충심으로 이해하고 축복했을 것이다(3:27~30).

예수는 자기를 좇아오는 사람들에게 묻는다: "도대체 네가 원하는 것이 무엇이냐?" 38절의 "무엇을 구하느냐?"는 심각한 얘기가 아니라, "What do you want?"(너희들이 무엇을 원하느냐?)의 뜻이다. 우리가 스승을 따르려면 정말 내가 왜 그를 스승으로 모시려고 하는지, 내가 진정 무엇을 원하고 있는 것인지를 알아야 한다. 이러한 예수의 질문에 두 제자는 매우 소박하게 대답한다: "어디에 묵고 계시오니이까?" 개한판의 번역, "어디 계시오니이까?"는 매우 추상적이다. 아주 근사한 선문답 같이 들린다. 그런데 여기서는 그런 말이 아니다. 선생께서 묻는 말씀에 대답하려면 길거리에서 간단히 얼쩡거리면서 말하기는 힘들 것 같으니까 선생께서 묵고 계신 곳에 가서 이야기를 좀 길게 나누고 싶다는 뜻이다. 사실 요즈음처럼 프라이버시 개념이 발달한 사회에서는 길거리에서 만나 집까지 따라와서 이야기하고 싶다면 부담스럽다. 그러나 예수의 대답은 전혀 의외다! "그래? 그럼

와라. 내가 묵고 있는 여인숙에라도 와서 얘기해보자! 내가 너희들과 머리를 싸매고 앉아 이야기하면서 너희들을 도와줄 것이 있다면 어디 그렇게 해보자! Come and see!" 그 둘은 따라갔고 예수의 여인숙에서 밤을 지새우며 이야기했다. 얼마나 크나큰 행운인가? 시골 여인숙에서 우연히 만난 사람과 진리를 나누며 밤을 지새우다니! 그런데 그 사람이 예수였다니! 참으로 감동적인 장면이다. 그것은 생애의 일대전환이요, 새로운 삶의 시작이요, 새로운 시대의 개시였다. 복음서 저자는 다음과 같은 말을 첨가하는 것을 잊지 않았다: "때는 제 십시였다." 제 십시는 피타고라스학파에서 특별한 의미를 지니는 개념이었다. "10"은 완전수(*τέλειος ἀριθμός*)다. 그것은 새시대의 시작이었다. 제 십시는 성취의 시간이었다(The tenth hour is the hour of fulfillment. *BG* 100).

세례 요한의 두 제자 중 하나는 안드레이지만, 또 하나는 명기되지 않는다. 요한복음의 저자가 마치 자신의 분신인 것처럼 요한복음 속에 내내 숨겨놓은 인물이 하나 있다. "예수께서 사랑했던 제자"(the disciple whom Jesus loved)라고만 익명으로 그림자처럼 표현되어 있다. 신비감을 던져주는 매우 기발한 요한의 문학적 기법이다(13:23, 19:26~7, 21:7, 21:20, 20:2). 이 첫장면의 명기되지 않은 한 사람, 예수와 밤을 지새우며 토론한 사람이 바로 그 그림자 같은 예수가 사랑했던 제자였다는 추론은 매우 설득력이 있다. 그러나 아무도 모른다.

안드레는 형에게 달려간다. 진리는 입에서 입으로, 친구에서 친구로, 형제에서 형제로 퍼져나가기 마련이다. 시몬을 만났을 때 외친다: "형! 찾았어! 찾았어! 드디어 찾았어! 메시아를 찾았다!"

"We have found the Messiah."는 "메시아를 만났다"라고 번역했지만 "메시아를 드디어 찾았다"라는 뜻이다. 깊은 대화 끝에 메시아를 만났던 것이다. 요한복음의 어프로치는 매우 지적이다. 예수는 시몬을 보자마자, 처음 보았는데도 그 아버지의 이름과 본인의 이름을 미리부터 알고 있었는 듯 이야기한다. 예수는 보지도 않고 꿰뚫어보는 신적 인간(*θεῖος ἄνθρωπος*)으로 나타나고 있다.

"게바"는 아람어로 "반석" "바위"라는 뜻이다.

예수의 첫 제자들이 세례 요한의 제자계열에서 출발하는 것으로 설정한 이 요한의 기술은 요한의 창작이 아니라 상당히 신빙성 있는 역사적 정황을 반영하는 것으로 간주되고 있다. 마가에 의하면 처음 제자들이 직접 사도로 부름받는데 반해, 요한에게서는 사도 소명에 대한 언급이 없다. 불트만은 요한복음의 저자 자신이 세례 요한 제자계열에 속했던 사람일 수도 있다는 가설을 조심스럽게 제시한다(*BG* 107~8).

RSV

43 The next day Jesus decided to go to Galilee. And he found Philip and said to him, "Follow me."

44 Now Philip was from Beth-sa′ida, the city of Andrew and Peter.

45 Philip found Nathan′a-el, and said to him, "We have found him of whom Moses in the law and also the prophets wrote, Jesus of Nazareth, the son of Joseph."

46 Nathan′a-el said to him, "Can anything good come out of Nazareth?" Philip said to him, "Come and see."

47 Jesus saw Nathan′a-el coming to him, and said of him, "Behold, an Israelite indeed, in whom is no guile!"

48 Nathan′a-el said to him, "How do you know me?" Jesus answered him, "Before Philip called you, when you were under the fig tree, I saw you."

49 Nathan′a-el answered him, "Rabbi, you are the Son of God! You are the King of Israel!"

50 Jesus answered him, "Because I said to you, I saw you under the fig tree, do you believe? You shall see greater things than these."

51 And he said to him, "Truly, truly, I say to you,
you will see heaven opened, and the angels of
God ascending and descending upon the Son of
man."

신개역

43 이튿날 예수께서 갈릴리로 나가려 하시다가 빌립을
만나 이르시되, "나를 좇으라." 하시니라.
44 빌립은 안드레와 베드로와 한동네 벳새다 사람이라.
45 빌립이 나다나엘을 찾아 이르되, "모세가 율법에 기
록하였고, 그리고 여러 선지자들 또한 기록한 그 이를
우리가 만났으니, 요셉의 아들, 나사렛 예수니라."
46 나다나엘이 가로되, "나사렛과 같은 촌동네에서 뭔
좋은 것이 날 수 있느냐?" 빌립이 그에게 가로되,
"오라! 그리고 보라!" 하니라.
47 예수께서 나다나엘이 자기에게 오는 것을 보시고, 그
를 가리켜 가라사대, "보라! 이는 참 이스라엘사람이
도다. 그 속에 간사한 것이 없도다."
48 나다나엘이 가로되, "어떻게 나를 아시나이까?" 예
수께서 대답하여 가라사대, "빌립이 너를 부르기 전
에, 나는 이미 네가 무화과나무 아래 있는 것을 보았
노라."
49 나다나엘이 대답하되, "랍비여! 당신은 하나님의 아

들이시요, 당신은 이스라엘의 임금이로소이다."
50 예수께서 대답하여 가라사대, "내가 너를 무화과나
무 아래서 보았다 하므로 겨우 믿느냐? 이보다 더 큰
일을 보리라."
51 예수께서 또 가라사대, "진실로 진실로 내가 너희에
게 이르노니, 하늘이 열리고 하나님의 사자들이 인자
(人子) 위에 오르락 내리락 하는 것을 보리라." 하시
니라.

강해 매우 환상적인 이야기 같이 들릴 수도 있겠지만 그 내용의 흐름을 잘 따라가보면 깊은 감동을 주는 장면이다. 앞서 불트만이 지적한 대로 이 제자부름의 사화(史話, 事話)는 마가의 전승과는 다르다. 1) 첫 제자들 안드레, 베드로, 빌립이 모두 벳새다(Bethsaida) 사람들인데, 마가복음에는 베드로의 거처는 가버나움(Capernaum)이다(막 1:21, 29로 추정). 2) 요한복음에는 세베대의 아들 야고보와 요한(전통적으로 요한복음의 저자라고 알려진)의 부름이 전혀 언급되지 않는 반면, 마가복음에는 명기되지 않은 안드레의 친구, 빌립, 나다나엘 이 3인의 부름이 없다. 3) 요한복음에 의하면 첫 제자들은 세례 요한 종파의 사람들이며, 세례 요한 자신의 권고로 예수를 따르는데 반하여, 마가복음에는 제자들의 소명이 세례 요한의 체포(막 1:14), 또는 죽음 후에 비로소, 부름받은 자들이 그들의 어부직업에 종사하던 게네사렛 호수가(the Lake of Genesareth, 눅 5:1, 마 14:34, 막 6:53)에서

일어난다. (갈릴리바다의 지역에 따라 별칭이 있다. 가버나움 근처의 호수 지역을 그 지역사람들이 그렇게 부른다.) 4) 마가복음에서는 일상적 직업으로부터 우연한 기회에 돌발적으로 부름을 받는데 비하여, 요한복음에는 체계적인 인적 커넥션과 지적인 만남과 설득의 과정이 있다. 5) 마가복음에서는 부름과 동시에 "사람을 낚는 어부"(막 1:17)로서의 사도 소명이 부여되는데, 요한복음에는 그러한 사도 소명이 없다. "오라! 그리고 보라!" 이다. 요한복음의 예수의 태도는 보다 지적이고 보다 개방적이며 폐쇄적이질 않다.

이러한 전승간의 충돌을 우리는 절충시킬 필요가 없다. 요한복음의 전승은 공관복음서에 비해 새로운 역사적 사실을 첨가하는 것으로 보아야 할 것이다. 나는 한국사람들이 성지순례를 하기 어려웠던 시절에 이미 1978년 7월달에 이스라엘 학자 친구들의 초청으로 세세하게 성지순례를 한 적이 있다. 가버나움에 가 보았는데 그곳에 베드로의 집도 있었고, 예수가 산상수훈 연설을 한 동산도 그곳에 있었다. "베드로의 집" 의 유적이 반드시 베드로의 집이었는지는 확인할 길이 없으나 당대의 고택의 유허임에는 틀림이 없었다. 그렇다면 요한복음서 저자의 증언, 베드로가 벳새다사람이라는 것은 어떻게 된 일일까? 베드로가 집은 두 채라도 있었단 말인가? 벳새다에 한 채, 가버나움에 한 채?

벳새다는 가버나움에서 동북쪽으로 약 20리 정도밖에 떨어져 있지 않은데, 그곳도 매우 훌륭한 어촌(Fishertown)이었다(*CA* 158: CA는 카슨의 『요한복음주석』의 줄임). 우리 아버지는 당신을 항상 천안사람이라 말하지 않고, 충북 제천사람이라 말하곤 했는데 증조부대까지 누대로 제천 상천리(上川里)에서 살았기 때문이다. 아마 베드로나 그 주변사람들도 활동은 가버나움에서 했지만(예수도 나사렛사람이지만 가버나움 지역에서 주로 활동했다. 나사렛과 가버나움은 100리 정도 떨어져 있다.) 그 원적은 벳새다사람일 수가 있다. 그러니까 요한은 마가가 몰랐던 사실을 시시콜콜하게 알고 있었던 사람이라는 뜻이다.

여기 빌립이 인도한 "나다나엘"(Nathanael)은 매우 재미있는 캐릭터로 등장하는데 이 나다나엘이 공관복음서에서는 거의 역할이 주어져 있지 않은데 12제자 속에는 들어있다. 바로 빌립과 함께 거론되는 바돌로매(Bartholomew)이다(마 10:3, 막 3:18, 눅 6:14). 사도행전 1:13에는 빌립과 바돌로매는 함께 거론되지 않는다. 바돌로매는 아람어로 "톨마이의 아들"(son of Tolmai)이란 뜻이니까 그것은 부계이름(patronymic)이고 자기자신의 퍼스날 네임(personal name)은 아니다. 요한복음서 저자는 바로 바돌로매의 개인본명까지 알고 있었다는 얘기다. 그리고 그가 갈릴리의 가나(Cana in Galilee) 지역에서 온 사람이라는 것까지 구체적으로 알고 있었다(21:2).

그런데 이 나다나엘(바돌로매)은 매우 고지식하고 거짓이 없으며 자기가 생각하는 것을 소박하게 느끼는 그대로 표출하는, 앞뒤가 없는 스마트한 사람이었다. 친구 빌립으로부터 예수 얘기를 듣자, 그는 소박하게 역사적 지평에서 상식적으로 이야기하는 것이다. “야! 니가 말하는 예수라고 해봤자, 갈릴리 촌놈이고, 나사렛에 사는 요셉의 아들이고, 대대로 목수일을 해온 장인일 뿐이다. 아니 우리 역사전통에 뭐 나사렛 같은 촌구석에서 메시아가 난다느니 하는 따위의 이야기가 도대체 성립할 수 있냐? 어불성설이로다.” 여기서 중요한 것은 예수의 베들레헴 탄생의 설화 같은 것은 전혀 전제되어 있지 않다는 것이다. 오히려 매우 진실한 역사적 지평 위에 서있는 가난한 갈릴리 촌사람, 예수의 실존만이 문제되고 있을 뿐이다. 나다나엘(바돌로매)은 육화된 로고스를 역사의 지평 위에서 매우 진실하게 거부하고 있는 것이다.

그런데 여기 더 위대한 것은 그러한 거부를 바라보는 예수의 시선이다. 오히려 그러한 거부가 그의 진실한 품성을 역으로 나타내준다는 것이다.

> 아 그대여! 그대야말로 참 이스라엘사람이로다! 그 마음속에 간사함이 없기 때문이라!

당시는 남북조전통 직후의 시대였기 때문에 갈릴리사람이나 사마리아사람들은 절대로 유대인이라고 부르지 않는다. 유대인(the Jews)는 대개 남부 유대지방에 사는 사람들에게 한정해서 쓰는 말이다. 따라서 북방사람들은 "이스라엘사람"이라고 부른다. 그러나 민족 전체를 통칭할 때는 유대인이라는 말보다는 이스라엘민족이라는 식의 표현을 쓴다. 하여튼 나다나엘의 감복은 이스라엘민족의 로고스의 진리에 대한 복종의 최초의 계기를 상징하고 있다. 또한 예수는 자기를 권위주의적으로 강요하지 않는다. 자기를 거부하는 자들에게 매우 개방적이다. ***정직한 탐색이야말로 모든 편견의 최선의 처방***이라는 것이다. 와서 보라!(Come and see !)

51절의 "오르락 내리락"은 벧엘에서의 야곱의 꿈의 이미지가 연상된다(창 28:13). 요한복음을 너무 구약적 이미지와 연상시키는 것은 옳지 못하다. 여기서 "오르락 내리락"은 로고스의 하나님과의 끊임없는 소통을 상징하며 하늘과 땅의 하나됨을 나타낸다. 즉 하늘의 세계가 역사적 지평 위의 예수를 통해 드러났으므로(revealed) 예수라는 역사적 사건은 이미 하늘나라와 땅의 나라의 하나됨을 나타내는 것이다. 요한복음 저자의 의식세계 속에는 예수라는 사건의 현재화, 이 땅화(化)가 중요한 것이다.

51절에 성서신학에서 항상 문제가 되는 인자(人子, the Son of Man, *ὁ υἱὸς τοῦ ἀνθρώπου*)라는 표현이 나온다. 예수가 "인자"로서 자기를 부르는 이 표현이 매우 특수한 수수께끼적 의미를 내포한다는 것이다. 그것은 메시아의 타이틀(a messianic title)로 쓰였거나, 수난의 운명이나 예언, 부활, 재림과도 같은 신비스러운 의미를 암시하는 특칭적 의미로서 당대에 이미 통용되고 있었던 특수한 말이라는 것이다. 그래서 이 인자(人子)가 주어가 되어있는 로기온을 "인자담화" (the Son of Man sayings)라고 하여 그것을 따로 떼어내서 독자적 성격을 분석하는 여러 가지 시도가 있어왔다. "사람의 자식"이라는 문자 그대로의 표현이 신성한 예수를 가리키는 말로서는 너무 어울리지 않고, 그 반어적인 아이러니칼한 어떤 묘한 울림이 당대의 민중 속에 있었다는 생각이다. 예수가 자신을 가리키는 주어로서의 "인자" 즉 "사람의 자식"은 신학자들에게 매우 고통스러운 과제상황이었고 그 누구도 시원한 대답을 주지 못했다. 무엇보다도 이 "인자"의 1인칭 용례가 동일한 의미맥락의 사례로서 타문헌에서 발견되지 않기 때문에 분석이 불가능했던 것이다.

그러나 20세기 후반의 집요한 언어학적 탐구나 여러 새로운 자료의 발굴로 이러한 문제도 대강 풀리게 되었다.

1) "인자담론"에 어떠한 일관된 주제의식을 발견하는 것은 불가능하다. 다양한 맥락에서 규정되기 어려운 방식으로 쓰인다.

2) "인자"는 결코 특칭대명사일 수가 없다.

3) 아람어에서 그냥 자기를 지칭하는 일반대명사로서 "나 사람새끼" 같은 식의 아주 보편화된 평범한 표현을 예수가 계승했을 뿐이다.

4) 최종적 결론은 이것이다: 인자는 그냥 "사람의 자식"일 뿐이다. 예수의 자기인식에 있어서 평범한 사람의 자식으로서의 자기의식을

나타내는 말일 뿐이다. 즉 자신을 가난하고 궁핍하고 소외받은 사람들과 동일시하는 겸손한 표현일 뿐이다. Q자료에 속하는 다음의 용례를 보라!

> 여우도 굴이 있고, 공중의 새도 집이 있으되, 인자는 머리 둘 곳이 없도다 (눅 9:58).

여기서 인자는 결코 특칭이 아니다. 그것은 타이틀이 아니라 류의 개념(generic concept)일 뿐이다. 포유류인 여우도 굴이 있고, 조류인 공중의 새도 집이 있는데, 인류의 자식인 나는 편하게 눕고 잘 수 있는 곳도 없다는 표현이다. 지상에서 그의 사역이 얼마나 고된 것이었나, 얼마나 헌신적이고 수고로운 것이었으며, 자기희생을 감내했어야만 하는 것이었나를 나타내주는 표현인 것이다. 그것은 오직 예수가 자신을 사람의 자식으로서 평범한 인간과 동일시함으로써, 그들과 지상에서 운명을 같이함으로써만 가능했던 고난이었고 수난이었다. 그래서 인자라는 주어가 나오는 문장은 운명적, 비극적 정조가 감도는 것이다. 그것은 하나님의 아들로서의 자기인식으로써만 해결될 수 없는 또 하나의 심오한 지상에서의 예수의 진면목을 반어적으로 표현해주고 있는 것이다. (이 논점과 관련하여 꼭 봐야할 논문은: 사해문서의 권위자인 버메스[Geza Vermes]의 "유대 아람어에 있어서 인자에 해당되는 용례들의 연구" "Appendix E" in *An Aramaic Approach to the Gospels and Acts* by Matthew Black. 그리고 Crossan, *Jesus* 49~53. 카슨은 "인자"가 1) 종말론적 · 묵시론적 · 재림적 의미 맥락 2) 수난과 죽음의 맥락 3) 지상의 인간이라는 세 맥락에서 쓰였으나, 결국 "인자"의 의미는 지상에서 죽을 수밖에 없는 인간이라는 자기비하의 겸손을 일관되게 나타낸다고 본다. "하나님의 아들"은 그의 신성을, "사람의 아들"은 그의 인성과 수난을 나타내며, 인자는 "I"라는 일인칭 대명사로 대치될 수 있는 말이다. Carson, *Mattew* 209~213.)

* 여기까지가 나의 1장 해석이다. 아무리 분량을 줄이려고 해도 줄이기 어려운 문제들이 산적해있다. 보다 간략하게 쓰도록 노력하겠다. 나에게 주어진 시간이 며칠밖에 없다.

그리고 고유명사 표기는 개한판을 기준으로 한다. 개한판의 발음이 불만스러운 구석이 많지만 이미 그 발음으로 우리나라 신도들의 인식체계가 정착되어 있고 또 대부분의 사서, 인덱스류가 개한판 발음을 기준으로 하고 있기 때문에 그것을 바꾸면 혼동이 생긴다. 희랍원문에서 너무 과격하게 멀어져있을 때만 약간 수정을 가할 뿐이다. 그리고 미국식 발음보다는 우리 발음이 더 원어에 가까울 때가 많다.

그리고 내가 "복음서 기자"라는 말을 안 쓰고 "복음서 저자"라는 말을 쓰는데, 혹자는 매우 불경스럽게 생각할지 모르겠다. 우리나라 신학계에서 "기자"(記者)라는 말을 쓰는 것은 성서는 하나님말씀을 단순히 기록한 것이며 저술한 것이 아니라는 생각 때문이다. 그러나 국제적인 신학계에서 기자에 해당되는 "리포터"(reporter)나 "딕테이터"(dictator)라는 말은 쓰는 적이 없다. 모든 문헌에서 "writer"나 "author" 그리고 "evangelist"를 쓸 뿐이다. 모두 "작가"나 "저자"일 뿐이다. 복음서의 저작성을 말할 때도 반드시 "authorship"이라고 하지 "reportership"이라는 말은 쓰지 않는다. 이토록 우리나라 신학계의 용어들은 국제적 보편신학에서 벗어나는 해괴한 용어들을 누구도 건드릴 수 없는 지성(至聖)의 권위처럼 받들어 모시고 있다. 복음서를 쓴 사람은 복음서 저자이지 복음서 기자가 아니다. 모든 신학적 탐구는 그것이 "저작"이라는 사실로부터 출발하고 있다. 어떻게 바울의 편지에 있어서 바울이 기자란 말인가? 바울은 바울의 편지의 저자일 뿐이다. 신학도들이여! "복음서 저자"라는 말을 주저없이 쓰자. 나뿐만 아니라 실제로 우리나라의 많은 주석서에서 그렇게 쓰고 있다. 이런 타부에서 이제 우리나라 신학계는 벗어나야 하는 것이다. 그것이 오히려 우리의 신앙을 강화시키는 길이다. 허위를 배격할 때만이 참된 신앙이 가슴속에 깃든다. 위선에서 벗어날 때만이 로고스는 내 영혼으로 찾아오는 것이다.

예수와 엄마 마리아 렘브란트 1654, 145×95mm

예수와 제자들, 그리고 바리새인 렘브란트 1642, 124×171㎜

Chapter 2

제2장

RSV

1 On the third day there was a marriage at Cana in
Galilee, and the mother of Jesus was there;
2 Jesus also was invited to the marriage, with his
disciples.
3 When the wine gave out, the mother of Jesus
said to him, "They have no wine."
4 And Jesus said to her, "O woman, what have you
to do with me? My hour has not yet come."
5 His mother said to the servants, "Do whatever he
tells you."
6 Now six stone jars were standing there, for the
Jewish rites of purification, each holding twenty
or thirty gallons.
7 Jesus said to them, "Fill the jars with water."
And they filled them up to the brim.
8 He said to them, "Now draw some out, and take

it to the steward of the feast." So they took it.
9 When the steward of the feast tasted the water now become wine, and did not know where it came from (though the servants who had drawn the water knew), the steward of the feast called the bridegroom
10 and said to him, "Every man serves the good wine first; and when men have drunk freely, then the poor wine; but you have kept the good wine until now."
11 This, the first of his signs, Jesus did at Cana in Galilee, and manifested his glory; and his disciples believed in him.

신개역

1 사흘 되던 날에 갈릴리 가나에 혼인이 있었는데, 예수의 어머니도 거기 계시니라.
2 예수와 그의 제자들도 혼인에 청함을 받았더라.
3 포도주가 모자란지라, 예수의 어머니가 예수에게 이르되, "저희에게 포도주가 없다." 하니,
4 예수께서 가라사대, "여자여! 그것이 나와 무슨 상관이 있나이까? 내 때가 아직 이르지 아니하였나이다."

5 그 어머니가 하인들에게 이르되, "너희에게 무슨 말
씀을 하시든지 그대로 하라." 하니라.
6 거기 유대인의 정화의식에 따라 두세 말씩 들어가는
돌 항아리 여섯 개가 놓였는지라.
7 예수께서 저희에게 이르시되, "항아리에 물을 채우
라." 하신즉, 그들이 아구까지 채우니라.
8 예수께서 말씀하시되, "이제는 떠서 연회(宴會)의 집
사(執事)에게 갖다주라." 하시매, 갖다 주었더니,
9 연회의 집사는 물이 변화된 포도주를 맛보고 어디서
났는지 알지 못하되, 물떠온 하인들은 알더라. 연회
의 집사가 신랑을 불러
10 말하되, "사람마다 먼저 좋은 포도주를 내고 취한 후
에 낮은 것을 내거늘, 그대는 지금까지 좋은 포도주
를 숨겨 두었도다." 하니라.
11 예수께서 이 처음 표적을 갈릴리 가나에서 행하여 그
영광을 나타내시매, 제자들이 그를 믿으니라.

강해 불트만은 2장부터 12장까지를 "세상에 드러내는 영광(doxa)의 계시"라고 그 대강을 명명하였다. 이적설화는 이 지상에서의 로고스의 영광을 드러내는 징표(sign, 세메이온 *σημεῖον*)이다. 요한은 이적설화를 간결하면서도 유기적 통일성이 있는 방식으로 7개를 도입한다. 그것도 전반부에 다 끝내 버린다. 그리고 공관서와는 달리 로고스답게 장황한 연설이 이어진다. 말씀으로서 말씀을 전하는 것

이다. 대한기독교서회 창립100주년 기념 성서주석, 『요한복음』의 저자 이상훈은 이적 일곱 개의 성격을 다음과 같이 규정한다.

1) 2:1~12, 물을 술로 변화시킨 것은 ***질***(quality)에 관계된 것이다.

2) 4:46~54, 왕의 신하의 아들을 치유하신 표적은, 가나에서 100리길 떨어진 곳의 병자를 고친 것이며 ***공간***(space)에 관계된 것이다.

3) 5:1~9, 38년이나 짊어진 난치의 고통을 치유하신 것으로 ***시간***(time)에 관계된 것이다.

4) 6:1~14, 5천 명을 먹이신 표적은 ***양***(quantity)에 관계된 것이다.

5) 6:16~21, 물 위로 걸어가신 표적은 ***자연법칙***(the laws of nature)에 관계된 것이다.

6) 9:1~12, 태어날 때부터의 소경의 치유는, 어쩔 수 없는 인간의 ***운명***(fortune)에 관한 것이다.

7) 11:1~46, 나사로를 살리신 표적은 인간의 ***죽음***(death)이라는 최종적(종말론적) 사태에 관한 것이다(이상훈, 『요한복음』 55~56).

모두가 인간의 한계상황의 극복을 상징하고 있다. 기적설화는 기적이라는 사건에 그 중요성이 있는 것이 아니다. 그것은 어디까지나 예수를 통한 신의 영광의 드러냄이라는 상징성에 있다. 기적을 행하는 권능이 중요한 것이 아니라, 계시자로서의 예수라는 로고스의 신성이 중요한 것이다. 그 신성을 우리가 받아들임으로써 은혜와 진리가 우리에게 가득차게 되는 것이다.

4절의 "여자여"는 한자(유교)문명권에 속한 우리들에게는 매우 충격적인 "거리감"이다. 그러나 진리를 바라본다는 것은 사회관계, 특히 가족관계로부터의 거리감이 없이는 매우 힘든 사태이다. 그러나 엄마는 아들의 그러한 거리감을 이해하고 수용한다. 아무 섭섭함도 느끼지 않는다. 그리고 "아들이 무슨 말씀을 하시든지 그대로 따르라"고 명한다. 엄마는 이와 같이 항상 자신을 포기할 줄 아는 위대한 존재다.

"그것이 나와 무슨 상관이 있나이까?"는 원문대로 하면, "나에게 그리고 당신에게 무엇입니까?"이다. 이 문제가 걸려있는 한에 있어서(포도주의 부족) 당신과 내가 지금 무엇을 공유하고 있는가? 라는 반문이다. 즉 나를 이 사태에 연루시키지 말라는 뜻이다. 엄마는 아들에게 권리가 없다.

"내 때가 아직 이르지 아니하였나이다"는 선문답 같이 들린다. "내 때"는 예수에게 있어서 "죽음과 부활"을 의미할 수밖에 없다. 포도주가 부족하다는 엄마의 요구에 대해 "내 때가 아직 이르지 아니하였다"고 말하는 예수의 고백은 전혀 인과적 고리가 없이 몇 년 후에 일어날 사태를 예시하는, 예변법(豫辯法, prolepsis)적인 아주 고도의 문학기법일 수도 있다. 그러나 지금 내가 포도주를 만든다고 하는 사태로써 지상에서의 나의 구원의 사업이 완성되는 것은 아니라는 것을 암시하고 있다. "나의 때"는 인간의 요구대로 이루어지는 것이 아니다. 그것은 모든 인간의 기대를 초월한다. "신부가 신랑을 맞이하는 것"으로서 그의 때의 완성을 비유하곤 했던 예수의 언어 속에는 이 잔치에서의 술 만듦의 상징성이 전혀 최종적인 사태는 아니라는 것이다.

모든 술은 분명 물이었던 사태에서 변하는 것이다. 고대희랍에서부터 "술됨"은 신성(Divinity)의 개입이며 현현이었다. 그것이 우리에게 "취함"을 가져온다. 그 취함의 신성을 희랍인들은 바카스라고 불렀고 디오니소스라고 불렀다. 로고스를 디오니소스와 동일시하는 전통도 희랍에는 매우 흔한 가치관이었다. 예수가 물을 포도주로 변화시키는 이적의 상징성에는 유대교적 정화의식의 정화수가 복음의 포도주로 대치되었음을 암시하는 어떤 표징이 들어있기도 한 것이다(Barrett, *St. John* 189).

RSV

12 After this he went down to Caper′na-um, with his mother and his brothers and his disciples; and there they stayed for a few days.

13 The Passover of the Jews was at hand, and Jesus went up to Jerusalem.

14 In the temple he found those who were selling oxen and sheep and pigeons, and the money-

changers at their business.
15 And making a whip of cords, he drove them all,
with the sheep and oxen, out of the temple; and
he poured out the coins of the money-changers
and overturned their tables.
16 And he told those who sold the pigeons, "Take
these things away; you shall not make my
Father's house a house of trade."
17 His disciples remembered that it was written,
"Zeal for thy house will consume me."
18 The Jews then said to him, "What sign have you
to show us for doing this?"
19 Jesus answered them, "Destroy this temple, and
in three days I will raise it up."
20 The Jews then said, "It has taken forty-six years
to build this temple, and will you raise it up in
three days?"
21 But he spoke of the temple of his body.
22 When therefore he was raised from the dead, his
disciples remembered that he had said this; and
they believed the scripture and the word which
Jesus had spoken.
23 Now when he was in Jerusalem at the Passover
feast, many believed in his name when they saw

the signs which he did;
24 but Jesus did not trust himself to them,
25 because he knew all men and needed no one to
bear witness of man; for he himself knew what
was in man.

신개역

12 그 후에, 예수께서 그 어머니와 형제들과 제자들과 함
께 가버나움으로 내려가 거기서 며칠을 머무시니라.
13 유대인의 유월절이 가까운지라, 예수께서 예루살렘
으로 올라가셨느니라.
14 성전 안에서 소와 양과 비둘기 파는 사람들과 돈 바
꾸는 사람들이 앉아 장사를 하는 것을 보시고,
15 노끈으로 채찍을 만드사, 양이나 소를 다 성전에서
내쫓으시고, 돈 바꾸는 사람들의 돈을 쏟으시며 상을
엎으시니라.
16 그리고 비둘기 파는 사람에게 이르시되, "이것들을
여기서 가져가라! 내 아버지의 집을 장사하는 집으로
만들지 말라!" 하시니,
17 제자들이 성경 말씀에, "주(主)의 전(殿)을 사모하는
열심이 나를 삼키리라." 한 것을 기억하더라.
18 이에 유대인들이 대답하여 예수께 말하기를, "네가
이런 일을 행하니 우리에게 무슨 표적을 보이려느
뇨?"

19 예수께서 대답하여 가라사대, "너희가 이 성전을 헐
라! 내가 사흘 동안에 일으키리라."
20 유대인들이 가로되, "이 성전은 사십륙년 동안에 지
었거늘, 네가 삼일 동안에 일으킬 수 있겠느뇨?" 하
더라.
21 그러나 예수는 자기 몸으로 되어진 성전에 관하여 말
씀하신 것이라.
22 죽은 자 가운데서 살아나신 후에야 제자들이 이 말씀
하신 것을 기억하고 성경과 예수의 하신 말씀을 믿었
더라.
23 유월절 축제에 예수께서 예루살렘에 계시니, 많은 사
람들이 그가 행사하는 표적을 보고 그의 이름을 믿었
으나,
24 예수는 그 몸을 저희에게 의탁하지 아니하셨으니, 이
는 친히 모든 사람을 잘 아셨기 때문이요,
25 또 친히 사람의 마음속에 있는 것을 잘 아셨기 때문
에 사람에 관하여서는 아무 사람의 증거도 받으실 필
요가 없었음이니라.

강해 최초의 이적의 사건은 그의 공생애의 시작을 의미하며, 성전정화(聖殿淨化)의 사건은 공관복음서에서는 그의 공생애의 마지막을 장식하는 사건이다. 그의 죽음은 예루살렘의 성전정화라는 폭력적 사태로 인하여 폭력적으로 다가온 것이다. 그러나 요한복음서 저

자는 성전정화를 그의 죽음의 계기가 되는 클라이막스로 사용하는 것이 아니라 곧바로 최초의 이적과 연접시킨다. 이 점에 바로 요한복음의 구성적 파격성과 상징적 강력성이 내재한다. 예수의 죽음과 부활을 최초로 앞당겨 버린 것이다.

제일 마지막 25절의 "사람에 관하여서는 아무 사람의 증거도 받을 필요가 없었다"라고 한 것은 결국 "인간 예수에 관한 인간들의 어떠한 클레임"에도 예수는 신경을 쓰지 않았다는 뜻이다. 23절의 전제가 예수가 이적을 행하였기 때문에 인간들이 예수의 이름을 믿었다고 했는데, 이적을 행하였기 때문에 그 이적을 보고 비로소 예수의 위대성을 믿는다는 것은 매우 유치한 인간의 마음이다. 그런 인간의 마음에 의존하여 인간을 리드할 수는 없다는 뜻이다. 이적 때문에 일깨워진 신앙은 유치한 신앙이다. 이적은 하나님의 말씀을 듣게 하려는 수단일 뿐이고, 이적 그 자체에 대한 신앙을 갖는다는 것은 매우 비본질적인 것이다. 사람의 마음을 아는 것은 오로지 하나님의 마음이다. 사람의 마음을 사람의 마음을 통하여 알 수는 없는 것이다.

우리, 의롭게 살려고 노력하는 사람들은 궁극적으로 세인의 마음의 포폄에 자신을 의탁할 수는 없는 것이다. 기독교, 불교, 유교를 떠나서 이것은 만고의 진리가 아닐까? 요한복음 저자는 이미 당대의 대중의 포폄의 수준을 떠나 예수라는 로고스를 그리고 있는 것이다.

한밤중에 예수를 방문한 니고데모(요 3:2) 렘브란트 1660, 165×194㎜

Chapter 3

제3장

RSV

1 Now there was a man of the Pharisees, named
Nicode′mus, a ruler of the Jews.
2 This man came to Jesus by night and said to him,
"Rabbi, we know that you are a teacher come
from God; for no one can do these signs that you
do, unless God is with him."
3 Jesus answered him, "Truly, truly, I say to you,
unless one is born anew, he cannot see the
kingdom of God."
4 Nicode′mus said to him, "How can a man be
born when he is old? Can he enter a second time
into his mother's womb and be born?"
5 Jesus answered, "Truly, truly, I say to you, unless
one is born of water and the Spirit, he cannot
enter the kingdom of God.
6 That which is born of the flesh is flesh, and that

which is born of the Spirit is spirit.
7 Do not marvel that I said to you, 'You must be born anew.'
8 The wind blows where it wills, and you hear the sound of it, but you do not know whence it comes or whither it goes; so it is with every one who is born of the Spirit."
9 Nicode′mus said to him, "How can this be?"
10 Jesus answered him, "Are you a teacher of Israel, and yet you do not understand this?
11 Truly, truly, I say to you, we speak of what we know, and bear witness to what we have seen; but you do not receive our testimony.
12 If I have told you earthly things and you do not believe, how can you believe if I tell you heavenly things?
13 No one has ascended into heaven but he who descended from heaven, the Son of man.
14 And as Moses lifted up the serpent in the wilderness, so must the Son of man be lifted up,
15 that whoever believes in him may have eternal life."
16 For God so loved the world that he gave his only Son, that whoever believes in him should not

perish but have eternal life.
17 For God sent the Son into the world, not to condemn the world, but that the world might be saved through him.
18 He who believes in him is not condemned; he who does not believe is condemned already, because he has not believed in the name of the only Son of God.
19 And this is the judgment, that the light has come into the world, and men loved darkness rather than light, because their deeds were evil.
20 For every one who does evil hates the light, and does not come to the light, lest his deeds should be exposed.
21 But he who does what is true comes to the light, that it may be clearly seen that his deeds have been wrought in God.

신개역

1 바리새인 중에 니고데모라 하는 사람이 있었으니 유대인의 관원이라.
2 그가 밤에 예수께 와서 가로되, "랍비여! 우리가 당신은 하나님으로부터 오신 선생인 줄 아나이다. 하나님이 함께 계시지 아니하면 당신이 행하시는 이 표적

을 아무도 할 수가 없음이니이다."
3 예수께서 대답하여 가라사대, "진실로 진실로 네게
이르노니, 사람이 거듭나지 아니하면, 하나님 나라를
볼 수 없느니라."
4 니고데모가 가로되, "다 자란 사람이 어떻게 다시 태
어날 수 있삽나이까? 두 번째 모태로 들어갔다가 다
시 태어날 수 있삽나이까?"
5 예수께서 대답하시되, "진실로 진실로 네게 이르노
니, 사람이 물과 성령으로 나지 아니하면, 하나님 나
라에 들어갈 수 없느니라.
6 육으로 난 것은 육이요, 영으로 난 것은 영이니,
7 내가 네게 거듭나야 하겠다 하는 말을 기이히 여기지
말라.
8 바람이 임의(任意)로 불매, 네가 그 소리를 들어도 어
디서 오며 어디로 가는지 알지 못하나니, 성령으로
난 사람은 다 이러하니라."
9 니고데모가 대답하여 가로되, "어찌 이러한 일이 있
을 수 있나이까?"
10 예수께서 가라사대, "너는 이스라엘의 선생으로서
아직도 이러한 일을 알지 못하느냐?
11 진실로 진실로 네게 이르노니, 우리는 우리가 아는
것을 말하고 본 것을 증언하노라. 그러나 너희가 우
리 증언을 받지 아니하는도다.
12 내가 땅의 일을 말하여도 너희가 믿지 아니하거든,

하물며 하늘 일을 말하면 어떻게 믿겠느냐?
13 하늘에서 내려온 자, 곧 인자 외에는 하늘에 올라간
자가 없느니라.
14 모세가 광야에서 뱀을 들어올린 것과 같이 인자도 들
어 올려져야 하리니,
15 이는 저를 믿는 자마다 영생을 얻게 하려 하심이니
라."
16 하나님이 이 세상을 이처럼 사랑하사 독생자를 주셨
으니, 이는 저를 믿는 자마다 멸망치 않고 영생을 얻
게 하려 하심이니라.
17 하나님이 그 아들을 세상에 보내신 것은 세상을 심판
하려 하심이 아니요, 저로 말미암아 세상이 구원을
받게 하려 하심이라.
18 저를 믿는 자는 심판을 받지 아니하는 것이요, 믿지
아니하는 자는 하나님의 독생자의 이름을 믿지 아니
하므로 벌써 심판을 받은 것이니라.
19 그 정죄(定罪)는 이것이니, 곧 빛이 세상에 왔으되,
사람들이 자기 행위가 악하므로 빛보다 어둠을 더 사
랑한 것이니라.
20 악을 행하는 자마다 빛을 미워하여 빛으로 나오지 아
니하나니, 이는 그 행위가 드러날까 함이라.
21 진리를 좇는 자는 빛으로 오나니, 이는 그 행위가 하
나님 안에서 행한 것임을 나타내려 함이라 하시니라.

강해 2장 마지막 절에서 인간의 평가에 관해서는 귀를 기울일 필요가 없다고 말했다. 사람의 마음속을 너무도 잘 알기 때문에! 그러나 이제 예수는 그토록 잘 아는 사람의 마음속으로 여행을 떠난다. 다양한 사람의 마음을 접하여 그들의 심성과 요구와 고민과 의문을 드러내고 그러면서 로고스됨을 드러낸다. 니고데모(3:1~15)를 만나고, 사마리아의 여인(4:1~26), 왕의 신하(4:43~53), 베데스다 연못의 병자(5:1~15) 등, 많은 사람을 만난다.

여기 니고데모와 만나는 장면은 물론 당대의 세계적인 도시 예루살렘으로 설정되어 있다. 그리고 니고데모도 보통사람이 아니다. 마가복음에서는 예수가 갈릴리의 지평에서 힘없고 가난하고 소외되고 부랑하는 군중에게 에워싸여 있는 모습으로 나타나는 것과는 달리, 요한복음에서는 예수가 제자외로 제일 먼저 만난 사람이 당대의 최고 석학이요 최고 명문거족의 유대인 귀족이었다. 예수가 죽은 후에는 바울이 있었고 살아 생전에는 니고데모가 있었다고 해도 과언이 아닐 정도로 니고데모는 멋있는 인물이다. 니고데모는 명문거족의 사람이었다. BC 63년 유대-로마전쟁 때 유대의 지배자 아리스토불루스 2세(Aristobulus II)가 로마 장군 폼페이우스에게 보낸 사자의 이름이 니고데모였고, 후년 예루살렘이 함락될 때 로마 포위군에게 항복을 교섭한 고리온이 니고데모의 아들이었다. 여기 등장한 니고데모도 모두 한 집안사람들이다.

니고데모는 부자였으며(19:39), 바리새인이었으며, 산헤드린의 멤버였을 가능성도 있다. 그러나 그는 무엇보다도 호기심이 있는 인간이었으며 진실한 인간이었으며 의리가 있는 인간이었으며 당대 유대사회에서 지적인 리더십이 있는 인간이었다. 그 니고데모가 예수라는 초라한 시골출신의 민중의 리더에게 찾아오는 모습, 남이 볼까 두려워 밤에 다소곳이 찾아와 "랍비여! 당신은 하나님께로서 오신 선생이시오니이다!" 하고 배움을 청하는 모습은 감동적이다.

물론 니고데모는 타복음서에는 등장하지 않는다. 요한복음 저자만이 그를 등장시켰다. 그리고 니고데모는 이 장면에서 끝나지 않는다. 그는 7장에서는 공적인 자리에서 예수를 변호하여 그를 구출해낸다(7:45~52). 그리고 예수의 장례에 있는 성의를 다한다(19:38~40). 몰약과 침향을 섞은 방향·방부제를 백 근이나 가지고 와서 시체에 정성껏 바른다. 랍비의 죽음의 마지막 순간까지 그로서 할 수 있는 성의를 다한 것이다. 의리있는 사나이였다.

니고데모와 예수의 대화는 리얼하다. 본문에서 느끼는 대로 따라가는 것이 좋을 것이다. 그러나 11부터는 주어가 "우리"로 바뀌고 대상도 "너희"로 바뀌면서 복수화되고 대화의 논리적 예리함이 사라진다. 그러니까 복음서 저자가 대화를 계속시킨 것이 아니라 후대의 교회에서 회중에게 말하는 어떤 의례화된 문장을 삽입한 것으로 보여진다. 대화(dialogue)가 독백(monologue)으로 바뀐 것이다. 니고데모와의 대화는 15절에서 끝나는 것으로 본다. 그런데 이런 구분도 임의적이다. 왜냐하면 희랍어본문에는 따옴표 같은 일체의 기호가 없기 때문에 어디까지가 대화장면이고 어디까지가 복음서 작가의 코멘트인지가 명확하지 않다. 16절부터 21절까지는 복음서 저자의 연장해석(extended comment)으로 간주되고 있다. 그 내용은 심오하다. 1장의 서막의 로고스론과 연장선상에 있다.

제8절의 "바람"과 "성령"은 "프뉴마"라는 하나의 단어이다. 바람은 성령이고, 성령은 바람이다.

> 바람이 임의로 불매
> 네가 그 소리를 들어도
> 어디서 오며 어디로 가는지
> 알지 못하나니
> 성령으로 난 사람은
> 다 이러하니라

너무도 멋있는 시구절이다. 그런데 이 프뉴마를 놓고 서양사람들은 아리송한 구라를 잘 늘어놓는데 우리 동양인에게는 너무도 친숙한 개념이다. 그것은 곧바로 기(氣)로 번역되는 것이다. 기(氣)의 일차적 의미는 숨(breath)이다. 콧구멍을 들락거리는 숨이다. 폐(肺)는 예로부터 하늘을 상징했다. 인체 속의 하늘과 우주의 하늘을 들락거리는 숨이 바로 기(氣)다. 이 기가 없으면 생명이 없다. 밥은 굶어도

40일이나 살 수 있지만 기는 끊으면 몇 초내로 죽는다. 숨은 생명이다. 그래서 그것을 영이라 불렀다. 이 기의 사상은 동양인체관의 기혈론(氣血論)을 탄생시켰다. 몸의 영은 기고, 몸의 육은 혈이다.

기(氣)	영(靈)	정신(Mind)	하늘(Heaven)	바람(Wind)
혈(血)	육(肉)	육체(Body)	땅(Earth)	물(Water)

『장자 莊子』에 보면 대붕의 하늘로의 웅장한 비상이 그려져 있다. 그런데 이 대붕은 명태알처럼 작은 물 속의 씨, 곤(鯤)으로부터 부화된다. 그런데 이 대붕의 등허리만 해도 몇천 리인지를 알 수 없을 정도로 크다. 한번 날개를 퍼득이면 3천 리고 떴다 하면 9만 리를 날아간다. 그런데 이 대붕은 우리 영의 비상이다. 그런데 이 대붕의 붕(鵬)이란 글자나, 바람을 나타내는 풍(風)이란 글자나, 상서로운 새 봉(鳳)이 모두 한글자이다. 바람이 새요, 날음이요, 생명이요, 영이요, 숨이요, 프뉴마요, 성령(Holy Spirit)이다. 우리 동방인은 영-육, 하늘-땅, 기-혈의 문제를 동일한 인간의 인체내의 사건으로 보았다. 하늘을 인간에서 초월한 객관적 물체(실체)로 보지 않는다. 그래서 서양과 다르다고 하지만, 지금 요한복음에 있어서도 반드시 하늘을 초월적으로 해석할 필요가 없다. 왜냐하면 예수는 육화된 로고스이며, 하늘이 땅속으로 들어와 버린 것이다. 요한복음에 영·육의 이원론은 강렬하게 깔려있는 주제이지만 그것을 이원론적으로만 해석하면 요한복음이라는 복음의 의미가 상실된다. 예수가 항상 자신을

"인자"로 표현한 그 의미로써 우리는 복음을 해석해야 옳다. 예수가 인간이 아니라면 가현론(假現論, Docetism)의 가능성밖에는 남지 않는다. ***예수가 인간이 아니라면 복음은 우리에게 아무 의미도 없다. 그것은 하늘과 땅이 하나된 몸일 뿐이다.*** (John insists on the fact that the Word became flesh, that the Son of man was not only a heavenly but also an earthly man. He insists in the plainest terms on the human ignorance, weariness, and sorrow of Jesus[4:6, 11:34f.], who, in spite of his heavenly origin and status, was nothing if not human. Barrett, *St. John* 74)

18절의 "믿지 아니하는 자는 하나님의 독생자의 이름을 믿지 아니하므로 벌써 심판을 받은 것이니라."는 매우 강력한 묵시론적 종말론(appocalyptic eschatology)의 부정이다. 종말은 철저히 현재화되고 있다. 예수는 이미 육화될 때 심판의 자격을 지녔다. 하나님의 심판을 위탁받은 자로서 이 세상에 나타났다. 그는 이 세상의 현재다. 미래가 아니다. 그를 믿지 않는 자는 이미 심판을 받은 것이다. 진리로부터 눈이 먼 자는 이미 심판을 받았다. 종말을 따로 기다릴 필요가 없는 것이다.

19~20에서는 빛과 어둠의 이원론이 나타난다. 그러나 이러한 빛과 어둠의 분열은 결국 윤리적 분열이다. 나의 현재의 모습이 악을 행하고 있기 때문에 빛을 미워하고 어둠을 사랑하는 것이다. 따라서 악을 행치 않고 진리만을 좇는 자들에게는 이 세상은 모든 것이 빛일

뿐이다. 빛과 어둠의 이원론은 사라진다.

RSV

22 After this Jesus and his disciples went into the land of Judea; there he remained with them and baptized.

23 John also was baptizing at Ae′non near Salim, because there was much water there; and people came and were baptized.

24 For John had not yet been put in prison.

25 Now a discussion arose between John's disciples and a Jew over purifying.

26 And they came to John, and said to him, "Rabbi, he who was with you beyond the Jordan, to whom you bore witness, here he is, baptizing, and all are going to him."

27 John answered, "No one can receive anything except what is given him from heaven.

28 You yourselves bear me witness, that I said, I am not the Christ, but I have been sent before him.

29 He who has the bride is the bridegroom; the friend of the bridegroom, who stands and hears him, rejoices greatly at the bridegroom's voice;

therefore this joy of mine is now full.
30 He must increase, but I must decrease."
31 He who comes from above is above all; he who is of the earth belongs to the earth, and of the earth he speaks; he who comes from heaven is above all.
32 He bears witness to what he has seen and heard, yet no one receives his testimony;
33 he who receives his testimony sets his seal to this, that God is true.
34 For he whom God has sent utters the words of God, for it is not by measure that he gives the Spirit;
35 the Father loves the Son, and has given all things into his hand.
36 He who believes in the Son has eternal life; he who does not obey the Son shall not see life, but the wrath of God rests upon him.

신개역

22 이 후에, 예수와 그의 제자들은 유대 땅으로 갔다. 거기서 예수는 그들과 함께 유(留)하시며 세례를 주시더라.
23 요한도 살렘 가까운 애논에서 세례를 주니, 거기 수

량(水量)이 많음이라. 사람들이 와서 세례를 받더라.
24 요한이 아직 옥에 갇히기 전의 일이었다.
25 그런데 요한의 제자들과 한 유대인 사이에서 결례(潔
禮)에 관하여 변론이 일어났다.
26 저희가 요한에게 와서 가로되, "랍비여! 선생님과 함
께 요단강 건너편에 있던 자, 곧 선생님께서 증언하
시던 그 자가 세례를 주매, 사람이 다 그에게로 가더
이다."
27 요한이 대답하여 가로되, "만일 하늘에서 주신 바가
아니면, 사람은 아무 것도 받을 수 없느니라.
28 내가 말한 바대로, 나는 그리스도가 아니요, 그보다
먼저 보내심을 받은 자라고 한 것을 증언할 자는 바
로 너희니라.
29 신부를 취하는 사람은 신랑 본인이다. 서서 혼례를
돕는 친구는 신랑의 음성을 듣고 크게 기뻐하나니,
나는 지금 이러한 기쁨으로 충만하였노라.
30 그는 흥하여야 하겠고, 나는 쇠하여야 하리라." 하니
라.
31 위로부터 오시는 이는 만물 위에 계시고, 땅에서 난
이는 땅에 속하여 땅에 속한 것을 말하느니라. 하늘
로부터 오시는 이는 만물 위에 계시나니,
32 그가 그 보고 들은 것을 증언하되, 그의 증언을 받아
들이는 이가 없도다.
33 그의 증언을 받아들이는 이는 하나님이야말로 참되

시다는 것을 확증하느니라.
34 **하나님께서 보내신 이는 하나님의 말씀을 말하나니, 이는 하나님께서 성령을 한량없이 주심이니라.**
35 **아버지께서 그 아들을 사랑하사, 만물을 다 그 손에 주셨으니,**
36 **아들을 믿는 자는 영생을 얻고, 아들을 순종치 아니하는 자는 영생을 보지 못하고, 도리어 하나님의 진노가 그 위에 머물러 있느니라.**

강해 이 장면이 사실에 기초하고 있는지 요한복음 저자의 창작인지는 알 길이 없으나, 하여튼 세례 요한 종파와 예수 종파가 당시에 공존했었고 양 제자그룹 사이에 미묘한 갈등이 있었다는 사실이 적나라하게 노출되고 있다. 하여튼 세례 요한파와 예수파 사이의 경쟁이 반영된 문학작품임에는 의심의 여지가 없다. 그런데 제자들 사이의 변론이 왜 "세례"의 문제로 직접 들어가지 않고, "결례"(潔禮)의 문제로 시작되었는지는 확실치 않다. 세례에 대한 그들의 이해가 부족했기 때문에 "정화의식"의 일반론으로부터 접근해들어 갔을 수도 있다.

이 경쟁의식을 해결하는 세례 요한의 겸손한 자세는 아름답다. 신부를 얻는 자는 물론 신랑이다. 가장 큰 기쁨을 맞이하는 본인이다. 그것은 구시대의 종언이며 새시대의 시작이다. 그러나 신랑의 혼인

예식을 돕는 유사(有司)로서의 신랑 친구의 역할 또한 중요하다. 그 친구도 신랑의 신부맞이함을 같이 기뻐할 수 있다. 세례 요한은 암시한다. 나는 땅에만 속해 있지만, 예수는 하늘로부터 온 자이며 땅 위에 있는 자이다. 이 하늘로부터 온 자를 제대로 영접할 줄 아는 자들에게만 영생이 있다. 그것은 결국 무엇인가? 하나님의 말씀, 로고스를 나의 영 속에 잉태시켜야 한다는 것이다. 이것은 신비로운 이야기가 아닌 우리 삶의 현실 속의 매순간의 결단에 관한 것이다.

* 지금 내가 참고하고 있는 영어개역표준판 · 개역한글판 대조 신약전서는 1961년 대한성서공회에서 발행한 것이다. 그런데 그것은 실은 초판발행일(1961. 6. 30)을 기준으로 말한 것이고, 실제는 1985년 2월 5일 28판 발행본이다. 그러니까 같은 책이 1961년 6월 30일에 나온 이래로 1985년 2월 5일까지 28판을 거듭했다는 얘기인데, 요한복음 제3장 제11절에 "진실로 진실로 네게 이르노니"가 "진실로 진실로 네게 이**로**노니"로 되어있다. 완벽한 오식(typographical error)이다. 28판을 거듭하도록 억조창생의 사람들이 이 성경을 읽었을 텐데 아무도 이런 에러를 지적하지도 않았을 뿐만 아니라, 이 성서를 출판한 대한성서공회는 일말의 반성이나, 검토나, 검색이나, 교정을 하지 않고 그대로, 초판 그대로 방치했다는 얘기다. 참으로 부끄러운 이야기다. 일본사람들의 장인정신으로 말하면 책임자가 할복자살이라도 해야할 오류에 속하는 것이다. 성경축자무오류설을 외치는 한국교계에 묻고 싶다. 과연 무엇이 무오류인가? 그리고 도대체 한국교인들은 그 많은 사람들이 성경을 읽으면서 과연 무슨 성경을 어떻게 읽고 있는 것인가? 실수는 있을 수 있는 것이지만 28판에 그런 에러가 난다는 것, 그리고 이것이 보통 일반서물이 아니라

기독교의 중심축인 성경이라는 것을 생각할 때, 이러한 오류는 참으로 끔찍한 것이다. 일주일에 한 번씩 전세계에 유포되는 『타임』지만 해도 거의 오식이 없다. 그 많은 영어단어 스펠링 중에 단 한 글자의 오식도 발견되지 않는다. 모처럼 그런 오식이 발견되어 항의가 들어가면, 그 다음호에 반드시 "사과 성명"을 낸다. 그런데 대한성서공회는 일주일이 아닌, 24년을 방치했다. 아니, 그 이후로도 그냥 두었을 것이다. 대한성서공회의 반성을 촉구한다. 제4장 38절의 "참예"는 판본에 따라 "참여"와 혼효되어 있는데, 통용되는 "참여"로 일관되게 쓰는 것이 더 나을 것 같고, 1964년판 관주성경전서에도 로마서 5장 4절에 있는 "인내는 연단을, 연단은 소망을"이라 할 때 두 번 다 연단(鍊鍛)이 연하(鍊鍜)로 잘못되어 있다. 욥기 등 모든 곳에 동일한 오류가 반복되어 있다. 명백한 오식은 바로잡아야 할 것이다.

야곱우물 곁의 사마리아 여인과 예수 (요 4:10)

렘브란트 1634
187×206㎜

Chapter 4

제4장

RSV

1 Now when the Lord knew that the Pharisees had heard that Jesus was making and baptizing more disciples than John

2 (although Jesus himself did not baptize, but only his disciples),

3 he left Judea and departed again to Galilee.

4 He had to pass through Samar′ia.

5 So he came to a city of Samar′ia, called Sy′char, near the field that Jacob gave to his son Joseph.

6 Jacob's well was there, and so Jesus, wearied as he was with his journey, sat down beside the well. It was about the sixth hour.

7 There came a woman of Samar′ia to draw water. Jesus said to her, "Give me a drink."

8 For his disciples had gone away into the city to buy food.

9 The Samaritan woman said to him, “How is it
that you, a Jew, ask a drink of me, a woman of
Samar′ia?” For Jews have no dealings with
Samaritans.
10 Jesus answered her, “If you knew the gift of
God, and who it is that is saying to you, ‘Give
me a drink,’ you would have asked him, and he
would have given you living water.”
11 The woman said to him, “Sir, you have nothing
to draw with, and the well is deep; where do you
get that living water?
12 Are you greater than our father Jacob, who gave
us the well, and drank from it himself, and his
sons, and his cattle?”
13 Jesus said to her, “Every one who drinks of this
water will thirst again,
14 but whoever drinks of the water that I shall give
him will never thirst; the water that I shall give
him will become in him a spring of water
welling up to eternal life.”
15 The woman said to him, “Sir, give me this water,
that I may not thirst, nor come here to draw.”
16 Jesus said to her, “Go, call your husband, and
come here.”

17 The woman answered him, "I have no husband."
Jesus said to her, "You are right in saying, 'I
have no husband' ;
18 for you have had five husbands, and he whom
you now have is not your husband; this you said
truly."
19 The woman said to him, "Sir, I perceive that you
are a prophet.
20 Our fathers worshiped on this mountain; and you
say that in Jerusalem is the place where men
ought to worship."
21 Jesus said to her, "Woman, believe me, the hour
is coming when neither on this mountain nor in
Jerusalem will you worship the Father.
22 You worship what you do not know; we worship
what we know, for salvation is from the Jews.
23 But the hour is coming, and now is, when the
true worshipers will worship the Father in spirit
and truth, for such the Father seeks to worship
him.
24 God is spirit, and those who worship him must
worship in spirit and truth."
25 The woman said to him, "I know that Messiah is
coming (he who is called Christ); when he

comes, he will show us all things."
26 Jesus said to her, "I who speak to you am he."
27 Just then his disciples came. They marveled that
he was talking with a woman, but none said,
"What do you wish?" or, "Why are you talking
with her?"
28 So the woman left her water jar, and went away
into the city, and said to the people,
29 "Come, see a man who told me all that I ever
did. Can this be the Christ?"
30 They went out of the city and were coming to
him.
31 Meanwhile the disciples besought him, saying,
"Rabbi, eat."
32 But he said to them, "I have food to eat of which
you do not know."
33 So the disciples said to one another, "Has any
one brought him food?"
34 Jesus said to them, "My food is to do the will of
him who sent me, and to accomplish his work.
35 Do you not say, 'There are yet four months, then
comes the harvest' ? I tell you, lift up your eyes,
and see how the fields are already white for
harvest.

36 He who reaps receives wages, and gathers fruit for eternal life, so that sower and reaper may rejoice together.

37 For here the saying holds true, 'One sows and another reaps.'

38 I sent you to reap that for which you did not labor; others have labored, and you have entered into their labor."

39 Many Samaritans from that city believed in him because of the woman's testimony, "He told me all that I ever did."

40 So when the Samaritans came to him, they asked him to stay with them; and he stayed there two days.

41 And many more believed because of his word.

42 They said to the woman, "It is no longer because of your words that we believe, for we have heard for ourselves, and we know that this is indeed the Savior of the world."

신개역

1 예수가 제자를 삼고 세례를 주는 것이 요한보다 많다 하는 말을 바리새인들이 들은 줄 주께서 아신지라.

2 (예수께서 친히 세례를 주신 것이 아니요, 제자들이 준 것이라.)

3 유대를 떠나사 다시 갈릴리로 가실 새,
4 사마리아로 통행하여야 하겠는지라.
5 사마리아에 있는 수가라 하는 동네에 이르시니, 야곱
이 그 아들 요셉에게 준 땅이 가깝고,
6 거기 또 야곱의 우물이 있더라. 예수께서 행로(行路)
에 피곤하여, 우물 곁에 그대로 앉으시니, 때가 제
육시쯤 되었더라.
7 사마리아 여인 하나가 물을 길러 왔으매, 예수께서
그 여인에게 말씀하시었다: "물을 좀 달라."
8 이는 제자들이 먹을 것을 사러 동네에 들어갔음이러
라.
9 사마리아 여인이 가로되, "당신은 유대인으로서 어
찌하여 사마리아 여자인 나에게 물을 달라 하시나이
까?"하니, 이는 유대인이 사마리아인과 상종치 아니
함이더라.
10 예수께서 대답하여 가라사대, "네가 만일 하나님의
선물과 또 네게 물 좀 달라 하는 이가 누구인 줄을
알았더라면, 네가 오히려 그에게 구하였을 것이요,
그가 네게 생수를 주었으리라."
11 여인이 가로되, "나으리! 당신은 물 길을 두레박도
없고, 이 우물은 깊사온데, 어디서 그 생수를 얻겠삽
나이까?
12 우리 조상 야곱이 이 우물을 우리에게 주었고, 또 여
기서 그 자신과 그 아들들과 그의 가축이 다 마셨으

니, 당신이 야곱보다 더 크니이까?"
13 예수께서 대답하여 가라사대, "이 물을 먹는 자마다
다시 목마르려니와,
14 내가 주는 물을 먹는 자는 영원히 목마르지 아니하리
니, 내가 주는 물은 그 사람 속에서 영생이 솟아나는
샘물이 되리라."
15 여인이 가로되, "나으리! 그런 물을 내게 주사, 목마
르지도 않고, 또 여기 물 길러 오지도 않게 하옵소서."
16 예수께서 그 여인에게 가라사대, "가서, 네 남편을
불러오라."
17 여인이 대답하여 가로되, "나는 남편이 없나이다."
예수께서 가라사대, "네가 남편이 없다 하는 말이 옳
도다.
18 네가 남편 다섯이 있었고, 지금 네가 살고있는 남자
도 네 남편이 아니니, 네 말이 참되도다."
19 여인이 가로되, "나으리! 내가 보니, 당신은 선지자
로소이다.
20 우리 조상들은 이 산에서 예배하였는데, 당신들은 사
람이 예배해야 할 곳은 예루살렘밖에 없다 말하더이
다."
21 예수께서 그 여인에게 가라사대, "여자여! 내 말을
믿으라. 너희가 이 산에서도 말고 예루살렘에서도 말
고 오직 아버지께 예배할 수 있는 때가 이르리라.
22 너희는 너희가 알지 못하는 것을 예배하노라. 우리는

우리가 아는 것을 예배하노니, 이는 구원이 유대인에
게서 나기 때문이라.
23 아버지께 참으로 예배하는 자들은 신령과 진실함으로
예배할 때가 오나니, 지금이 곧 그 때라. 아버지께서
는 이렇게 자기에게 예배하는 자들을 찾으시느니라.
24 하나님은 영이시니, 예배하는 자는 신령과 진실함으
로 예배해야 할지니라."
25 여인이 예수께 가로되, "메시아, 곧 그리스도라 하는
이가 오실 줄을 내가 아노니, 그가 오시면 모든 것을
우리에게 고하시리이다."
26 예수께서 여인에게 이르시되, "네게 말하고 있는 내
가 바로 그로라." 하시니라.
27 이때에 제자들이 돌아와서 예수께서 한 여인과 말씀
하시는 것을 신기하게 여겼으나, 그 누구도 "무엇을
구하시나이까?" "어찌하여 저와 말씀하시나이까?"
하고 묻는 이가 없더라.
28 그 여인이 물동이를 버려두고, 동네에 들어가서 사람
들에게 이르되,
29 "내가 행한 모든 것을 알아맞춘 한 사람을 와서 보
라! 이 사람이 참으로 그리스도일 수 있겠는가?" 하
니,
30 저희가 동네에서 나와 예수께로 오더라.
31 그 사이에, 제자들이 청하여 가로되, "랍비여! 잡수
소서."

32 그러나 예수는 그들에게 가라사대, "내게는 너희가
알지 못하는 먹을 양식이 있느니라."
33 제자들이 서로 말하되, "누가 잡수실 것을 갖다 드렸
는가?" 한대,
34 예수께서 그들에게 이르시되, "나의 양식은 나를 보
내신 이의 뜻을 행하며, 그의 일을 온전히 이루는
것, 바로 그것이니라.
35 너희는 아직도 넉 달이 지나야 추수할 때가 이르겠다
하지 아니하느냐? 내가 너희에게 이르노니, 눈을 들
어 밭을 보라! 이미 희어져 추수하게 되었도다.
36 거두는 자는 이미 삯도 받고, 영생(永生)에 이르는 열
매도 모으나니, 이는 뿌리는 자나 거두는 자가 함께
즐거워하게 하려 함이니라.
37 그런즉, 한 사람이 심고 다른 사람이 거둔다 하는 말
이 옳도다.
38 내가 너희들이 수고하지도 아니한 것을 거두러 너희
들을 보내었노니, 수고한 자는 다른 사람들이요, 너
희들은 그들이 수고한 결실에 참여하였도다."
39 그 여인이 "예수가 내가 행한 모든 것을 알아맞추었
다." 하고 증언하고 다님으로, 그 동네 중에 많은 사
마리아인이 예수를 믿는지라,
40 사마리아인들이 예수께 와서, 자기들과 함께 머물기
를 청하니, 거기서 이틀을 유숙(留宿)하시었다.
41 예수의 말씀을 인하여, 믿는 자가 더욱 많아지더라.

42 **그들이 그 여인에게 말하되, "이제 우리가 믿는 것은 네 말을 인함이 아니니, 이는 우리가 친히 듣고 그가 참으로 이 세상의 구주인 줄 앎이니라." 하였더라.**

강해 너무도 감동적이고 아름다운 영화 한 편의 스토리같은 이 대목은 해설을 하려면 끝이 없다. 그냥 원문에 즉하여 이해해주기를 바란다. 나의 원문 자체가 독자들의 이해를 도울 수 있도록 친절하게 해석되어 있다.

1~26: 담화적 부분(narration)
28~30: 논증적 부분(demonstration)
31~38: 설명적 부분(exposition)
39~42: 논증적 부분(demonstration)

보통 이와 같이 4부분으로 갈라볼 수 있는데 전편이 하나의 완벽한 유기적 통일성을 이루고 있으며 그 내용도 상징적 함의를 풍부하게 담고 있어, 그것을 사실적 이야기로 풀려고 하면 오히려 많은 문제를 노출시킨다. 상징은 상징으로 해석해야 한다.

3장 26절부터 암시되어 있지만, "예수가 직접 요단강에서 세례를 주었다"는 명제는 잘못된 것이다. 예수는 물로 세례를 주는 데 관심이 없었다. 따라서 4:2의 편집자주와 같은 구절이 첨가되었다. 좀 구차스러운 표현들이다. 그러나 복음서 저자가 강조한 것은 당대에 요한파와 예수파 사이에 상당한 경쟁관계가 있었다는 사실이었고, 또 예수파는 세례파로부터 갈라져 나온 그룹이라고 하는 역사적 정황에 대한 보도를 위해 이런 이야기들이 지어진 것이다. 그러나 예수 자신은 예수 종단이 세례 요한 종단을 뛰어넘어 새로운 대중성(popularity)을 획득하고 있다는 것을 바리새인들이 주목하게 되자, 그러한 주목이 결국 예수 종단이나 요한 종단의 분열과 파국을 초래할 수 있다는 위기감을 감지하고 더 이상 유대지방에 머물러서는 아니 되겠다고 판단한 것이다. 경쟁과 분열을 막는 길은 한 편이 후퇴하는 것이다. 따라서 예수는 유대지방을 떠나 갈릴리로 되돌아가기로 작정한 것이다. 센타에서 다시 페리페리로 후퇴하는 작전을 세운 것이다. 그런데 유대에서 갈릴리로 가려면(북상) 반드시 사마리아라는 편벽한 지방을 거쳐야 한다. 유대와 갈릴리 중간에 사마리아가 가로지르고 있다.

우리는 "사마리아 사람" 하면 그냥 좋은 사람(the Good Samaritan, 눅 10:33~36), 의리가 있는 사람(One of Ten Lepers, 눅 17:15~18)이라고만 하고 넘어가기 쉬운데, 그 끈질긴 사마리아사람들의 독자적인 아이덴티티에 대한 역사적 이해가 없이는 이 이야기의 내면적 흐름을 파악하기 어렵다. 요한복음서 저자는 그러한 역사적 안목과 사마리아 인민에 대한 구조적 이해를 가지고 이 상징성 풍부한 이야기를 구성해낸 것이다.

보통 "사마리아사람"들은 팔레스타인땅에 살고 있지만 "유대인"

으로 간주되지 않는다. 9절에 "당신은 유대인으로서 어찌하여 사마리아여자인 나에게 물을 달라 하시나이까?" 라는 질문에 이미 그런 내용이 포함되어 있다. 지나가는 예수에 대하여 이 사마리아여인이 어떻게 해서 예수가 유대인이라고 생각하게 되었는지 그 단서가 드러나 있지는 않다. 유대지방에서 돌아오는 그에게서 유대지방 냄새가 나는 무슨 낌새가 있었을까? 그런데 사실 예수는 갈릴리사람이지 유대사람이 아니다.

우리는 유대인(the Jews)하면 팔레스타인 전체의 사람을 지칭하는 것 같지만, 실제로 유대인은 유대지방의 사람들에 한정하여 쓰는 개념이다. 따라서 예수는 갈릴리사람이지 유대인이 아니다. 그러나 광의로 유대민족 전체를 유대인으로 지칭할 때도 있기 때문에 그런 의미에서 예수를 유대인으로 규정한 것은 이해가 간다. 그렇다면 이 여자의 말 속에서 예수를 유대인으로 간주하였다는 것 자체가, 이미 이 여자의 용법에 있어서 유대민족의 개념 속에 "사마리아인"이 빠져 있다는 것을 방증하는 것이다. 누가복음(17:18)에서도 예수 자신이 사마리아인을 "외국인"(foreigner, allogenēs: 예루살렘 성전에 "외국인은 못들어온다"라고 쓰여진 명문 속에 있는 단어)이라고 말한다(cf. 마 10:5). 열왕기하편 17장에 보면(24~41), 사마리아인들의 시조가 야훼신앙의 팔레스타인민족이 아닌 앗시리아왕에 의하여 강제이주한 바빌론과 구다(Cuthah) 등지에서 온 사람들인 것처럼 묘사되어 있는데, 이런 기록 자체가 얼마나 구약이 반사마리아적인 문헌인가 하는 것을 말해준다. 히브리성경(the Hebrew Bible) 자체가 유대교중심으로만 편찬된 매우 편견있는 문헌인 것이다. 여기 유대교중심이란 곧 예루살렘중심이라는 뜻이다. 그런데 예루살렘중심 즉 시온중심("시온"이라는 말 자체가 "요새," "성채"의 뜻인데 예루살렘 전체를 가리키는 말이다.)의 편견은 모두 다윗왕 이후로 생긴 것이다. 다윗이 시온에 궁을 짓고 성막을 치고 나중에 그곳에 솔로몬이 성전을 짓기 전에는, 예루살렘이라는 지역은 특별히 유대민족의 구심점이 아니었다.

그러나 사마리아사람들은 사마리아지역이야말로 유대민족의 오리지날한 아이덴티티가 있는 지역이며 모세오경의 역사가 다 이 지역을 배경으로 한 것이라고 생각하고 그리심산(Mt. Gerizim, 867m)이야말로 이스라엘민족의 진정한 구심점이며 가장 성스러운 곳이라고 믿는다. 유대민족의 설화가 많이 얽혀있는 세겜(Shechem)지역이며, 현재는 나블루스(Nablus)라고 불리는 곳이다.

그러니까 유대인들은 예루살렘중심의 시온주의를 거부하고 그리심산중심주의에 고집하는 사마리아인을 "쿠다(Cuthah, 구다)에서 온 놈들"이라 하여 쿳팀(Kuthim)이라고 불렀는데, 이것은 마치 우리가 "깜둥이," "니가"(nigger)라고 말하는 식의 매우 경멸적인 의미를 내포하고 있다. 유대사람들에게는 사마리아인들은 고집불통의 쿳팀이었으며, 이단자들이며 이국인들이었다. 이것은 마치 박정희시대 때 전라도사람들을 "하와이인종"이라고 부르면서 경멸했던 것보다도 더 악랄한 편견을 조장했던 표현이었다.

사마리아인들은 결코 이방인이 아니다. 오히려 그들이야말로 가장 정통적 유대인(우리가 일반적으로 생각하는 용어로서의 유대인. 그들 자신은 당연히 유대인이라는 말을 거부한다. 유대인은 유대지방사람들일 뿐이다.)이라고도 말할 수 있다. 그들은 구약의 권위를 인정하지 않는다. 다 후대의 조작이며, 쓸데없는 엉터리 문헌이라고 생각한다. 성스러운 문헌이 아니라 배교의 역사를 기록한 추악한 문헌이라고 본다. 그들은 엄격하게 토라(Torah), 즉 모세오경의 권위만을 인정한다. 따라서 모세만을 선지자로 인정할 뿐, 그 후대의 선지자들은 인정치 않는다. 그들은 자신들을 "샤메림"(Shamerim)이라고 부르는데 그것은 "토라의 수호자들"이라는 뜻이다. 유대인은 유다지파의 후예들이며, 사마리아인들은 요셉의 직계후예들이라고 한다. 그들은 제사장 엘리(Eli)가 경쟁적으로 따로 실로(Siloh)에다가 성소를 차림으로써 유대교는 갈라져나갔고, 오염되었고, 타락되었다고 본다. 그들은 아론의 증손자, 아비수아(Abishua, 아론→엘르아살→비느하스→아비수아. 대상 6:4)로부터 직접 받은 모세오경을 소유하고 있다고 주장한다. 이것을 사마리아오경(Samaritan Pentateuch)이라고 부르는데 유대인의 모세오경과는 편집상의 차이가 있다.

유대인의 모세오경은 그리심산의 중요성을 드러내지 않는다고 본다. 이들은 실제로 그리심산(신 11:29, 27:12)에 사마리아 성전을 짓고 예배하였는데, 이 성전은 유대인 왕 요한 히르카누스(John Hircanus, BC 135~105)에 의하여 회복불능으로 파괴되었다(그 전에 파괴된 이야기들은 별로 신빙성이 없다). 현재도 704명의 순수혈통의 사마리아인들이 옛전통을 고수하면서 살고 있다(『한겨레신문』 2007년 2월 8일 제13면 보도). 그러나 예수 당대에는 상당한 인구의 사마리아인들이 사마리아지역에서 산재하고 있었는데 물론 타지역에도 살고 있었다(누가복음 10장에는 여리고로 가는 도중에 있었다). 그러니까 우리는 이스라엘민족 하면 야훼신앙으로 똘똘 뭉친 단일민족 일색으로 쉽게 생각하기 쉬운데 AD 70년의 예루살렘 성전 파괴 이전까지는 유대교(Judaism as a general term) 자체가 다양한 전승에 의하여 분열되어 있었던 복합체였다는 것을 알아야 한다.

다시 한 번 정리해서 얘기하면, 그들이 믿는 것은 1) 유일하신 하나님 2) 모세 3) 토라(율법) 4) 그리심산의 거룩함 5) 메시아이다. 그리고 안식일을 엄격하게 지켰고 모든 개혁(innovation)이나 개화(modernizing)를 거부하고 아주 보수적인 삶의 자세를 수천년, 오늘까지 유지했다. 그리심산은 하나님이 거하시는 땅 위의 유일한 곳이요, 아브라함의 집이요, 이삭을 제물로 바치려 한 곳이요, 야곱이 꿈꾼 곳이요, 요셉이 묻힌 곳이요, 야곱이 기도하러 올라간 벧엘이요, 축복의 산이다. 그리고 사마리아의 제사(祭司)들이야말로 아론의 참된 직계후손들이다. 이러한 사마리아를 이해하고 나서야 요한복음 4장의 이야기가 이해될 수 있는 것이다. 사실 예수가 행로(行路)에 곤

(困)하여 사마리아 여인(나는 번역에서 "여자"라는 말을 "여인"으로 바꾸었다. 본인이 자기를 가리킬 때만 "여자"라는 말을 썼다. "예수와 여자"라는 개념은 잘 어울리지 않는다. 아취가 부족하다.)에게 생수 한 잔을 요구하는 장면은 실로 허기의 극도에 달한 고독한 싯달타가 우루벨라의 처녀 수자타(Sujata, 須闍多)에게 유미죽 한 그릇을 얻어먹는 장면과 대비될 수 있다(내가 지은, 『달라이라마와 도올의 만남』 1-76~77 참고할 것). 사마리아 여인의 생수 한 그릇은 예수에게서 인간의 몸에서 샘솟듯이 솟아나는 영생의 샘물로 변하고, 수자타의 유미죽 한 그릇은 싯달타의 무상정등정각(無上正等正覺, anuttarā samyaksaṃbodhiḥ)으로 변하는 것이다.

"네게 말하고 있는 내가 바로 그로라."(요 4:26) 렘브란트 1658, 251×197㎜

예수의 메시지 중에서 가장 파워풀한 메시지는 "눈을 들어 밭을 보라! 희어져 추수하게 되었도다!"이다. 모든 사람들이 씨를 뿌리면 넉 달이 지나야 추수할 "때"가 이른다고 생각한다. 그 때는 미래의 한 시점이다. 그러나 자연은 끊임없이 순환하는 것이다. (헤라클레이토스의 원에서 시작과 끝은 같다는 메시지를 연상하라!) 다시 말해서 파종이 곧 추수이고, 추수가 곧 파종이다. 파종의 순간에 이미 추수의 때는 온 것이다. 지금 인간의 구원은 미래의 한 시점에 일어나는 사건이 아니다. 곧 여기 지금 일어나고 있는 사건일 뿐이다. 이러한 "종말론의 현재화"를 전제로 해서만 우리는 36절부터 38절까지의 애매모호한 듯이 들리는 예수의 말이 명료하게 이해되는 것이다. 즉 파종하는 사람과 추수하는 사람은 다를 수 있다는 것이 인생의 비극처럼 들린다. 씨 뿌리고 죽도록 노력하며 밭을 일군 사람은 추수를 못보고 죽을 수 있고, 전혀 노력을 아니한 사람이 나중에 추수를 하여 그 열매를 맛있게 먹을 수 있다. 이것이 인생의 비극처럼 보이지만 우리는 이것을 비극으로 생각해서는 아니된다는 것이다. 다시 말해서 구원의 역사는 심은 자나 거둔 자나 다 함께 즐거워해야 할 지상의 사건이라는 것이다. 심은 자가 있기에 거두는 자가 있을 수 있다. 거두는 자는 비록 노력을 하지 않았다 할지라도 심어 노력한 선배(先輩)들의 고초를 항상 반추하고 감사히 생각해야 한다. 여기서 예수는 암암리 자신을 심는 자로 수고하는 자로 규정하고, 제자들을 거두는 자로 상정하고 있다. 너희들은 거두는 삯도 받고 영생에 이르는 열매도 모은다. 그러나 그 행위 자체가 이전에 노력한 선배들의 수고에 참여하는 것이다.

예수는 기적의 권능도 독점하지 않았다. 예수는 누구에게든지 자신이 가지고 있는 것을 나누어주었다. 그리고 그들로 하여금 또다시 그러한 권능을 타인을 위하여 베풀도록 했다. 그리고 같이 먹고 같이 즐거워함으로써 구원의 역사를 인간세의 지평 위에 펼치려고 노력했다. 유대인들이 그토록 경멸하던 사마리아인들에게 기독교는 관대하고 사랑을 베풀고 하나님의 말씀을 전한다. 요한복음 저자는 사마리아인이라는 예수 당대의 샘플을 가지고 AD 100년경 그들이 당면한 교회의 문제, 즉 이방인들을 위한 평등사상과 보편주의를 확고히 다지려했던 것이다.

11, 15, 19절의 "Sir"에 해당되는 "퀴리에"(kyrie)는 기독론적 맥락이 없는 평범한 말이다. 개한판의 "주여"는 그다지 합당치 않다. "나으리"로 고쳐야 그 생동감이 드러난다.

RSV

43 After the two days he departed to Galilee.

44 For Jesus himself testified that a prophet has no honor in his own country.

45 So when he came to Galilee, the Galileans welcomed him, having seen all that he had done in Jerusalem at the feast, for they too had gone to the feast.

46 So he came again to Cana in Galilee, where he
had made the water wine. And at Caper′na-um
there was an official whose son was ill.
47 When he heard that Jesus had come from Judea
to Galilee, he went and begged him to come
down and heal his son, for he was at the point of
death.
48 Jesus therefore said to him, "Unless you see
signs and wonders you will not believe."
49 The official said to him, "Sir, come down before
my child dies."
50 Jesus said to him, "Go; your son will live." The
man believed the word that Jesus spoke to him
and went his way.
51 As he was going down, his servants met him and
told him that his son was living.
52 So he asked them the hour when he began to
mend, and they said to him, "Yesterday at the
seventh hour the fever left him."
53 The father knew that was the hour when Jesus
had said to him, "Your son will live"; and he
himself believed, and all his household.
54 This was now the second sign that Jesus did
when he had come from Judea to Galilee.

신개역

43 이틀이 지나매, 예수께서 거기를 떠나 갈릴리로 가시
며,
44 친히 증언하시기를 선지자는 고향에서는 높임을 받
지 못한다 하시었다.
45 갈릴리에 이르시매, 갈릴리인들이 예수를 영접하니,
이는 자기들도 명절에 예루살렘에 갔다가 예수께서
명절 중 그곳에서 하신 모든 일을 친히 보았음이더라.
46 예수께서 다시 갈릴리 가나에 이르시니, 전에 물로
포도주를 만드신 곳이라. 왕의 신하가 있어 그 아들
이 가버나움에서 병들었더니,
47 그가 예수께서 유대로부터 갈릴리에 오심을 듣고, 가
서 청하되, 내려오셔서 내 아들의 병을 고쳐 주소서
하니, 저가 거의 죽게 되었음이라.
48 예수께서 가라사대, "너희는 표적과 기적을 보지 않
으면 도무지 믿지를 아니하는구나."
49 신하가 예수께 가로되, "주여! 내 아이가 죽기 전에
내려오소서."
50 예수께서 가라사대, "가라! 네 아들이 살았다." 하신
대, 그 사람이 예수의 하신 말씀을 믿고 가더라.
51 내려가는 길에서 그 종들이 오다가 그를 만나서, 아
이가 살았다 하거늘,
52 그 낫기 시작한 때를 물은즉, "어제 제 칠시에 열기
가 떨어졌나이다." 하는지라.

53 아비가 예수께서 "네 아들이 살았다." 말씀하신 그때
인 줄 알고, 자기와 그 온 집안이 다 믿으니라.
54 이것은 예수께서 유대에서 갈릴리로 오신 후 행하신
두 번째 표적(表蹟)이니라.

강해 "선지자는 고향에서 인정받지 못한다"는 공관복음서의 통념을 요한복음은 과감히 깨버린다. 예수는 고향에서 환영받았고 인정받았다. 그런데 고향사람들의 예수에 대한 환대가 결국 더 유명한 타지에서 기적을 행하였기 때문에 인기가 있었다는 그러한 천박함을 동시에 고발해버린다. ***요한복음 저자에게 있어서 기적은 유치한 것이다. 그것은 인간으로 하여금 하나님의 말씀을 깨닫게 만드는 단서요 방편(方便, upāya)일 뿐이다. 하나님의 말씀을 믿지 않고 기적을 믿는 것은 신앙의 정도가 아니요 사도(邪道)로 빠질 위험성이 있다.*** 요한복음서 저자는 이 복음서 전반에 그러한 사상을 깔고 있다. 2장 23~25절에서도 그것을 말했다. 그리고 6장 26절에도 같은 암시가 내포되어 있다.

막말로, 병든 아들이 죽는다고 세상이 변할 수도 없는 것이요, 신앙이 흔들려서도 아니 되는 것이다. 그러나 사람들은 그러한 위기상황에서만 예수를 찾는다. 그래서 예수는 이렇게 탄식한다: "너희는 표적과 기적을 보지 않으면 도무지 믿지를 아니하는도다!" 그러나 그러한 상황에서라도 예수를 찾는 마음은 귀한 것이다. 예수는 이적을 행하였고 그들의 믿음을 유도해내는 데 성공하였다.

우리나라의 기독교는 "이적기독교"라 할 정도로 타락의 극상을 달리고 있다. 목사가 "용해야" 교회에 몰리고, 목사님들은 또 성경을 읽을 때 예수의 이적만을 선전한다. 모두 "반성경적" 행위요, "반기독적" 이단이다. 이런 이단자들이 정통기독교인임을 자처하고 단체를 만들고 위세를 과시한다. 한국의 기독교도들은 메주와 똥을 제대로 가릴 줄 알아야 할 것이다. 메주는 생명의 일용양식이요 똥은 썩음일 뿐이다.

여기 등장한 "왕의 신하"는 당시 (헤롯)왕실에 소속한 고급관리로 보여지는데 가버나움에 살고 있다는 것은 좀 이상하다. 그리고 명기는 안되었지만 분명 이방인이었을 것이다. 요한복음서 저자는 "왕의 신하"를 가버나움에 등장시킴으로써 당대 로마사회의 고급관리들에게까지 복음을 전파시키고자 하는 의도를 엿보이고 있다.

이방인 가나안 여인의 호소:
"주여! 다윗의 자손이여! 나를 불쌍히 여기소서. 내 딸이 흉악히 귀신들렸나이다."
(마 15:22)

렘브란트 1645, 런던, 개인소장, 280×187㎜

Chapter 5

제5장

RSV

1 After this there was a feast of the Jews, and Jesus went up to Jerusalem.

2 Now there is in Jerusalem by the Sheep Gate a pool, in Hebrew called Beth-za'tha, which has five porticoes.

3 In these lay a multitude of invalids, blind, lame, paralyzed. [waiting for the stirring of the water;

4 for an angel of the Lord went down at certain seasons into the pool, and stirred up the water; whoever stepped in first after the stirring of the water was made well from whatever disease that person had.]

5 One man was there, who had been ill for thirty-eight years.

6 When Jesus saw him and knew that he had been lying there a long time, he said to him, "Do you

want to be healed?"
7 The sick man answered him, "Sir, I have no man
to put me into the pool when the water is
troubled, and while I am going another steps
down before me."
8 Jesus said to him, "Rise, take up your pallet, and
walk."
9 And at once the man was healed, and he took up
his pallet and walked. Now that day was the
sabbath.
10 So the Jews said to the man who was cured, "It is
the sabbath, it is not lawful for you to carry your
pallet."
11 But he answered them, "The man who healed me
said to me, 'Take up your pallet, and walk.' "
12 They asked him, "Who is the man who said to
you, 'Take up your pallet, and walk' ?"
13 Now the man who had been healed did not know
who it was, for Jesus had withdrawn, as there
was a crowd in the place.
14 Afterward, Jesus found him in the temple, and
said to him, "See, you are well! Sin no more, that
nothing worse befall you."
15 The man went away and told the Jews that it was

Jesus who had healed him.
16 And this was why the Jews persecuted Jesus, because he did this on the sabbath.
17 But Jesus answered them, "My Father is working still, and I am working."
18 This was why the Jews sought all the more to kill him, because he not only broke the sabbath but also called God his Father, making himself equal with God.

신개역

1 그 후에, 유대인의 명절이 있어 예수께서 예루살렘에 올라가시니라.
2 예루살렘에 양들의 대문이라는 곳이 있고, 그 곁에 히브리말로 베데스다라고 하는 연못이 있었는데, 거기 행각(行閣)이 다섯개 있었다.
3 그 행각들 안에는 많은 병자, 소경, 절뚝발이, 혈기(血氣) 마른 자들이 누워 (물의 동[動]함을 기다리니
4 이는 천사가 가끔 못에 내려와 물을 동하게 하는데, 동한 후에 제일 먼저 들어가는 자는 무슨 병에 걸렸든지 낫게 됨이러라.)
5 거기 삼십 팔년 된 병자가 있더라.
6 예수께서 그가 누워 있는 것을 보시고, 그가 거기서 너무도 오랫동안 기다려 온 것을 아시더라. 그에게

이르시되, "네가 낫고자 하느냐?"
7 병자가 대답하되, "주여! 물이 동할 때에, 나를 못에
넣어 줄 사람이 없어, 내가 가는 동안에 다른 사람이
먼저 내려가나이다."
8 예수께서 가라사대, "일어나 네 자리를 들고 걸어가
라." 하시니,
9 그 사람이 곧 나아서, 자리를 들고 걸어가니라. 이
날은 안식일이니,
10 유대인들이 병 나은 사람에게 이르되, "안식일인데,
네가 자리를 들고 가는 것이 율법에 합당치 아니하니
라."
11 대답하되, "나를 낫게 한 그가 '자리를 들고 걸어가
라.' 하더라." 한대,
12 저희가 묻되, "너더러 자리를 들고 걸어가라 한 사람
이 누구냐?" 하되,
13 고침을 받은 사람이 그가 누구신지 알지 못하니, 이는
거기 사람이 많음으로 예수께서 이미 피하셨음이라.
14 그 후에, 예수께서 성전에서 그 사람을 만나 이르시
되, "보라! 네가 나았으니, 더 심한 것이 생기지 않도
록 다시는 죄를 범치말라." 하시니,
15 그 사람이 유대인들에게 가서, 자기를 고친 이는 예
수라 하니라.
16 그러므로 안식일에 이러한 일을 행하신다 하여 유대
인들이 예수를 핍박하게 된지라.

17 **예수께서 저희에게 이르시되, "내 아버지께서 지금 도 일하시니 나도 일한다." 하시매,**

18 **유대인들이 이를 인하여 더욱 예수를 죽이고자 하니, 이는 안식일만 범할 뿐 아니라, 하나님을 자기의 친 아버지라 하여, 자기를 하나님과 동등(同等)으로 삼으 심이러라.**

강해 이 기적은 공관복음서에는 나오지 않는다. 그러나 매우 확고한 전승에 기초하고 있는 설화였을 것이다. 요한이 지어낸 것은 아니다. "베데스다"와 같은 지명도 과거에는 꾸며낸 이름인 줄 알았는데 고고학적 발굴로 역사적 사실로 드러났다. 그 연못은 1871년에 발굴되었는데 실제로 5개의 행각이 정확히 있었다. 예루살렘 성전 북쪽에 있다.

신약성서에서 말하는 "율법"을 많은 사람들이 "법률"과도 같은 단순한 추상명사로서 이해하기 쉬운데, "율법"이란 모두 "모세오경"(Pentateuch)을 가리킨다. 그것은 모세가 하나님으로부터 받은 율법을 기록한 5개의 책이다. 창세기, 출애굽기, 레위기, 민수기, 신명기, 이 5개의 책을 "율법"(Law)이라고 부른다. 그런데 이 율법이란 이스라엘민족이 애굽을 탈출하여 가나안으로 정착하는 혼란스러운 시대를 어떻게 질서있게 살아남느냐를 고민하면서 만들어진 규약이다. 그들은 혼란스러운 우중(愚衆)이었고, 지리멸렬한 지파의식에 사로

잡혀 있었고, 제각기 잡신들을 모시고 있었고, 푸닥거리가 몸에 배어 있었으며, 특히 유목민족들은 한 텐트 안에서 생활하는 전통적 습성이 강해 근친상간이 심했다. 오누이간에 섹스하는 것은 보통이고 딸과 아버지, 며느리와 시아버지… 하여튼 유대민족의 역사는 온통 근친상간의 역사였다. 레위기 18장에 나오는 근친상간의 리스트를 보면 우리의 상상을 초월하는 근친상간목록이다.

> 아무도 같은 핏줄을 타고 난 사람을 가까이 하여 부끄러운 곳(하체 성기)을 벗기면 안된다. 나는 야훼이다. 네 아비의 부끄러운 곳도 어미의 부끄러운 곳도 벗기면 안된다. 네 어미인데, 어찌 그 부끄러운 곳을 벗기겠느냐? 네 아비와 사는 여인의 부끄러운 곳을 벗겨도 안된다. 그것은 곧 네 아비의 부끄러운 곳이다. 네 누이의 부끄러운 곳을 벗겨도 안된다. 이복누이든 동복누이든, 와서 낳았든 낳아 가지고 왔든, 그녀의 부끄러운 곳을 벗기면 안된다. 친손녀나 외손녀의 부끄러운 곳을 벗겨도 안된다. 그것은 곧 너 자신의 부끄러운 곳이다. 네 아비를 모시는 여인에게서 난 딸의 부끄러운 곳을 벗겨도 안된다. 네 고모의 부끄러운 곳을 벗겨도 안된다. 그녀는 네 아비와 같은 핏줄이다. 네 이모의 부끄러운 곳을 벗겨도 안된다. 그녀는 네 어미와 같은 핏줄이다. 네 삼촌의 부끄러운 곳을 벗겨도 안된다. 즉 삼촌의 아내를 가까이 하지 말라는 것이다. 그녀는 네 아주머니이다. 네 며느리의 부끄러운 곳을 벗겨도 안된다. 그녀는 네 아들의 아내인데 어찌 그녀의 부끄러운 곳을 벗기겠느냐? 네 형제의 아내의 부끄러운 곳을 벗겨도 안된다. 그것은 곧 네 형제의 부끄러운 곳이다. 아내가 데리고 들어온 딸의 부끄러운 곳을 벗겨도 안된다. 그 여인의 친손

> 녀도 외손녀도 데려다가 그녀의 부끄러운 곳을 벗기면 안된다. 그 어린 여자들은 그 여인과 한 핏줄이므로 그것은 더러운 짓이다. 네 아내가 살아있는 동안에 그 형제를 첩으로 맞아 그 부끄러운 곳을 벗겨도 안된다. 여인이 월경으로 부정할 때, 가까이 하여 그 부끄러운 곳을 벗기면 안된다. 네 이웃의 아내를 끌어들여 잠자리를 같이 하면 안된다. 그 여인에게서 너는 부정을 탄다 (레 18:6~20).

이 세상에서 이보다 추악한 근친상간의 리스트는 없을 것이다. 이것은 야훼의 신성한 말이 아니라, 당대 유대인들의 모랄의 수준이 개돼지 수준도 안되었다는 것을 여실히 말해주는 것이다. 정말 우리는 유교문명권에서 태어났다는 것을 감사히 생각해야 한다. 예수가 오죽하면 "누구든지 여자를 보고 음란한 생각을 품는 사람은 벌써 마음으로 그 여자를 범했다"(마 5:28)고 말했겠는가? 이때 여자는 레위기에 의하면 길거리에 지나가는 여자일 뿐 아니라, 구족친척간에 있는 모든 여자이다. 토라를 읽고 실천하는 사람은 벌써 근친의 여자만 보아도 매일 음욕을 누를 생각을 해야하는 것이다. 토라는 야훼의 말씀이라고 하면서 실제로는 그따위 음욕을 가르치고 있는 것이다.

당시 개돼지처럼 한 텐트 안에서 근친끼리 음욕을 충족시키고 금송아지나 만들어 광란의 춤이나 추고 있었던 유대인들을 질서있게 가나안으로 데려다 정착시키기 위한 방편은 오직 율법밖에 없었다. 인간을 구속하는 온갖 타부를 만드는 것이다. 그것은 단 하나의 법칙이었다. 야훼라는 유일신에 대한 절대적 복종(absolute obedience), 그것만이 강요되는 원리의 세계였다. 원래는 역사적 상황에서 발생한 방편이었던 것이 절대화되고 조례화되고, 그 의미나 전체적 도덕원리는 무시되었다. 율법을 통해 생명을 부여하려는 하나님의 의지는 사라지고 단지 율법이라고 하는 세부조항의 형식적 권위(the formal authority of the Law)만 살아남은 것이다. 예수가 본 유대인의 현실 중에서 가장 절박한 것은 메시아의 도래나 천국의 도래가 아니고, 어떻게 율법에 얽매여 사는 인간을 해방시키느냐 하는 과제상황이었던 것이다. 율법에서만 해방되어도 천국은 곧 도래한다고 그는 믿었다. 사마리아인들은 구약을 부정하고 토라만을 신봉했다. 예수는 그들의 마지막 보루인 토라를 폭파시켜 버리는 혁명적 작업을 감행하였던 것이다. 율법의 완성은 율법의 폭파를 통해서만 이루어지는 것이다.

생각해보라! 안식일을 지키라는 야훼의 계명은 단지 수고로운 인생에서 일주일에 한 번 쉬라는 것이다. 안식일의 "안식"(安息)이란 "편안히 아무 것도 안하고 쉼"이다. 그것은 본시 인간에게 생명을 가져다 주는 안식이다. 그런데 요즈음 한국교계에서는 안식일을 지키라는 것을 "일요일날 교회를 가라"는 것으로 신종율법화되어 있다. 그것은 참으로 반성서(反聖書)적이다. 복음서에는 일요일날 교회 가라는 소리는 단 한마디도 없다. 교회라는 조직이 복음서에는 나타나지 않는다. 예수의 복음만 있고, 그를 따르는 자발적 회중이 있을 뿐이다. 지금 이 요한복음 이적 기사에서도 문제가 되는 것이 제10절의 "네 자리를 들고 가는 것" 에 관한 쟁론이다. 다시 말해서 안식일이란 완벽하게 쉬는 날이다. 따라서 이부자리를 옮기는 노동도 허락되지 않는 것이다. 이렇게 "쉼" 이 안식일을 지키는 것이지, 교회를 가서 연보돈 안 낸다고 닦달을 당하는 것이 안식일을 지킴은 아니다. 율법은 문서전통인 토라 외로 구전전통이 또 있었다. 이 구전전통은 나중에야(AD 200년경) 미쉬나(*The Mishnah*)라는 문서로 정리되었는데 거기에 보면 안식일에 하지 말아야 할 일 39개 조항 속의 하나를 범하고 있는 것이다. 만일 어떤 사람이 살아있는 사람을 자리에 눕혀 운반한다면 그는 그 자리를 옮김으로 책망받지는 않는다. 왜냐하면 자리는 부차적이기 때문이다. 만일 자리 위에 아무도 없다면 그것을 운반한 사람은 율법을 어기는 것이 된다. 안식일에는 어떤 물건을 한 영역에서 타 영역으로 이동시켜서는 아니 되기 때문이다. 더 희한한 모세율법을 보라!

> 너희는 안식일을 지켜야 한다. 안식일은 너희에게 거룩한 날이다. 이 날을 범하는 자는 반드시 사형에 처해야 한다. 그 날 일하는 자는 누구든지 겨레에서 추방당해 목숨을 잃을 것이다. 엿새 동안 일하고, 이렛날은 야훼를 섬기는 거룩한 날이니 철저하게 쉬어야 한다. 안식일에 일하는 자는 반드시 사형에 처해야 한다 (출 31:14~15).

이스라엘 백성이 광야에 있을 때, 안식일에 나무를 하는 사람이

> 있었다. 그 나무를 하는 사람을 본 사람들이 그를 모세와 아론과 온 회중 앞으로 끌고 왔다. 그러나 이런 사람을 어떻게 다스려야 할지, 그 전례가 없었으므로 그를 그냥 가두어 두는 수밖에 없었다. 그때 야훼께서 모세에게 말씀을 내리셨다: "그를 사형에 처하여라. 온 회중이 그를 진지 밖으로 끌어내다가 돌로 쳐죽여라." 온 회중은 야훼께서 모세에게 명령하신 대로 그를 진지 밖으로 끌어내다가 돌로 쳐죽였다 (민 15:32~36).

제발 기독교인들이여! 성경을 헛 읽지 마라! 성경 그 자체에 유대인과 야훼의 잔악함이 다 그대로 쓰여져 있다. 이것이 율법이다! 과연 일요일날 일 좀 했다고 돌로 쳐죽임을 당해야 할까? 이것이 위대한 종교의 모습인가? 이것이 여호와증인들이 그토록 사모하는 여호와의 모습은 아닐 것이다. 과연 일요일날 여호와 하나님께 돌로 쳐죽임을 당하지 않을 자가 대한민국 기독교인 중에 단 한 명이라도 있을까?

여러분들은 이제 확연히 깨달아야 한다. 안식일을 위해 사람이 있는 것이 아니라, 사람을 위해 안식일이 있다고 광야에서 외치는 예수의 기쁜 소식이 얼마나 혁명적인 케리그마였나 하는 것을 깨달아야 한다. 예수는 말한다: 나는 안식일의 종이 아니요, 안식일의 주인이로다!(막 2:27~28).

17절의 "내 아버지께서 지금도 일하시니 나도 일한다" 하는 예수의 말씀은 참으로 감동적이다. 헤라클레이토스가 말하는 "로고스의 쉼이 없음"을 연상케 하지만, 동시에 "생생지위역"(生生之謂易)을 말하는 주역적 세계관이나, 일일신 우일신(日日新 又日新)하는 대학(大學)의 신민(新民)의 세계관이나, 잠시라도 떠날 수 있으면 그것은 도가 아니라(道也者, 不可須臾離也。可離, 非道也。)고 말한 중용(中庸)의 예지가 생각난다. 그리고 우리 동학사상을 실천적으로 완성시킨 대 사상가 해월(海月) 최시형(崔時亨, 1827~1898) 선생은 항상 쉼이 없이 일했다. 관헌의 눈길을 피하여 항상 쫓겨다니는 생활을 하면서도 항상 쉼이 없이 일했다. 빈민가를 점하면 과수를 심고 밭을 일구고 그리고 꼭 멍석을 지었다. 설법을 할 때도 항상 멍석 짓는 새끼를 꼬곤 했는데, 새끼가 모자라 꼬을 건덕지가 없으면 곧 새끼를 다시 풀었다 다시 꼬곤 했다. 그래서 제자들이, "선생님이시여! 어찌하여 꼬은 새끼를 다시 푸시나이까?"하고 물으면 이와 같이 대답하곤 했다: "하늘님은 쉼이 없으시다."

노자(老子)는 반자도지동(反者道之動)이라 했다. 끊임없이 생성의 길을 반복하면서 움직이는 것이 도라는 것이다. 요한복음 서막에서 로고스는 이 세계의 창조에 참여했다. "지어진 것이 아무 것도 그가 없이는 지어진 것이 없다"고 했다. 하나님의 창조는 영원하시다. 끊임없이 쉼이 없이 일하시는 하나님이다. 창조는 일시적으로 완성될 수 없는 것이요, 끊임없이 이루어지는 행위일 뿐이다. 하나님은 끊임없이 변화하는 천지의 조화에 쉼이 없이 역사하고 계신 것이다. 그래서 예수는 이렇게 말한 것이다: "내 아버지께서 지금도 일하시니 나도 일한다." 안식일이라고 마냥 쉴 수 있는 것이 아니요, 율법이라고 시세를 떠나서 고착될 수 있는 것이 아니다. 모든 것은 매순간 창조의 과정 속에 있다. 이것이 요한의 사상이다!

RSV

19 Jesus said to them, "Truly, truly, I say to you, the Son can do nothing of his own accord, but only what he sees the Father doing; for whatever he does, that the Son does likewise.

20 For the Father loves the Son, and shows him all that he himself is doing; and greater works than these will he show him, that you may marvel.

21 For as the Father raises the dead and gives them life, so also the Son gives life to whom he will.

22 The Father judges no one, but has given all judgment to the Son,

23 that all may honor the Son, even as they honor the Father. He who does not honor the Son does not honor the Father who sent him.

24 Truly, truly, I say to you, he who hears my word and believes him who sent me, has eternal life; he does not come into judgment, but has passed

from death to life.
25 "Truly, truly, I say to you, the hour is coming,
and now is, when the dead will hear the voice of
the Son of God, and those who hear will live.
26 For as the Father has life in himself, so he has
granted the Son also to have life in himself,
27 and has given him authority to execute judgment,
because he is the Son of man.
28 Do not marvel at this; for the hour is coming
when all who are in the tombs will hear his voice
29 and come forth, those who have done good, to
the resurrection of life, and those who have done
evil, to the resurrection of judgment.
30 "I can do nothing on my own authority; as I hear,
I judge; and my judgment is just, because I seek
not my own will but the will of him who sent
me.
31 If I bear witness to myself, my testimony is not
true;
32 there is another who bears witness to me, and I
know that the testimony which he bears to me is
true.
33 You sent to John, and he has borne witness to the
truth.

34 Not that the testimony which I receive is from
man; but I say this that you may be saved.
35 He was a burning and shining lamp, and you
were willing to rejoice for a while in his light.
36 But the testimony which I have is greater than
that of John; for the works which the Father has
granted me to accomplish, these very works
which I am doing, bear me witness that the
Father has sent me.
37 And the Father who sent me has himself borne
witness to me. His voice you have never heard,
his form you have never seen;
38 and you do not have his word abiding in you, for
you do not believe him whom he has sent.
39 You search the scriptures, because you think that
in them you have eternal life; and it is they that
bear witness to me;
40 yet you refuse to come to me that you may have life.
41 I do not receive glory from men.
42 But I know that you have not the love of God
within you.
43 I have come in my Father's name, and you do not
receive me; if another comes in his own name,
him you will receive.

44 How can you believe, who receive glory from
one another and do not seek the glory that comes
from the only God?
45 Do not think that I shall accuse you to the Father;
it is Moses who accuses you, on whom you set
your hope.
46 If you believed Moses, you would believe me,
for he wrote of me.
47 But if you do not believe his writings, how will
you believe my words?"

신개역

19 그러므로 예수께서 저희에게 이르시되, "진실로 진
실로 내가 너희에게 이르노니, 아들이 아버지의 하시
는 일을 보지 않고서는 아무 것도 스스로 할 수 없나
니라. 아버지께서 행하시는 그것을 아들도 그와 같이
행하느니라.
20 아버지께서 아들을 사랑하사, 자기의 행하시는 것을
다 아들에게 보이시고, 또 그보다 더 큰 일을 보이사
너희로 기이히 여기게 하시리라.
21 아버지께서 죽은 자들을 일으켜 살리심 같이, 아들도
자기의 원하는 자들을 살리느니라.
22 아버지께서 아무도 심판하지 아니하시고, 심판을 다
아들에게 맡기셨으니,

23 이는 모든 사람으로 아버지를 공경하는 것 같이, 아
들을 공경하게 하려 하심이라. 아들을 공경치 아니하
는 자는 그를 보내신 아버지를 공경치 아니하느니라.
24 진실로 진실로 내가 너희에게 이르노니, 내 말을 듣
고 또 나를 보내신 이를 믿는 자는 영생을 얻고 심판
에 이르지 아니하나니, 그는 이미 사망에서 생명으로
옮겨져 있느니라.
25 진실로 진실로 내가 너희에게 이르노니, 죽은 자들이
하나님의 아들의 음성을 들을 그 때가 오고 있나니,
지금이 바로 그 때라! 듣는 자는 살아나리라.
26 아버지께서 자기 속에 생명이 있음 같이, 아들에게도
생명을 주어 그것이 아들 속에 있게 하셨고,
27 또 그 아들이 인자(人子)이기 때문에 심판하는 권세를
주셨느니라.
28 이를 기이하게 여기지 말라. 무덤 속에 있는 자들이
모두 그 아들의 음성을 들을 때가 오고 있나니,
29 선한 일을 행한 자는 생명의 부활로, 악한 일을 행한
자는 정죄(定罪)의 부활로 나오리라.
30 내가 아무 것도 내 마음대로 할 수 없노라. 듣는 대
로 심판하노니, 나는 나 자신의 뜻대로 하려 하지 않
고 나를 보내신 이의 뜻대로 하려 하는 고로, 내 심
판은 의로우니라.
31 내가 만일 나를 위하여 증언하면 내 증언은 참되지
아니하다.

32 나를 위하여 증언하시는 이는 따로 있으니, 나를 위
하여 하는 그 증언이야말로 참인 줄 내가 아노라.
33 너희가 요한에게 사람을 보내매, 요한이 진리에 대하
여 증언하였느니라.
34 그러나 나는 사람에게서 증언을 취하지 아니하노라.
다만 이 말을 하는 것은 너희로 구원을 얻게하려 함
이니라.
35 요한은 타오르고 빛을 내는 등불이라. 너희는 한동안
요한의 빛 속에서 즐거움을 누리려 하였거니와,
36 내게는 요한의 증언보다 더 큰 증언이 있으니, 아버
지께서 내게 주사 이루게 하시는 역사(役事), 곧 내가
지금 하고 있는 이 역사가 아버지께서 나를 보내셨다
는 것을 증언하고 있느니라.
37 또한 나를 보내신 아버지께서 친히 나를 위하여 증언
하고 계시느니라. 너희는 그의 음성을 들은 적이 없
고, 그의 형용을 본 적이 없도다.
38 그의 말씀이 너희 속에 거하지 아니하니, 이는 그가
보내신 자를 믿지 않기 때문이라.
39 너희가 성경에서 영생을 얻는 줄 생각하고 성경을 상
고(詳考)하거니와, 성경이야말로 곧 나에게 대하여 증
언하는 것이로다.
40 그러나 너희가 영생을 얻기 위하여 내게 오기를 원치
아니하는도다.
41 나는 사람에게서 영광을 얻으려 하지 아니하노라.

42 다만 하나님을 사랑하는 마음이 너희 속에 없음을 알
았노라.
43 나는 내 아버지의 이름으로 왔어도 너희는 영접치 아
니하는도다. 만일 다른 사람이 자기 이름으로 나타나
면 오히려 그를 영접하겠구나.
44 너희는 서로 영광을 주고받으며 유일하신 하나님께
로부터 오는 영광은 구하지 아니하니, 어찌 나를 믿
을 수 있겠느냐?
45 내가 너희를 아버지께 고소할까 생각하지 말라. 너희
를 고소하는 이가 있으니, 곧 너희가 희망을 걸어온
자 모세니라.
46 너희가 모세를 참으로 믿었다면 나를 믿었으리라. 모
세가 나에 대하여 기록하였기 때문이니라.
47 그러나 너희가 모세의 글조차 믿지 아니하니 어찌 내
말을 믿겠느냐?" 하시니라.

강해 매우 심오한 주제를 집요하게 펼치고 있는 긴 예수의 말씀이다. 그 내용은 하나님의 차원과 사람의 차원의 콘트라스트, 그 갈등구조에 관한 것이다. 24절의 메시지는 매우 중요하다: "내 말을 듣고 또 나를 보내신 이를 믿는 자는 영생을 얻고 심판에 이르지 아니한다. 그는 이미 사망에서 생명으로 옮겨졌다!" 역시 "최후의 심판"과 같은 종말론적 사건이 현재화되어 있다. 이미 사망에서 생명으로 옮겨졌다. 지금 여기에서! 다시 말해서 밖의 세계가 이전과 아무런

변화가 없을지라도 내면의 영적변화가 세계와의 관계를 죽음에서 생명으로 역전시킨다는 것이다. 요한1서를 보라!

> 대저 하나님에게서 태어난 자는 누구든지 세상을 이기느니라. 세상을 이기는 승리는 곧 이것이다! 우리의 믿음이니라. 예수께서 하나님의 아들이심을 믿는 자가 아니면 세상을 이기는 자 그 누구뇨? (요한1서 5:4~5).

세상을 이긴다는 것은 곧 득도(得道)요, 해탈(解脫)이다. 그것을 가능케 하는 것은 하나님에 대한 믿음이다. 하나님에 대한 믿음은 진리 그 자체에 대한 믿음인 것이다. 그것은 지금 여기의 현재적 사건이다.

> 보라! 지금은 은혜 받을만한 때요, 보라! 지금이 구원의 날이로다 (고후 6:2).

> 나는 이미 율법의 손에 죽어서 율법의 지배에서 벗어나 하나님을 위하여 살게 되었노라. 나는 그리스도와 함께 십자가에 달려 죽었노라. 이제는 내가 사는 것이 아니라 그리스도가 내 안에서 사시는 것이라 (갈 2:19~20).

그리스도와 함께 죽고 그리스도와 함께 부활하는 것도 현재적 사건으로 이해되고 있는 것이다.

제27절의 인자(人子)는 전혀 종말론적 맥락에서 사용되고 있지 않다. 죽음이나 부활이나 재림이나 지상에서의 운명과 같은 심각한 내용을 전혀 포함하고 있지 않다. 그것은 예수 자신이 사람의 아들이기

때문에 즉 *사람이기 때문에 사람을 심판할 수 있다는 것이다.* 그는 하나님의 아들로서 사람을 심판할 수 있는 권세를 부여받았지만, 인간의 체험을 공유하는 한 인간이기 때문에 인간을 평가할 수 있고 심판할 수 있다는 것이다.

32절의 "증언하시는 이가 따로 있다"는 것은 세례 요한을 가리키는 것이 아니고, 하나님을 가리키는 것이다.

마지막에는 모세만 제대로 믿었어도 예수를 믿게 된다는 것을 역설한다. 모세의 모든 것이 결국 예수를 증언하는 것이기 때문이다(cf. 신 18:15). 마태가 말하는 바, 예수라는 사건은 율법과 선지자의 폐함이 아니라 성취라는 테마(마 5:17)를 설파하여 요한 당대의 잔존한 유대교적 배경을 완벽하게 기독교화시켜 버리고 있다. 구약성경 전체가 신약의 성취를 위한 보조적 차원으로 격하되고 있다. 예수는 말한다: "구약성경이야말로 곧 나에게 대하여 증언하는 것이로다"(39). 유대인이 듣기에는 좀 거북한 말이다.

"마리아는 이 좋은 편을 택하였으니 빼앗기지 아니하리라." (눅 10:42)
마르다와 마리아

렘브란트 1645, 뮌헨 국립판화 소묘수집, 267×178㎜

Chapter 6

제6장

RSV

1 After this Jesus went to the other side of the Sea
of Galilee, which is the Sea of Tibe′ri-as.
2 And a multitude followed him, because they saw
the signs which he did on those who were diseased.
3 Jesus went up on the mountain, and there sat
down with his disciples.
4 Now the Passover, the feast of the Jews, was at
hand.
5 Lifting up his eyes, then, and seeing that a
multitude was coming to him, Jesus said to
Philip, "How are we to buy bread, so that these
people may eat?"
6 This he said to test him, for he himself knew
what he would do.
7 Philip answered him, "Two hundred denarii
would not buy enough bread for each of them to

get a little."
8 One of his disciples, Andrew, Simon Peter's
brother, said to him,
9 "There is a lad here who has five barley loaves
and two fish; but what are they among so
many?"
10 Jesus said, "Make the people sit down." Now
there was much grass in the place; so the men sat
down, in number about five thousand.
11 Jesus then took the loaves, and when he had given
thanks, he distributed them to those who were
seated; so also the fish, as much as they wanted.
12 And when they had eaten their fill, he told his
disciples, "Gather up the fragments left over, that
nothing may be lost."
13 So they gathered them up and filled twelve
baskets with fragments from the five barley
loaves, left by those who had eaten.
14 When the people saw the sign which he had
done, they said, "This is indeed the prophet who
is to come into the world!"
15 Perceiving then that they were about to come and
take him by force to make him king, Jesus
withdrew again to the mountain by himself.

신개역

1 그 후에, 예수께서 갈릴리바다 곧 디베랴바다 건너편
으로 가시매,
2 큰 무리가 따르니, 이는 병인(病人)들에게 행하시는
표적을 봄이러라.
3 예수께서 동산에 오르사, 제자들과 함께 거기 앉으시
니,
4 마침 유대인의 명절인 유월절이 가까운지라.
5 예수께서 눈을 들어 큰 무리가 자기에게로 오는 것을
보시고, 빌립에게 이르시되, "우리가 어디서 떡을 사
서 이 사람들로 먹게 하겠느냐?" 하시니,
6 이렇게 말씀하심은 빌립을 시험코자 하신 것이요, 예
수께서는 자기가 할 일을 스스로 잘 알고 계셨느니
라.
7 빌립이 대답하되, "각 사람으로 조금씩 먹게 할지라
도, 이백 데나리온 어치의 떡을 가지고도 오히려 부
족하리이다."
8 제자 중 하나, 곧 시몬 베드로의 형제, 안드레가 예
수께 여짜오되,
9 "여기 한 아이가 있어 보리떡 다섯 개와 물고기 두
마리를 가졌나이다. 그러나 그것이 이 많은 사람에게
얼마나 되겠삽니까?"
10 예수께서 가라사대, "이 사람들을 앉게 하라." 하신
대, 그 곳에 잔디가 많은지라. 사람들이 앉으니, 수

효가 오천쯤 되더라.

11 **예수께서 떡을 들고 감사하신 후에, 앉은 자들에게 나눠 주시고, 고기도 그렇게 저희 원대로 주시다.**

12 **저희가 배부른 후에, 예수께서 제자들에게 이르시되, "남은 조각을 거두고 버리는 것이 없게 하라." 하시므로,**

13 **이에 거두니, 보리떡 다섯 개로 먹고 남은 조각이 열두 바구니에 찼더라.**

14 **그 사람들이 예수의 행하신 이 표적을 보고 말하되, "이는 참으로 세상에 오실 그 선지자라!" 하더라.**

15 **그러므로 예수께서 저희가 와서 자기를 억지로 잡아 임금 삼으려는 줄을 아시고, 다시 혼자 산으로 떠나 가시니라.**

강해 요한복음에 나오는 7개의 이적설화 중에서 공관복음서 전부에 나오는 유일한 설화가 이 오천 명을 먹이심(Feeding the Five Thousand)의 설화이다. 예수의 생애와 관련되어 이미 너무도 유명한 설화가 되어있었다는 것을 방증한다. 여태까지는 요한의 이 설화가 공관복음서 자료와 무관하게 기록된 독자적 전승이라고 생각해왔으나, 최근의 연구동향은 요한이 최소한 마가의 두 기적설화(막 6:35~44, 8:1~9)를 알고 있었으며, 그 자료를 토대로 해서 자기 나름대로의 독특한 편집과 칼라를 드러내었다고 보고 있다. 이적은 이적으로서 해석해야 한다. 그것을 사실로서 인과적 고리를 맺으려는 하등의 노력도 그 이적설화가 가지고 있는 의미를 감소시킬 뿐이다.

이 요한의 설화도 결코, 이적이라고만 우리가 볼 수는 없다. 오천 명이 모인 상황이 있었고, 배고픈 상황이 있었고, 사소한 이어오병(二魚五餠)이라도 있는 것을 모두 다같이 동등하게 나누어 먹었다는 사건이 있을 뿐이다. 요한은 이것을 이적으로서 신기하게 기술하고 있는 것이 아니다. 아마도 초대교회 성찬예식(Eucharist)의 가장 원초적 형태의 현장을 그렸을 것이다. 그것은 야단법석(野壇法席)이었고, 야단공동식사(野壇共同食事, Open Commensality)였다. 빵과 포도주가 아닌, 떡과 물고기의 식사였다. 거기에는 남녀노소 일체의 계급의 구분이 없었고(egalitarian commensality), 모든 사람들이 동등하게 나누어 갖는(equal sharing) 생명의 장만 있었을 뿐이다. 예수는 이어오병을 "들고"(took), "감사하고"(blessed), "나누어"(broke), "주었다"(gave). 예수는 당대 가장 비천한 여인이 해야할 일을 손수 직접 행한 것이다. 여기 "나누어" "주었다"라는 표현 사이에 이어오병이 불어나는 이적에 관한 설명이 전혀 없다. 그냥 "나누어" "주었을 뿐이다."

예수의 혁명은 이와 같이 같이 나누어 먹는 혁명이다. 그리고 우리가 이 설화에서 가장 빼먹기 쉬운 대목이 제10절의 "이 사람들을 앉게하라!"(Let the people sit down!)이다. 그것은 간과될 수 없는 중요한 메시지다. 다시 말해서, 예수의 혁명은 서서 하는 혁명이 아니다.

서서 하는 혁명은 총칼을 들고 싸우는 혁명이다. 예수는 모두에게 이른다. 앉아라! 앉아서 생각해보자! 앉아서 같이 먹자! 모두 서서 튀쳐나갈 생각만 하지 말고, 제발 앉아라! 앉아서 같이 생각하고 같이 나누고 같이 먹고 같이 사랑하자! 일상적으로 같이 먹으면서 혁명하자는 것이 예수의 주장이다. 그 속에는 열성당원도 있었고 온갖 망상에 젖어있는 벼라별 사회운동가들이 많았을 것이다. 예수는 그들에게 "앉으라!" 고 명한다. 그리고 "나누어 먹자!" "살자!" 고 말한다.

그런데도, 이 우중(愚衆)은 예수를 이해하지 못했다. 그리고 그야말로 정치적 혁명을 리드할 수 있는 새로 출현한 다윗왕이라고 생각했다. 배불리 먹은 사람들, 그들은 또 다시 정치혁명만을 생각했다. 세상을 뒤엎을 생각만 했다. 하나님을 만나고 하나님의 말씀을 듣고 근원적으로 새로워지는 영적체험을 생각하지 못했다. 배가 부른 오천 명은 예수를 왕으로 떠밀려고 했다. 예수는 다시 혼자 산으로 도망가야 했다(15). 참으로 비극적인 인간세의 광경을 본다!

RSV

16 When evening came, his disciples went down to the sea,
17 got into a boat, and started across the sea to Caper′na-um. It was now dark, and Jesus had not yet come to them.

18 The sea rose because a strong wind was blowing.
19 When they had rowed about three or four miles,
they saw Jesus walking on the sea and drawing
near to the boat. They were frightened,
20 but he said to them, "It is I; do not be afraid."
21 Then they were glad to take him into the boat,
and immediately the boat was at the land to
which they were going.
22 On the next day the people who remained on the
other side of the sea saw that there had been only
one boat there, and that Jesus had not entered the
boat with his disciples, but that his disciples had
gone away alone.
23 However, boats from Tibe'ri-as came near the
place where they ate the bread after the Lord had
given thanks.
24 So when the people saw that Jesus was not there,
nor his disciples, they themselves got into the
boats and went to Caper'na-um, seeking Jesus.
25 When they found him on the other side of the
sea, they said to him, "Rabbi, when did you
come here?"
26 Jesus answered them, "Truly, truly, I say to you,
you seek me, not because you saw signs, but

because you ate your fill of the loaves.
27 Do not labor for the food which perishes, but for
the food which endures to eternal life, which the
Son of man will give to you; for on him has God
the Father set his seal."
28 Then they said to him, "What must we do, to be
doing the works of God?"
29 Jesus answered them, "This is the work of God,
that you believe in him whom he has sent."
30 So they said to him, "Then what sign do you do,
that we may see, and believe you? What work do
you perform?
31 Our fathers ate the manna in the wilderness; as it
is written, 'He gave them bread from heaven to
eat.' "
32 Jesus then said to them, "Truly, truly, I say to
you, it was not Moses who gave you the bread
from heaven; my Father gives you the true bread
from heaven.
33 For the bread of God is that which comes down
from heaven, and gives life to the world."
34 They said to him, "Lord, give us this bread
always."
35 Jesus said to them, "I am the bread of life; he

who comes to me shall not hunger, and he who
believes in me shall never thirst.
36 But I said to you that you have seen me and yet
do not believe.
37 All that the Father gives me will come to me;
and him who comes to me I will not cast out.
38 For I have come down from heaven, not to do
my own will, but the will of him who sent me;
39 and this is the will of him who sent me, that I
should lose nothing of all that he has given me,
but raise it up at the last day.
40 For this is the will of my Father, that every one
who sees the Son and believes in him should
have eternal life; and I will raise him up at the
last day."
41 The Jews then murmured at him, because he
said, "I am the bread which came down from
heaven."
42 They said, "Is not this Jesus, the son of Joseph,
whose father and mother we know? How does he
now say, 'I have come down from heaven' ?"
43 Jesus answered them, "Do not murmur among
yourselves.
44 No one can come to me unless the Father who

sent me draws him; and I will raise him up at the
last day.
45 It is written in the prophets, 'And they shall all
be taught by God.' Every one who has heard and
learned from the Father comes to me.
46 Not that any one has seen the Father except him
who is from God; he has seen the Father.
47 Truly, truly, I say to you, he who believes has
eternal life.
48 I am the bread of life.
49 Your fathers ate the manna in the wilderness, and
they died.
50 This is the bread which comes down from
heaven, that a man may eat of it and not die.
51 I am the living bread which came down from
heaven; if any one eats of this bread, he will live
for ever; and the bread which I shall give for the
life of the world is my flesh."
52 The Jews then disputed among themselves,
saying, "How can this man give us his flesh to
eat?"
53 So Jesus said to them, "Truly, truly, I say to you,
unless you eat the flesh of the Son of man and
drink his blood, you have no life in you;

54 he who eats my flesh and drinks my blood has
eternal life, and I will raise him up at the last day.
55 For my flesh is food indeed, and my blood is
drink indeed.
56 He who eats my flesh and drinks my blood
abides in me, and I in him.
57 As the living Father sent me, and I live because
of the Father, so he who eats me will live
because of me.
58 This is the bread which came down from heaven,
not such as the fathers ate and died; he who eats
this bread will live for ever."
59 This he said in the synagogue, as he taught at
Caper′na-um.
60 Many of his disciples, when they heard it, said,
"This is a hard saying; who can listen to it?"
61 But Jesus, knowing in himself that his disciples
murmured at it, said to them, "Do you take
offense at this?
62 Then what if you were to see the Son of man
ascending where he was before?
63 It is the spirit that gives life, the flesh is of no
avail; the words that I have spoken to you are
spirit and life.

64 But there are some of you that do not believe."
For Jesus knew from the first who those were
that did not believe, and who it was that should
betray him.
65 And he said, "This is why I told you that no one
can come to me unless it is granted him by the
Father."
66 After this many of his disciples drew back and
no longer went about with him.
67 Jesus said to the twelve, "Do you also wish to go
away?"
68 Simon Peter answered him, "Lord, to whom
shall we go? You have the words of eternal life;
69 and we have believed, and have come to know,
that you are the Holy One of God."
70 Jesus answered them, "Did I not choose you, the
twelve, and one of you is a devil?"
71 He spoke of Judas the son of Simon Iscariot, for
he, one of the twelve, was to betray him.

신개역

16 날이 저물매, 제자들이 바다에 내려가서
17 배를 타고 바다를 건너 가버나움으로 가는데, 이미

어두웠고, 예수는 아직 오시지 아니하셨더라.
18 큰 바람이 불어 파도가 일어 나더라.
19 제자들이 노를 저어 십여리쯤 가다가 예수께서 바다
위로 걸어, 배에 가까이 오심을 보고 두려워하거늘,
20 가라사대, "내니, 두려워 말라." 하신대,
21 이에 기뻐서 배로 영접하니, 배는 곧 저희가 가려던
땅에 이르렀더라.
22 이튿날, 바다 건너편에 남아있는 무리는 거기에 배
한 척밖에는 없었는데, 예수께서 제자들과 함께 그
배에 오르지 아니하시고 제자들만 타고가는 것을 보
았더라.
23 (그러나 디베랴에서 배들이, 주께서 감사하시고 여럿
이 떡 먹던 그곳으로 가까이 왔더라.)
24 무리가 거기 예수도 없으시고, 제자들도 없음을 보고,
곧 배들을 타고 예수를 찾으러 가버나움으로 갔더라.
25 그들이 바다 건너편에서 예수를 만나, "랍비여! 어느
때에 여기 오셨나이까?" 하니,
26 예수께서 대답하여 가라사대, "진실로 진실로 내가
너희에게 이르노니, 너희가 나를 찾는 것은 표적을
본 까닭이 아니요, 떡을 먹고 배부른 까닭이로다.
27 썩는 양식을 위하여 일하지 말고, 영생토록 있는 양
식을 위하여 일하라. 이 양식은 인자(人子)가 너희에
게 주리니, 인자는 아버지 하나님께서 확증하신 자이
니라."

28 저희가 묻되, "우리가 어떻게 하여야 하나님의 일을
하오리까?"
29 예수께서 대답하여 가라사대, "하나님께서 보내신
자를 믿는 것이 곧 하나님의 일을 하는 것이다." 하
시니,
30 저희가 예수께 묻되, "그러면 우리가 보고 당신을 믿
도록 행하시는 표적이 무엇이니이까? 도대체 당신이
하시는 일이 무엇이니이까?
31 기록된 바 '하늘에서 저희에게 떡을 주어 먹게 하셨
다.' 함과 같이, 우리 조상들은 광야에서 만나를 먹
었나이다."
32 예수께서 이르시되, "내가 진실로 진실로 너희에게
이르노니, 하늘에서 내린 떡은 모세가 준 것이 아니
니라. 오직 내 아버지께서 하늘로부터 참 떡을 너희
에게 주시나니,
33 하나님의 떡은 하늘에서 내려와, 세상에게 생명을 주
는 것이니라."
34 저희가 가로되, "주여! 이 떡을 항상 우리에게 주소
서."
35 예수께서 가라사대, "내가 곧 생명의 떡이니, 내게
오는 자는 결코 주리지 아니할 터이요, 나를 믿는 자
는 영원히 목마르지 아니하리라.
36 그러나 내가 너희더러 이르기를 너희는 나를 직접 보
고도 믿지 아니하는도다 하였느니라.

37 아버지께서 내게 주시는 자는 다 내게로 올 것이요,
내게 오는 자는 내가 결코 내어쫓지 아니하리라.
38 내가 하늘로부터 내려온 것은 내 뜻을 행하려 함이
아니요,
39 나를 보내신 이의 뜻을 행하려 함이니라. 나를 보내
신 이의 뜻은 내게 주신 자들을 내가 하나도 잃어버
리지 아니하고 마지막 날에는 다시 살리는 이것이라.
40 내 아버지의 뜻은 아들을 보고 믿는 자마다 영생을
얻는 이것이니, 마지막 날에 내가 이를 다시 살리리
라." 하시니라.
41 자기가 하늘에서 내려온 떡이라 하시므로, 유대인들
이 예수께 대하여 수군거려
42 가로되, "이는 요셉의 아들 예수가 아니냐? 그 아버
지 어머니를 우리가 잘 아는데, 제가 어찌하여 '방금
하늘에서 내려왔다' 말하느뇨?"
43 예수께서 대답하여 가라사대, "너희는 서로 수군거
리지 말라.
44 나를 보내신 아버지께서 이끌지 아니하면, 아무라도
내게 올 수 없나니, 오는 그를 내가 마지막 날에 다
시 살리리라.
45 선지자의 글에, '저희가 다 하나님의 가르치심을 받
으리라.' 기록되었은즉, 아버지께 듣고 배운 사람마
다 내게로 오느니라.
46 하나님에게서 온 사람 이외에는 아무도 아버지를 본

사람이 없느니라. 그 사람만이 아버지를 보았느니라.
47 진실로 진실로 내가 너희에게 이르노니, 믿는 자는
영생을 가졌도다.
48 내가 곧 생명의 떡이로라.
49 너희 조상들은 광야에서 만나를 먹었어도 죽었지만,
50 이는 하늘에서 내려오는 떡이니, 사람으로 하여금 먹
고 죽지 아니하게 하는 것이니라.
51 나는 하늘에서 내려온 산 떡이니, 사람이 이 떡을 먹
으면 영생하리라. 내가 이 세상의 생명을 위하여 줄
떡은 곧 내 살이로다." 하시니라.
52 이러므로 유대인들이 서로 다투어 가로되, "이 사람
이 어찌 능히 제 살을 우리에게 주어 먹게 하겠느
냐?"
53 예수께서 이르시되, "내가 진실로 진실로 너희에게
이르노니, 인자의 살을 먹지 아니하고 인자의 피를
마시지 아니하면, 너희 속에 생명이 없느니라.
54 내 살을 먹고 내 피를 마시는 자는 영생을 얻는다.
그리고 내가 마지막 날에는 그를 다시 살리리라.
55 내 살은 참된 양식이요, 내 피는 참된 음료로다.
56 내 살을 먹고 내 피를 마시는 자는 내 안에 거(居)하
고, 나도 그 안에 거하나니,
57 살아계신 아버지께서 나를 보내시매, 내가 아버지로
인하여 사는 것 같이, 나를 먹는 그 사람도 나로 인
하여 살리라.

58 이것은 하늘에서 내려온 떡이니, 조상들이 먹고도 죽
은 그러한 양식과 같지 아니하며, 이 떡을 먹는 자는
영원히 살리라."
59 이것은 예수께서 가버나움에서 가르치실 때에, 회당
에서 하신 말씀이었다.
60 제자 중 여럿이 듣고 말하되, "이 말씀은 어렵도다.
누가 알아들을 수 있느냐?" 한대,
61 예수께서 스스로 제자들이 이 말씀에 대하여 수군거
리는 줄 아시고 가라사대, "이 말이 너희에게 걸림이
되느냐?
62 그러면 인자가 인자의 이전 있었던 곳으로 올라가는
것을 너희가 보게된다면 어찌 하려느냐?
63 생명을 주는 것은 영(靈)이니, 육(肉)은 무익하니라.
내가 너희에게 이른 말이 영이요 생명이니라.
64 그러나 너희 중에 믿지 아니하는 자들이 있느니라."
하시니, 이는 예수께서 믿지 아니하는 자들이 누구
며, 자기를 팔 자가 누군지 처음부터 아심이러라.
65 또 가라사대, "이러하므로 전에 너희에게 말하기를,
내 아버지께서 오게 하여 주지 아니하시면 누구든지
내게 올 수 없다 하였노라." 하시니라.
66 이러므로 제자 중에 많이 물러가고 다시 그와 함께
다니지 아니하더라.
67 예수께서 열두 제자에게 이르시되, "너희도 가려느
냐?"

68 **시몬 베드로가 대답하되, "주여! 영생(永生)의 말씀이**
계시매 우리가 뉘게로 가오리이까?
69 **주(主)는 하나님의 거룩하신 분이신 줄 우리가 믿고**
알았삽나이다."
70 **예수께서 대답하시되, "내가 너희 열둘을 택하지 아**
니하였느냐? 그러나 너희 중에 한 사람은 마귀니
라." 하시니,
71 **이 말씀은 가룟 시몬의 아들 유다를 가리키심이라.**
저는 열둘 중의 하나로 예수를 팔 자더라.

강해 너무도 감동적인 대목이다. 이 단에서 그냥 본문만을 읽고도 감동을 받지 않는 자들은 일차적으로 감성에 문제가 있다고 생각해도 좋다. 요한은 예수의 공생애, 그 사역 전체를 하나의 성만찬으로 제시하고 있다. 그래서 "최후의 만찬"이니 하는 그런 극적인 제식도 따로 마련하지 않는다. 단지 죽기 전날에는 제자들의 발을 씻어줌으로써 인자(人子)로서의 극도의 겸손을 나타냈을 뿐이다. 타 복음서에는 예수께서 제자들의 발을 씻어주시는 장면이 없다. 가룟 유다의 문제도 공관서에는 뒤에 나올 수 밖에 없는 것인데 여기서 미리 질러버린다. 예수생애의 사건들을 시대순으로 문제들을 배열하지 않고 마구 착오하듯이 배열함으로써 오히려 예수의 삶의 의미에 관하여 우리의 결단과 고백을 요청하고, 신앙의 삶을 분명하게 제시할 것을 요구하고 있다. 예수의 사역의 평범한 과정의 매순간에 이미 그의 죽음과 부활이라는 대단원의 드라마가 극적으로, 말씀으로, 표출되고 있는 것이다.

요한의 종말론은 철저히 현재적이다. 그러나 "마지막 날에 내가 이를 다시 살리리라"라는 말이 자주 등장하여 독자들에게 혼동감을 준다. 그것은 마치 후렴처럼 주기적으로 반복하여 나타난다(39, 40, 44, 54). 이것은 요한이 자신의 특유한 영생의 현재적 종말관을 견지하면서도 유대전통적인 종말관의 여음을 남기는 일종의 문학적 풍요로움이다. 그러나 예수는 생명의 떡 그 자체이다. 따라서 그를 믿는 자는 이미 영생, 즉 영원한 삶을 얻었기 때문에, 마지막 날(최후의 심판)의 사건은 지금, 여기 이 영생의 재확인에 불과한 것이 되고마는 것이다.

예수의 살을 먹고 예수의 피를 먹지 아니하는 자는 기독교인이라 말할 수 없는 것이다. 이 말은 매우 혼동스럽다. 어떻게 예수도 인자(人子)인데, 사람의 자식인데 그의 살을 먹고 피를 마신단 말인가? 그러나 우리는 알아야 한다. 그는 로고스다. 그는 하나님의 말씀이다. 그 말씀이 육화된 것이다. 즉 그의 살과 피를 먹는다는 것은 그의 말씀의 살을 먹고, 그의 말씀의 피를 마신다는 뜻이다. 이 말은 곧 무엇을 뜻하는가? 하나님의 진리의 말씀을 내가 먹고 마심으로써 그것이 나의 살과 피가 된다는 것이다. 따라서 기독교인들은 알아야 한다! 예수의 살을 먹고 피를 마신다는 것이 얼마나 어려운 것인지를! 그의 말씀을 나의 살과 피로서 먹고 마신다는 뜻이다. 그의 살과 피를 먹음으로써 오천 명처럼 포만감에 젖는 것이 아니라, 예수의 고난과 수난과 죽음과 부활에 동참한다는 것을 의미하는 것이다. 진리를 살로 먹고 피로 마신다. 예수의 말씀이 나의 살과 피가 될 때, 당연히 예수는 내 속에 거(居)한다. 그것은 예수 인자(人子)가 거하는 것이 아니요, 로고스가 거하는 것이요, 진리가 거하는 것이요, 생명이 솟아나는 것이요, 하나님의 말씀이 내 양심을 명령하는 것이다.

66절은 당대에 열두제자 외로도 수많은 제자들이 있었던 실제 역사적 정황을 잘 나타내주고 있다. 요한복음은 훨씬 더 구체적 역사적 지평에 관한 정보가 많다. 열두 제자는 예수를 선택한 것이 아니다. 예수가 열두 제자를 선택한 것이다. 신앙은 인간의 성취가 아니라 하나님의 선물이다. 예수는 열두 제자의 신앙을 가롯 유다의 배신을 통해 재삼 확인하고 있다.

오직 성령만이 생명을 준다. 이것은 영·육의 철학적 이원론이 아니라, 매우 현실적인 우리 일상적 삶의 결단에 관련된 강력한 메시지이다. 육신의 편안함이나, 일신의 욕망에 사로잡혀 있는 사람은 생명을 얻을 수 없다. 육체를 건강하게 한다면서 매일 스포츠센타에 나가는 사람들이 오히려 육체의 생명을 죽이고 있을 수도 있다. 한 여인과, 한 남정네와의 색욕에 사로잡혀 사랑의 화염을 태우고 있는 자에게 과연 생명의 불길이 타오를 것인가? 오직 성령만이 생명을 준다.

그것은 우리 실존의 결단이다! 하나님의 말씀을 향해, 진리의 대의를 향해, 살지 않는 자가 어찌 생명을 얻을 수 있단 말인가!

예수에게 생명을 갈구하는 병자들의 애틋한 모습(막 5:24~34) 렘브란트 1648, 베를린 국립미술관 동판화실, 184×143㎜

Chapter 7

제7장

RSV

1 After this Jesus went about in Galilee; he would
not go about in Judea, because the Jews sought
to kill him.
2 Now the Jews' feast of Tabernacles was at hand.
3 So his brothers said to him, "Leave here and go
to Judea, that your disciples may see the works
you are doing.
4 For no man works in secret if he seeks to be
known openly. If you do these things, show
yourself to the world."
5 For even his brothers did not believe in him.
6 Jesus said to them, "My time has not yet come,
but your time is always here.
7 The world cannot hate you, but it hates me
because I testify of it that its works are evil.
8 Go to the feast yourselves; I am not going up to

this feast, for my time has not yet fully come."
9 So saying, he remained in Galilee.
10 But after his brothers had gone up to the feast, then he also went up, not publicly but in private.
11 The Jews were looking for him at the feast, and saying, "Where is he?"
12 And there was much muttering about him among the people. While some said, "He is a good man," others said, "No, he is leading the people astray."
13 Yet for fear of the Jews no one spoke openly of him.
14 About the middle of the feast Jesus went up into the temple and taught.
15 The Jews marveled at it, saying, "How is it that this man has learning, when he has never studied?"
16 So Jesus answered them, "My teaching is not mine, but his who sent me;
17 if any man's will is to do his will, he shall know whether the teaching is from God or whether I am speaking on my own authority.
18 He who speaks on his own authority seeks his own glory; but he who seeks the glory of him

who sent him is true, and in him there is no
falsehood.
19 Did not Moses give you the law? Yet none of
you keeps the law. Why do you seek to kill me?"
20 The people answered, "You have a demon! Who
is seeking to kill you?"
21 Jesus answered them, "I did one deed, and you
all marvel at it.
22 Moses gave you circumcision (not that it is from
Moses, but from the fathers), and you circumcise
a man upon the sabbath.
23 If on the sabbath a man receives circumcision, so
that the law of Moses may not be broken, are
you angry with me because on the sabbath I
made a man's whole body well?
24 Do not judge by appearances, but judge with
right judgment."
25 Some of the people of Jerusalem therefore said,
"Is not this the man whom they seek to kill?
26 And here he is, speaking openly, and they say
nothing to him! Can it be that the authorities
really know that this is the Christ?
27 Yet we know where this man comes from; and
when the Christ appears, no one will know

where he comes from."
28 So Jesus proclaimed, as he taught in the temple,
"You know me, and you know where I come
from? But I have not come of my own accord; he
who sent me is true, and him you do not know.
29 I know him, for I come from him, and he sent
me."
30 So they sought to arrest him; but no one laid
hands on him, because his hour had not yet
come.
31 Yet many of the people believed in him; they
said, "When the Christ appears, will he do more
signs than this man has done?"
32 The Pharisees heard the crowd thus muttering
about him, and the chief priests and Pharisees
sent officers to arrest him.
33 Jesus then said, "I shall be with you a little
longer, and then I go to him who sent me;
34 you will seek me and you will not find me;
where I am you cannot come."
35 The Jews said to one another, "Where does this
man intend to go that we shall not find him?
Does he intend to go to the Dispersion among
the Greeks and teach the Greeks?

36 What does he mean by saying, 'You will seek
me and you will not find me,' and, 'Where I am
you cannot come' ?"
37 On the last day of the feast, the great day, Jesus
stood up and proclaimed, "If any one thirst, let
him come to me and drink.
38 He who believes in me, as the scripture has said,
'Out of his heart shall flow rivers of living
water.' "
39 Now this he said about the Spirit, which those
who believed in him were to receive; for as yet
the Spirit had not been given, because Jesus was
not yet glorified.
40 When they heard these words, some of the
people said, "This is really the prophet."
41 Others said, "This is the Christ." But some said,
"Is the Christ to come from Galilee?
42 Has not the scripture said that the Christ is
descended from David, and comes from
Bethlehem, the village where David was?"
43 So there was a division among the people over
him.
44 Some of them wanted to arrest him, but no one
laid hands on him.

45 The officers then went back to the chief priests
and Pharisees, who said to them, "Why did you
not bring him?"
46 The officers answered, "No man ever spoke like
this man!"
47 The Pharisees answered them, "Are you led
astray, you also?
48 Have any of the authorities or of the Pharisees
believed in him?
49 But this crowd, who do not know the law, are
accursed."
50 Nicode′mus, who had gone to him before, and
who was one of them, said to them,
51 "Does our law judge a man without first giving
him a hearing and learning what he does?"
52 They replied, "Are you from Galilee too? Search
and you will see that no prophet is to rise from
Galilee."
53 *They went each to his own house,*

신개역

1 이 후에, 예수께서 갈릴리에서 다니시고, 유대지방에
서 다니려 아니하심은 유대인들이 죽이려 함이러라.
2 유대인의 명절인 초막절(草幕節)이 가까운지라.

3 예수의 형제들이 예수께 이르되, "네가 행하는 일들
을 너의 제자들도 볼 수 있도록, 여기를 떠나 유대로
가라.
4 스스로 나타나기를 구하면서 묻혀서 몰래 일하는 사
람이 없나니, 이런 일을 행하려 하거든 자신을 세상
에 드러내라." 하니,
5 이는 그 형제들이라도 예수를 믿지 아니함이러라.
6 예수께서 가라사대, "내 때는 아직 이르지 아니하였
거니와, 너희 때는 늘 준비되어 있느니라.
7 세상이 너희를 미워하지 못하되 나를 미워하나니, 이
는 내가 세상의 행사(行事)를 악하다 증거함이라.
8 너희는 명절에 올라가라. 나는 내 때가 아직 차지 못
하였으니, 이 명절에 올라가지 아니하노라."
9 이 말씀을 하시고, 갈릴리에 머물러 계시니라.
10 그러나 예수의 형제들이 명절에 올라간 후, 당신도
올라가시되 나타내지 않고 비밀히 하시니라.
11 명절중에 유대인들이 예수를 찾으면서 말하기를,
"그가 어디 있느냐?" 하고,
12 예수께 대하여 무리 중에서 수군거림이 많더라. 어떤
자들은 말하기를, "예수는 좋은 사람이다." 하고, 또
어떤 자들은 말하기를, "아니다! 예수는 무리를 현혹
케 하고 있노라." 하더라.
13 그러나 유대인들을 두려워하므로 아무도 예수에 대
하여 드러나게 말하지는 않더라.

14 이미 명절의 중간이 되어, 예수께서 성전에 올라가
가르치시니,
15 유대인들이 기이히 여겨 가로되, "이 사람은 배우지
도 아니하였거늘, 어떻게 글을 알고 지식이 풍요로우
뇨?" 하니,
16 예수께서 대답하여 가라사대, "내 가르침은 내 것이
아니요, 나를 보내신 이의 것이니라.
17 사람이 하나님의 뜻을 행하려고만 한다면, 내 가르침
이 하나님께로서 왔는지, 내가 스스로 마음대로 말하
는 것인지 분별할 수 있으리라.
18 스스로 마음대로 말하는 자는 자기 영광만을 구하나,
보내신 이의 영광을 구하는 자는 참되도다. 그 속에
는 불의가 없느니라.
19 모세가 너희에게 율법을 주지 아니하였느냐? 그럼에
도 너희 중에 율법조차 지키는 자가 없도다. 너희가
어찌하여 나를 죽이려 하느냐?"
20 무리가 대답하되, "그대는 귀신이 씌었도다! 누가 그
대를 죽이려 한단 말인가?"
21 예수께서 대답하여 가라사대, "내가 한가지 일을 행하
매, 너희가 다 이를 인하여 나를 괴이히 여기는도다.
22 모세가 너희에게 할례를 주었으니 (그러나 할례는 사
실 모세에게서 난 것이 아니요, 그 이전의 조상들에
게서 난 것이라), 그러므로 너희가 안식일에도 사람
에게 할례를 베푸느니라.

23 모세의 율법을 깨지 아니하려고, 사람이 안식일에도
할례를 받는 일이 있거늘, 어찌하여 내가 안식일에
사람의 전신(全身)을 건전(健全)케 한 것으로 너희가
나를 노여워하느냐?
24 외모로 판단치 말고, 공의(公義)의 판단(判斷)으로 판
단하라." 하시니라.
25 예루살렘 사람 중에서 몇몇이 말하되, "이는 저희가
죽이고자 하는 그 사람이 아닌가?
26 보라! 그는 드러나게 말하되, 저희가 아무말도 그에
게 아니하는도다! 당국자들은 이 사람이 참으로 그리
스도인 줄 알고 있는 것이 아닐까?
27 그러나 우리는 이 사람이 어디서 왔는지 아노라. 그
리스도께서 오실 때에는 아무도 그가 어디서 오시는
지 아는 자가 없으리라." 하는지라.
28 예수께서 성전에서 가르치시며 외쳐 가라사대, "너
희가 나를 알고 있다. 너희는 내가 어디서 왔는지도
알고 있도다! 그러나 나는 스스로 마음대로 온 것이
아니로라. 나를 보내신 이는 참이시니, 너희는 그를
알지 못하나,
29 나는 아노니, 이는 내가 그에게서 났고, 그가 나를
보내셨음이라." 하신대,
30 저희가 예수를 잡고자 하나, 손을 대는 자가 없으니,
이는 그의 때가 아직 이르지 아니하였음이러라.
31 무리 중에 많은 사람이 예수를 믿고 말하되, "그리스

도께서 오실지라도, 그 행하실 표적이 이 사람이 행
한 것보다 많을 수 있으리오?" 하니라.
32 예수께 대하여 무리의 수군거리는 것이 바리새인들
에게 들린지라, 대제사장들과 바리새인들이 그를 잡
으려고 하속(下屬)들을 보내니,
33 예수께서 이르시되, "내가 너희와 함께 조금 더 있다
가 나를 보내신 이에게로 돌아 가겠노라.
34 너희가 나를 찾아도, 나를 만나지 못할 터이요, 나
있는 곳에 오지도 못하리라." 하신대,
35 이에 유대인들이 서로 묻되, "이 사람이 어디로 가기
에, 우리가 저를 만나지도 못한다고 하느뇨? 헬라인
중에 흩어져 사는 사람들에게로 가서 헬라인을 가르
치기라도 할 터인가?
36 '나를 찾아도, 나를 만나지 못할 터이요, 나 있는 곳
에 오지도 못하니라.' 한 이 말이 도대체 무슨 말이
냐?" 하니라.
37 명절의 마지막 날, 곧 큰 날에, 예수께서 서서 외쳐 가
라사대, "누구든지 목마르거든 내게로 와서 마시라.
38 나를 믿는 자는 성경(聖經)에 이름과 같이, '그의 가
슴에서 생수(生水)의 강이 흘러나리라.'" 하시니,
39 이는 그를 믿는 자가 받을 성령(聖靈)을 가리켜 말씀
하신 것이라. (예수께서 아직 영광을 받지 못하신 고
로, 성령이 아직 저희에게 임하지 아니하더라.)
40 이 말씀을 들은 무리 중에서 혹은, "이가 참으로 그

선지자라." 하며,
41 혹은, "이가 그리스도라." 하며, 어떤 이들은, "그리
스도가 어찌 갈릴리에서 나오겠느냐?
42 성경에 이르기를, 그리스도는 다윗의 씨로 또 다윗이
살던 촌(村), 베들레헴에서 나오리라 하지 아니하였
느냐?" 하며,
43 예수를 인하여 무리 중에서 쟁론이 되니,
44 그 중에는 그를 잡고자 하는 자들도 있었으나, 손을
대는 자가 없었더라.
45 하속들이 대제사장들과 바리새인들에게로 오니, 저
희가 묻되, "어찌하여 잡아오지 아니하였느냐?"
46 하속들이 대답하되, "그 사람이 말하는 것처럼 말한
사람이 이때까지 없었나이다." 하니,
47 바리새인들이 대답하되, "너희들까지도 미혹되었단
말이냐?
48 당국자들이나 바리새인 중에 그를 믿는 이가 있기라
도 하단 말이냐?
49 그러나 율법을 알지 못하는 이 무리는 저주스럽도
다."
50 그 중에 한 사람, 곧 전에 예수께 왔던 니고데모가
저희에게 말하되,
51 "사람에게 먼저 말의 기회를 주고 그 행한 것을 충분
히 알아보기도 전에 판결내리는 것이 우리의 율법이
뇨?"

52 **저희가 대답하여 가로되, "너도 갈릴리에서 왔느냐?**
상고하여 보라. 갈릴리에서는 선지자가 나지 못한다
는 것을 알리라!" 하였더라.
53 [*다 각각 집으로 돌아가고,*

강해 성서의 아름다움은 성서라는 텍스트 그 자체가 우리에게 말한다는 데 있다. 그것은 하나님의 로고스인 동시에, 우리 가슴의 로고스이기 때문이다. 구구한 해설이 필요없다.

12절의 군중의 수군거림은 예수의 이미지가 아테네 청년을 현혹시켰다는 죄목으로 죽어야했던 소크라테스의 이미지와 겹쳐있다. 이 복음서가 쓰여질 당시의 헬라사람들에게는 그러한 이미지가 매우 직접적인 전달력이 있었다. 소크라테스나 세례 요한이나 예수나 모두 대의를 위하여 억울한 누명을 쓰고 사형에 처해진 사람들이다. 그러나 물론 요한은 예수의 메시지를 통하여 헬라사상을 초월하는 새로운 패러다임을 제시하고 있다.

22절의 내용도 역사적으로 매우 적확한 표현이다. 할례는 모세로부터 시작한 것이 아니다. 아브라함으로부터 시작된 것이다. 아브라함은 99세 때에 포경을 베어 할례를 받았다(창 17:24). 야훼는 아브라함에게 말씀하셨다:

너는 내 계약을 지켜야 한다. 너뿐 아니라, 네 후손 대대로 지켜

> 야 한다. 너희 남자들은 모두 할례를 받아라. 이것이 너와 네 후손과 나 사이에 세운 내 계약으로서 너희가 지켜야 할 일이다. 너희는 포경을 베어 할례를 베풀어야 한다. 이것이 나와 너희 사이에 세운 계약의 표다. 대대로 너희 모든 남자는 난지 팔일만에 할례를 받아야 한다 (창 17:9~12).

사내가 태어난지 반드시 팔일만(the eighth day)에 할례를 받아야 한다면, 반드시 안식일날 할례를 베풀어야만 하는 상황이 생기게 마련이다. 다시 말해서 율법을 지키기 위하여 율법을 어겨야 하는 상황이 반드시 발생한다. 모든 율법이란 본시 이런 것이다. 율법이 자체적으로 가지고 있는 이런 모순적 상황을 드러냄으로써 율법이 지닌 본래적 의미를 깨우치려는 예수의 말씀은 정말 적절하다. 할례도 본시 "우리의 몸을 온전하게 한다"는 의미가 있다. 그렇다면 예수가 안식일에 행하였다고 분노해하는 그 사건, 즉 "내가 행한 한가지 일" (21: 요한 복음 5장에 나오는 베데스다에서 38년 된 병자를 고친 사건)도 결국 "한 인간의 전신을 온전케 한 것"일 뿐이다. 할례의 의미나 아무 다름이 없다. 율법은 이와 같이 항상 상충되는 상황이 발생케 마련이다. 따라서 드러난 외모(appearances), 현상으로 파악해서는 아니된다. 공의(公義)의 판단으로 심판해야 하는 것이다. 율법에 필요한 것은 『주역』이 말하는 변통(變通)이다.

우리나라의 19세기 사상가 혜강(惠岡) 최한기(崔漢綺, 1803~1877)가 그토록 외쳤던 변통을 바로 예수가 말하고 있는 것이다. 체통(體通), 목통(目通), 이통(耳通), 비통(鼻通), 구통(口通), 생통(生通), 수통(手通), 족통(足通), 촉통(觸通), 주통(周通)과 함께 최후로 변통(變通)을 말하고 있는 것이다. 결국 조선의 유교도 그 율법이 변통을 모르는 바람에 멸망한 것이다. 그 때문에 조선민족은 땅을 잃고 주권을 잃고 방랑해야 하는 민족이 된 것이요, 아직도 분단된 다이애스포라에서 살고있는 것이다. 마찬가지로 유대민족도 율법의 변통을 몰랐기 때문에 예루살렘의 멸망에 이르게 된 것이다. 예수가 산 시대는 바로 예루살렘멸망의 직전의 상황이었다.

41~42절은 예수의 베들레헴 탄생이 공관복음서 작가 중 마태·누가에 의하여 꾸며진 스토리라는 것을 정확히 증언한다. 예수는 베들레헴에서 탄생치도 않았고 다윗의 혈통과 관련이 없다.

50~51절의 니고데모는 제3장 첫머리에 등장했던 인물이다. 그는 예수의 제자가 아니라, 아직도 바리새인 그룹 속의 유대인으로 나타난다. 그러나 예수를 위하여 훌륭한 변호를 한다. 그는 신명기(1:16) 등에 나와있는 율법의 공정성을 들먹이며 예수를 여론재판으로 때려잡으려 하는 태도가 율법에 어긋난다고 하는 그 "절차적 정의"를 상기시키고 있다. 니고데모라는 인물을 극중 캐릭터로서 사용하는 요한의 재치는 참으로 진실하고 놀랍다. 요한복음 전체가 하나의 완벽한 유기적 통일체라는 것을 우리는 항상 염두에 두어야 한다.

"너희 중에 죄없는 자가 먼저 돌로 저 여자를 치라."(요 8:7).

렘브란트 1658, 283×194㎜

Chapter 8

제8장

RSV

1 *But Jesus went to the Mount of Olives.*

2 *Early in the morning he came again to the temple; all the people came to him, and he sat down and taught them.*

3 *The scribes and the Pharisees brought a woman who had been caught in adultery, and placing her in the midst*

4 *they said to him, "Teacher, this woman has been caught in the act of adultery.*

5 *Now in the law Moses commanded us to stone such. What do you say about her?"*

6 *This they said to test him, that they might have some charge to bring against him. Jesus bent down and wrote with his finger on the ground.*

7 *And as they continued to ask him, he stood up and said to them, "Let him who is without sin*

among you be the first to throw a stone at her."
8 *And once more he bent down and wrote with his*
finger on the ground.
9 *But when they heard it, they went away, one by*
one, beginning with the eldest, and Jesus was left
alone with the woman standing before him.
10 *Jesus looked up and said to her, "Woman, where*
are they? Has no one condemned you?"
11 *She said, "No one, Lord." And Jesus said,*
"Neither do I condemn you; go, and do not sin
again."
12 Again Jesus spoke to them, saying, "I am the
light of the world; he who follows me will not
walk in darkness, but will have the light of life."
13 The Pharisees then said to him, "You are bearing
witness to yourself; your testimony is not true."
14 Jesus answered, "Even if I do bear witness to
myself, my testimony is true, for I know whence
I have come and whither I am going, but you do
not know whence I come or whither I am going.
15 You judge according to the flesh, I judge no one.
16 Yet even if I do judge, my judgment is true, for it
is not I alone that judge, but I and he who sent
me.

17 In your law it is written that the testimony of two
men is true;
18 I bear witness to myself, and the Father who sent
me bears witness to me."
19 They said to him therefore, "Where is your
Father?" Jesus answered, "You know neither me
nor my Father; if you knew me, you would know
my Father also."
20 These words he spoke in the treasury, as he
taught in the temple; but no one arrested him,
because his hour had not yet come.
21 Again he said to them, "I go away, and you will
seek me and die in your sin; where I am going,
you cannot come."
22 Then said the Jews, "Will he kill himself, since
he says, 'Where I am going, you cannot come' ?"
23 He said to them, "You are from below, I am from
above; you are of this world, I am not of this world.
24 I told you that you would die in your sins, for
you will die in your sins unless you believe that I
am he."
25 They said to him, "Who are you?" Jesus said to
them, "Even what I have told you from the
beginning.

26 I have much to say about you and much to judge;
but he who sent me is true, and I declare to the
world what I have heard from him."
27 They did not understand that he spoke to them of
the Father.
28 So Jesus said, "When you have lifted up the Son
of man, then you will know that I am he, and that
I do nothing on my own authority but speak thus
as the Father taught me.
29 And he who sent me is with me; he has not left
me alone, for I always do what is pleasing to
him."
30 As he spoke thus, many believed in him.
31 Jesus then said to the Jews who had believed in
him, "If you continue in my word, you are truly
my disciples,
32 and you will know the truth, and the truth will
make you free."
33 They answered him, "We are descendants of
Abraham, and have never been in bondage to
anyone. How is it that you say, 'You will be
made free' ?"
34 Jesus answered them, "Truly, truly, I say to you,
every one who commits sin is a slave to sin.

35 The slave does not continue in the house forever;
the son continues forever.
36 So if the Son makes you free, you will be free
indeed.
37 I know that you are descendants of Abraham; yet
you seek to kill me, because my word finds no
place in you.
38 I speak of what I have seen with my Father, and
you do what you have heard from your father."
39 They answered him, "Abraham is our father."
Jesus said to them, "If you were Abraham's
children, you would do what Abraham did,
40 but now you seek to kill me, a man who has told
you the truth which I heard from God; this is not
what Abraham did.
41 You do what your father did." They said to him,
"We were not born of fornication; we have one
Father, even God."
42 Jesus said to them, "If God were your Father,
you would love me, for I proceeded and came
forth from God; I came not of my own accord,
but he sent me.
43 Why do you not understand what I say? It is
because you cannot bear to hear my word.

44 You are of your father the devil, and your will is
to do your father's desires. He was a murderer
from the beginning, and has nothing to do with
the truth, because there is no truth in him. When
he lies, he speaks according to his own nature,
for he is a liar and the father of lies.
45 But, because I tell the truth, you do not believe me.
46 Which of you convicts me of sin? If I tell the
truth, why do you not believe me?
47 He who is of God hears the words of God; the
reason why you do not hear them is that you are
not of God."
48 The Jews answered him, "Are we not right in
saying that you are a Samaritan and have a
demon?"
49 Jesus answered, "I have not a demon; but I honor
my Father, and you dishonor me.
50 Yet I do not seek my own glory; there is One
who seeks it and he will be the judge.
51 Truly, truly, I say to you, if any one keeps my
word, he will never see death."
52 The Jews said to him, "Now we know that you
have a demon. Abraham died, as did the
prophets; and you say, 'If any one keeps my

word, he will never taste death.'

53 Are you greater than our father Abraham, who died? And the prophets died! Who do you claim to be?"

54 Jesus answered, "If I glorify myself, my glory is nothing; it is my Father who glorifies me, of whom you say that he is your God.

55 But you have not known him; I know him. If I said, I do not know him, I should be a liar like you; but I do know him and I keep his word.

56 Your father Abraham rejoiced that he was to see my day; he saw it and was glad."

57 The Jews then said to him, "You are not yet fifty years old, and have you seen Abraham?"

58 Jesus said to them, "Truly, truly, I say to you, before Abraham was, I am."

59 So they took up stones to throw at him; but Jesus hid himself, and went out of the temple.

신개역

1 *예수는 감람산(橄欖山)으로 가시다.*

2 *아침에 다시 성전으로 들어오시니 백성이 다 나오는 지라, 앉으사 저희를 가르치시더니,*

3 *서기관들과 바리새인들이 간음 중에 잡힌 여자를 끌*

고 와서, 가운데 세우고,
4 *예수께 말하되, "선생이시여! 이 여자가 간음하다가*
현장에서 잡혔나이다.
5 *모세는 율법에 이러한 여자를 돌로 치라 명하였거니*
와 선생은 어떻게 말하시겠나이까?"
6 *저희가 이렇게 말함은 고소할 조건을 얻고자 하여,*
예수를 시험함이러라. 예수께서 몸을 굽히사, 손가락
으로 땅에 쓰시니,
7 *저희가 묻기를 마지 아니하는지라, 이에 일어나 가라*
사대, "너희 중에 죄없는 자가 먼저 돌로 저 여자를
치라." 하시고
8 *다시 몸을 굽히사, 손가락으로 땅에 쓰시니,*
9 *저희가 이 말씀을 듣고, 양심의 가책을 받아, 어른으*
로 시작하여 젊은이까지 하나씩 하나씩 가버리고, 오
직 예수와 예수 앞에 서있는 여자만 남았더라.
10 *예수께서 일어나사, 여자 외에 아무도 없는 것을 보*
시고 이르시되, "여자여! 너를 고소하던 그들이 어디
있느냐? 너를 정죄한 자가 없느냐?"
11 *대답하되, "주여! 없나이다." 예수께서 가라사대,*
"나도 너를 정죄(定罪)하지 아니하리라. 가라! 그리고
다시는 죄를 범치 말라." 하시니라.]
12 예수께서 또 가라사대, "나는 세상의 빛이니, 나를
따르는 자는 어둠에 다니지 아니하고 생명의 빛을 얻
으리라."

13 바리새인들이 예수께 가로되, "너는 네 자신을 위하여 증언하고 있으니, 네 증언은 참되지 아니하다."

14 예수께서 대답하여 가라사대, "내가 나를 위하여 증언한다 하여도, 내 증언은 참되니라. 나는 내가 어디서 와서 어디로 가는지를 분명히 아노라. 그러나 너희는 내가 어디서 오며 어디로 가는지를 알지 못하느니라.

15 너희는 육체를 따라 판단하나, 나는 아무도 판단치 아니하노라.

16 만일 내가 판단한다 하여도, 내 판단은 참되니, 이는 내가 혼자서 판단하는 것이 아니라 나를 보내신 이와 함께 판단하기 때문이니라.

17 너희 율법에도 두 사람의 증언은 참되다 기록하였으니,

18 내가 나 자신을 위하여 증언하고, 또 나를 보내신 아버지께서 나를 위하여 증언하시느니라."

19 이에 저희가 묻되, "네 아버지가 어디 있느냐?" 예수께서 대답하시되, "너희는 나를 알지 못하고 내 아버지도 알지 못하는도다. 나를 알았더면, 내 아버지도 알았으리라."

20 이 말씀은 성전에서 가르치실 때에 연보궤(捐補櫃) 앞에서 하셨으나, 잡는 사람이 없었으니, 이는 그의 때가 아직 이르지 아니하였음이러라.

21 다시 그들에게 이르시되, "내가 가리니, 너희가 나를

찾다가 너희 죄 가운데서 죽겠고, 나의 가는 곳에는
너희가 오지 못하리라."
22 유대인들이 가로되, "저가 '나의 가는 곳에는 너희가
오지 못하리라.' 하니 저가 자결하려는가?"
23 예수께서 가라사대, "너희는 아래서 났고, 나는 위에
서 났으며; 너희는 이 세상에 속하였고, 나는 이 세
상에 속하지 아니하였느니라.
24 이러므로 내가 너희에게 말하기를, 너희가 너희 죄
가운데서 죽으리라 하였노라. 너희가 만일 내가 그인
줄 믿지 아니하면, 너희는 너희 죄 가운데서 죽으리
라."
25 저희가 예수께 말하되, "네가 누구냐?" 예수께서 가
라사대, "나는 처음부터 너희에게 내가 누구인지를
말하였다.
26 내가 너희를 대하여 말하고 판단할 것이 많으나, 나
를 보내신 이가 참되시매, 내가 그에게서 들은 것을
세상에 말할 뿐이노라." 하시더라.
27 저희는 예수가 아버지에 관하여 말씀하신 줄을 깨닫
지 못하더라.
28 이에 예수께서 가라사대, "너희는 인자를 높이 들어
올린 후에야 비로소 내가 그인 줄을 알리라. 그리고
또 내가 스스로 제멋대로는 아무 것도 하지 아니하고
오직 아버지께서 가르치신 대로만 이런 것을 말하는
줄도 알게 되리라.

29 나를 보내신 이가 나와 함께 하시는도다. 내가 항상
그의 기뻐하시는 일을 행하므로 나를 혼자 두지 아니
하셨느니라."
30 이 말씀을 하시매, 많은 사람이 예수를 믿더라.
31 그러므로 예수께서 자기를 믿는 유대인들에게 이르
시되, "너희가 내 말에 거하면, 참 내 제자가 되고,
32 진리를 알지니, 진리가 너희를 자유케 하리라."
33 저희가 대답하되, "우리가 아브라함의 자손이라, 남
의 종이 된 적이 없거늘, 어찌하여 우리가 자유케 되
리라 하느냐?"
34 예수께서 대답하시되, "진실로 진실로 내가 너희에
게 이르노니, 죄를 범하는 자마다 죄의 종이라.
35 종은 영원히 집에 거하지 못하되, 아들은 영원히 거
하나니,
36 그러므로 아들이 너희를 자유케 하면 너희가 참으로
자유하리라.
37 나도 너희가 아브라함의 자손인 줄 아노라. 그러나
내 말이 너희 속에 있을 곳이 없으므로, 나를 죽이려
하는도다.
38 나는 내 아버지에게서 본 것을 말하고, 너희는 너희
아버지에게서 들은 것을 행하느니라."
39 그들이 대답하여 가로되, "우리 아버지는 아브라함
이라." 하니, 예수께서 그들에게 가라사대, "너희가
참으로 아브라함의 자손이라면, 아브라함이 행한대

로 행할 것이어늘,
40 지금 하나님께 들은 진리를 너희에게 말하는 사람인
나를 죽이려 하는구나. 아브라함은 이렇게 하지 아니
하였느니라.
41 너희는 너희 아비가 행한 바를 행하는도다." 그들이
예수께 대답하되, "우리는 음란한 데서 나지 아니하
였다. 우리 아버지는 한분뿐이시니, 곧 하나님이시니
라."
42 예수께서 그들에게 가라사대, "하나님이 너희 아버
지였다면, 너희가 나를 사랑하였으리니, 이는 내가
하나님께로 나서 왔기 때문이라. 나는 스스로 마음대
로 온 것이 아니요, 아버지께서 나를 보내신 것이니
라.
43 너희는 어찌하여 내 말을 깨닫지 못하느냐? 이는 내
말을 차마 들으려 하지 않기 때문이로다.
44 너희는 너희 아비 마귀에게서 났으니, 너희 아비의
욕심을 너희도 행하고자 하느니라. 그는 처음부터 살
인한 자요, 진리가 그 속에 없으므로 진리에 설 수
없는 자니라. 그가 거짓을 말할 때에는, 그는 자신의
본성을 따라 말하는 것이다. 그야말로 거짓말쟁이요,
거짓의 원조(元祖)이기 때문이다.
45 허나 나는 진리를 말하기 때문에, 너희가 나를 믿지
아니하는도다.
46 너희 중에 누가 감히 나를 죄로 책잡겠느뇨? 내가 진

리를 말하는데 어찌하여 나를 믿지 아니하느냐?
47 하나님께 속한 자는 하나님의 말씀을 듣나니, 너희가
듣지 아니함은 하나님께 속하지 아니하였음이로다."
48 유대인들이 예수께 대답하여 가로되, "우리가 너를
사마리아사람이라 또는 귀신이 들렸다 하는 말이 옳
지 아니하뇨?"
49 예수께서 대답하시되, "나는 귀신들린 것이 아니라,
오직 내 아버지를 공경함이어늘, 너희가 나를 능멸하
는도다.
50 나는 내 자신의 영광을 구하지 아니하노라. 영광을
구하시는 하나님이 따로 계시니 그야말로 심판하시
는 분이다.
51 진실로 진실로 내가 너희에게 이르노니, 사람이 내
말을 지키면 죽음을 영원히 보지 아니하리라."
52 유대인들이 예수께 가로되, "지금 네가 귀신들린 줄
을 알겠노라. 아브라함과 선지자들도 다 죽었거늘,
네 말은 '사람이 내 말을 지키면 죽음을 영원히 맛보
지 아니하리라.' 하니,
53 너는 이미 죽은 우리 조상 아브라함보다도 크냐? 또
선지자들도 죽었거늘, 너는 너를 누구라 하느냐?"
54 예수께서 대답하시되, "내가 나에게 영광을 돌리면
나의 영광은 아무것도 아니로다. 나를 영광되게 하시
는 이는 오직 내 아버지시니, 곧 너희가 너희 하나님
이라 칭하는 그분이시라.

55 너희는 그를 알지 못하되, 나는 아노니, 만일 내가
알지 못한다고 말하면 나도 너희같이 거짓말쟁이가
되리라. 나는 그를 알고 또 그의 말씀을 지키노라.
56 너희 조상 아브라함은 나의 때를 볼 것을 즐거워하였
나니라. 그런데 그는 나의 때를 보았고 또 기뻐하였
느니라."
57 유대인들이 가로되, "네가 아직 오십도 못되었는데,
아브라함을 보았단 말이냐?"
58 예수께서 가라사대, "진실로 진실로 내가 너희에게
이르노니, 아브라함이 나기 전부터 나는 있느니라."
하시니,
59 저희가 돌을 들어 치려 하거늘, 예수께서 숨어 성전
에서 나가시니라.

다시 몸을 굽히사, 손가락으로 땅에 쓰시니, (요 8:8)

렘브란트 1650, 스톡홀름 국립미술관, 248×191㎜

강해 이 한 장이 우리에게 던져주는 의혹과 고민과 영광과 기쁨을 한줄한줄 학구적으로 해설하려고 한다면 한우충동 하는 원고지가 있어도 모자랄 것이다. 그러나 모든 종교적 메시지는 아무리 철학적 심오함이 깔려있다 하더라도 궁극적으로 우리 삶의 의미(Meaning of Life)와 관련이 있다. 여러분들이 읽으면서 느끼는 대로 여러분들의 삶 속에서 해석함이 옳다. 여기 예수의 주장들, 나는 이 땅에 속하지 않으며 하늘에 속하고, 오직 하나님의 말씀만을 말하며, 하나님이 행한 바를 행한다고 하는 그의 메시지가 너무 초월적인 이원론의 틀을 가지고 있는 듯이 보이기 때문에 우리의 일상적 체험이나 더구나 점잖고 상식적인 유교문화권의 사람들의 입장에서 보면 너무 과도한 표현들이라는 인상을 줄 수가 있고, 도저히 상식적(현상적) 일원론의 세계와 화해하기 어려운 것처럼 보인다. 그러나 한번 평심(平心)하게 생각해보자!

내가 예전에 살던 동네에 동네목욕탕이 하나 있었다. 그곳에 때를 미는 청년이 있었는데 아주 잘 생기고 성실하고 매일매일의 일과에 충실한 사람이었다. 그리고 돈도 차곡차곡 모을 수 있었다. 그런데 이 청년은 주말이면 반드시 경마장을 가는 것이다. 언젠가 친구 꼬임으로 한번 갔다가 몇 번 돈을 딴 적이 있는 모양인데 주말이면 반드시 경마장을 가서 돈을 몽땅 잃고 오는 것이다. 그토록 어렵게 비지땀을 흘려가면서 얻은 돈을 모조리 날리는 것이다. 내가 안 지도 4·5년인데 4·5년 내내 경마장을 빠지지 않고 가는 것이다. 누구도 말리지를 못하는 것이다. 그런데 어느날 그 아버지가 시골서 상경하여 목욕탕엘 찾아와서 대판 언쟁이 벌어진 장면을 나는 목도하였다.

"이 녀석아! 내가 어찌 나를 위해 이야기하겠느냐? 내가 말하는 것은 만고의 진리 아니냐? 이 녀석아! 매일 매일 여기서 피땀 흘리고 일하면서 도박판에 돈 버리면 너는 죽는다! 너는 죽는다! 곧 네 육신이 못 견뎌! 이 녀석아! 정신을 차려라!"

사실 난 이 짧은 아버지의 몇마디 속에서 요한복음 8장에 그려져 있는 예수의 로고스, 유대인들과 쟁론하고 있는 예수의 모습 전모를 본다! "죄의 삯은 사망이다"(롬 6:23). 목욕탕에서 피땀 흘리고 매주말 경마장에서 돈 날리면, 그의 육신은 피폐할 수밖에 없고 죽을 수밖에 없다. 그러나 그 본인은 경마장에 가는 것이야말로 재미요, 희망이요, 삶의 희열이요, 어쩔 수 없는 인간의 굴레라고 생각한다. 손이 짤라지고 발이 끊어져도 그는 휠체어를 굴리며 또 갈 것이다. 아무도 그를 막지 못한다. 아버지가 간곡히 말한다. 나는 나의 영광을 드러내기 위하여 너에게 이렇게 말하는 것이 아니다. 너를 위하여 도박은 잘못된 삶이라는 것을 깨우칠 뿐이다. 내가 말하는 것은 일말의 사심도 없는 보편적 진리일 뿐이다. 도박을 끊고 모은 돈을 가지고 행복하게 살면 생명이 넘쳐나는 삶의 모습을 회복할 수 있으련만, 어찌하여 너는 죽음의 굴레만을 재촉하고 있느뇨?

그토록 아버지는 아들에게 와서 간곡히 타일렀건만 아들은 계속 경마도박장엘 갔고, 아버지는 끝내 홧병으로 죽고 말았다. 이 아버지의 죽음을 내가 "예수의 십자가에 못박히심"으로 표현한다면 한국의 기독교인들은 나를 반기독교인으로 휘몰아칠 것인가? 모든 종교적 진리는 우리의 일상적 삶 속에서 의미가 없다면 진리가 될 수 없다. 우리가 예수를 믿는다는 것은 "예수의 삶을 실천하는 것이다." 토마스 아 켐피스(Thōmās ā Kempīs, 1379~1471)의 말대로 그리스도의 삶을 모방하는 것이다. 그의 주저 『그리스도의 모방 *The Imitation of Christ, De imitatione Christi*』의 첫 페이지는 바로 요한복음 8장을 인용하면서 시작하고 있다.

> "나를 따르는 자, 어둠에 걷지 않으리"(요 8:12). 우리의 주님께서는 이같이 말씀하셨다. 이 말씀 속에서 그리스도는 우리에게 충고하신다. 그의 삶과 그의 삶의 방식을 따르라고. 우리가 가슴의 맹목에서 벗어나 참으로 자유로워지고 참으로 해탈하기를 원하려 한다면! 자아! 이제 예수 그리스도의 삶이 우리의 삶이 되게하라!

아버지는 그토록 아들에게 애원했건만, 그 아들은 아버지의 가슴에 못을 박았고 그 아버지는 십자가에 못박혀 죽었던 것이다. 그런데도 그 아들은 아직도 주말이면 어김없이 경마장에 나가고 있다. 이것이 우리가 사는 현실이요, 예수가 살았던 팔레스타인의 현황이요, 요한이 복음서를 집필하던 로마사회의 현태였다. 과연 우리는 그 경마장에 다니는 때밀이 청년에게 무엇을 말할 수 있겠는가? "인간의 말"이 아닌, "하나님의 말씀"에 대한 절대복종! 그것 외에 무엇이 또 있겠는가? 그 절대복종을 위해 그 앞에 하나님의 말씀 즉 로고스의 구현체인 예수가 나타났다! 과연 그가 알아볼까? "인자를 높이 들어올린 후에야 비로소 내가 그인줄 알리라"(28). 너희들이 나를 십자가에 들어올려 못박어 죽인 후에나 알까? 글쎄올시다! 십자가에 못박어 죽여버린 후에라도 깨달으면 좋으련만! 끝없이 굴러가는 인간의 굴레에 나 도올은 통탄을 금치 못하노라.

> 나 스스로 행하는 것을 내가 알지 못하노니, 곧 원하는 이것은 행하지 아니하고, 도리어 행해서는 아니되겠다는 것만 골라 행함이로라. …… 오호라! 나는 곤고(困苦)한 사람이로다! 이 사망의 몸에서 누가 나를 건져내랴! (롬 7:15.24).

누가 과연 이 바울의 탄식에서 벗어나 있느뇨? 여기 어찌 동·서 철학을 운운하리오? 여기 한 어린 청년의 모습을 본다. 평생 애지중지 길러준 부모를 팽개치고 애걸복걸 매달리는 엄마의 소매를 찢어버리고 한 여인에 대한 치정 때문에 집을 나가버리는 어린 한 청년의 모습을 본다! 부모가 말하는 것은 대의다! 남녀의 사랑만으로 남녀의 삶이 이루어질 수 없는 것이다. 자식의 삶의 굴레의 알파와 오메가가 전부 하늘에서 굽어보듯 다 보이는 것이다. 그러나 자식의 눈에서 보면 오히려 부모는 외면이요 가식이요 진정의 내면을 모른다고 생각하는 것이다. 이러한 모순된 존재상황에 과연 타협이 있을까?

이러한 모순된 존재상황 때문에 『라 트라비아타』를 비롯하여 수없는 문학작품이 쓰여졌다. 그러나 우리가 알아야 하는 것은, 우리의 삶은 문학작품이 끝나는 곳에서 출발한다는 것이다. 로맨스가 완성되는 그 시점에서 지루한 삶의 여정은 시작되는 것이다. 남녀의 불꽃튀기는 정열적 사랑의 묘합 속에서도 주변상황의 여하를 불문하고 신적인 환희가 있을 수 있다. 그러나 남녀의 사랑 그것이 궁극적으로 의미를 가질 수 있고, 지속될 수 있기 위해서는, 그리고 지루한 일상성의 반복을 극복할 수 있기 위해서는 육정의 사랑을 넘어서는 진리의 추구가 있지 않으면 아니된다. 그 영원한 진리, 그 대의(大義)가 이 장의 주제인 것이다. 그것은 사회적 관계의 보편성인 동시에 그것을 넘어서는 또 다른 초월적 보편성이다. 그것은 절대적 타자(Otherness)이며 인간의 인식이 미치지 않는 것이다.

여기 이 8장에 나오는 유명한 말이 있다: "진리가 너희를 자유케 하리라"(32). 연세대학교와 같은 미션스쿨의 교정의 프랭카드에도 가장 많이 걸려있는 성구인 것 같고, 지나치는 동네 교회 입구의 표어에도 가장 흔히 보는 구절이건만 과연 우리가 얼마나 이 말을 정확히 이해하고 쓰는 것일까?

여기 진리라는 말은 희랍어로 "알레테이아"(alētheia, ἀλήθεια)인데, 이것은 철저히 희랍철학적 맥락에서만 이해될 수 있는 말이다. 그런데 성서신학자들은 그러한 맥락을 별로 들먹이기를 좋아하지 않는다. 신약학 학자들은 이상하게도 신약이 이념적으로는 구약의 세계와의 단절에서 성립한 것이라는 사실을 잘 알면서도, 항상 신약성서에 있는 말들은 모두 유대이즘의 전통 속에서만 해석하려는 이상한 습벽이 있다. 그러나 신약성서는 일차적으로 희랍어로 쓰여진 것이며, 희랍어를 사용하는 당대의 비유대인의 코스모폴리탄적인 지식인들을 상대로, 그들을 설득시키기 위하여 쓰여진 문헌이라는 사실을 항상 정직하게 인정하고 출발해야 하는 것이다. 당대의 지식인들은 대부분이 플라토니스트(Platonists)였으며, 중기플라토니즘의 압도적 영향하에 있었었다. 물론 요한도 플라토니스트였다. 그의 빛과 어둠, 신과 세계의 이원론은 영지주의라기보다는, 플라톤의 『이상국가론』에 나오는 "동굴의 비유"의 일반적 상식을 전제로 한, 신화적 변형태에 불과하다. 요한복음에 나오는 예수의 자기인식도 물론 플라토니즘의 사상적 틀 속에 있다. 나는 물론 갈릴리의 역사적 예수를 직지(直指)하는 것은 아니다.

"알레테이아"는 희랍어의 세계에 있서서는 매우 일상적으로 흔히 사용되는 말인데 보통 거짓말을 하지 않고 "참말을 한다"는 정도의 뜻이다. 그리고 호머의 용법이래, 사람이 성실하다든가(sincere), 진실하다든다(truthful), 순수하다든가(genuine) 하는 맥락에서 잘 쓰인다. 하여튼 거짓(falsehood)에 반대되는 "참"이라는 의미가 내포되어 있다. 그러나 플라토니즘에 있어서는 이 알레테이아는 사람의 도덕적 품성에 관한 담론이라기보다는 "실재(reality)의 인식"에 관한 것이며, 우리의 지식(gnosis)의 대상이나 목적에 관한 것이다. 알레테이

아는 에피스테메(episteme) 즉 참된 앎, 진지(眞知)를 뜻하는 것이다. 진지라는 것은 물론 감각의 편견, 오관의 감각을 통하여 얻어지고 있는 판타지아(phantasy, *φαντασία*)나 억견(doxa, *δόξα*)으로부터의 해방을 의미한다. 플라톤의 『이상국가론』의 다음과 같은 구절을 보면, 이미 진리와 빛, 억견과 어둠의 대비가 심각하게 토론되고 있다.

> 그러니 마찬가지로 영혼의 경우도 이렇게 생각해 보게. 우리의 영혼이 진리(알레테이아)와 실재(reality)가 찬란하게 빛나고 있는 영역에 고착될 때에는, 영혼은 합리적으로 사물을 파악하고, 알며, 이성을 지니고 있는 것처럼 보이네. 그러나 우리의 영혼이 어둠과 섞인 영역에, 즉 생성되고 소멸되는 세계에 고착될 때에는, 그것은 단지 억견(독사, doxa)을 가질 뿐이며, 이 억견들을 이리저리 바꾸어 가짐으로써 우리의 영혼은 침침한 상태에 있게 되며, 이번에는 이성을 지니지 않고 있는 것처럼 보일 뿐이지(*Republic* 508d).

진리(알레테이아)를 안다는 것은 실재 즉 하나님의 영역을 파악하는 것이며 이 육신으로 파악되는 세계에 대한 지식, 생성되고 소멸되는 코스모스(희랍철학에서는 좋은 의미이지만, 요한복음에서는 어둠을 대변하는 나쁜 의미)의 판타지로부터 벗어나는 것이다. 이때 하나님의 영역에 관한 우리의 지식은 단지 실재에 대한 우주론적 인식을 말하는 것이 아니라, 우리 삶의 모든 도덕적 가치를 내포하게 된다. 이것이 요한복음이 순수한 희랍철학과는 다른 유대교적 전통을 반영하고 있는 것이다. 따라서 진리는 인식의 대상이라기보다는 믿음의 대상이며 도덕적 결단의 대상이며, 과감한 "받아들임"의 대상이다. 20

장의 도마의 에피소드(요 20:27~29)가 말해주듯이, 감각적으로 보고 만지고서만 믿는 것이 아니라, 아니 보고서도 믿는 것이다. 진리로서 즉각적으로 수용하는 것이다.

하나님의 영역은 인간이 범접할 수 없다. 우리의 감관이 미칠 수 없기 때문이다(요 1:18, 5:37). 그러나 우리의 감관이 미칠 수 있는 영역에 하나님이 나타났다. 그 얼마나 대단한 사건인가! 바로 예수가 나타난 것이다. 그는 하나님의 말씀의 구현체로서 우리 감관의 사실로서 나타난 것이다. 그의 나타남 자체는 이미 플라톤의 이원론을 거부하는 사건이다. 그러나 우리는 그를 감성적으로 파악해서는 아니 된다. 이성적으로, 에피스테메로서, 참된 앎으로서 파악해야 하는 것이다. 즉 예수라는 인성 속에서 그 인성의 베일에 가려있는 신성을 파악해야 하는 것이다. 그러나 사람들은 자기의 인성을 가지고 예수의 인성만을 파악하고 있는 것이다. 이것이 예수의 수난이요 인간의 비극인 것이다. 역설적으로 우리는 예수의 신성을 파악할 때 우리자신 내에 숨겨진 신성을 파악하는 것이다. 그럼으로써 우리는 영생을 얻는 것이다. 신성은 본시 시공을 초월하는 영원함이기 때문이다.

예수는 항상 자신을 인간이면서 인간이라 말하지 않는다. 인간은 인간이되, 하나님이 보낸 인간이라는 것이다. 자기 존재에는 한 인간으로서의 "임의성"(스스로 마음대로, 스스로 제멋대로 7:17, 7:28, 8:28, 8:42)이 철저히 배제되어 있다는 것이다. 예수는 항상 말한다. 나는 나 일개인을 위하여 말하고 행동치 않는다. 나 개인에게 영광을 돌리지 않는다. 나 한 사람의 이해관계에 따라 판단하거나, 남을 심판하는 법이 없다. 나는 철저히 하나님께서 보낸 사람이므로 하나님이 말하는 것만 말하고, 하나님이 행하시는 것만을 따라 행할 뿐이다. 일체의 사욕(私欲)이 배제되어 있다는 것이다. 주자(朱熹, 1130~1200)의 말을 빌리면 인욕(人欲)이 철저히 거세된, 천리(天理)만이 존(存)하는 존재태라는 것이다.

예수는 진리 즉 알레테이아의 계시자인 동시에, 알레테이아 그 자체이다. 기독교에 대한 우리의 반감(反感)은 지나치게 강조되는 인격성(personality)에 관한 것이다. 모든 것이 인격적 존재로 나타난다. 그러나 우리는 이러한 복음서의 표현방식에 반감을 가질 필요는 없다. 어차피 내가, 나의 실존이 인간의 실존인 이상, 진리를 인격화한다고 해서 그 의미가 변하는 것이 아니다. 복음서의 저자들, 특히 요한은 진리의 세계를 인격화시키고 드라마타이즈(극화)시킴으로써 보다 강렬한 도덕적 교훈과 철학적 성찰을 우리에게 던지려고 하고 있는 것이다. 플라톤이 말하는 알레테이아(진리)는 차갑고 메마른 기하학적 형상(geometrical forms)의 세계에 불과하다. 그러한 플라토니즘은 당대의 헬레니즘문명에 더 이상의 생명력을 갖지 못했다. 요한은 바로 그러한 기하학적 진리의 세계에 피와 살과 생명을 부여하고 있는 것이다. 알레테이아는 더 이상 생명없는 형상의 실재가 아니라 철저히 인격화된 생명의 실상(實相)으로 부활된다. 진리를 한 인간으로 구현화시킴으로써 희랍철학을 유대이즘화시켰다. 예수는 진리의 육체인 동시에, 진리의 은총이며, 진리의 현현이다. 그를 통하여 진리는 우리에게 드러나는 것이다. 그러나 우리가 진리를 안다(이해한다)고 하는 것은 진리 그 자체와 융합되지 않으면 안된다. 진리 그 자체인 예수의 몸과 하나가 되지 않으면 안된다. 이것이 로고스기독론의 궁극적 의미인 것이다.

진리가 너희를 자유케 하리라! 무엇으로부터 자유로워지는가? 모든 자유는 "으로부터의 자유"(free from)이며 그 자체로서 절대적인 자유란 없다! 절대적인 자유란 무의미하다. "으로부터의"라는 구속이 없는 상태에서는 "자유"라는 개념 자체가 성립하지 않는다. 과연 무엇으로부터 자유로워지는가? "죄의 종됨"(a slave to sin)으로부터 자유로워지는 것이다. 죄란 무엇인가? 바로 플라톤이 말하는 억견에서 해방되는 것이요, 육정(肉情)의 모든 타성으로부터 벗어나는 것이다.

> 육신의 생각은 사망이요, 영의 생각은 생명과 평안이니라. …… 만일 너희 속에 하나님의 영이 거하면, 너희가 육신 안에 있지 아니하고 영 안에 있나니, 누구든지 그리스도의 영이 없으면 그리스도의 사람이 아니라. 또 그리스도께서 너희 안에 계시면, 몸은 죄로 인하여 죽은 것이나, 영은 의로 인하여 산 것이니라. 예수를 죽은 자 가운데서 살리신 이의 영이 너희 안에 거한다면, 그리스도 예수를 죽은 자 가운데서 살리신 그 분께서 바로 네 안에 있는 그 분의 영을 통하여 너의 죽을 몸도 살려내시리라 (롬 8:6~11).

얼마나 강렬한 메시지인가! 싯달타도 고행을 통해 모든 육정을 끊으려고 6년을 고생했다. 거인욕존천리(去人欲存天理)! 사람의 욕망을 버리고 하늘의 리(理)를 네 마음에 존(存)하라! 조선왕조 오백년을 지배한 주자학의 대명제가 아닌가! 진리가 너희를 자유케 하리라! 죄의 삯은 사망이나, 주 예수 그리스도 안에서 우리는 영생을 얻었노라(롬 6:23). 나는 이 메시지에서 돈오(頓悟)를 느낄 뿐이다.

제일 마지막 구절은 이러하다: "예수는 성전에서 나가시니라." 그는 율법의 타성에 젖어있는 야훼의 낡아빠진 성역으로부터 벗어나 새로운 생명과 빛의 세계로 나아간 것이다.

자세한 장구의 해석은 시중의 좋은 주석서들을 구해보라.

* 나의 추천목록 : 1) 찰스 K. 바레트, 『국제성서 주석, 요한복음』 I, II. 한국신학연구소. 2) 이영헌 역주, 『요한복음서, 한국천주교회 200주년 신약성서 4』, 분도출판사. 3) 이상훈 지음, 『성서주석 요한복음, 대한기독교서회 창립100주년 기념』, 대한기독교서회 4) 버슬리-머리 지음, 이덕신 옮김, 『요한복음』, 솔로몬. 5) R. 불트만 저, 허혁 역, 『요한복음서 연구』 상 · 하, 성광문화사. 1~4까지는 시중에서 쉽게 구할 수 있다. 그러나 5번의 불트만 책은 오래된 책이라서 구하기가 어려울 것이다. 불트만의 저서는 5권 중에서 가장 오리지날하고 가장 뛰어난 작품이나, 불필요하게 말이 어렵고 "편집" 의 문제를 과도하게 제기하여 골치가 아픈 책이라는 것이 흠이라면 흠이다. 하여튼 독일학자들의 말버릇은 별로 아름답지 못하다. 독자들은 이런

말버릇에 현혹됨이 없이 그 메시지의 핵심을 파악해야 한다.

그런데 사실 내가 가장 추천하고 싶은 주석서는 일리노이의 트리니티 에반젤리칼 신학교의 신약학 교수이며 필라신약주석총서의 총편집자인 카슨(D. A. Carson) 교수의 주석이다. D. A. Carson, *The Gospel According to John*, the Pillar New Testament Commentary, Grand Rapids, Michigan:Eerdmans Publishing Co., 1991.이다. 그런데 불행하게도 이 책은 우리말로 번역이 안되었다. 우리나라의 가장 대표적인 주석서인 제1번의 바레트주석만 해도 초판이 1955년에 나온 것으로서 정보가 상당히 낡았고, 응당 독자의 궁금증을 풀어주어야 할 구석을 그냥 넘어가는 경향성이 있다. 그런데 카슨은 희랍어원전에 대한 그간의 다각적인 연구성과를 반영하면서 아주 쉽고 평이한 영어로, 아주 명료하게, 애매한 표현들을 분석해 들어간다. 아마도 요한복음을 읽으면서 궁금하게 생각되는 구석들에 대한 해설서로서는 카슨의 주석이 압권이다. 분량도 방대하며, 방대한 만큼 자세하면서도 잔소리가 없다. 우리나라에 지사가 있어 카슨의 주석서를 번역한다면 한국신학계에 큰 공헌이 될 것이다.

그리고 요한복음의 주석서로서 불트만주석과 쌍벽을 이루는 가장 대표적인 주석이 영국 옥스퍼드, 캠브리지대학에서 신약학 교수로서 활약한 다드(C. H. Dodd)의 주석인데, 이 주석서는 전체적 해석이며 한줄한줄의 주석이 아니기 때문에 보통 콤멘타리의 개념에는 들어가지 않으나 그래도 주석서로 간주될 수 있다. 영국사람들의 컴먼센스의 감각과 평이하면서도 깊이있는 해석이 돋보이며 배울 점이 많다. 결코 읽기 쉬운 책은 아니다. 그런데 이 책도 우리나라에서는 번역이 안되었다. 뜻있는 신학도의 발심을 발원한다. C. H. Dodd, *The Interpretation of the Fourth Gospel*, Cambridge: Cambridge University Press, 1958.

이러한 책들의 번역작업은 결코 출판사의 자체논리로서는 불가능한 작업이다. 경제적 타산이 전혀 맞아떨어질 수 없기 때문이다. 우리나라 교회가 해야할 일이 바로, 교회에서 이런 번역사업에 재정지원을 하는 것이다. 권위있는 세계적인 저술들을 선정하고 실력있는 번역자를 뽑고 단단한 기금을 마련하여 출판지원을 해주는 것이다. 교회를 짓거나 해외에 무리하게 선교사를 파견하는 어리석은 짓들을 하지말고 이렇게 보이지 않는 하나님의 로고스를 이 땅에 펼치는 하나님의 사업을 해야한다. 인재를 키우는 일, 학문적 사업을 지원하는 일은 실상 돈이 적게 들면서도 많은 효과를 낼 수 있는 일이며, 한 교회단위로서도 얼마든지 가능하며 명분이 뚜렷하다. 『임원경제지』라는 조선왕조의 고전 하나를 번역하는데 어느 학원 원장이 엄청난 기금을 무조건적으로 지원하고 있는 실례도 있다. 하물며 매주 거금의 연보돈이 푹푹 쌓이는 큰 교회에서 과연 하나님의 사업을 위하여 얼마나 진실한 일들을 하고 있는지, 항상 반성해보고 또 반성해볼 일이다.

소경을 고치심(요 9:6)　　렘브란트 1659, 225×181㎜

Chapter 9

제9장

RSV

1 As he passed by, he saw a man blind from his birth.

2 And his disciples asked him, "Rabbi, who sinned, this man or his parents, that he was born blind?"

3 Jesus answered, "It was not that this man sinned, or his parents, but that the works of God might be made manifest in him.

4 We must work the works of him who sent me, while it is day; night comes, when no one can work.

5 As long as I am in the world, I am the light of the world."

6 As he said this, he spat on the ground and made clay of the spittle and anointed the man's eyes with the clay,

7 saying to him, "Go, wash in the pool of Silo'am" (which means Sent). So he went and washed and came back seeing.
8 The neighbors and those who had seen him before as a beggar, said, "Is not this the man who used to sit and beg?"
9 Some said, "It is he"; others said, "No, but he is like him." He said, "I am the man."
10 They said to him, "Then how were your eyes opened?"
11 He answered, "The man called Jesus made clay and anointed my eyes and said to me, 'Go to Silo'am and wash'; so I went and washed and received my sight."
12 They said to him, "Where is he?" He said, "I do not know."
13 They brought to the Pharisees the man who had formerly been blind.
14 Now it was a sabbath day when Jesus made the clay and opened his eyes.
15 The Pharisees again asked him how he had received his sight. And he said to them, "He put clay on my eyes, and I washed, and I see."
16 Some of the Pharisees said, "This man is not

from God, for he does not keep the sabbath." But
others said, "How can a man who is a sinner do
such signs?" There was a division among them.
17 So they again said to the blind man, "What do
you say about him, since he has opened your
eyes?" He said, "He is a prophet."
18 The Jews did not believe that he had been blind
and had received his sight, until they called the
parents of the man who had received his sight,
19 and asked them, "Is this your son, who you say
was born blind? How then does he now see?"
20 His parents answered, "We know that this is our
son, and that he was born blind;
21 but how he now sees we do not know, nor do we
know who opened his eyes. Ask him; he is of
age, he will speak for himself."
22 His parents said this because they feared the
Jews, for the Jews had already agreed that if any
one should confess him to be Christ, he was to
be put out of the synagogue.
23 Therefore his parents said, "He is of age, ask
him."
24 So for the second time they called the man who
had been blind, and said to him, "Give God the

praise; we know that this man is a sinner."
25 He answered, "Whether he is a sinner, I do not know; one thing I know, that though I was blind, now I see."
26 They said to him, "What did he do to you? How did he open your eyes?"
27 He answered them, "I have told you already, and you would not listen. Why do you want to hear it again? Do you too want to become his disciples?"
28 And they reviled him, saying, "You are his disciple, but we are disciples of Moses.
29 We know that God has spoken to Moses, but as for this man, we do not know where he comes from."
30 The man answered, "Why, this is a marvel! You do not know where he comes from, and yet he opened my eyes.
31 We know that God does not listen to sinners, but if any one is a worshiper of God and does his will, God listens to him.
32 Never since the world began has it been heard that any one opened the eyes of a man born blind.

33 If this man were not from God, he could do
nothing."
34 They answered him, "You were born in utter sin,
and would you teach us?" And they cast him out.
35 Jesus heard that they had cast him out, and
having found him he said, "Do you believe in the
Son of man?"
36 He answered, "And who is he, sir, that I may
believe in him?"
37 Jesus said to him, "You have seen him, and it is
he who speaks to you."
38 He said, "Lord, I believe"; and he worshiped him.
39 Jesus said, "For judgment I came into this world,
that those who do not see may see, and that those
who see may become blind."
40 Some of the Pharisees near him heard this, and
they said to him, "Are we also blind?"
41 Jesus said to them, "If you were blind, you
would have no guilt; but now that you say, 'We
see,' your guilt remains.

신개역

1 **예수께서 길 가실 때에, 날 때부터 소경된 사람을 보
신지라.**

2 제자들이 물어 가로되, "랍비여! 이 사람이 소경으로
난 것이 뉘 죄로 인함이오니이까? 자기오니이까? 그
부모이오니이까?"
3 예수께서 대답하시되, "이 사람이나 그 부모가 죄를
범한 것이 아니라, 그에게서 하나님의 하시는 일을
나타내고자 하심이니라.
4 때가 아직 낮이매, 나를 보내신 이의 일을 우리가 하
여야 하리라. 밤이 오리니, 그 때는 아무도 일할 수
없느니라.
5 내가 세상에 있는 동안에는, 세상의 빛이로라."
6 이 말씀을 하시고, 땅에 침을 뱉아 진흙을 이겨 그의
눈에 바르시고,
7 이르시되, "실로암 못에 가서 씻으라." 하시니(실로
암은 번역하면 보냄을 받았다는 뜻이라), 이에 가서
씻고 밝은 눈으로 왔더라.
8 이웃 사람들과 그리고 전에 저가 걸인인 것을 보았던
사람들이 가로되, "이는 앉아서 구걸하던 자가 아니
냐?"
9 혹은 말하기를, "그 사람이라." 하며, 혹은 말하기
를, "아니라! 그와 비슷하다." 하거늘, 그 본인이 말
하되, "내가 그 사람이로다." 하였더라.
10 저희가 그에게 묻되, "그러면 네 눈이 어떻게 떠졌느
냐?"
11 그가 대답하되, "예수라 하는 그 사람이 진흙을 이겨

내 눈에 바르고 나더러, '실로암에 가서 씻으라.' 하
기에, 가서 씻었더니 보게 되었노라."
12 저희가 그에게 가로되, "그가 어디 있느냐?" 그가 가
로되, "알지 못하노라." 하니라.
13 저희가 전에 소경 되었던 사람을 데리고 바리새인들
에게 갔더라.
14 예수께서 진흙을 이겨 눈을 뜨게 하신 날은 안식일이
었다.
15 그러므로 바리새인들도 그에게 그가 어떻게 시력을
얻었는지를 물었다. 그가 그들에게 가로되, "그 사람
이 진흙을 내 눈에 바르매, 내가 씻고 보나이다." 하
니,
16 바리새인 중에 어떤 이들이 말하되, "이 사람이 안식
일을 지키지 아니하니, 하나님께서 온 자가 아니라."
하였다. 그러나 어떤 이들은 말하되, "죄인인 사람이
어떻게 이런 표적을 행하겠느냐?" 하니, 피차 쟁론
이 벌어졌더라.
17 이에 그들이 소경 되었던 자에게 다시 묻되, "그 사
람이 네 눈을 뜨게 하였으니, 너는 그를 어떠한 사람
이라 말할 것이냐?" 그가 대답하되, "그는 선지자니
이다." 한대,
18 유대인들이 저가 소경으로 있다가 보게 된 것을 믿지
아니하고, 시력을 회복한 그 사람의 부모를 불러 묻
되,

19 “이 사람이 소경으로 났다고 너희가 말하는 그 아들
이 맞느냐? 그러면 어떻게 지금은 보게 되었느냐?”
20 그 부모가 대답하여 가로되, “이가 우리 아들인 것과
소경으로 난 것을 우리가 아나이다.
21 그러나 그가 어떻게 지금 보게되었는지, 누가 그의
눈을 뜨게 하였는지는 우리는 알지 못하나이다. 저에
게 물어 보시오. 저가 장성하였으니, 자기 일을 말하
리이다.”
22 그 부모가 이렇게 말한 것은, 이미 유대인들이 누구
든지 예수를 그리스도로 시인하는 자는 파문(破門)하
기로 결의하였으므로 저희를 무서워함이라.
23 이러므로 그 부모가 말하기를, “저가 장성하였으니
저에게 물어 보시오.” 하였더라.
24 이에 저희가 소경 되었던 사람을 두 번째 불러 이르
되, “너는 영광을 하나님께 돌리라! 우리는 저 사람
이 죄인인 줄 아노라.”
25 그가 대답하되, “그가 죄인인지는 내가 알지 못하나,
단 한가지 내가 아는 것은, 내가 소경으로 있다가 지
금 본다는 그것이니이다.”
26 저희가 그에게 가로되, “그 사람이 네게 무엇을 하였
느냐? 어떻게 네 눈을 뜨게 하였느냐?”
27 그가 대답하되, “내가 이미 일렀어도 듣지 아니하고,
어찌하여 다시 듣고자 하나이까? 당신들도 그 사람
의 제자가 되려 하나이까?”

28 저희가 그를 욕하여 가로되, "너는 그의 제자이나 우
리는 모세의 제자라.
29 하나님이 모세에게는 말씀하신 것을 우리가 알거니
와, 이 사람에 관해서는, 그가 어디서 왔는지 알지
못하노라."
30 그 사람이 대답하여 가로되, "웬일인고! 이상토다!
이 사람이 내 눈을 뜨게 하였으되 당신들이 그가 어
디서 왔는지도 알지 못하는도다.
31 하나님께서 죄인을 듣지 아니하시고, 경건(敬虔)한 마
음으로 그의 뜻대로 행하는 자는 들으시는 줄을 우리
가 아나이다.
32 창세(創世) 이후로 소경으로 난 자의 눈을 뜨게 하였
다 함을 듣지 못하였으니,
33 이 사람이 하나님께로부터 오지 아니하였으면 아무
일도 할 수 없으리이다."
34 저희가 대답하여 가로되, "네가 순전히 죄 가운데서
난 사람으로서 우리를 가르치려 하느냐?" 하고, 이
에 쫓아 내어 보내니라.
35 예수께서 저희가 그 사람을 쫓아냈다 하는 말을 들으
시고, 그를 만나사 가라사대, "네가 인자(人子)를 믿
느냐?"
36 대답하여 가로되, "인자가 누구시오니이까? 선생님
이시여! 제가 믿고자 하나이다."
37 예수께서 가라사대, "네가 이미 그를 보았도다. 지금

너와 말하는 사람이 바로 그이니라."
38 그 사람이 가로되, "주여! 내가 믿나이다." 하고 큰
절 하는지라,
39 예수께서 가라사대, "내가 심판하러 이 세상에 왔으
니, 보지 못하는 자들은 보게 하고, 보는 자들은 소
경되게 하려 함이라."
40 바리새인 중에 예수와 함께 있던 자들이 이 말씀을
듣고 가로되, "그렇다면 우리도 소경이란 말인가?"
41 예수께서 그들에게 가라사대, "너희가 소경 되었더
면 죄가 없으려니와, '우리는 본다'라고 말하니, 너
의 죄가 그대로 남아 있느니라."

강해 요한복음을 하나의 문학작품이라고 말한다면, 어디 천만권의 셰익스피어작품이 이에 비할 수 있으랴! 감동에 감동을 전하는 완벽한 드라마가 이 한 장에 전개되고 있다. 로고스는 빛이라고 하는 상징성, 눈을 감은 소경이라서 어둠의 세계에 갇혀 있다는 상징성, 그리고 눈을 뜨고 본다는 상징성, 그리고 빛이라서 어둠을 깨우치고 보게 만든다고 하는 로고스기독론의 심오한 철학사상이 이적담화의 형식을 빌어 너무도 예리한 담론들을 통해 매우 강렬한 문학적 향기를 발하면서 한걸음 한걸음 차곡차곡 앞으로 발전해 나가고 있다. 참으로 놀라운 유기적 통일성을 과시하는 한 장이다. 본 장의 내용은 그리스도의 사역을 어떤 다른 요한의 담론보다도 더 생생하고 완벽

하고 간결하게 그리고 토탈하게 표출시키고 있다. 참으로 놀라운 붓길이다.

보지 못하는 자들은 보기를 갈구한다. 그러나 본다고 자만하는 자들은 본다고 생각하기 때문에 참 빛을 거부한다. 그래서 소경이 되고 마는 것이다. 그들이 향유하고 있는 빛으로 충족하다고 생각하기 때문이다. 보지 못하는 자들은 보게 만들고, 보는 자들은 소경되게 만들려고 나는 이 세상에 왔노라! 보는 자들이 실제로 보는 것이 아니라 소경일 뿐이라는 것을 드러내려는 것이다. 세상사람들이여! 마음의 문을 열어라! 불교도 항상 "개안"(開眼)을 말하지 않는가?

이적은 이적설화 그 자체로 아무런 의미가 없다. "땅에 침을 뱉고 진흙을 이겨 눈에 바르는" 등의 지저분한 짓들은 여염집 무당도 다 하는 푸닥거리에 지나지 않는다. 그 이적이 의미하는 것, 그것을 통하여 전개되고 있는 로고스의 담론의 위대성에 눈을 뜨지 못하면 우리는 성경을 읽으면서 소경이 되어가고 있는 것이다. 구하라! 그러면 주실 것이요. 찾으라! 그러면 찾을 것이요. 보아라! 그러면 보일 것이니라! 아멘.

나병환자를 고치시는 예수(막 1:40~42) 렘브란트 1660, 암스테르담 왕립미술관, 171×146㎜

Chapter 10

제10장

RSV

1 "Truly, truly, I say to you, he who does not enter
the sheepfold by the door but climbs in by
another way, that man is a thief and a robber;
2 but he who enters by the door is the shepherd of
the sheep.
3 To him the gatekeeper opens; the sheep hear his
voice, and he calls his own sheep by name and
leads them out.
4 When he has brought out all his own, he goes
before them, and the sheep follow him, for they
know his voice.
5 A stranger they will not follow, but they will flee
from him, for they do not know the voice of
strangers."
6 This figure Jesus used with them, but they did
not understand what he was saying to them.

7 So Jesus again said to them, "Truly, truly, I say
to you, I am the door of the sheep.
8 All who came before me are thieves and robbers;
but the sheep did not heed them.
9 I am the door; if any one enters by me, he will be
saved, and will go in and out and find pasture.
10 The thief comes only to steal and kill and
destroy; I came that they may have life, and have
it abundantly.
11 I am the good shepherd. The good shepherd lays
down his life for the sheep.
12 He who is a hireling and not a shepherd, whose
own the sheep are not, sees the wolf coming and
leaves the sheep and flees; and the wolf snatches
them and scatters them.
13 He flees because he is a hireling and cares
nothing for the sheep.
14 I am the good shepherd; I know my own and my
own know me,
15 as the Father knows me and I know the Father;
and I lay down my life for the sheep.
16 And I have other sheep, that are not of this fold; I
must bring them also, and they will heed my
voice. So there shall be one flock, one shepherd.

17 For this reason the Father loves me, because I lay
down my life, that I may take it again.
18 No one takes it from me, but I lay it down of my
own accord. I have power to lay it down, and I
have power to take it again; this charge I have
received from my Father."
19 There was again a division among the Jews
because of these words.
20 Many of them said, "He has a demon, and he is
mad; why listen to him?"
21 Others said, "These are not the sayings of one
who has a demon. Can a demon open the eyes of
the blind?"
22 It was the feast of the Dedication at Jerusalem;
23 it was winter, and Jesus was walking in the
temple, in the portico of Solomon.
24 So the Jews gathered round him and said to him,
"How long will you keep us in suspense? If you
are the Christ, tell us plainly."
25 Jesus answered them, "I told you, and you do not
believe. The works that I do in my Father's name,
they bear witness to me;
26 but you do not believe, because you do not
belong to my sheep.

27 My sheep hear my voice, and I know them, and
they follow me;
28 and I give them eternal life, and they shall never
perish, and no one shall snatch them out of my
hand.
29 My Father, who has given them to me, is greater
than all, and no one is able to snatch them out of
the Father's hand.
30 I and the Father are one."
31 The Jews took up stones again to stone him.
32 Jesus answered them, "I have shown you many
good works from the Father; for which of these
do you stone me?"
33 The Jews answered him, "It is not for a good
work that we stone you but for blasphemy;
because you, being a man, make yourself God."
34 Jesus answered them, "Is it not written in your
law, 'I said, you are gods' ?
35 If he called them gods to whom the word of God
came (and scripture cannot be broken),
36 do you say of him whom the Father consecrated
and sent into the world, 'You are blaspheming,'
because I said, 'I am the Son of God' ?
37 If I am not doing the works of my Father, then do

not believe me;
38 but if I do them, even though you do not believe
me, believe the works, that you may know and
understand that the Father is in me and I am in
the Father."
39 Again they tried to arrest him, but he escaped
from their hands.
40 He went away again across the Jordan to the
place where John at first baptized, and there he
remained.
41 And many came to him; and they said, "John did
no sign, but everything that John said about this
man was true."
42 And many believed in him there.

신개역

1 "진실로 진실로 내가 너희에게 이르노니, 양의 우리
의 정문으로 들어가지 아니하고 다른 데로 넘어가는
자는 절도며 강도요,
2 정문으로 들어가는 이가 양의 목자라.
3 문지기는 그를 위하여 문을 열고, 양은 그의 음성을
듣나니, 그가 자기 양의 이름을 각각 불러 인도하여
내느니라.
4 자기 양을 다 내어 놓은 후에, 앞서 가면 양들이 그

의 음성을 아는 고로 따라 오며,
5 타인의 음성은 알지 못하는 고로 타인을 따르지 아니
하고, 도리어 도망하느니라."
6 예수께서 이 비유로 저희에게 말씀하셨으나, 저희는
그 하신 말씀이 무엇인지 알지 못하니라.
7 그러므로 예수께서 다시 이르시되, "진실로 진실로
내가 너희에게 말하노니, 나는 양 떼의 정문이라.
8 나보다 먼저 온 자는 다 절도요 강도니, 양들이 듣지
아니하였느니라.
9 내가 문이니 누구든지 나로 말미암아 들어가면 구원
을 얻고, 또 들어가며 나오며 꼴을 얻으리라.
10 도적이 오는 것은 도적질하고 죽이고 멸망시키려는
것뿐이요, 내가 온 것은 양으로 하여금 생명을 얻고
더 풍성히 얻게 하려는 것이라.
11 나는 선한 목자라. 선한 목자는 양들을 위하여 목숨
도 버리거니와,
12 삯군은 목자도 아니요, 양도 제 양이 아니라, 이리가
오는 것을 보면 양을 버리고 달아나나니, 이리가 양
을 늑탈하고 또 헤치느니라.
13 달아나는 것은 저가 삯군인 까닭에 양을 돌아보지 아
니함이나,
14 나는 선한 목자라. 내가 내 양을 알고 양도 나를 아
는 것이,
15 아버지께서 나를 아시고 내가 아버지를 아는 것 같으

니, 나는 양을 위하여 목숨을 버리노라.
16 또 이 우리에 들지 아니한 다른 양들이 내게 있어,
내가 인도하여야만 할 터이다. 저희도 내 음성을 듣
고 마침내 한 목자를 따라 한 무리가 될 것이다.
17 아버지께서 나를 사랑하시는 것은, 내가 다시 목숨을
얻기 위해 목숨을 버릴 줄 알기 때문이다.
18 아무도 내게서 목숨을 빼앗을 수 없다. 그러나 내가
스스로 버리노라. 나는 목숨을 버릴 권세도 있고 다
시 얻을 권세도 있으니, 이 계명은 내 아버지에게서
받았노라." 하시니라.
19 이 말씀을 인하여 유대인 사이에서 다시 분쟁이 일어
나니,
20 그 중에 많은 사람이 말하되, "저가 귀신 들려 미쳤
도다! 어찌하여 그의 말을 듣느뇨?" 하며,
21 혹은 말하되, "이 말은 결코 귀신 들린 자의 말이 아니
다. 귀신이 소경의 눈을 뜨게 할 수 있느냐?" 하더라.
22 예루살렘에 수전절(修殿節)이 이르니, 때는 겨울이라.
23 예수께서 성전 안 솔로몬 행각(行閣)에서 다니시니,
24 유대인들이 에워싸고 가로되, "당신이 언제까지나
우리 마음을 의혹케 하려나이까? 그리스도이시어든
밝히 말하시오." 하니,
25 예수께서 대답하시되, "내가 너희에게 말하였으되
너희가 믿지 아니하는도다. 내가 내 아버지의 이름으
로 행하는 일들이 나를 증언하는 것이어늘,

26 너희가 내 양이 아니므로 믿지 아니하는도다.
27 내 양은 내 음성을 들을 줄 알며, 나는 저희를 아노
니, 저희는 나를 따르느니라.
28 내가 저희에게 영생을 주노니, 영원히 멸망치 아니할
터이요, 또 저희를 내 손에서 빼아갈 자가 없느니라.
29 저희를 나에게 주신 내 아버지는 만유(萬有)보다 크시
매, 아무도 아버지 손에서 빼앗을 수 없느니라.
30 나와 아버지는 하나이니라." 하신대,
31 유대인들이 다시 돌을 들어 치려하거늘,
32 예수께서 대답하시되, "내가 아버지께로 말미암아
여러가지 선한 일을 너희에게 보였거늘, 그 중에 어
떤 일로 나를 감히 돌로 치려하느냐?"
33 유대인들이 대답하되, "선한 일을 인하여 우리가 너
를 돌로 치려는 것이 아니라, 참람(僭濫)함을 인함이
니, 네가 사람이 되어 자칭(自稱) 하나님이라 함이로
다."
34 예수께서 가라사대, "너희 율법에 기록된바, '내가
말하노라, 너희는 신(神)들이로다.'라고 하지 아니하
였느냐?
35 성경은 폐하지 못하나니, 하나님의 말씀을 받은 사람
들은 신들이라 규정하셨거늘,
36 하물며 아버지께서 거룩하게 하사 세상에 보내신 바
로 그가, '나는 하나님의 아들이라.' 말하는 것으로,
너희가 '너는 참람하다.'라고 말할 수 있겠느냐?

37 만일 내가 내 아버지의 일을 행치 아니하거든, 나를
믿지 말라.
38 그러나 내가 내 아버지의 일을 행하거든, 비록 나를
믿지 않더라도, 내가 행한 그 일은 믿으라. 그리하면
아버지께서 내 안에 계시고, 내가 아버지 안에 있음
을 깨달아 알리라." 하신대,
39 저희가 다시 예수를 잡고자 하였으나, 그 손에서 벗
어나 피하시니라.
40 예수께서 다시 저편 요한이 처음으로 세례주던 곳에
가사, 거기 거하시니,
41 많은 사람이 왔다가 말하되, "요한은 아무 표적도 행
치 아니하였으나, 요한이 이 사람에 관하여 한 말은
모두 참이었다." 하더라.
42 그리하여 거기서 많은 사람이 예수를 믿으니라.

강해 22절의 수전절(修殿節, Feast of Dedication)은 히브리성경에 기록되지 않은 유일한 유대인 축제인데 하눗카(Hanukkah)라고 부른다. BC 167년 키슬레브(Kislev, 12월) 25일 셀루시드왕조의 안티오쿠스 에피파네스(Antiochus Epiphanes)는 유대인을 완전히 헬라화 하기 위하여 하씨딤과 같은 유대정통파를 탄압하고 유대교를 박해하며 예루살렘 성전을 이방인의 제식으로 오염시키고 이방 신상(神像)을 섬길 것을 요구하였다. 제사장인 맛타티아스(Mattathias)와 그의 다섯 아들이 셀루시드왕에게 반란을 일으켰다. 맛타티아스가 죽은 후 그

를 이은 아들 유다 마카비우스(Judas Maccabeus)는 반란을 잘 이끌어 셀루시드군대를 여러 곳에서 무찌르고 예루살렘을 탈환하였다. 예루살렘성전을 정화하고 성소를 다시 짓고 성전뜰을 다시 봉헌하고 제단과 성기(聖器)를 다시 만들었다. BC 164년 키슬레브 25일, 제단이 오염된 날로부터 정확히 3년만에 새로운 제단이 봉헌되고 제사와 노래와 음악과 즐거운 예배가 8일 동안 계속되었다. 이 축제는 그 뒤로 매년의 명절로 고착되었다. 이것을 수전절이라 부른다. 마카비우스왕조가 성립되지 않았더라면 유대민족의 유일신앙도 역사의 기억으로만 남았을지도 모른다.

30절의 "나와 아버지는 하나이시다" 기억해둘만한 요한복음의 메시지이다.

34절의 성경구절은 시편 82장 6절을 인용한 것이다. 요한은 셉츄아진트의 문장을 정확하게 인용하고 있다. 그것은 이스라엘의 재판관들이 신적인 판단을 내리므로 인간의 형상을 한 신들이라는 것을 말한 것이다. 그러나 문맥상 별로 의미가 합당한 인용은 아니다. 예수가 자기를 변호하기 위하여 아전인수격으로 인용한 것이다. 물론 요한의 지식범위내에서 궁색하게 그 맥락을 꿰맞춘 것이다. 신약에 나오는 모든 구약인용이 크게 의미있는 것은 없다. "나와 아버지가 하나"라는 장쾌한 의미맥락을 어떠한 경우에도 시편구절의 의미로 축소시킬 수는 없다.

* 33절, 36절에 나오는 "참람"이라는 글자가 대한성서공회의 『관주 성경전서』에 "僣濫"으로 되어 있는데, "僣"이라는 글자가 약자로서 통용되기는 하지만 본래 음도 다르고 뜻도 다른 별자(別字)이다. 성서에 쓰는 것은 합당치 아니하다. 제대로 된 본래의 글씨를 써야 한다. "僭濫"이 되어야 마땅한 것이다. 『자휘 字彙』에 僭은 僣으로 쓰는 것은 잘못된 것이라고 못박고 있다. "僣"은 음이 "철"이며 뜻도 "교활하다"는 의미이다. 참(僭)이란 노(魯)나라 대부 계씨(季氏)가 신분을 뛰어넘어 윗사람의 법도를 행하는 등의 불손한 짓을 포폄하는 말로써 잘 쓰이는데 『논어』에 그 용례가 있지는 아니하다. 사마천이 「공자세가」에서 "계씨가 공실을 넘나본다"(季氏亦僭於公室)고 말한 용례가 있다. 『춘추 春秋』의 「곡량전 穀粱傳」, 「공양전 公羊傳」, 「좌씨전 左氏傳」에 참(僭)의 용례가 나온다. 하여튼 내가 슬쩍슬쩍 보아도 이렇게 성경에 오식이 많으니, 유능한 교정자들에 의한 전면적 검토가 필요하다고 하겠다.

Chapter 11

제11장

RSV

1 Now a certain man was ill, Laz′arus of Bethany, the village of Mary and her sister Martha.

2 It was Mary who anointed the Lord with ointment and wiped his feet with her hair, whose brother Laz′arus was ill.

3 So the sisters sent to him, saying, "Lord, he whom you love is ill."

4 But when Jesus heard it he said, "This illness is not unto death; it is for the glory of God, so that the Son of God may be glorified by means of it."

5 Now Jesus loved Martha and her sister and Laz′arus.

6 So when he heard that he was ill, he stayed two days longer in the place where he was.

7 Then after this he said to the disciples, "Let us go into Judea again."

8 The disciples said to him, "Rabbi, the Jews were
but now seeking to stone you, and are you going
there again?"
9 Jesus answered, "Are there not twelve hours in
the day? If any one walks in the day, he does not
stumble, because he sees the light of this world.
10 But if any one walks in the night, he stumbles,
because the light is not in him."
11 Thus he spoke, and then he said to them, "Our
friend Laz′arus has fallen asleep, but I go to
awake him out of sleep."
12 The disciples said to him, "Lord, if he has fallen
asleep, he will recover."
13 Now Jesus had spoken of his death, but they
thought that he meant taking rest in sleep.
14 Then Jesus told them plainly, "Laz′arus is dead;
15 and for your sake I am glad that I was not there,
so that you may believe. But let us go to him."
16 Thomas, called the Twin, said to his fellow
disciples, "Let us also go, that we may die with
him."
17 Now when Jesus came, he found that Laz′arus
had already been in the tomb four days.
18 Bethany was near Jerusalem, about two miles off,

19 and many of the Jews had come to Martha and
Mary to console them concerning their brother.
20 When Martha heard that Jesus was coming, she
went and met him, while Mary sat in the house.
21 Martha said to Jesus, "Lord, if you had been
here, my brother would not have died.
22 And even now I know that whatever you ask
from God, God will give you."
23 Jesus said to her, "Your brother will rise again."
24 Martha said to him, "I know that he will rise
again in the resurrection at the last day."
25 Jesus said to her, "I am the resurrection and the
life; he who believes in me, though he die, yet
shall he live,
26 and whoever lives and believes in me shall never
die. Do you believe this?"
27 She said to him, "Yes, Lord; I believe that you
are the Christ, the Son of God, he who is coming
into the world."
28 When she had said this, she went and called her
sister Mary, saying quietly, "The Teacher is here
and is calling for you."
29 And when she heard it, she rose quickly and
went to him.

30 Now Jesus had not yet come to the village, but
was still in the place where Martha had met him.
31 When the Jews who were with her in the house,
consoling her, saw Mary rise quickly and go out,
they followed her, supposing that she was going
to the tomb to weep there.
32 Then Mary, when she came where Jesus was and
saw him, fell at his feet, saying to him, "Lord, if
you had been here, my brother would not have
died."
33 When Jesus saw her weeping, and the Jews who
came with her also weeping, he was deeply
moved in spirit and troubled;
34 and he said, "Where have you laid him?" They
said to him, "Lord, come and see."
35 Jesus wept.
36 So the Jews said, "See how he loved him!"
37 But some of them said, "Could not he who
opened the eyes of the blind man have kept this
man from dying?"
38 Then Jesus, deeply moved again, came to the
tomb; it was a cave, and a stone lay upon it.
39 Jesus said, "Take away the stone." Martha, the
sister of the dead man, said to him, "Lord, by

this time there will be an odor, for he has been
dead four days."

40 Jesus said to her, "Did I not tell you that if you
would believe you would see the glory of God?"

41 So they took away the stone. And Jesus lifted up
his eyes and said, "Father, I thank thee that thou
hast heard me.

42 I knew that thou hearest me always, but I have
said this on account of the people standing by,
that they may believe that thou didst send me."

43 When he had said this, he cried with a loud
voice, "Laz′arus, come out."

44 The dead man came out, his hands and feet
bound with bandages, and his face wrapped with
a cloth. Jesus said to them, "Unbind him, and let
him go."

신개역

1 어떤 병든 자가 있었으니, 이는 마리아와 그 언니 마
르다의 동네인 베다니에 살고 있었던 나사로라.

2 이 마리아는 향유를 주께 붓고 머리털로 주의 발을
씻기던 자요, 병든 나사로는 그의 오라비러라.

3 이에 그 자매가 예수께 사람을 보내어 가로되, "주
여! 보시옵소서. 당신께서 사랑하시는 자가 병들었나

이다." 하니,
4 예수께서 들으시고 가라사대, "이 병은 죽음에 이르
는 병이 아니라, 하나님의 영광을 위함이요, 이로 인
하여 하나님의 아들로 하여금 영광을 얻게 하려함이
라." 하시더라.
5 예수께서 본시 마르다와 그 여동생과 오빠 나사로를
지극히 사랑하셨더라.
6 그런데 나사로가 병들었다 함을 들으시고도 그 계시
던 곳에 이틀을 더 유(留)하시고,
7 그 후에 제자들에게 이르시되, "유대로 다시 가자!"
하시니,
8 제자들이 말하되, "랍비여! 방금까지도 유대인들이
돌로 당신을 치려하였는데, 또 그리로 가시려 하나이
까?"
9 예수께서 대답하시되, "낮은 열두시간이나 되지 아
니하냐? 사람이 낮에 걸어다니면 이 세상의 빛을 봄
으로 실족치 아니하고,
10 밤에 다니면 빛이 그 사람 안에 없는 고로 실족하느
니라."
11 이 말씀을 하신 후에, 또 가라사대, "우리 친구 나사
로가 잠들었도다. 그러나 내가 깨우러 가겠노라."
12 제자들이 예수께 가로되, "주여! 잠들었으면 낫겠나
이다." 하더라.
13 예수는 그의 죽음을 가리켜 말씀하신 것이나, 저희는

잠들어 쉬는 것을 가리켜 말씀하심인 줄 생각하는지
라.
14 이에 예수께서 밝히 이르시되, "나사로가 죽었느니
라.
15 내가 거기 있지 않았던 것을 너희를 위하여 기뻐하노
니, 이는 너희로 믿게 하려함이라. 그러나 이제 그에
게로 가자!" 하신대,
16 이 때 "쌍둥이"(디두모)라 불리는 도마가 동료 제자들
에게 말하되, "우리도 주와 함께 죽으러 가자!" 하니
라.
17 예수께서 와서 보시니, 나사로가 무덤에 있은 지 이
미 나흘이라.
18 베다니는 예루살렘에서 가깝기가 한 십리쯤(십오 스
타디아) 되매,
19 많은 유대인이 마르다와 마리아에게 그 오라비 일로
조문(弔問)하러 와 있었더라.
20 마르다는 예수 오신다는 말을 듣고, 곧 달려나가 맞
되, 여동생 마리아는 집에 앉아 있었더라.
21 마르다가 북받쳐 예수께 여짜오되, "주여! 당신께서
여기 계셨더라면, 내 오라비가 죽지 아니하였겠나이
다.
22 그러나 저는 이제라도 주께서 무엇이든지 하나님께
구하시는 것을 하나님께서 주실 줄로 아옵나이다."
23 예수께서 마르다에게 가라사대, "네 오라비가 다시

살리라."
24 마르다가 예수께 가로되, "마지막 날 부활시에는 그
가 다시 살 줄을 제가 아나이다."
25 예수께서 가라사대, "나는 부활이요 생명이니, 나를
믿는 자는 죽어도 살겠고,
26 무릇 살아서 나를 믿는 자는 영원히 죽지 아니하리
라. 이것을 네가 믿느뇨?"
27 마르다가 예수께 가로되, "그러하외다! 주여! 주는
그리스도시요, 세상에 오시는 하나님의 아들이신 줄
제가 믿나이다."
28 이 말을 하고 돌아가서, 가만히 여동생 마리아를 불
러 말하되, "선생님께서 오셔서 너를 부르신다." 하
니,
29 마리아가 이 말을 듣고, 급히 일어나 예수께로 달려
나아가매,
30 예수는 아직도 마을로 들어오지 아니하시고, 마르다
가 맞던 어귀에 그저 계시더라.
31 마리아와 함께 집에 있어 조문하던 유대인들이 그녀
가 급히 일어나 나가는 것을 보고, 곡(哭)하러 무덤에
가는 줄로 생각하고 따라 가더라.
32 마리아가 예수 계신 곳에 와서 예수를 뵙고 그 발 앞
에 엎드리어 가로되, "주여! 주께서 여기 계셨더라면
제 오라비가 죽지 아니하였겠나이다." 하더라.
33 예수께서 마리아가 흐느껴 우는 것과 또 함께 온 유

대인들이 같이 우는 것을 보시고, 심령에 통분히 여
기시고 민망함을 금치 못하셨더라.
34 예수께서 가라사대, "나사로를 어디 두었느냐?" 그
들이 가로되, "주여! 와서 보옵소서." 하니,
35 예수께서 눈물을 흘리시더라.
36 이에 유대인들이 말하되, "보라! 그가 얼마나 나사로
를 사랑하였는가!" 하며,
37 그중 어떤 이는 말하되, "소경의 눈을 뜨게 한 이 사
람이 나사로는 죽지 않게 할 수는 없었단 말이냐?"
하더라.
38 이에 예수께서 다시 맘속으로 통분히 여기시며, 무덤
에 가시니, 무덤이 굴이라 돌로 막았거늘,
39 예수께서 가라사대, "돌을 옮겨놓으라!" 하시니, 그
죽은 자의 누이 마르다가 가로되, "주여! 이제 죽은
지가 나흘이 되었으매 썩는 냄새가 펄펄 날 것이외
다."
40 예수께서 가라사대, "네가 믿으면 곧 하나님의 영광
을 보리라 내가 말하지 아니하였느냐?" 하신대,
41 돌을 옮겨 놓으니, 예수께서 눈을 들어 우러러 보시
고 가라사대, "아버지시여! 내 말을 들으신 것을 감
사하나이다.
42 항상 내 말을 들으시는 줄을 내가 알았나이다. 그러
나 이 말씀을 드리옵는 것은 둘러선 무리를 위함이오
니, 곧 아버지께서 나를 보내신 것을 저희로 믿게 하

려 함이오니이다."
43 이 말씀을 마치시고, 큰 소리로, "나사로야! 나오너
라!" 부르시니,
44 죽은 자가 손과 발을 베로 동인 채로 나오는데, 그
얼굴은 수건에 싸였더라. 예수께서 가라사대, "풀어
놓아라! 다니게 하라!" 하시니라.

"나사로야! 나오너라!"

렘브란트 1642, 114×149㎜

강해 우리는 여기서 비로소 예수의 눈물을 본다. 북받쳐 흐느끼는 예수의 눈물을 본다. 심령이 통분하여 어쩔 줄을 모르는 인간 예수의 모습을 본다. 이 흐느끼는 예수! 이 예수를 어찌 이적의 주인공으로만 해석할 수 있으리오? 자기가 살릴 것을 예견하고, 사태의 알파 오메가를 다 조정하는 프로그래머였다고 한다면 어찌 이러한 감정의 북받침이 있을 수 있단 말인가? 여기 이 심볼리즘을 제대로 읽어야 한다. 예수는 이적사가 아니요 마술사가 아니다. 그는 인자(人子), 즉 사람의 자식일 뿐이다. 사랑하는 사람들과 같이 눈물을 흘리고, 죽은 사람이라도 살려내고 싶은 생명의 가슴으로 가득 찬 한 인간일 뿐이다.

이 나사로의 일으킴(The Raising of Lazarus)의 이적설화는 7개의 이적설화 중에서 최후의 이적이다. 그런데 이미 요한복음의 중간에 위치하고 있다. 여기에는 요한의 놀라운 드라마적 감각이 숨어있는 것이다. 그는 이적설화를 전반에 다 배치해버림으로써 예수의 부활의 의미를 더 강렬하게 부각시키고 있다.

예수는 요단강 건너편으로 멀리 도망가 있었다. 그런데 사랑하는 사람들이 있는 나사로의 집으로 간다는 것은 예루살렘에서 불과 10리밖에 안 떨어진 유대인들의 소굴로 다시 들어가는 것을 의미한다. 예수는 다시 자신의 죽음의 소굴로 들어가야 하는 것이다. 자기를 죽이려고 하는 모든 위험과 위협이 도사리고 있는 죽음의 환경으로 다시 들어가는 것을 의미한다. 그래서 쌍둥이 도마는 말한다: "주와 함께 죽으러 갑시다!" 죽으러 가자! 죽으러 가자! 그런데 아이러니칼하게도 예수는 사람을 살리러 가는 것이다.

즉 죽음 속에서 살림을 선언하는 케리그마의 상징이 바로 "나사로의 일으킴"이라는 최후의 징표적 도전인 것이다. 그것은 "나사로의 일으킴"이 아니라 사실은 예수자신의 죽음과 부활을 강력한 증표로서 드러내는 드라마적 장치이다. 모든 표징은 이적이라는 인과성의 거부에 있는 것이 아니라 하나님의 역사를 있는 그대로 드러내는 지상의 사건일 뿐이다.

죽음이란 무엇인가? 그것은 유기체에 있어서 엔트로피의 증가의 극한이다. 그것은 프토라(phthora, *φθορά*) 즉 썩음의 지배이다. 부활이란 무엇인가? 그것은 바로 그러한 죽음을 향해 서둘기만 하는 우리 삶의 행로의 역전(conversion)이다. 그것은 엔트로피의 증가를 거부하는 유기체의 엔트로피 감소의 역전인 것이다. 그것은 썩음의 지배가 아니라, 살림, 즉 조오포이에시스(zōopoiēsis, *ζωοποίησις*)의 지배를 말하는 것이다. 나사로의 살림은 죽음에 대한 생명의 승리를 나타내는 일대 사건인 것이다. 아리러니칼하게도 이러한 지상에서의 죽음의 극복이라는 극적 사건을 계기로 예수는 수난과 죽음의 길을 걸어가게 되는 것이다. 예수는 나사로를 살리고, 자신은 죽으러 간다. 양떼의 선한 목자는 양들을 살리기 위하여 죽을 줄을 안다. 그들에게 생명을 얻게 하기 위하여 자신의 목숨을 버릴 줄 알기 때문에 비로소 하나님의 아들이라 일컬음을 얻을 수 있는 것이다. 아무도 나에게서 목숨을 빼앗을 수 없다. 오로지 나 스스로 버리노라!

한국의 교계는 지나치게 부활만을 생각하고 이적만을 강조하며 예수의 고난과 죽음을 생각치 아니한다. 예수의 십자가를 생각치 아니하고 부활의 영광만 생각하고 나사로의 이적만 생각하는 것이다. 나사로의 일으킴이 곧 그 자신의 죽음의 실천의 시작이라는 상징성을 깨닫지 못하는 것이다. 예수는 일찍이 말하지 않았던가?

> 아무든지 나를 따라 오려거든, 자기를 부정하고, 자기 십자가를 지고, 나를 좇을 것이니라, 누구든지 제 목숨을 구원코자 하면 잃을 것이요, 누구든지 나를 위하여 제 목숨을 잃으면 찾으리라!(마 16:24~25)

죽음만이 생명인 것이다. 로마형법관습에 십자가 처형은 교외에서 이루어진다. 따라서 시내로부터 먼 길을 사형받는 자가 자기 십자가를 스스로 지고 걸어가야 하는 것이다. 죽으러 가기 위해 자기 십자가를 스스로 걸머메고 고난의 행군을 해야 비로소 죽을 수 있는 것이다. 고난의 행군은 무엇인가? 예수는 말한다. "자기의 부정"(The Denial of Self)이다. 자기의 버림이다. 이기적 육욕의 모든 것을 버리지 않으면 그 십자가 행군을 감내할 길이 없는 것이다. 이것이 도대체 불교의 멸집(滅執, nirodha)이나 무아(無我, anātman)와 무엇이 다르단 말인가?

예수는 말한다: "나는 부활이요 생명이다!"(25) 도대체 이 말을 듣는 순간 왈칵 눈물을 흘리지 않는 사람이라면 제발 이 요한복음을 덮으라! 어려서부터 고사리 손길을 호호 불어가며 어머님 앞에서 이 구절을 외웠을 때, 고난의 순간에 이 구절이 떠오를 때 어찌 눈물이 흐르지 아니하는 순간이 있었으리오!

당시 헬레니즘사회는 썩어가고 있었다. 플라토니즘도, 아리스토텔리아니즘도, 스토이시즘도, 피타고리아니즘도, 에피큐리아니즘도, 로마 황제의 권력도 모조리 썩어가고 있었다. 그 썩음의 무기력에 신음하고 있었던 헬레니즘의 지성인들에게 던져진 나사로의 이적은, 그 죽음에 대한 승리의 징표는 그 자체로 하나의 혁명이었고, 프토라(파멸, 썩음)의 지배를 거부하는 새로운 생명이었고 생수였고 영생이었다(Dodd, *Interpretation* 366).

2절에서 향유를 붓는 마리아의 모습은 요한복음에서는 그 이전에 나오지 않았다. 뒤의 12장에서 나올 사건을 미리 제시하고 있는 문학적 기법이다. 향유를 붓는 마리아의 모습이 당대 사람들에게 복음서의 캐릭터로서 숙지되고 있었다는 것을 말해준다.

9절의 내용은 9:4의 내용과 관련된다.

10절의 내용은 상식적으로 정확하게 이해하기 어렵다. 그러나 옛 사람들은 눈에 빛의 반사가 들어와서 보게 된다는 광학적 사실에 대한 생각이 분명하게 없었다. 나 존재 밖의 빛과 나 존재 내면의 빛은 상관관계가 있다고 생각하였다. 밖에 빛이 없는 것은 곧 내 몸속에 빛이 없다는 뜻도 된다. 『도마복음서』 제24조에도 비슷한 내용이 있다.

41~42절의 예수의 기도는 하나님께 간구하는 것이 아니라, 이미 들어준 데에 대한 감사로 나타나고 있다. 다시 말하면 신의 아들에게는 청원의 기도가 불필요한 것이다. 그의 기도는 그 주위에 서 있는 무리를 위한 것이다. 그가 하나님께 청원을 하지 않았어도 이적이 나타난다는 것은 오로지 이적이 그에게 선사된 신의 은사로서 이해될 때만이 바르게 파악된다는 것이다. 예수는 마술사가 아니며, 자신의 실력을 과시하면서 행동하거나, 자기 자신의 영광을 구하는 신적 인간이 아니다. 신이 보낸 자로서 스스로는 아무 것도 행하지 않고 아버지가 그에게 지시한 것만을 행하는 자로서 파악될 때만이 예수는 참된 예수인 것이다(*BG* 408).

RSV

45 Many of the Jews therefore, who had come with
Mary and had seen what he did, believed in him;
46 but some of them went to the Pharisees and told

them what Jesus had done.
47 So the chief priests and the Pharisees gathered
the council, and said, "What are we to do? For
this man performs many signs.
48 If we let him go on thus, every one will believe
in him, and the Romans will come and destroy
both our holy place and our nation."
49 But one of them, Ca'iaphas, who was high priest
that year, said to them, "You know nothing at all;
50 you do not understand that it is expedient for you
that one man should die for the people, and that
the whole nation should not perish."
51 He did not say this of his own accord, but being
high priest that year he prophesied that Jesus
should die for the nation,
52 and not for the nation only, but to gather into one
the children of God who are scattered abroad.
53 So from that day on they took counsel how to put
him to death.
54 Jesus therefore no longer went about openly among
the Jews, but went from there to the country near
the wilderness, to a town called E'phraim; and
there he stayed with the disciples.
55 Now the Passover of the Jews was at hand, and

many went up from the country to Jerusalem
before the Passover, to purify themselves.
56 They were looking for Jesus and saying to one
another as they stood in the temple, "What do
you think? That he will not come to the feast?"
57 Now the chief priests and the Pharisees had
given orders that if any one knew where he was,
he should let them know, so that they might
arrest him.

신개역

45 마리아에게 와서 예수의 하신 일을 본 많은 유대인들
이 예수를 믿었으나,
46 그 중에 어떤 자는 바리새인들에게 가서 예수의 하신
일을 고하니라.
47 이에 대제사장들과 바리새인들이 공회(公會)를 모으
고 가로되, "이 사람이 많은 표적을 행하니, 우리가
어떻게 하겠느냐?
48 만일 저를 이대로 두면 모든 사람이 저를 믿을 것이
요, 그리고 로마인들이 와서 우리의 신성한 땅과 민
족을 빼앗아 가리라." 하니,
49 그 중에 한 사람, 그 해 대제사장인 가야바가 저희에
게 말하되, "너희가 아무 것도 알지 못하는도다.
50 한 사람이 백성을 위하여 죽어서, 온 민족이 망하지

않게 되는 것이, 너희에게 유익한 줄을 생각치 못하
는도다." 하였으니,
51 이 말은 가야바가 자기 개인 생각대로 한 것이 아니
요, 그 해의 대제사장으로서, 예수께서 그 민족을 위
하여 죽으시고,
52 또 그 민족만 위할 뿐 아니라, 세계로 흩어진 하나님
의 자녀들을 모아 하나가 되게 하기 위하여 죽으실
것임을 예언한 것이었다.
53 이날부터는 저희가 예수를 죽이려고 모의 하니라.
54 그러므로 예수께서 다시 유대인 가운데 드러나게 다
니지 아니하시고, 여기를 떠나 빈 들 가까운 곳인 에
브라임이라는 동네에 가서, 제자들과 함께 거기 유하
시니라.
55 유대인의 유월절(逾越節)이 가까우매, 많은 사람들이
자기를 성결(聖潔)케 하기 위하여, 유월절 전에 시골
서 예루살렘으로 올라갔더라.
56 저희가 예수를 찾으며 성전(聖殿)에 서서 서로 말하
되, "너희 생각에는 어떠하뇨? 예수가 명절에는 나
타나지 아니하겠느냐?" 하니,
57 이는 대제사장들과 바리새인들이 누구든지 예수 있
는 곳을 알거든 고하여 잡게 하라고 명령하였음이러
라.

강해 이제 드디어 본격적인 예수사냥이 시작되었다. 예수를 죽이려는 음모가 꾸며지고 있는 것이다. 그 직접적 동기를 "성전의 뒤엎음"의 사건에 둔 공관복음서 기술태도와는 달리 "나사로의 살림"에 연관시켰다는데 요한복음 저자의 로고스기독론적 철저성과 고차원성이 있다. 즉 죽음과 부활이라는 종말론적 테마를 일관시키고 있는 것이다.

가야바는 AD 18년부터(로마총독 발레리우스 그라투스 Valerius Gratus가 대제사장으로 임명) AD 36년까지 18년간 산헤드린의 의장노릇을 했으며, 본디오 빌라도와 함께 실권한 실존인물이다(마 26:57, 눅 3:2, 행 4:6). 그의 판단력은 치밀했다. 국제정세의 리얼리즘을 고려해서 정치적으로 신중해야 한다는 것이고, 무엇보다도 집권당에게 유리한 행동을 해야 한다는 것이다. 그의 정의는 편의였다. 그러나 요한의 해석은 매우 기독론적 시각에서 펼쳐지고 있다. 산헤드린 의장으로서의 그의 판결은, 아니 그의 음모는, 오히려 하나님의 영광을 드러내는 소명의 행위라는 것이다. 예수가 하나 죽음으로써 이스라엘 민족이 구원을 얻고, 전 세계로 흩어진 하나님의 자녀들을 하나로 뭉치게 만드는 구심점을 창출해낼 수 있다는 것이다. 예수의 수난을 기술하는 요한의 붓은 긴장과 여유를 동시에 보이고 있으며 로고스기독론의 세계사적 의미를 이미 예언하고 있는 것이다.

예수의 죽음은 10:16에서 "우리에 들지 아니한 다른 양들이 내게 있어, 그들마저 내가 인도해야만 하겠다. 저희도 내 음성을 듣고 마침내 한 목자를 따라 한 무리가 될 것이다."라고 한 예언을 실현하는 것으로서 이미 복음서 저자에 의하여 파악되고 있다. 그는 예수의 죽음의 세계사적 의의를 미리 예견하고 있는 것이다. 참으로 놀라운 통찰이라 말하지 않을 수 없다. 요한이 아니었더라면 과연 기독교가 세계종교가 되었을까? 요한복음을 읽으면서 내내 생각해볼 일이다.

55절의 유월절은 요한복음에 3번째 등장한다. 첫 번째는 2:13, 두 번째는 6:4에 나타난다. 두 번째는 예루살렘에 올라가지는 않았다. 이 요한복음의 기사를 근거로 예수의 공생애를 AD 28년에서 시작한 것으로 보고(헤롯이 성전을 신축한지 46년째. 요 2:20), 예수의 죽음을 AD 30년으로 추산하게 되는 것이다.

Chapter 12

제12장

RSV

1 Six days before the Passover, Jesus came to Bethany, where Laz′arus was, whom Jesus had raised from the dead.

2 There they made him a supper; Martha served, and Laz′arus was one of those at table with him.

3 Mary took a pound of costly ointment of pure nard and anointed the feet of Jesus and wiped his feet with her hair; and the house was filled with the fragrance of the ointment.

4 But Judas Iscariot, one of his disciples (he who was to betray him), said,

5 "Why was this ointment not sold for three hundred denarii and given to the poor?"

6 This he said, not that he cared for the poor but because he was a thief, and as he had the money box he used to take what was put into it.

7 Jesus said, "Let her alone, let her keep it for the
day of my burial.
8 The poor you always have with you, but you do
not always have me."
9 When the great crowd of the Jews learned that he
was there, they came, not only on account of
Jesus but also to see Laz′arus, whom he had
raised from the dead.
10 So the chief priests planned to put Laz′arus also
to death,
11 because on account of him many of the Jews
were going away and believing in Jesus.
12 The next day a great crowd who had come to the
feast heard that Jesus was coming to Jerusalem.
13 So they took branches of palm trees and went out
to meet him, crying, "Hosanna! Blessed is he
who comes in the name of the Lord, even the
King of Israel!"
14 And Jesus found a young ass and sat upon it; as
it is written,
15 "Fear not, daughter of Zion;
behold, your king is coming,
sitting on an ass's colt!"
16 His disciples did not understand this at first; but

when Jesus was glorified, then they remembered
that this had been written of him and had been
done to him.
17 The crowd that had been with him when he
called Laz′arus out of the tomb and raised him
from the dead bore witness.
18 The reason why the crowd went to meet him was
that they heard he had done this sign.
19 The Pharisees then said to one another, "You see
that you can do nothing; look, the world has
gone after him."
20 Now among those who went up to worship at the
feast were some Greeks.
21 So these came to Philip, who was from Beth-sa′ida
in Galilee, and said to him, "Sir, we wish to see
Jesus."
22 Philip went and told Andrew; Andrew went with
Philip and they told Jesus.
23 And Jesus answered them, "The hour has come
for the Son of man to be glorified.
24 Truly, truly, I say to you, unless a grain of wheat
falls into the earth and dies, it remains alone; but
if it dies, it bears much fruit.
25 He who loves his life loses it, and he who hates

his life in this world will keep it for eternal life.
26 If any one serves me, he must follow me; and
where I am, there shall my servant be also; if any
one serves me, the Father will honor him.
27 "Now is my soul troubled. And what shall I say?
'Father, save me from this hour' ? No, for this
purpose I have come to this hour.
28 Father, glorify thy name." Then a voice came
from heaven, "I have glorified it, and I will
glorify it again."
29 The crowd standing by heard it and said that it
had thundered. Others said, "An angel has
spoken to him."
30 Jesus answered, "This voice has come for your
sake, not for mine.
31 Now is the judgment of this world, now shall the
ruler of this world be cast out;
32 and I, when I am lifted up from the earth, will
draw all men to myself."
33 He said this to show by what death he was to die.
34 The crowd answered him, "We have heard from
the law that the Christ remains for ever. How can
you say that the Son of man must be lifted up?
Who is this Son of man?"

35 Jesus said to them, “The light is with you for a
little longer. Walk while you have the light, lest
the darkness overtake you; he who walks in the
darkness does not know where he goes.
36 While you have the light, believe in the light,
that you may become sons of light.” When Jesus
had said this, he departed and hid himself from
them.
37 Though he had done so many signs before them,
yet they did not believe in him;
38 it was that the word spoken by the prophet Isaiah
might be fulfilled:

> “Lord, who has believed our report,
> and to whom has the arm of the Lord
> been revealed?”

39 Therefore they could not believe. For Isaiah
again said,

40
> “He has blinded their eyes and
> hardened their heart, lest they should
> see with their eyes and perceive with
> their heart, and turn for me to heal
> them.”

41 Isaiah said this because he saw his glory and
spoke of him.

42 Nevertheless many even of the authorities
believed in him, but for fear of the Pharisees they
did not confess it, lest they should be put out of
the synagogue:
43 for they loved the praise of men more than the
praise of God.
44 And Jesus cried out and said, "He who believes
in me, believes not in me but in him who sent
me.
45 And he who sees me sees him who sent me.
46 I have come as light into the world, that whoever
believes in me may not remain in darkness.
47 If any one hears my sayings and does not keep
them, I do not judge him; for I did not come to
judge the world but to save the world.
48 He who rejects me and does not receive my
sayings has a judge; the word that I have spoken
will be his judge on the last day.
49 For I have not spoken on my own authority; the
Father who sent me has himself given me
commandment what to say and what to speak.
50 And I know that his commandment is eternal
life. What I say, therefore, I say as the Father has
bidden me."

신개역

1 유월절 엿새 전에, 예수께서 베다니에 이르시니, 이
곳은 예수께서 죽은 자 가운데서 살려내신 나사로가
사는 곳이라.
2 거기서 예수를 위하여 잔치할새, 마르다는 일을 보
고, 나사로는 예수와 함께 앉은 자 중에 있더라.
3 마리아는 지극히 비싼 향유 곧 순전한 나드 한 되(일
리트라)를 가져다가 예수의 발에 붓고 자기 머리털로
그의 발을 씻으니, 향유냄새가 집에 가득하더라.
4 제자 중 한사람으로서 예수를 잡아넘길 가룟 유다가
말하되,
5 "이 향유를 어찌하여 삼백 데나리온에 팔아 가난한
자들에게 나눠주지 아니하였느냐?" 하니,
6 이렇게 말함은 가난한 자들을 생각함이 아니요, 저는
도적이라, 돈궤를 맡고, 거기 들어오는 것을 훔쳐가
곤 했기 때문이러라.
7 예수께서 가라사대, "저를 가만 두어라. 나의 장사날
을 위하여 저 여인이 오늘 일을 간직하도록 하라.
8 가난한 자들은 항상 너희와 함께 있거니와, 너희는
항상 나와 함께 있지 아니하리라." 하시니라.
9 유대인의 큰 무리가 예수께서 여기 계신 줄을 알고
오니, 이는 예수 때문만은 아니요, 예수께서 죽은 자
가운데 살리신 나사로를 보고싶어 했기 때문이러라.
10 대제사장들이 나사로까지 죽이려고 모의(謀議)하니,

11 나사로 때문에 많은 유대인들이 몰려가서 예수를 믿
음이러라.
12 그 이튿날에는 명절에 온 큰 무리가 예수께서 예루살
렘으로 오신다함을 듣고,
13 종려나무 가지를 가지고 맞으러 나가 외치되, "호산
나! 복이 있으리로다! 주의 이름으로 오시는 이 곧
이스라엘의 왕이시여!" 하더라.
14 예수는 한 어린 나귀를 얻어, 올라타시니, 이는 기록
된 바,
15 "두려워 말라, 시온의 딸아. 보라!
너의 왕이 나귀새끼를 타고 오신다."
함과 같더라.
16 예수의 제자들은 처음에 이 일을 깨닫지 못하였다가,
예수께서 영광을 얻으신 후에야, 이것이 예수께 대하
여 기록된 것임과 사람들이 예수께 이같이 한 것인줄
생각났더라.
17 나사로를 무덤에서 불러내어 죽은 자 가운데서 살리
실 때에 함께 있던 무리가 증언한지라.
18 이에, 무리가 예수를 맞이함은, 이 표적 행하심을 들
었음이러라.
19 바리새인들이 서로 말하되, "볼지어다. 너희 하는 일이
소용없도다. 보라! 온 세상이 저를 좇는도다!" 하니라.
20 명절에 예배하러 올라온 사람 중에 헬라인 몇이 있었
는데,

21 저희가 갈릴리 벳새다 사람 빌립에게 가서, 청하여
가로되, "선생이시여! 우리가 예수를 뵈옵고자 하나
이다." 하니,
22 빌립이 안드레에게 가서 말하고, 안드레와 빌립이 예
수께 가서 여짜온대,
23 예수께서 대답하여 가라사대, "인자(人子)가 영광을
얻을 그 때가 왔도다.
24 진실로 진실로 내가 너희에게 이르노니, 한 알의 밀
이 땅에 떨어져 죽지 아니하면, 한 알 그대로 있고,
죽으면 많은 열매를 맺느니라.
25 자기 생명을 사랑하는 자는 잃어버릴 것이요, 이 세
상에서 자기 생명을 미워하는 자는 영생토록 보존(保
存)하리라.
26 누구든 나를 섬기려면 나를 따르라! 나 있는 곳에 나
를 섬기는 자도 같이 있으리니, 사람이 나를 섬기면
내 아버지께서 저를 귀히 여기시리라.
27 지금 내 마음이 초조(焦燥)하니 무슨 말을 하리오?
'아버지시여! 나를 구원하여 이 때를 면케 하소서'
라고 하오리까? 아니로다! 바로 이 목적을 위하여 이
때까지 왔노라!
28 아버지시여! 아버지 이름을 영광스럽게 하옵소서."
하시니, 이에 하늘에서 소리가 나서 가로되, "내가
이미 영광스럽게 하였고 또다시 영광스럽게 하리
라." 하신대,

29 곁에 서서 들은 무리는 우뢰가 울었다고도 하며, 또
어떤 이들은 말하기를 "한 천사가 저에게 말하였다."
라고도 하더라.
30 예수께서 대답하여 가라사대, "이 소리가 난 것은 나
를 위한 것이 아니요, 너희를 위한 것이니라.
31 이제 이 세상의 심판이 이르렀으니, 이 세상 임금이
쫓겨나리라.
32 내가 땅에서 들려 올려질 때, 나는 모든 사람을 나에
게로 이끌겠노라." 하시니,
33 이렇게 말씀하심은 자기가 어떠한 죽음으로 죽을 것
인가를 보이심이러라.
34 이에 무리가 대답하되, "우리는 율법에서 그리스도
가 영원히 계신다함을 들었노라. 너는 어찌하여 인자
(人子)가 들려야 하리라 하느냐? 이 인자는 누구뇨?"
35 예수께서 가라사대, "아직 잠시동안 빛이 너희와 함
께 있을 동안에 걸어 다녀라! 어둠이 너를 붙잡지 않
게 하라! 어둠에 다니는 자는 그 가는 곳을 알지 못
하느니라.
36 너희에게 아직 빛이 있을 동안에, 빛을 믿으라. 그리
하면 너희는 빛의 아들이 되리라." 예수께서 이 말씀
을 하시고, 저희를 떠나가서 숨으시니라.
37 이렇게 많은 표적을 저희 앞에서 행하셨으나, 저희는
예수를 믿지 아니하였으니,
38 이는 선지자 이사야의 말씀을 이루려 하심이라. 가

로되,

"주여! 우리에게 들려주신 이 소식을 누
가 곧이 믿사옵겠나이까? 주님의 팔이
뉘게 나타났나이까?"

하였더라.

39 저희가 능히 믿지 못한 것은 이 까닭이니 곧 이사야
가 다시 일렀으되,

40 "주님께서 저희눈을 멀게 하시고,
저의 마음을 완고하게 하셨도다!
저희로 하여금 눈으로 보지 못하도록,
마음으로 깨닫지 못하도록,
나에게 돌아와 고침을 받지 못하도록."

하였음이더라.

41 이사야가 이렇게 말한 것은, 그가 예수의 영광을 미
리 보았기 때문이었다. 그는 예수에 관하여 말한 것
이다.

42 그러나 관원 중에도 예수를 믿는 사람이 많았더라.
그들은 바리새인들을 꺼려 드러나게 고백하지 못하
니, 이는 파문당할까 두려워함이라.

43 저희는 사람의 영광을 하나님의 영광보다 더 사랑하
였더라.

44 예수께서 외쳐 가라사대, "나를 믿는 자는 나를 믿는
것이 아니요, 나를 보내신 이를 믿는 것이며,

45 나를 보는 자는 나를 보내신 이를 보는 것이니라.

46 **나는 빛으로 세상에 왔나니, 무릇 나를 믿는 자로 하**
여금 어둠에 거하지 않게 하려 함이로라.
47 **사람이 내 말을 듣고 지키지 아니할지라도, 내가 저**
를 심판하지 아니하노라. 내가 온 것은 세상을 심판
하려 함이 아니요, 세상을 구원하려 함이로라.
48 **나를 저버리고 내 말을 받지 아니하는 자를 심판할**
이가 따로 계시다. 내가 한 바로 그 말이 마지막 날
에 저희를 정죄(定罪)하리라.
49 **내가 내 자의로 말한 것이 아니요, 나를 보내신 아버**
지께서 내가 말할 것과 내가 이를 것을 친히 명령하
여 주셨으니,
50 **나는 그의 명령이 영생인 줄 아노라. 그러므로 내가**
말하는 것은 내 아버지께서 내게 말씀하신 그대로,
말하는 것이니라." 하시니라.

강해 이제 예수의 공적인 선교는 막을 내린다. 이제부터 예수는 그의 제자들과 사적 접촉만을 갖는다. 마지막 구절에도 종말론적 냄새가 배어있다. 아버지의 명령이 곧 영생이다. 그 명령은 죽음의 명령이다. 그러나 그 죽음은 영생이다.

파스카(*πάσχα*)는 유월절(逾越節)로 번역하는 것이 제일 좋다. 영어로도 "패스오버"(Passover)인데 "넘어간다"는 뜻이다. 출애굽기 11~12장에 나오는 애굽에서의 마지막 재앙으로, 상인방과 양 문설

주에 양의 피를 바르면 재앙이 그 집을 습격하지 않고 피해 넘어간다는 뜻이다. 넘을 유, 넘을 월! 유월(逾越)은 『춘추좌씨전』에 그 용례가 나오는 매우 합당한 말이다. 그런데 이런 좋은 말을, "과월절" 이니, "해방절" 하는 따위의 조잡한 말로 바꿔쓰는 경향이 있는데 반성을 촉구한다. 개역한글판의 용어는 명백한 오류가 아닌 이상에는 그대로 고수되어야 한다. 한학에 배경이 없는 천박한 학식을 가지고 개악(改惡)만을 일삼으며 그것이 신학문이라고 생각하는 일반적인 성향은 바람직하지 못하다.

1~11의 고사는 예수를 "유대인의 왕으로서 기름부음을 받는 메시아" 의 이미지로서 그리고 있다. 이것은 예수 스스로 세속적 의미에서의 메시아로서의 자기인식이 없다고 하는 요한의 사상과 위배된다. 그러나 이러한 상징성 속에는 속제(俗諦, loka-saṃvṛti-satya)와 진제(眞諦, paramārtha-satya)가 같이 들어있다는 것을 유념할 필요가 있다. 요한복음 전편을 지배하는 개념들 속에는 항상 진속(眞俗) 이제(二諦)가 항상 같이 작동하고 있다. 예수에게 기름붓는 자가 연약한 여인이라는 데 또한 예수의 인자(人子)로서의 위대성이 있다. 예수는 "유대인의 왕" 이긴 하지만 속제의 왕이 아닌 진제의 왕인 것이다.

복음서 속에는 수없이 많은 마리아가 나온다. 그런데 이들을 모두 정확한 아이덴티티를 지닌 개체로서 다 고증하는 것은 불가능하다. 이미지들이 겹쳐있다. 여기 마르다의 여동생 마리아도 막달라 마리아의 이미지와 겹쳐있다. 그리고 혹자는 또 막달라 마리아가 창녀라 고 말한다. 모두가 다 낭설이다. 『다빈치 코드』니 하는 따위의 이야기들이 모두 낭설이요 혹설이다. 예수 주변의 이와 같은 여인들은 모두 예수의 지상에서의 사역을 도왔던 건강한 재정지원자들이었다. 어떻게 예수가 오천 명을 먹일 수 있겠는가? 모두 음으로 양으로, 정신으로 물질로, 돕는 사람들이 있기 때문에 가능했던 것이다. 여기 나사로의 집안만 해도 상당한 성세가 있었던 부유한 집안이었다. 10리 밖 예루살렘성에서도 많은 유대인들이 와서 문상을 하고 (11:18~19), 값비싼 향유 나드를 됫박으로 부을 수 있는 여유가 있었던 집안의 사람들이었던 것이다. 예수는 비록 홀몸이었고 세속의 영욕을 초탈한 자이었지만 이런 수많은 사람들의 진실한 손길에 의하여 그의 구원의 사역이 가능했던 것이다.

15절의 인용은 스가랴 9:9에서, 38절의 인용은 이사야 53:1에서, 40절의 인용은 이사야 6:10에서 온 것이다. 그런데 이 모든 구약인용은 매우 엉성한 인용이며 해석의 여지도 많고 또 텍스트 자체의 문제들이 개재되어 있다. 때로는 셉츄아진트에서, 때로는 히브리성경에서, 때로는 구전기억에서 인용되며 궁극적인 목적은 자기 논점을 정당화하여 구약을 알고 있는 사람들에게 겁주기 위한 것이다. 요한의 학식에 경의를 보낼 수는 있으나, 우리에게는 정말 조잡한 시도로 보여야 마땅한 것이다. 신약 속에 나오는 구약의 인용에 관해 특별한 의미를 부여하려고 애쓰는 모든 시도는 조잡한 권위에로의 복속에 불과한 것이다. 요한의 복음 자체가 그러한 구약의 단구(短句)의 가치를 몇 억만 배 뛰어넘는다는 사실에 새롭게 눈을 떠야한다.

47절은 3:17을 참고하라. 기독교인의 임무는 세상의 심판이 아니라 세상의 구원이다. 심판은 하나님께서 하신다. 우리는 구원의 역사에만 참여하면 된다. 세상을 객관화하고 평가만 하면서 잔소리만 뇌까리고 있는 자들은 영원히 기독교인이 될 수 없다. 그러나 우리나라의 많은 기독교인의 현실이 이런 "개구라꾼"의 모습에 불과하다는 사실을 반성해야 할 것이다.

"내발을 절대로 씻기지 못하시리이다."(요 13:8) 洗足 렘브란트 1658, 암스테르담 왕립미술관, 220×152㎜

Chapter 13

제13장

RSV

1 Now before the feast of the Passover, when Jesus
knew that his hour had come to depart out of this
world to the Father, having loved his own who
were in the world, he loved them to the end.
2 And during supper, when the devil had already
put it into the heart of Judas Iscariot, Simon's
son, to betray him,
3 Jesus, knowing that the Father had given all
things into his hands, and that he had come from
God and was going to God,
4 rose from supper, laid aside his garments, and
girded himself with a towel.
5 Then he poured water into a basin, and began to
wash the disciples' feet, and to wipe them with
the towel with which he was girded.
6 He came to Simon Peter; and Peter said to him,

"Lord, do you wash my feet?"
7 Jesus answered him, "What I am doing you do
not know now, but afterward you will
understand."
8 Peter said to him, "You shall never wash my
feet." Jesus answered him, "If I do not wash you,
you have no part in me."
9 Simon Peter said to him, "Lord, not my feet only
but also my hands and my head!"
10 Jesus said to him, "He who has bathed does not
need to wash, except for his feet, but he is
clean all over; and you are clean, but not all of
you."
11 For he knew who was to betray him; that was
why he said, "You are not all clean."
12 When he had washed their feet, and taken his
garments, and resumed his place, he said to
them, "Do you know what I have done to you?
13 You call me Teacher and Lord; and you are right,
for so I am.
14 If I then, your Lord and Teacher, have washed
your feet, you also ought to wash one another's
feet.
15 For I have given you an example, that you also

should do as I have done to you.
16 Truly, truly, I say to you, a servant is not greater
than his master; nor is he who is sent greater than
he who sent him.
17 If you know these things, blessed are you if you
do them.
18 I am not speaking of you all; I know whom I
have chosen; it is that the scripture may be
fulfilled, 'He who ate my bread has lifted his
heel against me.'
19 I tell you this now, before it takes place, that
when it does take place you may believe that I
am he.
20 Truly, truly, I say to you, he who receives any
one whom I send receives me; and he who
receives me receives him who sent me."
21 When Jesus had thus spoken, he was troubled in
spirit, and testified, "Truly, truly, I say to you,
one of you will betray me."
22 The disciples looked at one another, uncertain of
whom he spoke.
23 One of his disciples, whom Jesus loved, was
lying close to the breast of Jesus;
24 so Simon Peter beckoned to him and said, "Tell

us who it is of whom he speaks."
25 So lying thus, close to the breast of Jesus, he said
to him, "Lord, who is it?"
26 Jesus answered, "It is he to whom I shall give
this morsel when I have dipped it." So when he
had dipped the morsel, he gave it to Judas, the
son of Simon Iscariot.
27 Then after the morsel, Satan entered into him.
Jesus said to him, "What you are going to do, do
quickly."
28 Now no one at the table knew why he said this to
him.
29 Some thought that, because Judas had the money
box, Jesus was telling him, "Buy what we need
for the feast"; or, that he should give something
to the poor.
30 So, after receiving the morsel, he immediately
went out; and it was night.

신개역

1 유월절 전에, 예수께서 자기가 세상을 떠나 아버지께
로 돌아가실 때가 이른줄 아시고, 세상에 있는 자기
사람들을 사랑하시되, 끝까지 사랑하시니라.

2 최후의 만찬중이었다. 마귀가 벌써 시몬의 아들 가룟
유다의 마음에 예수를 팔려는 생각을 넣어주었을 때
였다.
3 예수는 아버지께서 모든 것을 자기 손에 맡기신 것
과, 또 자기가 하나님께로부터 오셨다가 하나님께로
돌아가실 것을 아시고,
4 저녁 잡수시던 자리에서 일어나사, 겉옷을 벗고, 수
건을 가져다가 허리에 두르시더라.
5 이에 대야에 물을 담아, 제자들의 발을 씻기고 또 그
두르신 수건으로 발을 닦아주시기를 시작하시었다.
6 예수께서 시몬 베드로 차례에 이르시니, 베드로가 가
로되, "주여! 어찌하여 주께서 나의 발을 씻기시나이
까?"
7 예수께서 대답하여 가라사대, "내가 하는 것을 네가
지금은 알지 못하나 이후에는 깨달으리라."
8 베드로가 예수께 가로되, "내 발을 절대로 씻기지 못
하시리이다." 예수께서 대답하시되, "내가 너를 씻기
지 아니하면, 너는 나와 상관이 없느니라."
9 시몬 베드로가 가로되, "주여! 내 발뿐 아니라 손과
머리도 씻겨 주옵소서."
10 예수께서 가라사대, "이미 목욕한 자는 발밖에는 씻
을 필요가 없느니라. 온 몸이 깨끗하니라. 너희는 깨
끗하다. 그러나 유감스럽게도 모두가 깨끗한 것은 아
니구나."

11 이는 자기를 팔 자가 누구인지 아심이라. 그러므로
"모두가 깨끗지는 아니하다." 하신 것이라.
12 저희 발을 씻기신 후에, 겉옷을 입으시고, 다시 앉아
저희에게 이르시되, "내가 너희에게 행한 것을 너희
가 아느냐?
13 너희가 나를 선생이라 또는 주라 부르는도다. 너희
말이 옳도다. 내가 그러하니라.
14 내가 너희 주(主) 또는 선생이 되어 너희 발을 씻겼으
니, 너희도 서로 발을 씻기는 것이 옳으니라.
15 내가 너희에게 행한 것 같이 너희도 행하게 하려 하
여 본을 보였노라.
16 진실로 진실로 내가 너희에게 이르노니, 종이 상전보
다 크지 못하고, 보냄을 받은 자가 보낸 자보다 크지
못하니,
17 너희가 이런 것들을 알고 행하면 복이 있으리라.
18 내가 너희를 다 가리켜 말하는 것이 아니라. 나는 내
가 택한 자들이 누구인지 아노라. 그러나 '내 떡을
나눠먹은 자들이 돌아서 나를 대해 발길질을 하는도
다!' 라고 한 성경구절을 성취케 하려 함이로라.
19 지금부터 일이 일어나기 전에, 미리 너희에게 이름
은, 일이 이루어질 때에 내가 그인줄 너희로 믿게 하
려 함이로라.
20 진실로 진실로 내가 너희에게 이르노니, 나를 보낸
자를 영접하는 자는 나를 영접하는 것이요, 나를 영

접하는 자는 나를 보내신 이를 영접하는 것이니라."
21 예수께서 이와같이 말씀하시고, 심령에 민망(憫惘)한 바
있어 증거하여 가라사대, "진실로 진실로 내가 너희에
게 이르노니, 너희 중 하나가 나를 팔리라." 하시니,
22 제자들이 서로 보며 뉘게 대하여 말씀하시는지 의심
하더라.
23 예수의 제자 중 하나, 곧 그의 사랑하시는 자가 예수
의 품에 의지하여 누웠는지라.
24 시몬 베드로가 머릿짓을 하여 말하되, "말씀하시는
자가 누구인지 알아보오." 한대,
25 그가 예수의 가슴에 의지한 채 말하되, "주여! 누구
오니이까?"
26 예수께서 대답하시되, "내가 떡 한 조각을 찍어다가
주는 자가 그니라." 하시고, 곧 한 조각을 찍으셔다
가 가룟 시몬의 아들 유다에게 주시니,
27 조각을 받은 후, 곧 사탄이 유다 안으로 들어갔더라.
이에 예수께서 유다에게 이르시되, "네 할 일을 속히
행하라." 하시니,
28 이 말씀을 무슨 뜻으로 하셨는지, 식탁에 앉은 자 중
에 아는 이가 없었더라.
29 어떤 이들은 유다가 돈궤를 맡았으므로, "명절에 우
리가 쓸 물건을 사라." 하시는지, 혹은 가난한 자들
에게 무엇을 주라 하시는 줄로 생각하더라.
30 유다가 그 떡조각을 받고 곧 나가니 밤이러라.

강해 스산한 느낌이 엄습한다. 밤이었다. 너무도 간결한 엔딩이다. 밤은 예수의 일이 끝나는 시간이다. 그때는 어둠이 지배하는 시간이다. 유다는 어둠 속으로, 자기의 본 위치로 돌아간 것이다.

18절은 시편 41:9의 인용이다. 다윗의 시다. 자기가 믿었던 사랑하는 친구에게서 배반당하는 심정을 읊고 있다.

23절의 "그의 사랑하시는 자"(the beloved disciple)는 이 복음서의 저자가 자기를 추상화시켜 이 대 드라마 속에 삽입시켰다고 보는 설도 있다. 여기 처음 나왔지만 수수께끼처럼 계속 나온다. 아주 독특한 캐릭터이다. 독자들의 무한한 신비적 상상력을 촉발시키는 인물이다. 마지막 장까지 이 인물을 끌고 간다. 그러다가 마지막 대단원에서 그 수수께끼가 풀린다. 복음서 저자의 드라마적 감각은 정말 놀라운 것이다.

蕩子(눅 15:13)
렘브란트 1634,
개인소장,
210×178㎜

RSV

31 When he had gone out, Jesus said, "Now is the
Son of man glorified, and in him God is
glorified;
32 if God is glorified in him, God will also glorify
him in himself, and glorify him at once.
33 Little children, yet a little while I am with you.
You will seek me; and as I said to the Jews so
now I say to you, 'Where I am going you cannot
come.'
34 A new commandment I give to you, that you
love one another; even as I have loved you, that
you also love one another.
35 By this all men will know that you are my
disciples, if you have love for one another."
36 Simon Peter said to him, "Lord, where are you
going?" Jesus answered, "Where I am going you
cannot follow me now; but you shall follow
afterward."
37 Peter said to him, "Lord, why cannot I follow
you now? I will lay down my life for you."
38 Jesus answered, "Will you lay down your life for
me? Truly, truly, I say to you, the cock will not
crow, till you have denied me three times.

신개역

31 유다가 나간 후에, 예수께서 가라사대, "이제는 인자
(人子)가 영광을 얻었도다. 하나님께서도 인자로 인하
여 영광을 얻으셨도다.
32 만일 하나님께서 그로 인하여 영광을 얻으셨으면, 하
나님께서도 자기 안에서 그를 영광케 하리니, 이제
곧 그 영광을 그에게 주시리라.
33 소자(小子)들아! 내가 아직은 잠시 너희와 함께 있겠
노라. 너희가 나를 찾을 터이나, 내가 일찍이 유대인
들에게 '너희는 나의 가는 곳에 올 수 없다' 고 말한
바와 같이, 지금 너희에게도 이르노라.
34 새 계명을 너희에게 주노니, 너희는 서로 사랑하라.
내가 너희를 사랑한 것 같이 너희도 서로 사랑하라.
35 너희가 서로 사랑하면 이로써 모든 사람이 너희가 내
제자인줄 알리라."
36 시몬 베드로가 가로되, "주여! 어디로 가시나이까?"
예수께서 대답하시되, "나의 가는 곳에 네가 지금은
따라올 수 없으나, 후에는 따라오리라."
37 베드로가 가로되, "주여! 어찌하여 제가 지금은 따라
갈 수 없나이까? 주를 위하여 제 목숨까지 버리겠나
이다."
38 예수께서 대답하시되, "네가 나를 위하여 네 목숨을
버리겠느냐? 진실로 진실로 내가 네게 이르노니, 닭
울기 전에 네가 세 번 나를 부인하리라.

"너희는 나와 함께 단 한시간도 깨어 있을 수 없단 말이냐?"(마 26:40) 겟세마네
렘브란트 1648, 베를린 국립미술관 동판화실, 244×178㎜

강해 "베드로가 예수를 세 번 부인한 이야기"는 마가복음이래 유명해진 담론일 것이다. 마가는 그것을 예수의 생애의 한 절절한 이야기로서 역사적 지평 위에서 펼쳤다. 그러나 요한은 그 이야기를 로고스기독론의 종말론적 지평 위에서 추상적으로 결합시키고, 한 세기의 기독교역사를 정리하는 세기적 안목을 가지고 펼쳐놓았다. 본문을 상고하면서 내 말을 잘 생각해보라!

예수 전생애의 사상의 핵심은 "율법의 부정"이라는 한마디로 압축될 수 있다고 나는 말해왔다. 그런데 그것은 네가티브한 언설이다. 그 네가티브한 언설을 포지티브한 언설로 바꾸면 어떻게 될까? 그것이 바로 여기서 말하는 "사랑"(Love)이다. 이것이야말로 모든 율법을 대치할 수 있는 새로운 율법이다. 모든 계명을 폐할 수 있는 새로운 계명(New Commandment)인 것이다.

그런데 사랑을 얘기하면, 특히 사랑을 상당수의 한국 기독교인들과 이야기하면 닭살이 돋는다. 많은 사람들이 사랑을 하나님의 말씀으로 이해하지 않으며, 특히 성서적 입장에서 사랑을 말하는 자를 별로 들어본 적이 없다. 우선 복음서를 제일 먼저 쓴 마가의 로기온기록을 살펴보자!

> "계명 중에 첫째가 무엇이니이까?"
> 예수께서 대답하시되, "첫째는 이것이니, '오! 이스라엘아 들어라! 주(主) 곧 우리 하나님은 유일한 주시라. 네 마음을 다하고, 목숨을 다하고, 뜻을 다하고, 힘을 다하여 주 너의 하나님을 사랑하라.' 하신 것이요, 둘째는 이것이니, '네 이웃을 네 몸과 같이 사랑하라.' 하신 것이라. 이 둘에서 더 큰 계명은 없느니라."(막 12:28~31).

여기 분명히 말씀하셨듯이 "내 이웃을 내 몸과 같이 사랑한다"고 하는 계명은 둘째 계명으로서 "하나님을 사랑한다"고 하는 첫째 계명에 종속되는 것이다. 즉 첫째 계명의 전제하에서 둘째 계명은 의미를 갖는 것이다. 따라서 인간을 사랑한다고 하는 것은 인간의 "감정적 오감"을 의미하는 것이 아니다. 많은 기독교인들이 이웃에 대한 사랑이, 헌금이나 잘하고, 구제물자나 잘 바치는 것으로 이해한다.

다시 말해서 이웃에게 "좋은 감정을 유지하는 것"을 사랑으로 이해하는 것이다. 그러나 기독교에서 말하는 사랑은 감정(emotion)이 아니요, 파토스(pathos)가 아니다. 감성(sentiments)이 아니요, 정감(mood)이 아니다. 그것은 바로 신에 대한 사랑이다. 다시 말해서 신의 의지에 나의 의지를 완벽하게 복속시키는 것을 의미한다. 그것은 인간의 이상(human ideal)이 아니라 신에 대한 복종의 징표일 뿐이다. 요한에게 있어서 사랑은 "죽음"을 의미한다. 즉 나 인간의 이기적 정감의 완벽한 포기(complete Surrender)를 의미한다. 그것은 아(我, ātman)의 부정이며 극복이다. 그것은 무아(無我)인 것이다.

맹자(孟子)가 무엇이라 말했던가? 우물로 기어들어가는 어린아이를 볼 때, 뛰어가 그를 위험에서 구출해내는 그 섬뜩한 심정의 순간에 우리는 그 부모와 교분맺을 것을 계산하고, 향당과 붕우들에게 명예를 구할 것을 생각하며, 잔인하다는 소문을 두려워하기라도 한단 말인가?(所以謂人皆有不忍人之心者, 今人乍見孺子將入於井, 皆有怵惕惻隱之心, 非所以內交於孺子之父母也, 非所以要譽於鄕黨朋友也, 非惡其聲而然也。『孟子 맹자』「公孫丑上 공손추상」)

사랑은 계산이 아니다. 감정의 보상이 아니다. 그것은 하나님의 절대적 명령인 것이다. 왜 네 이웃을 네 몸과 같이 사랑하라 했는지 아는가? "내가 내 몸을 사랑한다"는 행위 속에는 일체의 언어나 감정이나 이론이나 윤리나 세계관이 개입될 틈이 없기 때문이다. 내가 내 몸을 사랑한다는 것은 즉각적이요 절대적이며 비언어적이다. 따라서 이웃을 사랑한다는 것도 내 몸을 사랑하듯이 하라는 것이다. 사랑은 미움에 상대하는 대립적 개념이 아니요, 절대적 개념인 것이요, 그것은 오직 나를 버림으로써만 가능한 것이다. 어찌 부모가 자식을 사랑할 때, 자식을 키워 몇푼 벌까 계산하고 앉아있을 부모가 있을까보냐? 뭔 짓을 해도 돌아온 탕아에게 무조건 잔치를 베푸는 것이 부모의 심정이 아닌가? 일흔 번씩 일곱 번이라도 용서하라(마 18:21)! 사랑에 어찌 조건이 있을 수 있으며, 용서에 어찌 한도가 있을 수 있으랴! 아버지가 자비로운 것처럼 너희도 자비로와라(눅 6:36)! 하늘에 계신 너희 아버지께서 온전하심과 같이 너희도 온전하라(마 5:48)! Be perfect! 사랑은 완벽해야 한다. 사랑은 온전해야 한다. 사랑은 한 개인에 대한 이기적인 욕망의 표출이 아니다. 자기를 사랑하고 친절하게 대하는 사람만 사랑한다면 그것은 사랑이 아니다. 동물적 본능이다! 사랑은 전인(全人)을 사랑하는 것이다. 사랑은 인류전체를 사랑하는 것이다. 사랑은 보편적 인간을 사랑하는 것이다. 사랑은 죽음과 부활의 징검다리인 것이다.

돌아온 탕아(눅 15:20)
렘브란트 1636, 타이라미술관, 223×185mm

Chapter 14

제14장

RSV

1 "Let not your hearts be troubled; believe in God, believe also in me.

2 In my Father's house are many rooms; if it were not so, would I have told you that I go to prepare a place for you?

3 And when I go and prepare a place for you, I will come again and will take you to myself, that where I am you may be also.

4 And you know the way where I am going."

5 Thomas said to him, "Lord, we do not know where you are going; how can we know the way?"

6 Jesus said to him, "I am the way, and the truth, and the life; no one comes to the Father, but by me.

7 If you had known me, you would have known

my Father also; henceforth you know him and
have seen him."
8 Philip said to him, "Lord, show us the Father,
and we shall be satisfied."
9 Jesus said to him, "Have I been with you so long,
and yet you do not know me, Philip? He who has
seen me has seen the Father; how can you say,
'Show us the Father' ?
10 Do you not believe that I am in the Father and
the Father in me? The words that I say to you I
do not speak on my own authority; but the Father
who dwells in me does his works.
11 Believe me that I am in the Father and the Father
in me; or else believe me for the sake of the
works themselves.
12 "Truly, truly, I say to you, he who believes in me
will also do the works that I do; and greater
works than these will he do, because I go to the
Father.
13 Whatever you ask in my name, I will do it, that
the Father may be glorified in the Son;
14 if you ask anything in my name, I will do it.
15 "If you love me, you will keep my commandments.
16 And I will pray the Father, and he will give you

another Counselor, to be with you forever,
17 even the Spirit of truth, whom the world cannot
receive, because it neither sees him nor knows
him; you know him, for he dwells with you, and
will be in you.
18 "I will not leave you desolate; I will come to
you.
19 Yet a little while, and the world will see me no
more, but you will see me; because I live, you
will live also.
20 In that day you will know that I am in my Father,
and you in me, and I in you.
21 He who has my commandments and keeps them,
he it is who loves me; and he who loves me will
be loved by my Father, and I will love him and
manifest myself to him."
22 Judas (not Iscariot) said to him, "Lord, how is it
that you will manifest yourself to us, and not to
the world?"
23 Jesus answered him, "If a man loves me, he will
keep my word, and my Father will love him, and
we will come to him and make our home with
him.
24 He who does not love me does not keep my

words; and the word which you hear is not mine
but the Father's who sent me.
25 "These things I have spoken to you, while I am
still with you.
26 But the Counselor, the Holy Spirit, whom the
Father will send in my name, he will teach you
all things, and bring to your remembrance all
that I have said to you.
27 Peace I leave with you; my peace I give to you;
not as the world gives do I give to you. Let not
your hearts be troubled, neither let them be
afraid.
28 You heard me say to you, 'I go away, and I will
come to you.' If you loved me, you would have
rejoiced, because I go to the Father; for the
Father is greater than I.
29 And now I have told you before it takes place, so
that when it does take place, you may believe.
30 I will no longer talk much with you, for the ruler
of this world is coming. He has no power over
me;
31 but I do as the Father has commanded me, so
that the world may know that I love the Father.
Rise, let us go hence."

신개역

1 너희는 마음에 근심하지 말라. 하나님을 믿고 또 나
를 믿으라.
2 내 아버지 집에는 거할 곳이 많도다. 그렇지 않으면,
내가 너희를 위하여 처소(處所)를 마련하러 간다고 너
희에게 말했겠느뇨?
3 가서 너희를 위하여 처소를 마련하면, 내가 다시 와
서 너희를 내게로 영접하여, 나 있는 곳에 너희도 같
이 있게 하리라.
4 내가 어디로 가는지 그 길을 너희가 알고 있다."
5 도마가 가로되, "주여! 어디로 가시는지 우리가 알지
못하거늘, 그 길을 어찌 우리가 알겠삽나이까?"
6 예수께서 가라사대, "내가 곧 길이요 진리요 생명이
니, 나로 말미암지 않고는 아버지께로 올 자가 없느
니라.
7 너희가 나를 알았더면, 내 아버지도 알았으리로다.
이제부터는 너희가 그를 알았고 또 보았느니라."
8 빌립이 예수께 가로되, "주여! 아버지를 우리에게 보
여 주옵소서. 그리하면 만족(滿足)하겠나이다."
9 예수께서 그에게 가라사대, "빌립아! 내가 이토록 오
래 너희와 함께 있었으되, 네가 나를 알지 못하느냐?
나를 본 자는 아버지를 보았거늘, 어찌하여 '아버지
를 보이라.' 하느냐?
10 나는 아버지 안에 있고 아버지는 내 안에 계신 것을

네가 믿지 아니하느냐? 내가 너희에게 이르는 말이
스스로 제멋대로 하는 것이 아니라, 아버지께서 내
안에 계셔 당신의 일을 하시는 것이라.
11 내가 아버지 안에 있고 아버지께서 내 안에 계심을
믿으라. 그렇지 못하겠거든, 내가 행한 일들로써라도
나를 믿으라.
12 진실로 진실로 내가 너희에게 이르노니, 나를 믿는
자는, 내가 하는 일을 저도 할 것이요, 또한 이 보다
더 큰 일들도 할 수 있으리니, 이는 내가 아버지께로
감이니라.
13 너희가 내 이름으로 무엇을 구하든지, 내가 시행(施
行)하리니, 이는 아버지로 하여금 아들로 인하여 영
광을 받으시게 하려 함이라.
14 내 이름으로 무엇이든지 내게 구하면, 내가 시행하리
라.
15 너희가 나를 사랑하면, 나의 계명을 지키리라.
16 내가 아버지께 구하겠으니, 그가 또 다른 보혜사(保
惠師)를 너희에게 주사, 영원토록 너희와 함께 있게
하시리니,
17 저는 진리의 영이라. 세상은 능히 저를 받지 못하나
니, 이는 저를 보지도 못하고 알지도 못함이라. 그러
나 너희는 저를 아나니, 저는 너희와 함께 거하심이
요, 또 너희 속에 계시겠음이라.
18 내가 너희를 고아같이 버려두지 아니하고, 너희에게

오리라.
19 조금 있으면 세상은 다시 나를 보지 못할 터이로되,
너희는 나를 보리니, 이는 내가 살았고, 너희도 살겠
음이라.
20 그 날에는, 내가 아버지 안에, 너희가 내 안에, 내가
너희 안에 있는 것을 너희가 알리라.
21 나의 계명을 가지고 지키는 자라야, 나를 사랑하는
자니, 나를 사랑하는 자는 내 아버지께 사랑을 받을
것이요, 나도 그를 사랑하여 그에게 나를 나타내리
라."
22 가룟 사람이 아닌 유다가 예수께 가로되, "주여! 어
찌하여 당신 자신을 우리에게는 나타내시고 세상에
는 나타내지 아니하려 하시나이까?"
23 예수께서 그에게 대답하여 가라사대, "사람이 나를
사랑하면, 내 말을 지키리니, 내 아버지께서 저를 사
랑하실 것이요, 아버지와 나는 같이 저에게 와서, 거
처를 저와 함께 하리라.
24 그러나 나를 사랑하지 아니하는 자는, 내 말을 지키
지 아니하는도다. 너희가 듣고 있는 이 말은 내 말이
아니요, 나를 보내신 아버지의 말씀이니라.
25 내가 아직 너희와 함께 있어서, 이 말들을 너희에게
하였거니와,
26 보혜사 곧 아버지께서 내 이름으로 보내실 성령, 그
가 너희에게 모든 것을 가르치고, 내가 너희에게 말

한 모든 것을 생각나게 하리라.
27 평안을 너희에게 남기고 가노니, 곧 나의 평안을 너희에게 주는 것이라. 내가 너희에게 주는 평안은 세상이 주는 평안과 같지 아니하리라. 너희는 마음에 근심도 말고 두려워하지도 말라.
28 '내가 갔다가 너희에게로 다시 온다.' 하는 말을 너희가 들었나니, 너희가 나를 사랑하였더면, 내가 아버지에게로 가기에 너희는 기뻐해야 할 것이니라. 아버지는 나보다 크심이니라.
29 지금 일이 일어나기도 전에 너희에게 말한 것은, 일이 이루어질 때에 너희로 하여금 믿게하려 함이라.
30 이 후에는 내가 너희와 말을 많이 하지 아니하리니, 이 세상의 임금이 내게 오고 있음이라. 그러나 저는 내게 아무런 권세도 갖지 못하니라.
31 오직 내가 아버지를 사랑하는 것과, 아버지의 명(命)하신 대로 행하는 것을 세상이 알게 하려 함이로라. 일어나라! 여기를 떠나자!"

강해 이것은 계속되는 예수의 고별담론(The Farewell Discourse)이다. 마치 정처없는 먼 길을 떠나는 어머니가 집에 홀로 남겨두는 아들을 놓고 다시 올 테니 걱정말라고 순순(諄諄) 간곡히 타이르는 듯한 정을 느끼게 하는 문장이다. 여기 새롭게 등장한, 요한의 유니크한 개념이 나타나는데 보혜사, 파라클레토스(the Paraclete, *παράκλητος*)이다. 사실 "보혜사"라는 특별한 용어에 너무 신경쓰지 말고 그냥 성령(聖靈, Holy Spirit)으로 이해하면 족하다. 이 보혜사는 요한복음에만 다섯 번 나타나고 있다(14:15~17, 14:25~26, 15:26, 16:4~11, 16:12~15). 보혜사란 원래 법정용어로서 "변호사"를 의미하며, 죄를 문책하는 "검사"에 대비된다. 하나님의 법정에서 검사는 디아볼로스(diabolos, 악마, 사탄)이다. 그러니까 보혜사는 악마의 공격으로부터 인간의 선함을 보호하고 변호하고 조력해주는 어떤 성령의 인격체인 것이다. 그런데 요한시대에 가장 문제가 된 것은, 초대교회에 있어서의 재림(parousia)의 문제였다. 예수가 다시 온다고 하는 재림사상 때문에 1세기의 초대교회는 성립했으나 결국 예수의 물리적 재림은 이루어지지 않았다. 요한은 이러한 일반적 재림의 기대에 대한 종말론적 해석을 예수의 담론에서 지워버리지는 않는다. 그러나 예수의 재림을 보혜사라고 하는 성령의 인격체로서 대치함으로써 그 재림의 물리적 성격을 완화시키고 있는 것이다. 그러니까 여기 보혜사는 성령이며 동시에 예수의 재림의 모습이다. 예수는 떠나간다. 그 떠나가는 이미지와 동시에 진리(알레테이아)의 영(靈)인 보혜사가 오는 이미지를 겹치게 하고 있는 것이다. 예수의 죽음이라는 사건이 궁극적으로 우리를 영적으로 부활시키는 사건이라는 것을 암시하고 있는 것이다. 이러한 문제를 우리는 애매하지 않게 명료하게 이해하여야 한다.

Chapter 15

제15장

RSV

1 "I am the true vine, and my Father is the vinedresser.
2 Every branch of mine that bears no fruit, he takes away, and every branch that does bear fruit he prunes, that it may bear more fruit.
3 You are already made clean by the word which I have spoken to you.
4 Abide in me, and I in you. As the branch cannot bear fruit by itself, unless it abides in the vine, neither can you, unless you abide in me.
5 I am the vine, you are the branches. He who abides in me, and I in him, he it is that bears much fruit, for apart from me you can do nothing.
6 If a man does not abide in me, he is cast forth as a branch and withers; and the branches are

gathered, thrown into the fire and burned.
7 If you abide in me, and my words abide in you,
ask whatever you will, and it shall be done for
you.
8 By this my Father is glorified, that you bear
much fruit, and so prove to be my disciples.
9 As the Father has loved me, so have I loved you;
abide in my love.
10 If you keep my commandments, you will abide
in my love, just as I have kept my Father's
commandments and abide in his love.
11 These things I have spoken to you, that my joy
may be in you, and that your joy may be full.
12 "This is my commandment, that you love one
another as I have loved you.
13 Greater love has no man than this, that a man lay
down his life for his friends.
14 You are my friends if you do what I command
you.
15 No longer do I call you servants, for the servant
does not know what his master is doing; but I
have called you friends, for all that I have heard
from my Father I have made known to you.
16 You did not choose me, but I chose you and

appointed you that you should go and bear fruit and that your fruit should abide; so that whatever you ask the Father in my name, he may give it to you.

17 This I command you, to love one another.

신개역

1 내가 참 포도나무요, 내 아버지는 그 농부라.

2 무릇 내게 붙어 있으면서 과실을 맺지 못하는 가지는 아버지께서 이를 제거해 버리시고, 무릇 과실을 맺는 가지는 더 많은 과실을 맺게 하도록 아버지께서 말끔히 손질하시느니라.

3 너희는 내가 일러준 그 말로 이미 깨끗해졌도다.

4 내 안에 거(居)하라! 나도 너희 안에 거하리라. 가지가 포도나무에 붙어있지 아니하면 절로 과실을 맺을 수 없듯이, 너희도 내 안에 있지 아니하면 열매를 맺지 못하리라.

5 나는 포도나무요, 너희는 가지다. 사람이 내 안에 있고, 내가 그 사람 안에 있으면 그는 많은 열매를 맺나니, 나를 떠나서는 너희가 아무 것도 할 수 없음이라.

6 사람이 내 안에 거하지 아니하면, 잘려나간 가지처럼 밖에 버려져 말라지나니, 사람들이 이것을 모아다가 불에 던져 사르느니라.

7 너희가 내 안에 거하고, 내 말이 너희 안에 거하면,
무엇이든지 원하는 대로 구하라. 그리하면 이루어지
리라.
8 너희가 열매를 많이 맺으면, 내 아버지께서 영광을
받으실 것이요, 너희는 내 제자가 되리라.
9 아버지께서 나를 사랑하신 것 같이, 나도 너희를 사
랑하였으니, 나의 사랑 안에 거하라.
10 내가 아버지의 계명을 지켜 그의 사랑 안에 거하는
것같이, 너희도 내 계명을 지키면 내 사랑 안에 거하
리라.
11 이것들을 내가 너희에게 이르는 것은 나의 기쁨이 너
희 안에 있어, 너희 기쁨을 충만케 하려 함이니라.
12 이것이 나의 계명이다! 내가 너희를 사랑한 것 같이,
너희도 서로 사랑하라!
13 사람이 친구를 위하여 자기 목숨을 버리면, 이에서
더 큰 사랑이 없나니,
14 너희가 나의 명하는 대로 행하면 곧 나의 친구라.
15 이제부터는 너희를 종이라 하지 아니하리니, 종은 주
인이 하는 것을 알지 못함이라. 이제 내가 너희를 친
구라 부른 것은, 내가 내 아버지께 들은 것을 모두
너희에게 알게 하였음이니라.
16 너희가 나를 택한 것이 아니라, 내가 너희를 택하여
세웠나니, 이는 너희로 가서 열매를 맺게 하고 또 너
희 열매가 항상 달려있게 하여, 내 이름으로 아버지

께 구하는 것은 무엇이든지 다 받을 수 있게 하려함
이니라.
17 내가 이것을 너희에게 명(命)함은, 너희로 서로 사랑
하게 하려함이로라.

천사에게 도움받는 고뇌하는 예수(눅 22:43) 렘브란트 1635, 뮌헨 국립판화소묘수집, 133×83㎜

강해 이 요한이 기술하고 있는 예수의 마지막 고별담론에서 우리는 초대교회의 눈물겨운 사투, 그들이 처한 위험, 동지애, 그리고 적대적 세계와의 대립, 그리고 그들 신앙의 생동성(生動性)을 읽게된다. 우리는 이러한 문장을 나른한 독백(monologue)으로 읽어서는 아니된다. 그 전편에 흐르고 있는 치열한 정신과 스산한 긴장감, 생사가 오락가락하는 벼랑끝의 결단성을 느낄 줄 알아야 하는 것이다. 참으로 눈물겨운 문장이다!

여기 예수를 포도나무라는 하나의 유기체에 비유한 것은 실은 예수의 죽음 이후에 형성된 그리스도 신앙공동체의 운명을 예견하고 있는 것이다. 이 포도나무의 비유, 그리고 하나님을 그 포도나무를 가꾸는 농부에 비유한 것은, 이미 바울이 몸과 지체(롬 12:4~5, 고전 6:15, 고전 12:12)의 사상을 통하여 설파한 것이고, 또 구약의 시편 등에 흔히 나타나는 비유이지만, 불트만은 그것이 직접적으로 요한 당대의 만대아교(Mandaeanism)의 설화에서 온 것이라고 주장한다(*BG* 530). 그러나 "생명의 나무"의 신화유형은 구태여 만대아교를 운운치 않아도 지중해연안문명, 특히 이집트문명권의 신화양식이라든가, 중동문명권, 모든 동방문명권에 공통된 유기체사상이다. 그리고 그러한 유기체론은 우리 한자문명권에도 너무나 친숙한 것이다. 나는 오히려 이러한 비유가 그러한 신화유형을 운운하기 전에 역사적 예수 자신의 실존적 체험에서 우러나오는 것이라고 생각한다. 즉 그가 목수였을 뿐만 아니라 실은 농부였을 가능성도 배제할 수 없다는 것이다. 그의 상당한 비유의 내용이 농사꾼의 체험과 지혜와 달관이 배어있다.

예수의 논의는 하나님과 예수 자신과의 상호내거(相互內居, the mutual indwelling, the mutual co-inherence: 하나님 속에 예수가 있고, 예수 안에 하나님이 계시다. 10:38, 14:10, 17:21, 14:20)의 관계를 예수와 예수를 따르는 제자들, 그러니까 넓게 말하면 초기기독교공동체 신앙인들과의 관계로 전위시키고 있다. 이 전위의 조건, 즉 예수가 제자들 안에 거하고 제자들이 예수 안에 거할 수 있는 조건이 바로 사랑이다. 그것은 예수가 목숨을 바쳐 제자들(인간들)을 사랑했듯이, 제자들 서로간에 서로 사랑해야만 한다는 것을 의미한다. 그 사랑은 보통 사랑이 아니고 내가 앞서 말했듯이 하나님의 의지에 절대적으로 복종하는 사랑이요, "친구를 위하여 목숨을 바치는 사랑" 이다. 이렇게 사랑하지 않으면, 결국 공동체로부터 이탈되게 되고 세상사람들이 그 잘려나간 가지는 불태워 살러버리게 되는 위험에 직면한다. 즉 예수라는 포도나무에 붙어있는 가지만 열매를 맺을 수 있다. 초기기독교의 신앙공동체로서의 결속력을 이와 같이 나타낸 것이다. 그것은 예수에 대한 신앙으로 뭉친 생명의 공동체이다. 열매를 맺는다고 하는 것은 신앙의 생동성이며, 그것은 오직 서로를 목숨바쳐 사랑하는 것으로 달성된다. 열매를 맺지 못하는 가지는 하나님께서 잘러 제거해버린다.

예수라는 나무에 속한 모든 사람들은 예수의 친구로서 동일한 자격을 가진다. 그들은 이제 예수의 종이 아니다. 예수의 친구며, 친구는 대등한 관계로서 하나님의 사역에 모든 정보를 공유하며 참여한다. 이것은 요한시대의 초기공동체사람들이 서로를 "친구"라고 불렀던 당대의 관습을 반영하고 있다. 이것은 역설적으로 헬라·로마사회에 있어서의 기독교인에 대한 박해·적대적 환경을 반영한다. 그러나 이들은 예수라는 포도나무에 가지로서 참여함으로써 이미 이 세상에 속하지 아니하고, 예수의 죽음에 동참하며, 동시에 죽음에서 생명으로 이전된 것이다. 그 생명의 확신을 예수는 인간적 사랑을 통해 확언하고 있는 것이다. 예수의 최종적 명령은 이것이다: "인간들이여! 서로를 사랑하라!"

우리민족은 기독교를 너무 배타적으로 이해하였다. 지금도 한국의 많은 기독교도들이 예수라는 한 나뭇가지에 매달린 가지들끼리만의 사랑이라는 배타적 관계로서 요한의 메시지를 이해하고 있는 것이다. 그래서 기독교도들은 같은 동네에 있는 절간에 저주기도를 퍼붓고, 한동네 사당에 있는 단군신상의 대가리를 잘라버리면서 그것이야말로 예수의 사랑이라고 생각하는 것이다. 그러나 여기 포도나무는 어디까지나 비유다! 예수는 결코 한 그루의 나무가 될 수 없다. 예수가 만약 다른 나무와 구분될 수 있는 하나의 나무라고 한다면, 그것은 뿌리채 뽑혀 불살러버리기 쉬운 개물(個物)에 불과한 존재가 되고 말 것이다. 예수라는 나무는 우주적 생명이다. 이 우주적 생명나무에는 전 인류의 가지가 달려있다. 그리고 전 인류가 사랑의 열매를 맺어가고 있는 것이다. 내가 말하지 않았는가? 예수 그리스도의 사랑은 전 인류에 대한 사랑이라고! 그리고 예수가 전 인류를 사랑하심과 같이 전 인류가 서로를 사랑할 때만이 예수의 복음은 기쁜 소식이 되는 것이다. 물론 그 인류 속에는 단군숭배자도 있고, 불타숭배자도 있고, 공맹숭배자도 있고, 조상숭배자도 있고, 알라숭배자도 있고, 야훼숭배자도 있다. 자아! 다시 한번 예수님의 말씀으로 돌아가자!

> 또 "네 이웃을 사랑하고 네 원수를 미워하라." 하였다는 것을 너희가 들었으나, 나는 너희에게 이르노니, 너희 원수를 사랑하며 너희를 핍박하는 자를 위하여 기도하라 (마 5:43~44).

날 사랑하는 사람만 사랑하고, 날 미워하는 놈은 미워한다면 그게 뭔 사랑인가? 그게 뭔 신앙인가? 그게 뭔 구원인가? 그게 뭔 십자가인가? 어려서 어머니로부터 이런 성경구절을 암송하면서 장성한 내 마음속에 그래도 남아있다면 이 큰 사랑의 씨앗이 나의 삶의 역정을 지배해왔다는 것이리라. 한국의 기독교도들이 자꾸만 기독교신앙을 배타적으로 받아들이게 된 데는 역사적 이유가 있다. 초대교회에 가해진 로마사회의 박해와 우리민족이 일제시대 때 받은 수난의 역사가 너무도 비슷했기 때문이었다. 『아리랑』의 저자 김산(본명 장지락 張志樂)은 그 자서전적 책 속에서 어릴적의 아련한 애인이었던 한 목사의 딸의 처참한 죽음을 전하고 있다. 일본놈들이 경신참변(1920) 때 그 목사에게 건장한 두 아들(그러니까 김산 애인의 두 오빠)이 있었는데 그 두 아들을 세 토막으로 동강 내버리고 아버지 목사로 하여금 그 동강난 아들 시신들을 모녀가 보는 앞에서 구덩이를 파게 하고 그 속에 같이 누우라 하여 함께 묻어버린다. 이 광경을 바라본 엄마는 실성하여 강물에 몸을 던지고, 열네 살짜리 아리따운 소녀도 강간당하여 찢겨지고 만다. 김산은 서간도 합니하(合泥河)의 신흥무관학교에서 공부하고 돌아간 후 이 소식을 듣는다. 이것이 만주에 살았던 초기 기독교인들의 실상이었다. 남한의 대다수의 기독교인들이 도깨비뿔 난 놈처럼 증오하는 김일성(金日成)도 바로 손정도(孫貞道) 목사라는 탁월한 기독교신앙인이 길러낸 인물이다. 손정도 목사의 딸이 김일성의 첫애인이었다. 길림(吉林)의 아름다운 로맨스였다.

그러나 이제 한국의 기독교는 더 이상 적대적 환경을 가지고 있지 않다. 일본의 식민지도 아니요, 박해하는 로마인도 없다. 그런데 한국의 기독교인은 멀쩡한 순진한 동포들을 로마의 박해자로 만들려고 하고 경신참변의 닛뽄도를 휘두르는 일본순사로 만들려 하고 있는 것이다. 그러면서 예수라는 포도나무에 참여한 가지로서의 짜릿함을 누리려고 한다. 과연 그 가지에 생명의 열매가 맺겠는가? 한번 잘 생각하여 보시라!

RSV

18 "If the world hates you, know that it has hated
me before it hated you.
19 If you were of the world, the world would love

its own; but because you are not of the world, but I chose you out of the world, therefore the world hates you.

20 Remember the word that I said to you, 'A servant is not greater than his master.' If they persecuted me, they will persecute you; if they kept my word, they will keep yours also.

21 But all this they will do to you on my account, because they do not know him who sent me.

22 If I had not come and spoken to them, they would not have sin; but now they have no excuse for their sin.

23 He who hates me hates my Father also.

24 If I had not done among them the works which no one else did, they would not have sin; but now they have seen and hated both me and my Father.

25 It is to fulfil the word that is written in their law, 'They hated me without a cause.'

26 But when the Counselor comes, whom I shall send to you from the Father, even the Spirit of truth, who proceeds from the Father, he will bear witness to me;

27 and you also are witnesses, because you have been with me from the beginning.

신개역

18 세상이 너희를 미워하거든, 세상이 너희보다 먼저 나
를 미워한 줄을 알라.
19 너희가 세상에 속하였으면, 세상은 자기 사람이라 하
여 너희를 사랑할 터이나, 너희는 이미 세상에 속한
자가 아니로다. 도리어 세상에서 나의 택함을 입은
자인고로, 세상이 너희를 미워하느니라.
20 내가 너희더러 '종이 주인보다 더 크지 못하다.' 한
말을 기억하라. 사람들이 나를 핍박(逼迫)하였은즉 너
희도 핍박할 터이요, 그들이 나의 말을 복종(服從)하
였은즉, 너희 말도 복종할 터이다.
21 그러나 사람들이 내 이름을 인하여 이런 모든 일을 너
희에게 하리니, 이는 나 보내신 이를 알지 못함이니라.
22 내가 와서 저들에게 말하지 아니하였더면 저들에게
죄가 없었으리라. 그러나 이제는 저들은 자신의 죄를
핑계할 수 없느니라.
23 나를 미워하는 자는 또 내 아버지를 미워하느니라.
24 내가 아무도 이전에 하지 못한 일들을 저희 가운데서
하지 아니하였더면, 저희가 죄책(罪責)을 지지 아니할
수도 있으리라. 그러나 이제는 저희가 나와 내 아버
지를 함께 보았고, 함께 미워하였느니라.
25 이는 저희 율법에 기록된 바, '저희가 연고없이 나를
미워하였다.' 한 말을 응(應)하게 하려 함이니라.
26 아버지께로서 너희에게 내가 보낼 보혜사, 곧 아버지

께로서 나오시는 진리의 성령(聖靈)이 올 때에, 그가
나를 증언하실 것이요,
27 **너희도 처음부터 나와 함께 있었으므로 이 모든 것의**
증인이라.

강해 초대교회공동체에 대한 세상의 증오와 박해, 그리고 보혜사에 관한 세 번째 언약이 설파되고 있다. 여기 우리가 주목해야 할 것은 보혜사의 파견의 주체다. 그것은 하나님 당신이 아니라 예수 자신이다. 예수 자신이 하나님께 올라가자마자 곧 하나님께로부터 보혜사를 파견한다는 것이다. 이것은 초대교회의 예수 재림, 즉 파루시아(parousia)의 기대에 대한 요한의 새로운 해석이다. 예수는 몸으로 다시 올 뿐만 아니라 먼저 보혜사를 파견하여 초대교회공동체를 보호한다는 것이다. 세상의 악마로부터 변호하며, 공동체의 스승으로서 진리의 성령의 작업을 행하며 예수를 증언한다는 것이다. 이 증언에 이 땅에 남은 사도들이 같이 증인으로서 참여하게 되리라는 것이다. 예수의 증인은 결국 우리마음의 성령이며, 이 성령의 발현이야말로 궁극적으로 재림의 현존(現存)적 의미가 된다. 그리고 그 성령은 인간상호간의 사랑이다. 이 공동체의 사랑이 확보되지 않는다면 예수의 죽음과 부활이라는 사건은 일어나지도 않으며 일어날 필요도 없다. 예수의 죽음과 부활은 오직 공동체내의 호상적 사랑으로써만 의미를 가질 수 있으며, 그 사랑이야말로 아가페, 즉 신적 사랑의 궁극적 표징이다.

예루살렘 성전을 뒤엎어 버리는 성난 예수(마 21:12, 막 11:15, 눅 19:45, 요 2:15) 렘브란트 1635, 169×136㎜

Chapter 16

제16장

RSV

1 "I have said all this to you to keep you from falling away.

2 They will put you out of the synagogues; indeed, the hour is coming when whoever kills you will think he is offering service to God.

3 And they will do this because they have not known the Father, nor me.

4 But I have said these things to you, that when their hour comes you may remember that I told you of them. "I did not say these things to you from the beginning, because I was with you.

5 But now I am going to him who sent me; yet none of you asks me, 'Where are you going?'

6 But because I have said these things to you, sorrow has filled your hearts.

7 Nevertheless I tell you the truth: it is to your

advantage that I go away, for if I do not go away,
the Counselor will not come to you; but if I go, I
will send him to you.
8 And when he comes, he will convince the world
concerning sin and righteousness and judgment:
9 concerning sin, because they do not believe in
me;
10 concerning righteousness, because I go to the
Father, and you will see me no more;
11 concerning judgment, because the ruler of this
world is judged.
12 "I have yet many things to say to you, but you
cannot bear them now.
13 When the Spirit of truth comes, he will guide
you into all the truth; for he will not speak on his
own authority, but whatever he hears he will
speak, and he will declare to you the things that
are to come.
14 He will glorify me, for he will take what is mine
and declare it to you.
15 All that the Father has is mine; therefore I said
that he will take what is mine and declare it to
you."

신개역

1 내가 이것을 너희에게 이름은 너희로 하여금 실족치
않게 하려함이니,
2 세상사람들이 너희를 파문(破門)할 뿐 아니라, 너희를
죽이는 자들이 그 죽이는 행위가 하나님을 섬기는 예
배라고 생각하는 그러한 때가 오고있다.
3 저희가 이런 일을 하는 것은, 아버지와 나를 알지 못
함이라.
4 오직 너희에게 이 말을 이른 것은, 너희가 그 때를
당하면 내가 너희에게 이른 말들을 기억나게 하려 함
이요, 처음부터 이 말을 하지 아니한 것은 그 시절은
내가 너희와 함께 있었음이니라.
5 지금 내가 나를 보내신 이에게로 가는데, 너희 중에
서 아무도 나에게 '어디로 가느냐?' 묻는 자가 없고,
6 도리어 내가 이 말을 하므로, 너희 마음에 근심이 가
득하였도다.
7 그러하나 내가 너희에게 실상(實相)을 말하노니, 내가
떠나가는 것이 너희에게 유익(有益)이라. 내가 떠나가
지 아니하면 보혜사가 너희에게로 오지 아니할 것이
요, 내가 가면, 곧 내가 그를 너희에게로 보내리라.
8 그가 와서 죄에 대하여, 의에 대하여, 심판에 대하
여, 세상을 책망하리라.
9 죄에 대하여 라함은 저희가 나를 믿지 아니함이요,
10 의에 대하여 라함은 내가 아버지께로 가니 너희가 다

시 나를 보지 못함이요,

11 **심판에 대하여 라함은 이 세상의 임금이 오히려 심판 받았음이니라.**

12 **내가 아직도 너희에게 이를 것이 많으나, 지금은 너희가 감당치 못하리라.**

13 **그러하나 진리의 성령이 오면, 그가 너희를 모든 진리 가운데로 인도하리니, 그가 자의로 말하지 않고 오직 하나님께로 듣는 것만 말하며, 앞으로 올 일을 너희에게 선포하리라.**

14 **그가 내 영광을 나타내리니, 내 것을 가지고 그것을 너희에게 선포하리라.**

15 **무릇 아버지께 있는 것은 다 내 것이라. 그러므로 내가 말하기를, 그가 내 것을 가지고 너희에게 선포하리라 하였노라."**

강해 이제 보혜사의 의미가 독자들에게 충분히 맥락적으로 드러났을 것이다. 보혜사에 대한 네 번째 언약이 기술되고 있다. 1절과 2절의 내용에서 우리는 초대교회의 박해상황을 유추해볼 수 있다. 교회와 세상이 상당히 대립적으로 설정되고 있으며, 그러한 상황을 미리 알고 있으면 그러한 상황이 닥쳐도 동요가 적으며 꿋꿋이 의롭게 대처해나갈 수 있다는 것 때문에 요한은 이 복음서를 집필했다고도 볼 수 있다. 유대인계 기독교인들을 파문시키고 그들을 돌로 쳐죽이면서, 쳐죽이는 행위가 곧 신에게 영광을 돌리는 일이라고 생각하는 경직된 율법적 적용의 사건들이 실제로 있었는지는 모르나, 요한에 의하여 박해의 현실로서 상정되고 있는 것이다.

예수가 가지 않으면 보혜사는 오지 않는다. 예수가 가야 보혜사는 온다. 이것은 역사적으로 너무도 당연한 현실이었다. 왜? 예수가 죽음으로서 초대교회는 형성되었기 때문이다. 예수의 죽음으로 인하여, 그 위대한 신적 사랑의 화신인 예수가 갈릴리, 팔레스타인의 지평 위에서 죽었음으로 인하여, 그를 사랑하던 많은 사람들의 실존 속에 예수는 부활할 수 있었던 것이다. 여기 예수의 부활은 보혜사의 강림으로 상징화되고 있다. 보혜사는 그들의 실존을 지키는 성령이며, 그들을 보호하고 변호하면서 세상을 책망한다. 죄와 의와 심판에 대하여 세상을 책망한다. 1) 죄는 무엇인가? 세상사람들의 불신앙이다. 빤히 신앙할 수 있는 여건 속에서도 불신앙하는 것이다. 눈을 떴음에도 소경이 되고마는 것이다. 2) 의(righteousness, dikaiosynē)라는 것은 아주 쉽게 말하면 "예수의 무죄"다. 예수는 죽음으로써 아버지의 영광스러운 자리로 들리운 것이다. 예수는 의로움의 본(paradigm)이었다(cf. 롬 3:21~31, 10:3). 3) 심판이란 무엇인가? 예수를 심판한 세속의 권력자들이 오히려 심판받았다는 것을 보혜사는 입증한다는 것이다.

* 7절의 "실상"이 관주성경전서에 "實狀"으로 되어있는데 "알레테이아"의 번역으로서는 "實相"이 바른 한자이다. "實狀"이 틀렸다고만은 말할 수 없어도, "實相"으로 고치는 것이 합당하리라.

병으로 고통받는 군중과 예수(눅 4:40)

렘브란트 1660, 베를린 국립미술관 동판화실, 248×181㎜

RSV

16 "A little while, and you will see me no more;
again a little while, and you will see me."
17 Some of his disciples said to one another, "What
is this that he says to us, 'A little while, and you
will not see me, and again a little while, and you
will see me' ; and, 'because I go to the Father' ?"
18 They said, "What does he mean by 'a little
while' ? We do not know what he means."
19 Jesus knew that they wanted to ask him; so he
said to them, "Is this what you are asking
yourselves, what I meant by saying, 'A little
while, and you will not see me, and again a little

while, and you will see me' ?
20 Truly, truly, I say to you, you will weep and
lament, but the world will rejoice; you will be
sorrowful, but your sorrow will turn into joy.
21 When a woman is in travail she has sorrow,
because her hour has come; but when she is
delivered of the child, she no longer remembers the
anguish, for joy that a child is born into the world.
22 So you have sorrow now, but I will see you again
and your hearts will rejoice, and no one will take
your joy from you.
23 In that day you will ask nothing of me. Truly,
truly, I say to you, if you ask anything of the
Father, he will give it to you in my name.
24 Hitherto you have asked nothing in my name;
ask, and you will receive, that your joy may be
full.
25 "I have said this to you in figures; the hour is
coming when I shall no longer speak to you in
figures but tell you plainly of the Father.
26 In that day you will ask in my name; and I do not
say to you that I shall pray the Father for you;
27 for the Father himself loves you, because you
have loved me and have believed that I came

from the Father.
28 I came from the Father and have come into the
world; again, I am leaving the world and going
to the Father."
29 His disciples said, "Ah, now you are speaking
plainly, not in any figure!
30 Now we know that you know all things, and
need none to question you; by this we believe
that you came from God."
31 Jesus answered them, "Do you now believe?
32 The hour is coming, indeed it has come, when
you will be scattered, every man to his home,
and will leave me alone; yet I am not alone, for
the Father is with me.
33 I have said this to you, that in me you may have
peace. In the world you have tribulation; but be
of good cheer, I have overcome the world."

신개역

16 "조금 있으면 너희가 나를 보지 못하게 되리라. 그러
나 또 조금 있으면 나를 보게 되리라." 하신대,
17 제자 중에서 서로 말하되, "우리에게 말씀하신바 '조
금 있으면 너희가 나를 보지 못하겠고, 또 조금 있으
면 나를 보게 되리라.' 고 하시며 또한 '내가 아버지

께로 감이라.' 고 하신 말씀이 도대체 무슨 뜻이뇨?"
18 그들이 또 말하되, "주께서 '조금 있으면' 이라 하신
말씀이 무슨 말씀이뇨? 무엇을 말씀하시는지 알지
못하겠노라." 하거늘,
19 예수께서 그 묻고자 함을 아시고 가라사대, "내 말이
'조금 있으면 나를 보지 못하겠고, 또 조금 있으면
나를 보게되리라.' 했으므로 서로 문의하느냐?
20 진실로 진실로 내가 너희에게 이르노니, 너희는 곡
(哭)하고 애통(哀痛)하겠으나 세상은 기뻐하리라. 그
러나 너희는 근심하겠으나, 결국 너희 근심이 기쁨이
되고야 말리라.
21 여자가 산기(産氣)가 돌면 그 때가 이르렀으므로 근심
하나, 아이를 낳으면 세상에 생명을 잉태시킨 기쁨으
로 인하여 그 고통을 다시 기억치 아니하느니라.
22 지금은 너희가 근심하나, 내가 너희를 다시 보리니,
너희 마음이 기쁠 것이요, 너희 기쁨을 빼앗을 자 아
무도 없느니라.
23 그 날에는 너희가 아무것도 내게 묻지 아니하리라.
진실로 진실로 내가 너희에게 이르노니, 너희가 아버
지께 무엇을 구하든지, 아버지께서는 그것을 내 이름
으로 주시리라.
24 지금까지는 너희가 내 이름으로 아무것도 구하지 아
니하였으나, 구하라! 그리하면 받으리니, 너희 기쁨
이 충만(充滿)하리라.

25 여태까지는 이것을 비유로 너희에게 일렀거니와, 때
가 이르면 다시 비유로 너희에게 이르지 않고, 아버
지에 대한 것을 밝히 이르리라.
26 그 날에 너희가 내 이름으로 구할 것이다. 나는 이제
내가 너희를 위하여 아버지께 구하겠다라고 말하지
않는다.
27 이는 너희가 나를 사랑하고 또 나를 하나님께로서 온
줄 믿은 고로 아버지께서 친히 너희를 사랑하심이니
라.
28 내가 아버지께로 나와서 세상에 왔고, 다시 세상을
떠나 아버지께로 가노라." 하시니,
29 제자들이 말하되, "아하! 이제야 밝히 말씀하시고 아
무 은유(隱喩)도 쓰지 아니하시는도다!
30 우리가 지금에야 주께서 모든 것을 아시고, 또 사람
의 물음을 기다리시지 않는줄 아나이다. 이로써 주께
서 하나님께로서 나오심을 우리가 믿삽나이다."
31 예수께서 대답하시되, "이제는 너희가 믿느냐?
32 보라! 때가 오고 있도다! 너희가 다 각각 제곳으로 흩
어지고 나를 홀로 둘 그 때가 벌써 왔도다! 그러나 내가
혼자 있는 것이 아니라, 아버지께서 함께 계시느니라.
33 이것을 내가 너희에게 이름은, 너희로 내 안에서 평
안을 누리게 하려 함이로다! 세상에서는 너희가 환난
(患難)을 당하나, 담대(膽大)하라! 내가 세상을 이기었
노라!" 하시니라.

강해 The final victory! 최후의 승리는 선포되었다. 그 승리를 향해 달려가는 숨가쁜 언어를 느끼겠는가? 그의 죽음은 해산의 고통이다! 죽음의 그 때는 근심스럽고 고통스러우나 생명을 잉태한다. 21절의 해산의 비유는 인류역사상 종말론에 대한 최고의 해석이라 할 것이다. 최후의 승리는 무엇으로 보장되는가? 예수는 말한다. 네 마음속의 평화다! 가고 옴, 슬픔과 기쁨, 봄과 소경, 비유와 밝히 말함, 불신앙과 신앙, 세상(코스모스)과 하나님(테오스), 이 모든 것이 생명(Life)과 평화(Peace)라는 두 마디로 화해되고 있다.

십자가를 지시고 골고다 언덕을 올라 가시는 예수(요 19:17, 눅 23:26) 렘브란트 1648, 타이라미술관, 273×175mm

Chapter 17

제17장

RSV

1 When Jesus had spoken these words, he lifted up
his eyes to heaven and said, "Father, the hour has
come; glorify thy Son that the Son may glorify
thee,
2 since thou hast given him power over all flesh, to
give eternal life to all whom thou hast given him.
3 And this is eternal life, that they know thee the
only true God, and Jesus Christ whom thou hast
sent.
4 I glorified thee on earth, having accomplished
the work which thou gavest me to do;
5 and now, Father, glorify thou me in thy own
presence with the glory which I had with thee
before the world was made.
6 "I have manifested thy name to the men whom
thou gavest me out of the world; thine they were,

and thou gavest them to me, and they have kept
thy word.
7 Now they know that everything that thou hast
given me is from thee;
8 for I have given them the words which thou
gavest me, and they have received them and
know in truth that I came from thee; and they
have believed that thou didst send me.
9 I am praying for them; I am not praying for the
world but for those whom thou hast given me,
for they are thine;
10 all mine are thine, and thine are mine, and I am
glorified in them.
11 And now I am no more in the world, but they are
in the world, and I am coming to thee. Holy
Father, keep them in thy name, which thou hast
given me, that they may be one, even as we are
one.
12 While I was with them, I kept them in thy name,
which thou hast given me; I have guarded them,
and none of them is lost but the son of perdition,
that the scripture might be fulfilled.
13 But now I am coming to thee; and these things I
speak in the world, that they may have my joy

fulfilled in themselves.
14 I have given them thy word; and the world has hated them because they are not of the world, even as I am not of the world.
15 I do not pray that thou shouldst take them out of the world, but that thou shouldst keep them from the evil one.
16 They are not of the world, even as I am not of the world.
17 Sanctify them in the truth; thy word is truth.
18 As thou didst send me into the world, so I have sent them into the world.
19 And for their sake I consecrate myself, that they also may be consecrated in truth.
20 "I do not pray for these only, but also for those who believe in me through their word,
21 that they may all be one; even as thou, Father, art in me, and I in thee, that they also may be in us, so that the world may believe that thou hast sent me.
22 The glory which thou hast given me I have given to them, that they may be one even as we are one,
23 I in them and thou in me, that they may become

perfectly one, so that the world may know that thou hast sent me and hast loved them even as thou hast loved me.
24 Father, I desire that they also, whom thou hast given me, may be with me where I am, to behold my glory which thou hast given me in thy love for me before the foundation of the world.
25 O righteous Father, the world has not known thee, but I have known thee; and these know that thou hast sent me.
26 I made known to them thy name, and I will make it known, that the love with which thou hast loved me may be in them, and I in them."

신개역

1 예수께서 이 말씀을 하시고 눈을 들어 하늘을 우러러 가라사대, "아버지시여! 그 때가 이르렀사오니 당신의 아들을 영화롭게 하사, 아들로 하여금 아버지를 영화롭게 하옵소서.
2 아버지께서 아들에게 주신 모든 사람들에게 영생을 주게 하시려고, 만인을 다스리는 권세를 아들에게 주셨음이로소이다.
3 영생은 곧 유일하신 참 하나님과 그의 보내신 자 예수 그리스도를 아는 것이니이다.

4 아버지께서 내게 하라고 주신 일을 내가 이루어, 아
버지를 이 땅 위에서 영화롭게 하였사오니,
5 아버지시여! 창세(創世) 전에 내가 아버지와 함께 누
렸던 영화로써, 지금 당신의 면전에서 나를 영화롭게
하옵소서.
6 세상 중에서 내게 주신 사람들에게, 내가 아버지의
이름을 나타내었나이다. 저희는 아버지의 것이었는
데 내게 주셨나이다. 그리고 저희는 아버지의 말씀을
지키었나이다.
7 지금 저희는 아버지께서 내게 주신 것이 모두 다 아
버지께로서 온 것인줄 알았나이다.
8 나는 아버지께서 내게 주신 말씀들을 저희에게 주었
사오며, 저희는 이것을 받고, 내가 아버지께로서 나
온 줄을 참으로 알게되었으며, 또 아버지께서 나를
보내신 것을 믿었사옵나이다.
9 내가 저희를 위하여 비옵나니, 내가 비옵는 것은 세
상을 위함이 아니요, 내게 주신 자들을 위함이니이
다. 저희는 아버지의 것이로소이다.
10 내 것은 다 아버지의 것이요, 아버지의 것은 다 내
것이온데, 내가 저희로 말미암아 영광을 받았나이다.
11 나는 세상에 더 있지 아니하오나, 저희는 세상에 있
사옵고, 나는 아버지께로 가옵나니, 거룩하신 아버지
시여! 내게 주신 아버지의 이름으로 저희를 보전하
사, 하나님과 내가 하나인 것 같이 저희도 하나가 되

게 하옵소서.
12 내가 저희와 함께 있을 때에 내게 주신 아버지의 이
름으로, 저희를 보전하와, 지키었나이다. 그 중에 하
나도 멸망치 아니하고, 오직 멸망의 자식만이 멸망하
였사오니, 이는 성경을 응하게 함이니이다.
13 지금 내가 아버지께로 가오니, 내가 세상에서 이 말
을 하옵는 것은, 저희로 하여금 내 기쁨을 저희 안에
충만히 가지게 하려 함이니이다.
14 내가 아버지의 말씀을 저희에게 주었사오매, 세상이
저희를 미워하였사오니, 이는 내가 세상에 속하지 아
니함 같이 저희도 세상에 속하지 아니함을 인(因)함
이니이다.
15 내가 비옵는 것은 저희를 세상으로부터 데려가시기
를 원함이 아니옵고, 오직 악에 빠지지 않게 보전하
시기를 원함이니이다.
16 내가 세상에 속(屬)하지 아니함 같이, 저희도 세상에
속하지 아니하였삽나이다.
17 저희를 진리(眞理)로 거룩하게 하옵소서. 아버지의 말
씀은 진리이니이다.
18 아버지께서 나를 세상에 보내신 것 같이, 나도 저희
를 세상에 보내었고,
19 또 저희를 위하여 내가 나를 거룩하게 하오니, 이는
저희도 진리 안에서 거룩함을 얻게 하려 함이니이다.
20 내가 비옵는 것은 이 사람들만 위함이 아니요, 또 저

희 말을 인하여 나를 믿는 사람들도 위함이니,
21 아버지께서 내 안에, 내가 아버지 안에 있는 것 같
이, 저희도 다 하나가 되어 우리 안에 있게 하사, 세
상으로 하여금 아버지께서 나를 보내신 것을 믿게 하
옵소서.
22 내게 주신 영광을 내가 저희에게 주었사오니, 이는
하나님과 내가 하나된 것 같이 저희도 하나가 되게
하려 함이니이다.
23 곧 내가 저희 안에 있고, 아버지께서 내 안에 계신
것은, 저희로 온전함을 이루어 하나가 되게 하려 함
이오니이다. 이는 아버지께서 나를 보내신 것과, 또
나를 사랑하신 것처럼 저희도 사랑하신 것을, 세상이
알게 하려 함이로소이다.
24 아버지시여! 내게 주신 자들도 나 있는 곳에 나와 함
께 있어, 아버지께서 창세 전부터 나를 사랑하사 나
에게 주신 나의 영광을 저희로 보게 하여주시기를 원
하옵나이다.
25 오! 의로우신 아버지시여! 세상이 아버지를 알지 못
하여도, 나는 아버지를 알았삽고, 저희도 아버지께서
나를 보내신 줄 알았삽나이다.
26 내가 아버지의 이름을 저희에게 알게 하였고 또 알게
하리니, 이는 나를 사랑하신 그 사랑이 저희 안에 있
고, 나도 저희 안에 있게 하려 함이니이다."

강해 이것이 예수의 마지막 고별기도(The Farewell Prayer)이다. 나보고 그 핵심을 뽑으라면, 역시 "내가 비옵는 것은 인간을 세상으로부터 데려가시는 것을 원하는 것이 아니오라, 오직 그들이 악에 빠지지 않도록 보전해주실 것을 원하옵나이다"라는 15절의 메시지다. 종말론이 현재화 되어있고 현세화되어 있다. 그리고 17절의 기도내용은 정말 강력하다. 하나님 아버지의 말씀(로고스)은 진리(알레테이아)라는 것이다. 여기 로고스와 알레테이아의 일치가 있다. 그리고 "저희를 진리로 거룩하게 하라!" "인간을 진리로써, 진리 안에서 거룩하게 하라!"는 이 한 메시지(17)야말로 요한복음의 전체 테마인 동시에 모든 인간의 종교·철학·문학·예술의 보편테마가 아닐까 생각한다.

그리고 11, 21, 22, 23에 계속 나오고 있는 "저희의 하나됨"을 초기 기독교공동체 자체내부의 결속이나 일체감, 그러니까 종말론적 공동체의 유니티(the unity of the eschatological community)를 말하는 것으로만 모든 주석가들이 이야기하고 있는데(불트만, 바레트, 카슨 다 예외가 아니다), 이것은 매우 편협한 주석이다. 이 유니티는 결국 하나님과 예수의 연합성의 근거 위에서만 가능한 것이다. 그렇다면 "저희의 하나됨"은 그 연합성에 참여할 때만 가능하다. 14:20에 말하듯이 "내가 아버지 안에, 너희가 내 안에, 내가 너희 안에"라는 논리나 17:21에 "저희도 다 하나가 되어 우리 안에 있게 하사"라는 논리 속에는, 결국 예수를 매개로 하는 인간과 하나님의 연합이라는 사상이 투철하게 깔려있다. 기독교 교회의 역사는 바로 이러한 요한복음의 영성을 은폐하고 축소시키고 왜곡시켜온 역사이다. 오늘날까지도 기독교의 주석가들은 이러한 당연한 인간론적 신성(divinity)의 테마를 신비주의(mysticism)라는 이름으로 애매하게 취급해버린다. 요한복음의 깊은 사상에는 인간과 예수와 신의 "하나됨"이 깔려있다. 그렇다고 해서 인간의 겸손이 무너지는 것은 아니다. 하나님의 계시자인 예수를 통하여 우리는 죽음과 부활의 겸손에 끊임없이 동참하고 있는 것이다. 그러나 나의 실존 속에서 신성을 발견하지 못한다면, 모든 종교는 하나님의 권위를 빙자한 무당 푸닥거리밖에 되지 않는다.

내로라! 나를 잡아가라! 저희가 물러가서 땅에 엎드러지는 지라(요 18:5~6) **렘브란트 1648**, 런던 개인소장, 260×175㎜

Chapter 18

제18장

RSV

1 When Jesus had spoken these words, he went forth with his disciples across the Kidron valley, where there was a garden, which he and his disciples entered.

2 Now Judas, who betrayed him, also knew the place; for Jesus often met there with his disciples.

3 So Judas, procuring a band of soldiers and some officers from the chief priests and the Pharisees, went there with lanterns and torches and weapons.

4 Then Jesus, knowing all that was to befall him, came forward and said to them, "Whom do you seek?"

5 They answered him, "Jesus of Nazareth." Jesus said to them, "I am he." Judas, who betrayed

him, was standing with them.
6 When he said to them, "I am he," they drew back and fell to the ground.
7 Again he asked them, "Whom do you seek?" And they said, "Jesus of Nazareth."
8 Jesus answered, "I told you that I am he; so, if you seek me, let these men go."
9 This was to fulfil the word which he had spoken, "Of those whom thou gavest me I lost not one."
10 Then Simon Peter, having a sword, drew it and struck the high priest's slave and cut off his right ear. The slave's name was Malchus.
11 Jesus said to Peter, "Put your sword into its sheath; shall I not drink the cup which the Father has given me?"

신개역

1 예수께서 이 말씀을 하시고, 제자들과 함께 기드론 골짜기 건너편으로 나가시니, 거기 동산이 있어 제자들과 함께 들어가시다.
2 거기는 예수께서 제자들과 가끔 모이시는 곳이므로, 예수를 파는 유다도 그 곳을 알더라.
3 유다가 한 떼의 군인들과 대제사장들 및 바리새인들에게서 얻은 하속들을 데리고 등과 홰와 병기를 가지

고 그리로 오는지라.
4 예수께서 그 당할 일을 다 아시고 나아가 가라사대,
"너희가 누구를 찾느냐?"
5 그들이 예수께 대답하되, "나사렛 예수를 찾노라."
하거늘, 가라사대, "내로라." 하시니라. 그를 파는
유다도 저희와 함께 섰더라.
6 예수께서 저희에게 "내로라." 하실 때에 저희가 흠칫
뒷걸음질 치다가 땅에 엎드러지는지라.
7 이에 다시, "누구를 찾느냐?" 고 물으신대, 저희가
말하되, "나사렛 예수라." 하거늘,
8 예수께서 대답하시되, "너희에게 내로라 밝혔으니,
나를 잡으려거든, 이 사람들은 가도록 내버려 두라."
하시니,
9 이는 "아버지께서 내게 주신 자 중에서 하나도 잃지
아니하였삽나이다." 하신 말씀을 응하게 하려 함이
러라.
10 이에 시몬 베드로가 검을 가졌는데, 이것을 빼어 대
제사장의 종을 쳐서 오른편 귀를 베어버리니, 그 종
의 이름은 말고라.
11 예수께서 베드로더러 이르시되, "검을 집에 꽂으라.
아버지께서 주신 잔을 내가 마시지 아니할리 있겠느
냐?" 하시니라.

강해 이 설화에 관하여, 공관복음서에 비해 다음의 특징이 돋보

인다.

1) "기드론 골짜기 건너편" 등, 지리적 위치에 관한 상세한 설명이 있다.

2) 귀를 칼로 친 사람이 베드로라고 명기되었다. 공관복음에는 "곁에 섰는 자 중의 한 사람"으로 되어있다. 그리고 귀 잘린 자의 이름이 "말고"(Malchus)라고 훈을 단 것도 요한적 발상이다. 좀 코믹하다. 그리고 귀를 다시 붙여 주지도 않는다(눅 22:51). 이적설화는 이미 중반에 끝났다. 요한은 수난의 장면 속에서는 예수를 더 이상 그런 마술사로 그리지 않는다. 합리적이고 논리적인 대화로써 수난의 아픔과 부당성을 극대화시킨다.

3) 공관서에는 로마병정이 안 왔다. 그런데 로마병정이 한때 몰려왔다. 수난설화의 처음부터 로마지배체제가 직접 관련되어 있다.

4) 겟세마네의 고뇌가 없는 대신, 그것을 11절에 간략한 한마디로 비추고 있다.

5) 설화 전체를 통하여 예수의 권위가 강조되어 있다. 유다나 로마총독이 아니라 예수가 주도권을 잡고 있다.

6) 교활한 입맞춤 따위의 구구한 장치가 없이 당당하게 자신의 언행으로 체포를 맞이한다: "내로라." 그리고 그의 위세는 체포자들을 엎드러지게 만드는 기세의 발출이 있다.

7) 제자들을 보호한다. 그들을 한 사람도 잃지 않도록, 방어하며 행동하며 그들을 위해 고통을 감수한다.

9절은 편집자의 첨가로 보아야 한다.

결박한 예수를 가야바에게 끌고가다(요 18:24, 눅 22:54) 렘브란트 1641, 취리히 개인소장, 235×187㎜

RSV

12 So the band of soldiers and their captain and the
officers of the Jews seized Jesus and bound him.
13 First they led him to Annas; for he was the
father-in-law of Ca′iaphas, who was high priest
that year.
14 It was Ca′iaphas who had given counsel to the
Jews that it was expedient that one man should
die for the people.
15 Simon Peter followed Jesus, and so did another
disciple. As this disciple was known to the high
priest, he entered the court of the high priest
along with Jesus,

16 while Peter stood outside at the door. So the
other disciple, who was known to the high priest,
went out and spoke to the maid who kept the
door, and brought Peter in.
17 The maid who kept the door said to Peter, "Are
not you also one of this man's disciples?" He
said, "I am not."
18 Now the servants and officers had made a
charcoal fire, because it was cold, and they were
standing and warming themselves; Peter also
was with them, standing and warming himself.
19 The high priest then questioned Jesus about his
disciples and his teaching.
20 Jesus answered him, "I have spoken openly to
the world; I have always taught in synagogues
and in the temple, where all Jews come together;
I have said nothing secretly.
21 Why do you ask me? Ask those who have heard
me, what I said to them; they know what I said."
22 When he had said this, one of the officers
standing by struck Jesus with his hand, saying,
"Is that how you answer the high priest?"
23 Jesus answered him, "If I have spoken wrongly,
bear witness to the wrong; but if I have spoken

rightly, why do you strike me?"

24 Annas then sent him bound to Ca′iaphas the high
priest.

25 Now Simon Peter was standing and warming
himself. They said to him, "Are not you also one
of his disciples?" He denied it and said, "I am not."

26 One of the servants of the high priest, a kinsman
of the man whose ear Peter had cut off, asked,
"Did I not see you in the garden with him?"

27 Peter again denied it; and at once the cock
crowed.

예수를 세번 부인하는 베드로(요 18:16~27) 렘브란트 1660, 파리 에코르테보자아르, 257×180mm

신개역

12 이에 한 떼의 군인들과 천부장(千夫長)과 유대인의 하
속들이 예수를 잡아 결박하여
13 먼저 안나스에게로 끌고 가니, 안나스는 그 해의 대
제사장인 가야바의 장인이라.
14 가야바는 유대인들에게 한 사람이 백성을 위하여 죽
는 것이 유익하다 권고하던 자러라.
15 시몬 베드로와 또 다른 제자 하나가 예수를 따르니,
이 제자는 대제사장과 아는 사람이라, 예수와 함께
대제사장의 집 뜰에 들어가고,
16 베드로는 문 밖에 섰는지라. 대제사장과 아는 그 다
른 제자가 나가서 문 지키는 여자에게 말하여 베드로
를 데리고 들어왔더니,
17 문 지키는 여종이 베드로에게 말하되, "너도 이 사람
의 제자 중 하나가 아니냐?" 하니, 베드로가 말하되,
"나는 아니라." 하였더라.
18 그 때가 추운 고로, 종들과 하속들이 숯불을 피우고
서서 쬐니, 베드로도 함께 서서 쬐더라.
19 대제사장이 예수에게 그의 제자들과 그의 교훈에 관
하여 심문하니,
20 예수께서 대답하시되, "내가 드러내놓고 세상에 말
하였노라. 모든 유대인들이 모이는 회당과 성전에서
항상 가르쳤고, 은밀히는 아무것도 말하지 아니하였
거늘,

21 어찌하여 너는 내게 묻느뇨? 내가 무슨 말을 하였는
지, 들은 자들에게 물어보라. 저희가 나의 하던 말을
아느니라."
22 예수께서 이 말씀을 하시매, 곁에 서있던 하속 하나
가 손으로 예수를 쳐, 가로되, "네가 감히 대제사장
에게 이같이 대답하느냐?" 하니,
23 예수께서 대답하시되, "내가 말을 잘못하였으면, 그
잘못한 것을 증거하라! 내가 정당하게 말했다면, 어
찌하여 네가 나를 치느냐?" 하시더라.
24 안나스가 예수를 결박한 그대로 대제사장 가야바에
게 보내니라.
25 시몬 베드로가 서서 불을 쬐더니, 사람들이 묻되,
"너도 그 제자 중 하나가 아니냐?" 베드로가 부인하
여 가로되, "나는 아니라." 하더라.
26 대제사장의 종 하나는 베드로에게 귀를 베어 버리운
사람의 일가라. 가로되, "네가 그 사람과 함께 동산
에 있던 것을 내가 보지 아니하였느냐?"
27 이에, 베드로가 또 부인하니, 곧 닭이 울더라.

강해 예수의 모습이 공관서의 모습보다 더 자발적이고 더 당당하고 더 변호적이며 더 정치적인 맥락이 있으며 더 신학적 배경 속에서 진행되고 있다. 베드로의 이야기도 더 치밀하게 구성되어 있다. 19절의 대제사장은 안나스일 수밖에 없다.

병사들에게 처참하게 얻어맞는 예수(요18:22, 마 27:26)

렘브란트 1655, 뉴욕 J.P.모르간재단 소장, 216×156㎜

RSV

28 Then they led Jesus from the house of Ca'iaphas
to the praetorium. It was early. They themselves
did not enter the praetorium, so that they might
not be defiled, but might eat the passover.
29 So Pilate went out to them and said, "What
accusation do you bring against this man?"
30 They answered him, "If this man were not an
evil-doer, we would not have handed him over."
31 Pilate said to them, "Take him yourselves and
judge him by your own law." The Jews said to
him, "It is not lawful for us to put any man to
death."

32 This was to fulfil the word which Jesus had
spoken to show by what death he was to die.
33 Pilate entered the praetorium again and called
Jesus, and said to him, "Are you the King of the
Jews?"
34 Jesus answered, "Do you say this of your own
accord, or did others say it to you about me?"
35 Pilate answered, "Am I a Jew? Your own nation
and the chief priests have handed you over to
me; what have you done?"
36 Jesus answered, "My kingship is not of this
world; if my kingship were of this world, my
servants would fight, that I might not be handed
over to the Jews; but my kingship is not from the
world."
37 Pilate said to him, "So you are a king?" Jesus
answered, "You say that I am a king. For this I
was born, and for this I have come into the
world, to bear witness to the truth. Every one
who is of the truth hears my voice."
38 Pilate said to him, "What is truth?" After he had
said this, he went out to the Jews again, and told
them, "I find no crime in him.
39 But you have a custom that I should release one

man for you at the Passover; will you have me
release for you the King of the Jews?"
40 They cried out again, "Not this man, but Barab′
bas!" Now Barab′bas was a robber.

빌라도의 재판

렘브란트 1650, 암스테르담 왕립미술관, 244×168mm

신개역

28 저희가 예수를 가야바의 집에서 총독관저로 끌고 가
니, 새벽이었다. 예수를 끌고간 유대인들은 부정을
타지않고 유월절 식사를 하고자 하여, 관저 안으로는
들어가지 아니하더라.
29 그러므로 빌라도가 밖으로 저희에게 나가서 말하되,
"너희가 무슨 일로 이 사람을 고소하느냐?"

30 그들이 대답하여 가로되, "이 사람이 행악자(行惡者)
가 아니었더면, 우리가 당신에게 넘기지 아니하였을
것이오이다."
31 빌라도가 가로되, "너희가 저를 데려다가 너희 법대
로 재판하라." 유대인들이 가로되, "우리에게는 사람
을 죽이는 권한이 없나이다." 하니,
32 이는 예수께서 자기가 어떠한 죽음으로 죽을 것인지
를 가리켜 하신 말씀을 응하게 하려 함이러라.
33 이에 빌라도가 다시 총독 관저 안으로 들어가, 예수
를 불러 가로되, "네가 유대인의 왕이냐?"
34 예수께서 대답하시되, "이는 네가 스스로 지어 하는
말이뇨? 다른 사람들이 나에 대하여 네게 한 말을 하
는 것이뇨?"
35 빌라도가 대답하되, "내가 유대인이란 말이냐? 네
나라 사람과 대제사장들이 너를 나에게 넘겼으니, 도
대체 네가 뭔 일을 했느냐?"
36 예수께서 대답하시되, "내 나라는 이 세상에 속한 것
이 아니라. 만일 내 나라가 이 세상에 속한 것이었더
면, 나를 따르는 자들이 싸워 나를 유대인에게 넘기
우지 않게 하였으리라. 그러나 내 나라는 이 세상에
속한 것이 아니니라."
37 빌라도가 가로되, "하여튼 왕은 왕이로구나!" 예수께
서 대답하시되, "네 말대로 그렇다. 내가 왕이니라.
내가 이를 위하여 났으며, 이를 위하여 세상에 왔나

니, 곧 진리에 대하여 증거하려 함이로라. 무릇 진리
에 속한 자는 누구든지 내 소리를 듣느니라." 하신대,
38 **빌라도가 가로되, "진리가 무엇이냐?" 하더라.**
이 말을 하고 다시 유대인들에게 나가서 이르되, "나
는 그에게서 아무 죄도 찾지 못하노라.
39 **유월절이면 내가 너희에게 한 사람을 놓아주는 전례**
(前例)가 있으니, 그러면 너희는 내가 유대인의 왕을
너희에게 놓아주기를 원하느냐?" 하니,
40 **저희가 또 소리질러 가로되, "이 사람이 아니라! 바**
라바라!" 하니, 바라바는 강도러라.

강해 빌라도의 예수 심문은 타 복음서에서는 예수는 아무말도 하지 않는다. 아주 간단히 몇 줄로 처리된다. 그러나 요한은 빌라도와 예수의 대화를 심문의 장면으로서가 아니라 요한 철학의 가장 드라마틱한 대결장면으로서 매우 신랄하게 처리하고 있다. 그 짧은 대화 속에 로고스와 이 세계의 대립이 나타나고 알레테이아 즉 진리의 주제가 선명하게 드러나고 있다. 그의 왕국이 오직 진리의 왕국임을 선포하고 있는 것이다. 마지막에 빌라도가 "진리가 무엇이냐?"라고 묻고 퉁명스럽게 대화를 끝낸 것은 요한 문학기법의 극치를 보여준다. 진리에 대하여 귀를 열기 위한 질문이 아니라 진리에 귀를 닫기 위한 질문이었던 것이다. "도대체 진리 따위가 무엇이란 말이냐?" 빌라도는 철저히 이 코스모스의 불신앙의 암흑에 속해있는 것이다. 많은 주석의 문제들을 나는 원문번역 그 자체로 처리하였다. 원문을 잘 살펴 보면 그 묘미를 되씹을 수 있을 것이다.

빌라도가 관저 밖에 나와 외쳤다. *보라! 이 사람이로다!* (요 19:4~5) 렘브란트 1655, 452×358mm

Chapter 19

제19장

RSV

1 Then Pilate took Jesus and scourged him.
2 And the soldiers plaited a crown of thorns, and put it on his head, and arrayed him in a purple robe;
3 they came up to him, saying, "Hail, King of the Jews!" and struck him with their hands.
4 Pilate went out again, and said to them, "See, I am bringing him out to you, that you may know that I find no crime in him."
5 So Jesus came out, wearing the crown of thorns and the purple robe. Pilate said to them, "Behold the man!"
6 When the chief priests and the officers saw him, they cried out, "Crucify him, crucify him!" Pilate said to them, "Take him yourselves and crucify him, for I find no crime in him."

7 The Jews answered him, "We have a law, and by
that law he ought to die, because he has made
himself the Son of God."
8 When Pilate heard these words, he was the more
afraid;
9 he entered the praetorium again and said to
Jesus, "Where are you from?" But Jesus gave no
answer.
10 Pilate therefore said to him, "You will not speak
to me? Do you not know that I have power to
release you, and power to crucify you?"
11 Jesus answered him, "You would have no power
over me unless it had been given you from
above; therefore he who delivered me to you has
the greater sin."
12 Upon this Pilate sought to release him, but the
Jews cried out, "If you release this man, you are
not Caesar's friend; every one who makes
himself a king sets himself against Caesar."
13 When Pilate heard these words, he brought Jesus
out and sat down on the judgment seat at a place
called The Pavement, and in Hebrew, Gab′batha.
14 Now it was the day of Preparation of the
Passover; it was about the sixth hour. He said to

the Jews, "Behold your King!"
15 They cried out, "Away with him, away with him, crucify him!" Pilate said to them, "Shall I crucify your King?" The chief priests answered, "We have no king but Caesar."
16 Then he handed him over to them to be crucified.

신개역

1 이에 빌라도가 예수를 데려다가 채찍질 하더라.
2 군병들이 가시로 면류관(冕旒冠)을 엮어 그의 머리에 씌우고 자색(紫色) 옷을 입히고
3 앞에 와서 가로되, "위대하도다! 유대인의 왕이여!" 하며 손바닥으로 얼굴을 때리더라.
4 빌라도가 다시 밖에 나가 유대인들에게 말하되, "보라! 이 사람을 데리고 내가 너희에게 나오나니, 이는 내가 그에게서 아무 죄도 찾지못한 것을 너희로 알게 하려 함이로라." 하더라.
5 이에 예수께서 가시 면류관을 쓰고 자색 옷을 입고 나오시니, 빌라도가 유대인들에게 말하되, "보라! 이 사람이로다." 하매,
6 대제사장들과 하속들이 예수를 보자 소리질러 가로되, "십자가에 못박게 하소서! 십자가에 못박게 하소서!" 하는지라. 빌라도가 가로되, "너희가 친히 그를

데려다가 십자가에 못박으라. 나는 그에게서 죄를 찾
지 못하노라."
7 유대인들이 대답하되, "우리에게도 율법이 있으니,
그 율법대로 하면 저가 당연히 죽을 것은, 저가 자기
를 하나님의 아들이라 함이니이다."
8 빌라도가 이 말을 듣고, 더욱 두려워하여,
9 다시 총독관저로 들어가서 예수께 말하되, "너는 어
디로서냐?" 하되, 예수께서 대답하여 주지 아니하시
는지라.
10 빌라도가 가로되, "내게 말하지도 아니하느냐? 내가
너를 놓을 권세도 있고, 십자가에 못 박을 권세도 있
는줄 알지 못하느냐?"
11 예수께서 대답하시되, "위에서 너에게 주지 아니하
셨다면, 나를 해(害)할 권세가 없었으리니, 그러므로
나를 네게 넘겨준 자의 죄는 더 크니라." 하시니,
12 이러하므로 빌라도가 예수를 놓으려고 힘썼으나 유
대인들이 소리질러 가로되, "이 사람을 풀어주면, 당
신은 가이사의 충신이 아니니이다. 무릇 자기를 왕이
라 하는 자는 가이사를 반역하는 것이니이다."
13 빌라도가 이 말을 듣고, 예수를 끌고 나와서 "돌포장
뜨락"(히브리말로 "가바다")이란 곳에서 재판석에 앉았
더라.
14 이 날은 유월절의 준비일(準備日)이요, 때는 제 육시
라. 빌라도가 유대인들에게 이르되, "보라! 여기 너

희 왕이 있도다!"

15 **저희가 소리지르되, "없이 하소서! 없이 하소서! 저를**
십자가에 못박게 하소서!" 빌라도가 가로되, "내가 너
희 왕을 십자가에 못박으랴?" 대제사장들이 대답하
되, "가이사 이외에는 우리에게 왕이 없나이다." 하니,
16 **이에 하는 수 없이 예수를 십자가에 못박히도록 저희**
에게 넘겨주니라.

강해 예수의 재판과정을 다룬 이 장면도 공관복음서에 비해 엄청 자세하고 드라마틱하며, 등장하는 인간들의 내면적 심리묘사가 일정한 주제 속에서 명료하게 진행되고 있기 때문에, 우리에게 주는 감동과 비통의 심정이 극대화된다. 요한은 마가의 자료를 백프로 활용했다는 것은 너무도 확실하다. 그러나 마가의 자료에 나타나지 아니한 많은 구체적 장면과 상황의 묘사가 있다. 신학자들은 이 묘사가 왕국(*βασιλεία*)과 권세(*ἐξουσία*) 등의 신학적 주제를 펼쳐가는 요한의 극적인 발명이라고 주장하는 사람들과, 또 다른 사실적 전승의 기록이라고 주장하는 사람들로 나뉘어져 있다. 그러나 내가 보기에는 양면이 다 요한에게 함축되어 있다고 보아야 한다. 구체적인 주석은 삼간다. 본문 그대로의 감동을 따라가는 것이 상품(上品)이다.

13절의 "돌포장뜨락"은 개한판에 "박석"(礡石: "薄石"으로 써도 옳다)으로 번역되었는데, 희랍어는 "리토스트로토스"(lithostrōtos, λιθόστρωτος)인데 "석판으로 포장된 곳"이란 뜻이다. 이 "돌포장뜨락"이 실제로 안토니우스성채의 안뜨락으로서 발굴되었는데, 60㎝ 두께의 1.20×1m 정도의 석판으로 모두 덮혀있는 2500 평방야드의 뜨락이다. 이 뜨락의 발굴로 "가바다"가 실증되었다는 설도 있고, 그것은 2세기에 속한 것이며 복음서의 사건들과 관련이 없다는 주장도 있다.

14절의 "the day of Preparation"은 "예비일"이라는 표현보다는 "준비일"이라는 표현이 보다 적합한 번역이다. 이것은 유월절의 전날로서 제사에 쓰일 양을 죽이는 날이다. 이날 양이 도살되는 그날에 예수도 죽었다는 상징성이 겹쳐있다. 준비일 양의 도살과 예수의 십자가처형이 같은 날에 이루어졌다는 그 상징성의 특별한 의미를 바레트는 강조한다. 그러나 카슨은 바레트의 설이 별 근거없다고 부정한다(*CA* 604).

RSV

17 So they took Jesus, and he went out, bearing his own cross, to the place called the place of a skull, which is called in Hebrew Gol′gotha.

18 There they crucified him, and with him two others, one on either side, and Jesus between them.

19 Pilate also wrote a title and put it on the cross;
it read, "Jesus of Nazareth, the King of the
Jews."

"다 이루었다"(요 19:30) 렘브란트 1653, 450×385㎜

20 Many of the Jews read this title, for the place
where Jesus was crucified was near the city; and
it was written in Hebrew, in Latin, and in Greek.
21 The chief priests of the Jews then said to Pilate,
"Do not write, 'The King of the Jews,' but,
'This man said, I am King of the Jews.' "
22 Pilate answered, "What I have written I have
written."
23 When the soldiers had crucified Jesus they took
his garments and made four parts, one for each
soldier; also his tunic. But the tunic was without
seam, woven from top to bottom;
24 so they said to one another, "Let us not tear it,
but cast lots for it to see whose it shall be." This
was to fulfil the scripture,

> "They parted my garments among
> them, and for my clothing they cast
> lots."

25 So the soldiers did this. But standing by the cross
of Jesus were his mother, and his mother's sister,
Mary the wife of Clopas, and Mary Mag'dalene.
26 When Jesus saw his mother, and the disciple
whom he loved standing near, he said to his
mother, "Woman, behold, your son!"

27 Then he said to the disciple, "Behold, your
mother!" And from that hour the disciple took
her to his own home.
28 After this Jesus, knowing that all was now
finished, said (to fulfil the scripture), "I thirst."
29 A bowl full of vinegar stood there; so they put a
sponge full of the vinegar on hyssop and held it
to his mouth.
30 When Jesus had received the vinegar, he said, "It
is finished"; and he bowed his head and gave up
his spirit.

신개역

17 저희가 예수를 맡으매, 예수께서 자기의 십자가를 지
시고 "해골"(히브리말로 "골고다")이라 하는 곳에 나오
시니,
18 저희가 거기서 예수를 십자가에 못박을새, 다른 두
사람도 그와 함께 좌우편에 못박으니 예수는 가운데
있더라.
19 빌라도가 패를 써서 십자가 위에 붙이니, "나사렛 예
수, 유대인의 왕"이라 기록되었더라.
20 예수의 못박히신 곳이 성에서 가까운고로, 많은 유대
인이 이 패를 읽는데, 히브리와 로마와 헬라 말로 기

록되었더라.
21 유대인의 대제사장들이 빌라도에게 이르되, "유대인
의 왕"이라 말고, "자칭(自稱) 유대인의 왕"이라 쓰라
하니,
22 빌라도가 대답하되, "내가 쓸 말을 썼다." 하니라.
23 군병들이 예수를 십자가에 못박고, 그의 옷을 취하
여 네 깃에 나눠 각각 한 깃씩 얻고, 속옷도 취하니,
이 속옷은 호지 아니하고 위에서부터 통으로 짠 것
이라.
24 군병들이 서로 말하되, "이것을 찢지 말고 누가 얻나
제비 뽑자." 하니, 이는 성경에,

> "저희가 내 옷을 나누고 내 옷을 제비
> 뽑나이다."

한 것을 응하게 하려 함이러라. 군병들은 이런 일을
하고,
25 예수의 십자가 곁에는 그 모친과, 이모와, 글로바의
아내 마리아와, 막달라 마리아가 섰는지라.
26 예수께서 그 모친과 사랑하시는 제자가 곁에 서있는
것을 보시고, 그 모친께 말씀하시되, "여자여! 보소
서! 당신의 아들이니이다." 하시고,
27 또 그 제자에게 이르시되, "보라! 네 어머니라." 하
신대, 그 때부터 그 제자가 자기 집에 모시니라.
28 이후에, 예수께서 모든 일이 이미 이루어진 줄 아시
고, 성경으로 응하게 하려하사 가라사대, "내가 목마

르다." 하시니,

29 **거기 신 포도주가 가득히 담긴 그릇이 있는지라, 사**
람들이 신 포도주를 머금은 해면(海綿)을 우슬초(牛膝
草)가지에 매어 예수의 입에 대니,

30 **예수께서 신 포도주를 받으신 후 가라사대, "다 이루**
었다." 하시고, 머리를 숙이시니, 영혼이 돌아가시니
라.

강해 장엄한 거인의 장중한 죽음에 우리는 장렬한 슬픔을 느끼게 된다. 요한의 기술에는 공관서에 나오는 구레네 사람 시몬의 이야기가 없다. 불필요한 오해나 추측의 소지를 없애는 요한의 문학적 감각이다. 그리고 옆에 같이 못박힌 자들, 공관서가 레스타이(lēstai), 아마도 정치적 게릴라 투사였을 한 사람의 비방이나, 지나가는 사람들과 쳐다보는 서기관들이나 대제사장들이나 장로들의 희롱이 일체 없다. 요한은 예수의 죽음을 장쾌하게 그리고 있는 것이다. 빌라도의 "팻말" 문제도 타복음서에는 나오지 않는다. 빌라도와 유대인과의 감정대립의 문제를 끝까지 첨예하게 밀고 감으로써 유대인들의 위선을 폭로시킨다. 군병들이 취한 통짜옷은 키톤(chitōn)인데 그 통짜옷의 상징성에 관한 여러 가지 신학적 해석이 있으나 별로 신통한 해석이 없다. 아마 의미를 부여하자면 이 지상에서의 모든 소유물을 벗어 버린다는 상징성과, 그것이 손상되지 않은 형태로 통짜로 남는다는 의미를 요한은 염두에 두었을지 모른다. 물론 모티브는 공관서에서 따온 것이다. 공관서에는 "통짜" 운운은 없다.

최후 순간의 묘사도 복음서의 가장 오리지날한 형태인 마가복음에는 예수의 모습이 매우 초조하게 나온다. 하나님으로부터 최후의 순간에 영원히 버림받고 마는 것이 아닌가 하는 인간적 불안감이 여실히 노출되어 있다. 즉 마가의 예수는 자기 죽음을 확실하게 콘트롤하고 있지 못하다: "나의 하나님, 나의 하나님, 어찌하여 나를 버리셨나이까?" 이 한마디는 사실 예수의 진정한 실존적 고백일 수 있다. 그래서 마가복음은 영원한 사실성과 매력을 동시에 존한다. 그러나 요한은 그런 불안감은 일말의 내음새도 피우지 않는다. 요한의 예수는 장엄하다. 자기 생애에 대하여 후회나 의심이나 버림받음의 가능성을 완벽하게 배제하고 있다. 로고스기독론의 테마가 철저히 유지되고 있는 것이다. 그의 죽음은 예언의 성취며 로고스로서의 지상에서의 모든 하나님 역사의 완성이다. 여유롭게 생모(生母)까지 "사랑하는 제자"에게 부탁하고(인간적 문제들을 다 마무리하고), 단지 "목마르다"라고 함으로써 육신을 입은 인간으로서의 진실성을 노출시킨다. 그리고 최후의 순간에 승리자로서 자신을 선포한다: "다 이루었다."

그리고 공관서에 보이는 죽음 전후의 이적적 장치, "육시가 됨에 온 땅에 어둠이 임한다," "성소 휘장이 위로부터 아래까지 찢어져 둘이 되고," "땅이 진동하고 바위가 터지고, 무덤들이 열리는" 그따위

묘사가 일체 없다. 바로 이 점에 요한의 위대성이 있다. 예수의 위대성을 오직 로고스로서의 그의 말씀과 삶의 실천으로 드러낼 뿐, 이런 유치한 이적적 장치를 사용하여 돋보이게 만들지 않는다. 한국기독교는 요한복음서에서 너무도 많은 것을 배워야 하지 않을까?

24절은 시편 22:18을 셉츄아진트(21:19)로부터 정확하게 인용하였다.

降架(마 27:59)
렘브란트 1654,
163×212㎜

RSV

31 Since it was the day of Preparation, in order to
prevent the bodies from remaining on the cross
on the sabbath (for that sabbath was a high day),
the Jews asked Pilate that their legs might be
broken, and that they might be taken away.
32 So the soldiers came and broke the legs of the
first, and of the other who had been crucified
with him;
33 but when they came to Jesus and saw that he was
already dead, they did not break his legs.
34 But one of the soldiers pierced his side with a
spear, and at once there came out blood and
water.
35 He who saw it has borne witness – his
testimony is true, and he knows that he tells the
truth – that you also may believe.
36 For these things took place that the scripture
might be fulfilled, "Not a bone of him shall be
broken."
37 And again another scripture says, "They shall
look on him whom they have pierced."
38 After this Joseph of Arimathe'a, who was a
disciple of Jesus, but secretly, for fear of the

Jews, asked Pilate that he might take away the
body of Jesus, and Pilate gave him leave. So he
came and took away his body.
39 Nicode'mus also, who had at first come to him
by night, came bringing a mixture of myrrh and
aloes, about a hundred pounds' weight.
40 They took the body of Jesus, and bound it in
linen cloths with the spices, as is the burial
custom of the Jews.
41 Now in the place where he was crucified there
was a garden, and in the garden a new tomb
where no one had ever been laid.
42 So because of the Jewish day of Preparation, as
the tomb was close at hand, they laid Jesus there.

신개역

31 이 날은 준비일(準備日)이라. 유대인들은 그 안식일이
큰 날이므로, 그 안식일에 시체들을 십자가에 매단채
두지 아니하려 하여, 빌라도에게 그들의 다리를 꺾어
죽음을 확인하고 대신 시체를 내려 가져갈 수 있게
해달라 하니,
32 군병들이 와서 예수와 함께 못박힌 첫째 사람과 또
다른 한 사람의 다리를 꺾고,
33 예수께 이르러서는, 이미 죽은 것을 보고 다리를 꺾

지 아니하고,
34 그 중 한 군병이 창으로 옆구리를 찌르니, 곧 피와
물이 나오더라.
35 이를 본 자가 증언하였으니, 이 증언은 참이라. 그가
자신이 거짓아닌 참을 말하는 것을 아노니, 이는 너
희로 믿게 하려 함이니라.
36 이 일들이 일어난 것은, "그 뼈가 하나도 꺾이우지
아니하리라." 한 성경을 응하게 하려함이라.
37 또 다른 성경에는, "저희가 그들 자신이 찌른 자를
가슴아프게 쳐다보게 되리라." 하였느니라.
38 이 일 후에, 예수의 제자였으나 유대인들을 두려워하
여 자기를 노출시키지 않은 고관(高官), 아리마대 사
람 요셉이, 빌라도에게 예수의 시체를 가져가기를 구
하매, 빌라도가 허락하는지라, 이에 가서 예수의 시
체를 가져가니라.
39 일찍이 예수께 밤에 나아왔던 니고데모도, 몰약과 침
향 섞은 것을 백근쯤 가지고 온지라.
40 이에 예수의 시체를 가져다가, 유대인의 장례법대로
그 향품과 함께 세마포(細麻布)로 쌌더라.
41 예수가 십자가에 못박히신 곳에 농원(農園)이 있고,
그 농원 안에 아직 사람을 장사한 일이 없는 새 무덤
이 있는지라.
42 이 날은 유대인의 준비일이요, 또 마침 무덤이 가까
이 있었던 고로, 예수를 그 무덤 속에 안치(安置)시키
니라.

예수의 시체를 부둥켜 안고 비탄에 젖은 사람들(눅 23:53) 렘브란트 1648, 210×175㎜

강해 예수가 죽은 후에 시체를 처리하는 과정도 매우 정중하고 깨끗한 느낌으로 그려져 있다. 우선 시체에 뼈를 꺾는 등의 손상을 주지않은 온전한 모습으로 십자가에서 내려왔다는 것이 강조되고 또 그 시신이 값진 예법으로 정중하게 깨끗한 세마포와 향료로써 처리되었다는 것, 그리고 아리마대의 요셉이 소유한 농원에 있는, 타인이 사용한 적이 없는 깔끔한 돌무덤 속에 안장되었다는 것이 기술되고 있다.

이 기술 중에서 모든 신학자들이 강조하는 것은 34절의 "피와 물"

이다. 그리고 요한 본인이 그것이 "사실" 이라고 강조함으로써 그 사건에 특별한 의미를 부여하고 있으므로 그 상징성을 간과할 수는 없다. 피는 예수의 죽음을 상징하고 물은 예수의 삶을 상징한다고 나는 생각한다. 물은 생명의 물이며, 그의 지상에서의 사역의 전체를 상징한다. 피는 그의 죽음과 부활, 성찬의 모든 것을 상징한다.

내린 시체를 운반하는 사람들

렘브란트 1634, 베를린 국립미술관 동판화실, 124×149㎜

요셉의 농원안에 있는 돌무덤 속으로

렘브란트 1653, 131×108㎜

Chapter 20

제20장

RSV

1 Now on the first day of the week Mary Mag′dalene came to the tomb early, while it was still dark, and saw that the stone had been taken away from the tomb.

2 So she ran, and went to Simon Peter and the other disciple, the one whom Jesus loved, and said to them, "They have taken the Lord out of the tomb, and we do not know where they have laid him."

3 Peter then came out with the other disciple, and they went toward the tomb.

4 They both ran, but the other disciple outran Peter and reached the tomb first;

5 and stooping to look in, he saw the linen cloths lying there, but he did not go in.

6 Then Simon Peter came, following him, and

went into the tomb; he saw the linen cloths lying,
7 and the napkin, which had been on his head, not
lying with the linen cloths but rolled up in a
place by itself.
8 Then the other disciple, who reached the tomb
first, also went in, and he saw and believed;
9 for as yet they did not know the scripture, that he
must rise from the dead.
10 Then the disciples went back to their homes.
11 But Mary stood weeping outside the tomb, and
as she wept she stooped to look into the tomb;
12 and she saw two angels in white, sitting where
the body of Jesus had lain, one at the head and
one at the feet.
13 They said to her, "Woman, why are you
weeping?" She said to them, "Because they have
taken away my Lord, and I do not know where
they have laid him."
14 Saying this, she turned round and saw Jesus
standing, but she did not know that it was Jesus.
15 Jesus said to her, "Woman, why are you
weeping? Whom do you seek?" Supposing him
to be the gardener, she said to him, "Sir, if you
have carried him away, tell me where you have

laid him, and I will take him away."
16 Jesus said to her, "Mary." She turned and said to him in Hebrew, "Rab-bo′ni!" (which means Teacher).
17 Jesus said to her, "Do not hold me, for I have not yet ascended to the Father; but go to my brethren and say to them, I am ascending to my Father and your Father, to my God and your God."
18 Mary Mag′dalene went and said to the disciples, "I have seen the Lord"; and she told them that he had said these things to her.

신개역

1 안식 후 첫날 이른 아침, 아직 어두울 때에 막달라 마리아가 무덤에 와서, 입구의 돌이 무덤에서 옮겨진 것을 보고,
2 시몬 베드로와 예수의 사랑하시던 그 다른 제자에게 달려가서 말하되, "사람들이 주님을 무덤에서 가져다가 어디 두었는지, 우리가 알지 못하겠다." 하니,
3 베드로가 그 다른 제자와 함께 나와, 무덤으로 갈새,
4 둘이 같이 달음질하더니, 그 다른 제자가 베드로보다 더 빨리 뛰어가서, 먼저 무덤에 당도하여,
5 구푸려 세마포 놓인 것을 보았으나 들어가지는 아니

하였더라.
6 시몬 베드로도 따라 와서, 무덤에 들어가 보니, 세마
포가 놓였고,
7 또 머리를 쌌던 수건은 세마포와 함께 놓이지 않고,
딴 곳에 개켜 있더라.
8 그 때에야, 무덤에 먼저 왔던 그 다른 제자도 들어가
서 보고 믿더라.
9 (저희는 성경에 그가 죽은 자 가운데서 다시 살아나
야 하리라 하신 말씀을 아직 알지 못하더라.)
10 이에 두 제자가 자기 집으로 돌아가니라.
11 막달라 마리아는 무덤 밖에 서서 울고 있더니, 구푸
려 무덤 안을 들여다보니,
12 흰옷 입은 두 천사가 예수의 시체 뉘었던 곳에, 하나
는 머리편에, 하나는 발편에 앉았더라.
13 천사들이 가로되, "여자여! 어찌하여 우느냐?" 마리
아가 그들에게 가로되, "사람들이 내 주님을 가져다
가 어디 두었는지, 내가 알지 못함이니이다."
14 이 말을 하고, 뒤로 돌이켜 예수의 서신 것을 보나,
예수인줄 알지 못하더라.
15 예수께서 가라사대, "여자여! 어찌하여 울며, 누구를
찾느냐?" 하시니, 마리아는 그가 농원지기인 줄로
알고, 가로되, "여보셔요! 당신이 옮겨갔거든, 어디
두었는지 내게 이르소서. 그리하면 내가 가져가리이
다."

16 그때 예수께서 그녀에게 말씀하시었다: "마리아야!"
순간, 마리아가 돌이켜 히브리말로 외치더라: "라뽀
니!"(이는 "선생님"이라).
17 예수께서 마리아에게 이르시되, "나를 만지지 말라!
내가 아직 아버지께로 올라가지 못하였느니라. 너는
네 형제들에게 가서 이르되, 내가 내 아버지 곧 너희
아버지, 내 하나님 곧 너희 하나님께로 올라간다 하
라." 하신대,
18 막달라 마리아가 가서 제자들에게 이르기를, "내가
주를 보았다." 하고, 또 주께서 자기에게 이렇게 말
씀하셨다 하고 이르니라.

라뽀니! 그 감격!(요 20:16) 렘브란트 1638, 암스테르담 왕립미술관, 191×152㎜

강해 너무 감동적인 한 장면! 마리아가 "라뽀니!"를 외치는 그 순간의 극적 장면이 너무 잘 그려져 있다. 나도 돌아가신 어머니를 이렇게 한 번만 뵐 수 있다면 얼마나 좋으련만! 꿈에서조차 현몽하시지 아니한다.

재미있게도, 요한복음에는 막달라 마리아는 등장한 적이 없다. 여기서 처음 나타나는 것이다. 요한이 얼마나 다양한 전승들을 무전제로 자유롭게 사용하고 있는가 하는 것이 드러난다.

그런데 이 부활후이야기(post-resurrection story)의 가장 위대한 암시는 바로 마리아와 예수가 만나는 그 장면에 내재되어 있다. 우리는 무덤에서의 일어남, 그 육체의 현현이 곧 예수의 부활이라고 생각하기 쉽다. 그것은 오해다! 여기 예수 자신이 분명히 말하고 있지만, 부활은 이 지상에서의 물리적 출현이 아니다. 오직 "하나님 아버지께로 올라감으로써" 완성되는 것이다. 즉 예수는 부활중이었다. 요한의 철학에 의하면 예수의 죽음 자체가 이미 부활이었다. 죽음 자체가 승리였고, 생명이었고, 다 이룸이었고, 감동이었고, 육의 극복이었고, 성령의 현현이며, 영생(永生)이었다. 따라서 육신으로써 부활한 모습에 마리아가 집착하는 것은 옳지 못하다는 것이다. 따라서 예수는 말한다: "나를 만지지 말라!" NEB(새영국성경)은 이를 "나에게 집착하지 말라."(Do not cling to me.)로 번역했는데, 매우 정당한 번역이다. 살아난 예수의 몸에만 다시 우리가 집착하면 부활의 궁극적 의미를 상실한다는 것이다. 요한에게 있어서 부활의 궁극적 의미는 우리 가슴에 성령(파라클레토스)의 임하심인 것이다. 이러한 추상적 주제를 지극히 인간적이고도 구체적인 사례를 통해 전달하고 있는 요한의 예지에 우리는 고개를 숙일 줄 알아야 하는 것이다. 이 요한의 복음이 인류의 이천년을 지배한 것이다.

예수무덤을 찾은 세여인: 막달라 마리아, 야고보엄마 마리아, 살로메(막16:1~4)
렘브란트 1654, 232×159㎜

RSV

19 On the evening of that day, the first day of the
week, the doors being shut where the disciples
were, for fear of the Jews, Jesus came and stood
among them and said to them, "Peace be with
you."
20 When he had said this, he showed them his
hands and his side. Then the disciples were glad
when they saw the Lord.
21 Jesus said to them again, "Peace be with you. As
the Father has sent me, even so I send you."
22 And when he had said this, he breathed on them,
and said to them, "Receive the Holy Spirit.
23 If you forgive the sins of any, they are forgiven;
if you retain the sins of any, they are retained."
24 Now Thomas, one of the twelve, called the Twin,
was not with them when Jesus came.
25 So the other disciples told him, "We have seen
the Lord." But he said to them, "Unless I see in
his hands the print of the nails, and place my
finger in the mark of the nails, and place my
hand in his side, I will not believe."
26 Eight days later, his disciples were again in the
house, and Thomas was with them. The doors

were shut, but Jesus came and stood among them, and said, "Peace be with you."

27 Then he said to Thomas, "Put your finger here, and see my hands; and put out your hand, and place it in my side; do not be faithless, but believing."

28 Thomas answered him, "My Lord and my God!"

29 Jesus said to him, "Have you believed because you have seen me? Blessed are those who have not seen and yet believe."

30 Now Jesus did many other signs in the presence of the disciples, which are not written in this book;

31 but these are written that you may believe that Jesus is the Christ, the Son of God, and that believing you may have life in his name.

신개역

19 이날 곧 안식 후 첫날 저녁 때에, 제자들이 유대인들을 두려워하여 모인 곳에 문들을 닫았더라. 예수께서 나타나사 그들 가운데 서서 가라사대, "너희에게 평강이 있을지어다."

20 이 말씀을 하시고, 그들에게 손과 옆구리를 보이시니, 그제야 제자들이 주를 보고 기뻐하더라.

21 예수께서 또 가라사대, "너희에게 평강이 있을지어
다. 아버지께서 나를 보내신 것 같이, 나도 너희를
보내노라."
22 이 말씀을 하시고 저희를 향하사 숨을 내쉬며 가라사
대, "성령을 받으라.
23 너희가 뉘 죄든지 사하면, 사하여질 것이요, 뉘 죄든
지 그대로 두면 그대로 있으리라." 하시니라.
24 열두 제자 중에 하나인, "쌍둥이"(디두모)라 불리는
도마는 예수께서 처음 나타나셨을 때 다른 제자들과
함께 있지 아니하였다.
25 다른 제자들이 도마에게 이르되, "우리가 주를 보았
노라." 하니, 도마가 가로되, "내가 그 손의 못자국
을 보며, 내 손가락을 그 못자국에 넣으며, 또 내 손
을 그 옆구리에 넣어보지 않고서는 믿지 아니하겠노
라." 하니라.
26 여드레를 지나서, 제자들이 다시 집 안에 있을 때에,
도마도 함께 있고, 또 문들도 닫혔는데, 예수께서 나
타나사 그들 가운데 서서 가라사대, "너희에게 평강
이 있을지어다." 하시고,
27 도마에게 이르시되, "네 손가락을 이리 내밀어 내 손
을 보고, 네 손을 내밀어 내 옆구리에 넣어보라! 그
리하여 믿음 없는 자가 되지 말고 믿는 자가 되라."
28 도마가 대답하여 가로되, "당신은 나의 주시며, 나의
하나님이시니이다."

29 **예수께서 가라사대, "너는 나를 본 고로 믿느냐? 보**
지 못하고 믿는 자들은 복되도다." 하시니라.
30 **예수께서 제자들 앞에서 이 책에 기록되지 아니한 다**
른 표적도 많이 행하셨으나,
31 **오직 이것을 기록함은, 너희로 예수께서 하나님의 아**
들 그리스도이심을 믿게 하려 함이요, 또 너희로 믿
고 그 이름을 힘입어 생명을 얻게 하려 함이니라.

강해 바로 앞 단에서 말한 주제가 연속되고 있다. 초대교회의 문제를 중심으로 기술되고 있다는 것이 완연하다. 우선 사도성에 관한 것이다. 요한은 사실 "열두제자"라는 개념을 그리 강조적으로 사용하지는 않는다. 열두제자에 국한되지 않은 보다 폭 넓은 제자개념이 요한에게는 있다. 그리고 이 사도성의 권능은 반드시 "예수를 만나 그의 숨내쉼을 입고 성령을 받는다"는 데서 온다. 22절의 "숨을 내쉰다"는 표현은 매우 중요하다. 그것은 기(氣)가 통(通)한다는 말이며 성령의 오감을 상징한다. 최한기도 일찍이 "신기통"(神氣通)을 말했다.

그리고 도마는 이 단에서 출현한 덕분으로 "의심많은 도마"(Doubting Thomas)로 낙인찍혔는데 이것은 매우 부당한 낙인이다. 도마는 11:16에서 보듯이 "같이 죽으러 가자"고 할 정도로 의리가 있는 사나이며, 14:5에서 보여지듯이 진리에 대한 향심이 투철하며 좀 아둔하면서도 단도직입적인 성격의 사나이였다. 여기서도 도마의 확고한 실증적 입장이 없었더라면 위대한 예수의 메시지는 발출될 기회가 없었을 것이다. 우리는 너무도 신앙을 실증적 근거 위에서 생각하며, 물리적 징표 위에서만 생각한다. 그것이 초대교회내에서 모든 지식인들의 회의적 입장이었던 것이다. 그 문제에 관하여 예수는 단안을 내려주고 있는 것이다. 죽은 후에 다시 나타난 것은 오로지 너희들이 나를 만져보지도 않고 쳐다보지도 않고도 나를 믿게하려 함에 있다는 것이다. 예수를 믿는 사람들이 아직도 촉각과 시각의 감관에만 의지하여 예수를 말하고 있으며, 보이는 거대한 교회건축물이나 권세나 부나 예수의 기적의 물리적 사실에 대한 믿음의 강요로써 신앙의 기준을 세우고 있는 것이다. 참으로 딱한 일이다!

사실 요한복음은 20장 31절로써 끝나는 것이다. 여기서 종결되는 것이 정당하다고 보아야 한다. 그렇다면 우리는 31절의 최종적 메시지에 특별한 주목을 할 필요가 있다. 그것이야말로 요한이라는 저자가 우리 모두에게 하고 싶어하는 말이며 이 요한복음을 집필한 최종적 목적이며, 그가 당면한 당시 초대교회의 역사적 정황에 대한 궁극적 권유일 것이다. 그것은 무엇인가? 여태까지 나는 여러분께 매우 복잡한 학문적 성과를 말했고 요한복음을 다각적으로 이해하기 위한 여러 가지 역사적 · 문학적 · 철학적 · 신학적 장치에 관한 심도있는 분석을 하였다. 그러나 그러한 언어가 결코 이 요한복음을 읽는 목적이 될 수는 없다. 요한 자신이 말하는 요한복음의 목적은 단 두 마디이다.

1) *예수는 하나님의 아들이며 진정한 그리스도이시다.*

2) *우리는 그리스도를 믿는 행위를 통해 생명(Life)을 얻을 수 있다.*

기독교라는 종교는 단 이 두 마디로 이루어진 종교다. 이밖의 무엇을 꾸며 말하든지 그것은 이단일 수밖에 없다. 그것은 로고스가 아니다.

제21장에 관해서는 여러 가지 학설이 있다. 대체적으로 후대의 요한학파계열의 사람에 의하여 첨가된 것으로 보는데, 어느 고판본도 21장이 없는 상태로 발견되지는 않았다. 그래서 어떤 학자들은 21장도 요한 본인에 의하여 첨가된 에필로그라고 생각한다. 불트만은 어휘나 문체의 문제를 상세하게 고증하여 21장이 요한의 저작일 수 없다고 말했지만 그러한 문헌학적 증명이 절대적인 것은 결코 아니다. 그리고 조선사람들의 신앙 속에 21장도 살아있는 요한복음의 한 부분이므로 그냥 부담없이 "에필로그"로서 읽어주면 좋겠다. 21장이 요한복음이라는 유기적 전체의 일부라는 것은 확실하다.

도마야! 믿음 없는 자가 되지 말고 믿는 자가 되라!(요 20:27)

렘브란트 1651, 암스테르담 왕립미술관, 270×175㎜

Chapter 21

제21장

RSV

1 After this Jesus revealed himself again to the
disciples by the Sea of Tibe′ri-as; and he revealed
himself in this way.
2 Simon Peter, Thomas called the Twin, Nathan′a-el
of Cana in Galilee, the sons of Zeb′edee, and two
others of his disciples were together.
3 Simon Peter said to them, "I am going fishing."
They said to him, "We will go with you." They
went out and got into the boat; but that night they
caught nothing.
4 Just as day was breaking, Jesus stood on the
beach; yet the disciples did not know that it was
Jesus.
5 Jesus said to them, "Children, have you any
fish?" They answered him, "No."
6 He said to them, "Cast the net on the right side of

the boat, and you will find some." So they cast it,
and now they were not able to haul it in, for the
quantity of fish.
7 That disciple whom Jesus loved said to Peter, "It
is the Lord!" When Simon Peter heard that it was
the Lord, he put on his clothes, for he was
stripped for work, and sprang into the sea.
8 But the other disciples came in the boat,
dragging the net full of fish, for they were not far
from the land, but about a hundred yards off.
9 When they got out on land, they saw a charcoal
fire there, with fish lying on it, and bread.
10 Jesus said to them, "Bring some of the fish that
you have just caught."
11 So Simon Peter went aboard and hauled the net
ashore, full of large fish, a hundred and fifty-
three of them; and although there were so many,
the net was not torn.
12 Jesus said to them, "Come and have breakfast."
Now none of the disciples dared ask him, "Who
are you?" They knew it was the Lord.
13 Jesus came and took the bread and gave it to
them, and so with the fish.
14 This was now the third time that Jesus was

revealed to the disciples after he was raised from
the dead.

신개역

1 그 후에, 예수께서 디베랴 바다에서 또 제자들에게
자기를 나타내셨으니, 그 나타내신 일이 이러하니라.
2 시몬 베드로와, "쌍둥이"(디두모)라 불리는 도마와,
갈릴리 가나 사람 나다나엘과, 세베대의 아들들과,
또 다른 제자 둘이 함께 있더니,
3 시몬 베드로가 그들에게 말하기를, "나는 물고기 잡
으러 가노라." 하매, 저희가, "우리도 함께 가겠다."
하고 나가서 배에 올랐으나, 밤새 아무것도 잡지 못
하였더라.
4 날이 새어갈 때, 예수께서 바닷가에 서계셨으나, 제
자들이 예수이신줄 알지 못하는지라.
5 예수께서 그들에게 이르시되, "얘들아! 너희에게 고
기가 있느냐?" 저들이 대답하되, "없나이다."
6 가라사대, "그물을 배 오른편에 던지라! 그리하면 좀
얻으리라." 하신대, 이에 던졌더니 고기가 많아 그물
을 들 수 없더라.
7 예수의 사랑하시는 그 제자가 베드로에게 외쳤다:
"주시라!" 시몬 베드로가 벗고 있다가 주님이라 하는
말을 듣고, 겉옷을 두른 후에 바다로 첨벙 뛰어 내리
더라.

8 그러나 다른 제자들은 그곳이 육지에서 떨어진 것이
불과 한 오십간(이백 페큐스)쯤 되므로 배를 탄 채 고
기가 잔뜩 든 그물을 끌고 와서,
9 육지에 올라보니, 숯불이 있는데 그 위에 생선이 놓
였고 떡도 있더라.
10 예수께서 가라사대, "지금 잡은 생선을 좀 가져오
라." 하신대,
11 시몬 베드로가 올라가서 그물을 육지에 끌어올리니,
가득 찬 큰 고기가 일백 쉰 세 마리라. 이같이 많으
나 그물이 찢어지지 아니하였더라.
12 예수께서 저들에게 가라사대, "와서 조반을 먹으라."
하시니, 제자들이 주(主)신줄 아는 고로 "당신이 뉘시
오?" 하고 감히 묻는 자가 없더라.
13 예수께서 오셔서 떡을 가져다가 저희에게 주시고, 생
선도 그와같이 하시니라.
14 이것은 예수께서 죽은 자 가운데서 살아나신 후에,
세 번째로 제자들에게 나타나신 것이라.

강해 실제로 여기 기술된 것은 네 번째이다. 그러나 막달라 마리아는 제자가 아니었기에 계산되지 않은 것 같다. 그러나 여기서도 우리가 알아야 할 것은 예수의 물리적 현현이 부활의 증거는 아니라는 것이다. 밤새 투망을 하고 고기를 못잡은 어부들이 새벽녘에 겨우 고기를 건져, 호수변에 앉아 물안개 피어오르고 새벽의 여명이 터오는

데 숯불을 피우고 오손도손 참을 먹는 광경, 나는 갈릴리바다를 가봤기에 그 광경이 눈에 선하다. 다시 말해서 예수의 부활은 지상에 다시 나타난다해도 그러한 평상심(平常心) 속에서 제자들에게 떡을 가져다 주고 생선을 가져다 주며 숯불을 피우고 소주 한 잔 같이 들이키는 그러한 모습일 것이라는 것이다. ***이것은 이적이 아니요, 겸손한 섬김(serving)이다.***

물고기 153마리의 상징성에 관한 다양한 논의가 있으나 그것은 무익하다. 그 상징성은 오직 요한의 마음속에 있으며 우리에게 전달되지 않는다. 묵시론적 기설(奇說)에 기만당하지 말라! 단지 상징성은 고기가 아무리 많아도 그물이 안 찢어진다는 데 있다. 사람을 낚는 그물이 찢어지는 법은 없을 것이다.

RSV

15 When they had finished breakfast, Jesus said to Simon Peter, "Simon, son of John, do you love me more than these?" He said to him, "Yes, Lord; you know that I love you." He said to him, "Feed my lambs."
16 A second time he said to him, "Simon, son of John, do you love me?" He said to him, "Yes, Lord; you know that I love you." He said to him,

"Tend my sheep."
17 He said to him the third time, "Simon, son of
John, do you love me?" Peter was grieved
because he said to him the third time, "Do you
love me?" And he said to him, "Lord, you know
everything; you know that I love you." Jesus said
to him, "Feed my sheep.
18 Truly, truly, I say to you, when you were young,
you girded yourself and walked where you
would; but when you are old, you will stretch out
your hands, and another will gird you and carry
you where you do not wish to go."
19 (This he said to show by what death he was to
glorify God.) And after this he said to him,
"Follow me."
20 Peter turned and saw following them the disciple
whom Jesus loved, who had lain close to his
breast at the supper and had said, "Lord, who is
it that is going to betray you?"
21 When Peter saw him, he said to Jesus, "Lord,
what about this man?"
22 Jesus said to him, "If it is my will that he remain
until I come, what is that to you? Follow me!"
23 The saying spread abroad among the brethren

that this disciple was not to die; yet Jesus did not
say to him that he was not to die, but, "If it is my
will that he remain until I come, what is that to
you?"
24 This is the disciple who is bearing witness to
these things, and who has written these things;
and we know that his testimony is true.
25 But there are also many other things which Jesus
did; were every one of them to be written, I
suppose that the world itself could not contain
the books that would be written.

신개역

15 저희가 조반 먹은 후에, 예수께서 시몬 베드로에게
이르시되, "요한의 아들 시몬아! 네가 이 사람들보다
나를 더 사랑하느냐?" 하시니, 베드로가 가로되, "주
여! 그러하외다. 내가 주를 사랑하는 줄 주께서 아시
나이다." 예수께서 가라사대, "내 어린 양들을 먹이
라." 하시고,
16 또 두 번째 가라사대, "요한의 아들 시몬아! 네가 나
를 사랑하느냐?" 하시니, 베드로가 가로되, "주여!
그러하외다. 내가 주를 사랑하는 줄 주께서 아시나이
다." 예수께서 가라사대, "내 양을 치라." 하시고,
17 세 번째 가라사대, "요한의 아들 시몬아! 네가 나를

사랑하느냐?" 하시니, 주께서 세 번째나 "네가 나를
사랑하느냐?" 하시므로, 베드로가 근심하여 가로되,
"주여! 모든 것을 아시오매, 내가 주를 사랑하는 줄
을 주께서 아시나이다." 예수께서 베드로에게 가라
사대, "내 양을 먹이라.
18 진실로 진실로 내가 네게 이르노니, 젊어서는 네가
스스로 띠 띠고 원하는 곳으로 다녔거니와, 늙어서는
네 팔을 벌리게 하고 남이 네게 띠 띠우고 네가 원치
아니하는 곳으로 데려가리라."
19 이 말씀을 하심은, 베드로가 어떠한 죽음으로 하나님
께 영광을 돌릴 것인가 하는 것을 가리키심이러라.
이 말씀을 하시고, 베드로에게 이르시되, "나를 따르
라." 하시니라.
20 베드로가 뒤돌아 보니, 예수의 사랑하시는 그 제자가
따라오고 있었다. 그는 최후만찬석에서 예수의 품에
의지하여, "주여! 주를 파는 자가 누구오니이까?" 묻
던 자러라.
21 이에 베드로가 그를 보고 예수께 여짜오되, "주여!
이 사람은 어떻게 되겠삽나이까?"
22 예수께서 베드로에게 가라사대, "내가 올 때까지 그
를 이 땅에 머물게 하고자 할지라도, 네게 무슨 상관
이냐? 너는 나를 따르라!" 하시더라.
23 이 말씀이 믿음의 형제들 사이에 퍼져나가서, 이 제
자는 죽지 아니하겠다 하였으나, 예수의 말씀은 그가

결코 죽지 않겠다고 하신 것이 아니라, "내가 올 때
까지 그를 이 땅에 머물게 하고자 할지라도, 네게 무
슨 상관이냐?"고 하신 것 뿐이러라.
24 **이 모든 일들을 증언하고, 이 모든 일들을 기록한 제**
자가 바로 이 "예수의 사랑하시는 그 제자"이라. 우
리는 그가 증언한 것이 참인줄 아노라.
25 **예수의 행하신 일이 이 외로도 많고도 많으니, 만일**
낱낱이 기록된다면 이 세상이라도 이 기록된 책들을
담기에 부족한 줄 아노라.

강해 이 단의 내용 또한 초대교회의 상황과 관련되고 있다. 일차적으로 베드로의 정통성과 그 순교의 사명이 확인되고 있으며, 요한이라는 이 복음서의 저자가 베드로를 정통으로 하는 어떤 순수혈통의 크리스챤 커뮤니티의 사람이라는 역사적 사실도 암시되고 있다. 베드로에게 세 번 물은 것은 베드로가 세 번 부인한 것과 관련되는 어떤 상징성으로 해석된다.

그리고 마지막에 베드로와 "사랑하시는 그 제자" 사이의 분업적 관계가 암시되고 있다. 베드로는 순교의 실천을 담당하지만, 그 제자는 오래오래 살아남아서 예수의 말씀을 기록하고 전해야 하는 이론적 사명을 견지해야 하는 입장이라는 것이다. 그렇게 해서 오래오래 살아남아서 이 복음서를 집필할 수 있었으며 그러하기 때문에 이 복음서의 내용이 진실된 것이라는 주장은 참으로 절묘한 문학적 상상력의 소산이다. 그리고 이 작품을 통해 본작품의 중간쯤에 출현하여 (13:23) 내내 수수께끼처럼 예수의 품에 안겨있던 "그 제자"가 바로 이 요한복음의 저자임을 밝히는 수법도 참으로 놀랍다. 그 사실 여부는 여기서 논의의 대상이 될 수 없다.

24절의 "우리"가 과연 누구를 가리키는 것인지에 관해 주석가들의 다양한 견해가 있다. 독자들 스스로 고민해보라!

단지 마지막에 이 복음서의 최종적 저자로서 이 전편을 총결짓는 그의 말은 매우 의미심장하다. 예수의 행하신 일은 너무도 많다는 것이다. 물론이다! 그는 로고스이며 우주에 편재한 존재이다. 그가 말하고 행한 일을 다 기록하여 책으로 만든다면 이 우주가 도서관으로서도 싸이즈가 부족할 것이라는 것이다. 예수의 위대성을 이같이 좀 코믹하게 표현하는 작가의 여유는 이 위대한 복음서를 탄생시킨 그의 우주보다 더 큰 뜨거운 열정의 가슴을 우리에게 전해주고 있다.

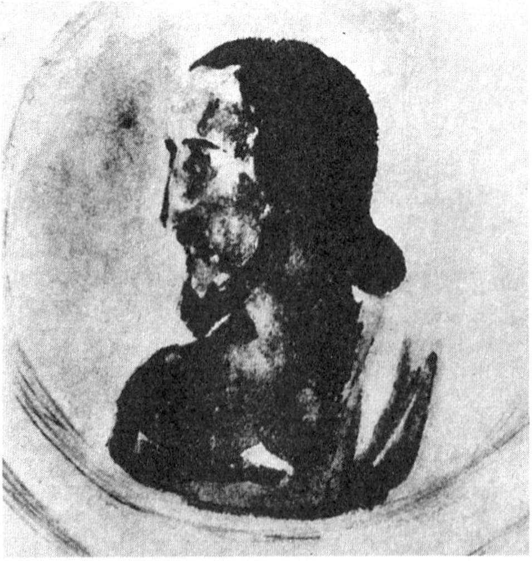

인류역사에 남은 최초의 예수모습그림
AD 3세기 도미틸라(Domitilla) 카타콤 천정.

나 도올은 이것으로 내 맡은 바 직분을 다 끝낸다. 하늘나라에 계신 어머님께서 기뻐해주셨으면 좋겠다. 그리고 여기까지 나와 같이 울고 웃었던 독자들의 가슴속에 하나님의 은총이 충만키를 빌고 또 빈다.

2007년 1월 25일

저녁 6시 18분

도올 김용옥 삼가 올림

于毋井

참고문헌목록
Bibliography

내가 『요한복음강해』와 『기독교 성서의 이해』, 이 두 책을 쓰기 위해서 참고한 책들은 실로 헤아릴 수 없이 많다. 그런데 그 책들을 다 여기 쓸 수는 없을 것 같고 구체적으로 읽고 도움을 받은 책들에 한하여 수록한다. 모두 나의 서재에 꽂혀있는 개인 소장본이다.

【사전류】

1. Bruce M. Metzger, Michael D. Coogan, ed. *The Oxford Companion to the Bible*. Oxford: Oxford University Press, 1993.

2. Paul J. Achtemeier, ed. *Harper Collins Bible Dictionary*. New York: Harper Collins Publishers, 1996.

3. Joan Comay and Ronald Brownrigg. *Who's Who in the Bible*. New York: Wings Books, 1980.

4. Gehard Kittel and Gehard Friedrich, ed. *Theological Dictionary of the New Testament*. tr. and abridged in one volume by Geoffrey W. Bromiley. Grand Rapids, Michigan: William B. Eerdmans Publishing Co., 1985.

5. T. Desmond Alexander, Brian S. Rosner, D. A. Carson, Graeme Goldsworthy, ed. *New Dictionary of Biblical Theology*. Downers Grove, Illinois: Intervarsity Press, 2000.

6. Gareth Jones, ed. *The Blackwell Companion to Modern Theology*. Malden, MA: Blackwell Publishing Ltd., 2004.

7. Patrick W. Carey, Joseph T. Lienhard ed. *Biographical Dictionary of Christian Theologians*. Peabody, MA.: Hendrickson Publishers, 2002.

8. James Hastings, ed. *Encyclopedia of Religion and Ethics*. 13 vols. New York:

Charles Scribner's Sons, 1981.

9. Mircea Eliade, ed. *The Encyclopedia of Religion*. 16 vols. New York: Collier Macmillan, 1987.

10. Paul Edwards, ed. *The Encyclopedia of Philosophy*. 8 vols. New York: Collier Macmillan, 1968.

11. Robert Audi, ed. *The Cambridge Dictionary of Philosophy*. Cambridge: Cambridge University Press, 1998.

12. Ted Honderich, ed. *The Oxford Companion to Philosophy*. Oxford: Oxford University Press, 2005.

13. Ian Shaw and Paul Nicholson, ed. *The British Museum Dictionary of Ancient Egypt*. London: The British Museum Press, 2002.

14. Jane Turner ed. *The Dictionary of Art*. 34 vols. London: Macmillan Publishers Ltd., 1996.

15. Felix Guirand, ed. *Larousse Encyclopedia of Mythology*. tr. by Richard Aldington, Delano Ames. Paul Hamlyn Limited, 1962. Taiwan Reprint.

16. Guus Houtzager. *The Complete Encyclopedia of Greek Mythology*. Edison, NJ: Chartwell Books Inc., 2003.

17. Philip W. Goetz, ed. *The New Encyclopædia Britannica*. 32 vols. Chicago: Encyclopædia Britannica, Inc. 1974. 1985. 1989 세 판 참고.

18. W. R. F. Browning, *Oxford Dictionary of the Bible*. Oxford: Oxford University Press, 2004.

19. Liddell and Scott. *An Intermediate Greek-English Dictionary*. Oxford: Oxford University Press, 1990.

20. H. G. Liddell and R. Scott. *Greek-English Lexicon*. With a Revised Supplement. Oxford: Clarendon Press, 1996.

21. W. E. Crum. *A Coptic Dictionary*. With a new Foreword by James M. Robinson. Eugene, Oregon: Wipf and Stock Publishers, 2005.

22. P. G. W. Glare, ed. *Oxford Latin Dictionary*. Oxford: Clarendon Press, 1985.

23. 田中秀央 編. 『羅和辭典 · Lexicon Latino-Japonicum』. 東京: 硏究社, 1953.

24. 朴昶環 編. 『聖書헬라어辭典』. 서울: 대한기독교서회, 1965.

25. 류형기 편저. 『성서대사전』. 서울: 韓國基督敎文化院, 1984.

26. 김정준 등 편. 『그리스도교大事典』. 서울: 대한기독교서회, 1972.

27. 게르하르트 킷텔, 게르하르트 프리드리히 편저. 제프리 W. 브라밀리 편역. 번역위원회 번역. 『新約聖書神學辭典』. 서울: 요단출판사, 1986. (4.의 우리말 번역).
28. 조엘 B. 그린 등 편. 요단출판사 번역위원회 역. 『예수복음서사전』. 서울: 요단출판사, 2003.
29. 남기철 지음. 『현대신학해제』 서울: 대한기독교서회, 2003.
30. 改訂新版哲學事典 編集委員會 編. 『哲學事典』. 東京: 平凡社, 1971.
31. 廣松涉 等 編. 『岩波哲學・思想事典』. 東京: 岩波書店, 1998.
32. 日原利國 編. 『中國思想辭典』. 東京: 硏文出版, 1984.
33. 伊藤友信 等 編. 『近代日本哲學思想家辭典』. 東京: 東京書籍, 1983.
34. 中村元, 福永光司 等 編. 『岩波佛教辭典』. 東京: 岩波書店, 1999.
35. 諸橋轍次 著. 『大漢和辭典』. 全十三卷. 東京: 大修館書店, 1966.
36. 近藤春雄 著. 『中國學藝大事典』. 東京: 大修館書店, 1980.
37. 中村元 著. 『佛教語大辭典』. 東京: 東京書籍, 1981.
38. 駒澤大學內 禪學大辭典編纂所 編. 『新版禪學大辭典』. 東京: 大修館書店, 1996.
38. 京都大學文學部東洋史硏究室 編. 『東洋史辭典』. 改訂增補. 東京: 東京創元社, 1976.
39. 京大西洋史辭典編纂會 編. 『西洋史辭典』. 新編. 東京: 東京創元社, 1984.
40. 한국민족문화대백과사전 편찬위원회. 『한국민족문화대백과사전』. 전27권. 성남시: 한국정신문화연구원, 1991.
41. 高津春繁 著. 『ギリシア・ローマ神話辭典』. 東京: 岩波書店, 1987.
42. 李熙昇, 朴鍾鴻 등 編. 『韓國人名大事典』. 서울: 新丘文化社, 1989.
43. 李弘植 編著. 『國史大事典』. 전2권. 서울: 韓國出版社, 1982.
44 서울말씀사 편집부. 『성구사전』. 서울: 서울말씀사, 2005.
45 이성호 편. 『聖句大辭典』. 서울: 성서연구원, 2000.
46 죠오지 V. 위그램 저. 김만풍 역. 『舊約聖句辭典』. 서울: 기독교문화협회, 1983.
47. 죠오지 V. 위그램 저. 고영민・김만풍 공역. 『新約聖句辭典』. 서울: 기독교문화출판사, 1981.
48. 대한기독교서회 편. 『성경어구사전』. 서울: 대한기독교서회, 1992.
49. 조두만 편저. 『활용성경어구대사전』. 서울: 성광문화사, 1979.
50. 편집부. 『스트롱 원어코드 최신성구사전』. 서울: 도서출판 로고스, 2005.

이상이 내가 참고한 사서들인데 학문을 하는데 있어서 좋은 사전을 활용하는 습관은 매우 중요하다. 웬만한 대학에서도 내가 개인서재에 구비하고 있는 실용서적들을 내실있게 갖추지 못하고 있을 때가 많다. 인간의 지식은 좋은 사전들을 통하여 정밀해지고 광범해진다는 것을 꼭 기억해주기 바라며, 대학도서관에서는 좋은 사전 구입에 열의를 보여주기 바란다.

이상의 사서류에서 요한복음강해와 관련하여 꼭 필요한 사전 3개를 꼽으라면, 1, 2, 9번의 책을 꼽을 수 있겠다. 1번의 사전은 이 지구상에서 현존하고 있는 최고의 성서사전이라고 나는 자신있게 말하겠다. 간략하면서 많은 정보가 압축되어 있고 또 매우 이론적으로 깊이가 있다. 정통신학적 입장을 고수하면서도 다양한 최근의 학문성과를 충실히 반영하고 있다. 왜 이런 사전이 우리나라에서 번역 안되는지 도무지 이해가 가지 않는다. 영어를 읽을 수 있는 사람으로서 신학에 관심이 있다면 이 사전 하나는 집에 구비해둘 만하다. 지식의 비약이 있을 것이다. 영국 옥스퍼드대학 학문의 수준을 잘 나타내주는 명저 중의 명저이다. 2번의 사전은 미국신학계를 대변하는데 1번보다는 얕지만 폭이 넓고 유용한 지식을 제공한다. 1번에 없는 항목이 많이 들어있어 꼭 필요한 사전이다.

9번은 종교학의 대가 엘리아데가 편집한 『종교학백과사전』인데 신학도라면 꼭 봐야할 명저 중의 명저이다. 이 백과사전은 세계종교를 대상으로 하고 있지만, 기독교관련 항목도 그 정보의 깊이로 말하면 사전 중의 왕중왕이다. 신학을 하는 사람은 항시 이 사전을 찾아보는 습관을 기르면 좁은 신학의 울타리를 넘어 인류 학문의 드넓은 세계로 멋있는 여행을 떠날 수 있을 것이다.

17의 『대영백과사전』에도 초기기독교문헌이나 교회사에 관한 기사들이 엄청 많이 실려있고 내용도 매우 정밀한 편이다. 교회사에 관심을 갖는 사람들이 자신의 지식을 넓히기 위해서 찾아볼 수 있는 정보가 매우 효율적으로 들어있다.

21의 사전은 경이로운 책이다. 이미 사어가 되어버린 이집트의 콥틱어를 완벽하게 살려놓은 희대의 명저이다. 저자 크럼(W. E. Crum, 1865~1944)은 평생을 당대에까지 수집 가능했던 모든 문헌을 조사하여 이 사전을 만들었다. 1939년 옥스퍼드대학출판사에서 출판되었다. 모든 콥틱어 용례에 대한 자세한 출전이 밝혀져 있는 이 사전은 1천 페이지에 달하는 방대한 사서이다. 이 사전이 있었기에 콥톨로지(Coptology. 콥틱어학)가 가능할 수 있었고, 나그 함마디의 방대한 문헌이 해독될 수 있었고, 초기기독교의 역사가 밝혀질 수 있었고, 신약성서의 원전자료들이 해석될 수 있었던 것이다. 현재의 사전은 1939년판을 미국에서 리프린트한 것이다. 한국신학도 중에서도 콥톨로지에 뜻을 두는 학자들이 나오기를 갈망한다. 영국인들의 학문적 열정에 경의를 표한다.

【성서류】

1. Eberhard Nestle D. D., ed. *Novum Testamentum Graece*. Stuttgart: Württembergische Bibelanstalt, 25. Auflage. 1963.

2. Barbara Aland, Kurt Aland, ed. *The Greek New Testament*. Stuttgart; Deutsche Bibelgesellschaft and United Bible Societies, 10th printing 2005.

3. Kurt Aland, Barbara Aland, ed. *Novum Testamentum Graece et Latine*. Stuttgart: Deutsche Bibelgesellschaft, 3. korrigierter Druck 1999.

4. Prof. D. Dr. Alfred Rahlfs, ed. *Septuaginta*. Stuttgart: Deutsche Bibelgesellschaft, 1979.

5. Bruce M. Metzger. *A Textual Commentary on the Greek New Testament*. Stuttgart: Deutsche Bibelgesellschaft & United Bible Societies, 2000.

6. The Jewish Publication Society, ed. *Hebrew-English TANAKH*. Philadelphia: The Jewish Publication Society, 1999.

7. Jacob Neusner. *The Mishnah*. A New Translation. New Haven: Yale University Press, 1988.

8. 『신약전서—영어개역표준판 · 개역한글판 대조』. 서울: 대한성서공회, 1961. 1985년 2월 5일 28판 발행.

9. *The Holy Bible*. Revised Standard Version. New York: American Bible Society, 1980.

10. *The Holy Bible*. Revised Standard Version. New York: Thomas Nelson & Sons, 1952.

11. *The New English Bible*. Oxford: Oxford University Press & Cambridge University Press, 1970.

12. Michael D. Coogan, ed. *The New Oxford Annotated Bible*. New Revised Standard Version with the Apocrypha. Third Edition. Oxford: Oxford University Press. 2001.

13. *Good News for Modern Man: The New Testament*. Today's English Version. New York: American Bible Society, 1966.

14. Rev. C. I. Scofield, D. D., ed. *The Scofield Reference Bible: The Holy Bible*. Authorized Version. New York: Oxford University Press, 1945.

15. Alexander Jones, ed. *The Jerusalem Bible*. New York: Doubleday & Company, Inc., 1966.

16. 『한영해설성경 · *New International Version*』. 서울: 한영성경협회, 2004.

17. 『1956년 성경전서 개역한글판』. 서울: 大韓聖書公會, 1982년 80판.

18. 『1964년 貫珠聖經全書 簡易國漢文한글판』. 서울: 大韓聖書公會, 1964.
19. 『공동번역성서, 외경포함』. 서울: 大韓聖書公會, 1977.
20. 주교회의 성서위원회 편. 『성경』. 서울: 한국천주교중앙협의회, 2005.
21. 정양모 등 번역. 『신약성서』. 한국천주교회 창립200주년기념 · 한국천주교 주교회의 성서위원회 인준 · 개정보급판. 왜관읍: 분도출판사, 1998.
22. 『현대인의 성경』. 서울: 생명의말씀사, 2005
23. 『개정판 현대어성경』. 서울: 성서원, 2001
24. 『聖經』. 香港: 聖經公會在香港, 1964.
25. 『聖書』. 東京: 日本聖書協會, 1968.
26. 『新約聖書: 英語改訂標準譯 日本語口語譯 對照』. 東京: 日本聖書協會, 1965.
27. 최영길 편저. 『꾸란 해설』. 서울: 松山출판사, 1988.
28. Willis Barnstone & Marvin Meyer, ed. *The Gnostic Bible*. Boston: New Seeds, 2006.
29. James M. Robinson, ed. *The Coptic Gnostic Library*. A Complete Edition of the Nag Hammadi Codices. 5 vols. Leiden: Brill Academic Publishers, 2000.
30. James M. Robinson, ed. *The Nag Hammadi Library*. Revised Edition. San Francisco: Harper & Row, Publishers, 1988.
31. Kurt Aland, ed. *Synopsis of the Four Gospels*. Stuttgart: United Bible Societies, 1979.
32. 蔡偉 編著. 『共觀福音書對照研究』. 서울: 新生社, 1965.

1은 내가 신학대학시절부터 가지고 있었던 희랍어성경이다. 본 서에서는 2를 주로 텍스트로 썼다. 3은 라틴어성경이고, 4는 셉츄아진트이다. 6은 유대인들이 말하는 성경이다. 기독교인들이 생각하는 구약과 다르다. 7이 바로 유대인들 구전의 율법을 성문화한 것인데 정통주의 유대인들은 이것을 더 중시한다. AD 200년경에 결집되었다. 본 서의 "Revised Standard Version"의 텍스트는 8, 9, 10, 12 네 개의 판본을 대조해가면서 가장 합당한 방식으로 텍스트를 결정하였다. 아주 미묘하지만 모두 약간의 차이가 있다. 12는 물론 RSV를 다시 개정한 것인데, RSV를 이해하는 데 큰 도움을 준다.

31, 32는 공관복음서를 연구할 때 매우 편리한 텍스트이다. 공관복음서의 같은 주제를 다루는 부분들을 병렬시켜 펼쳐놓았기 때문에, 여기저기 뒤지는 수고를 하지 않고도 공관복음서를 비교할 수 있다. 31은 희랍어 텍스트까지 같이 병렬시켜 놓았다. 32는 신학대학시절에 산 책이다.

18은 어머니께서 내가 한국신학대학에 입학했을 때 선물로 사주신 흰 가죽 성경인데, 본서의 개역한글판은 이 18을 기준으로 하였다.

【주석류】

1. Rudolf Bultmann. *The Gospel of John: A Commentary*. tr. by G. R. Beasley-Murray, R. W. N. Hoare and J. K. Riches. Philadelphia: The Westminster Press. 1971.

2. C. H. Dodd. *The Interpretation of the Fourth Gospel*. Cambridge: Cambridge University Press, 1958.

3. C. K. Barrett. *The Gospel According to St. John*. Second Edition. Philadelphia: The Westminster Press, 1978.

4. D. A. Carson. *The Gospel According to John*. Grand Rapids, Michigan: William B. Eerdmans Publishing Co., 1991.

5. Leon Morris. *The Gospel According to John*. Revised. Grand Rapids, Michigan: William B. Eerdmans Publishing Co., 1995.

6. Gary M. Burge. *Interpreting the Gospel of John*. Grand Rapids, MI: Baker Books, 1992.

7. Andreas J. Köstenberger. *Encountering John: The Gospel in Historical, Literary, and Theological Perspective*. Grand Rapids, MI: Baker Books, 1999.

8. John Barton and John Muddiman, ed. *The Oxford Bible Commentary*. Oxford: Oxford University Press, 2001.

9. Scot McKnight. *Interpreting the Synoptic Gospels*. Grand Rapids, MI: Baker Books, 1988.

10. James R. Edwards. *The Gospel According to Mark*. Grand Rapids, Michigan: William B. Eerdmans Publishing Co., 2002.

11. D. A. Carson, Walter W. Wessel, Walter L. Liefeld. *The Expositor's Bible Commentary: Matthew, Mark, Luke*. Grand Rapids, Michigan: Zondervan, 1984.

12. R. 불트만 저. 허혁 역. 『요한福音書硏究』 전2권. 서울: 聖光文化社, 1983.

13. 찰스 K. 바레트. 『國際聖書註釋 요한복음』. 전2권. 서울: 한국신학연구소, 1984.

14. 버슬리-머리 지음, 이덕신 옮김. 『요한복음』. 서울: 솔로몬, 2001.

15. 류형기 편. 『성서주해』. 전4권. 서울: 한국기독교문화원, 1971.

16. 지동식 지음. 『요한복음』. 선교70주년기념신약성서주석. 서울: 대한기독교서회, 1966.

17. 이상훈 지음. 『성서주석 요한복음』. 대한기독교서회 창립100주년 기념. 서울: 대한기독교서회, 1993.

18. 이영헌 역주. 『요한복음서』. 한국천주교회 200주년 신약성서 4. 개정판. 왜관읍: 분도출판사, 2004.

19. 정양모 지음. 『요한복음이야기』. 서울: 성서와함께, 2006.

20. 칼 바르트 지음. 조남홍 역. 『로마서강해』. 서울: 한들출판사, 1997.

21. 정양모 역주. 『마르코복음서』. 왜관읍: 분도출판사, 2005.

22. 도올 김용옥 지음. 韓榮穆 述. 『조선사람을 위한 성서강좌, 제5기 도올철학강의, 1996. 10. 19. ~ 1997. 10. 18.』. 서울: 도올서원, 1998.

내가 주로 참고한 것은 1, 2, 4 세 권이다. 나의 창조적인 발상을 북돋기 위하여 나는 많은 주석에 관심을 기울이지는 않았다. 그러나 주석의 도움이 없이 성서원문만을 읽는다는 것은 매우 위험한 발상이다. 성서는 인간의 손을 빌어 당대의 언어를 통하여 기록된 것이기 때문에 그 언어의 역사적 · 문화적 상황을 정확하게 이해하지 못하면 이해가 되지 않는다. 생활습관이라든가, 관용구적 용례의 의미라든가, 의미맥락에 얽혀져 있는 사건들의 배경이라든가, 이렇게도 해석될 수 있고 저렇게도 해석될 수 있는 애매한 부분에 대한 맥락적 고찰 등등에 관하여 전문연구자들의 지적성과를 반드시 흡수해야 한다. 우리나라 신앙인들은 그러한 맥락적 이해를 무시하고 아전인수격으로 오늘 자기 느낌으로만 해석하는 오류를 범할 때가 많다. 특히 목사님들 설교내용이 그러한 맥락적 이해를 전제로 하지 않을 때가 많다. 그러나 성서원문의 맥락과 실존적 해석은 결코 상치되지 않는다. 성서의 이해를 깊게 하고 우리의 신앙을 굳건하게 할 뿐이다. 목사들은 공부해야 한다. 앞으로는 공부하지 않는 목사들은 결코 대접받지 못하는 시대가 올 수밖에 없다.

본문 중에서도 이야기했지만 4의 카슨의 주석은 발군이다. 이 주석이 번역되어 일반신도들에게 읽혔으면 한다. 영어원서를 볼 수 있는 사람은 그 책을 사서 한줄한줄 나의 번역과 대조하여 읽어보면 매우 명료하게 요한복음 전체상을 깨달을 수 있을 것이고, 지적모험의 한 분수령을 창출할 수 있을 것이다. 이런 책들은 아마존 등의 인터넷 매체를 통하여 쉽게 구입 가능하다.

22는 내가 도올서원에서 강의한 4복음서의 내용인데 한의사 한영목 선생이 자세히 녹취한 것이다. 한영목 선생에게 감사한다.

【지도류】

1. William A. Cleveland, ed. *Britannica Atlas*. Chicago: Encyclopædia Britannica, Inc., 1992.

2. Richard J. A. Talbert, ed. *Barrington Atlas of the Greek and Roman World*. Princeton: Princeton University Press, 2000.

3. Richard J. A. Talbert, ed. *Barrington Atlas of the Greek and Roman World: Map-By-Map Directory*. 2 vols. Princeton: Princeton University Press, 2000.

4. 이원희 · 이강근. 『최신판 해설성서지도』. 포항시: 예본출판사, 2005.

5. 이원희. 『스펙트럼 개정판 성서지도』. 대전: 도서출판 지계석, 2006.

지도를 펼쳐놓지 않고 성서를 본다는 것은 한국땅을 전혀 모르는 사람이 한국역사나 문화나 사상을 운운하는 것과도 같다. 지도는 성서이해의 첩경이다. 1은 현대지도로서 압권이고, 2, 3은 역사지도로서 엄청 자세한 것이다. 시오노 나나미의 『로마인 이야기』도 이 지도를 펼쳐놓고 쓴 것이다. 프린스턴대학에서 나온 이 지도는 470×340㎜의 거대판형의 책인데 엄청난 고가의 책이므로 보통 사람이 투자해 보기는 어려울 것 같다. 한국에서 나온 이원희 목사의 4, 5는 매우 좋은 지도이다. 간략하면서 대략을 알 수 있다. 이원희 목사의 노력에 갈채를 보낸다.

【의상류】

1. Carl Köhler. *A History of Costume*. tr. by Alexander K. Dallas M. A. New York: Dover Publications, Inc., 1963.

2. Wolfgang Bruhn and Max Tilke. *A Pictorial History of Costume: From Ancient Times to the Nineteenth Century*. Mineola, New York: Dover Publications, Inc., 2004.

3. 정홍숙. 『서양복식문화사』. 서울: 교문사, 2004.

4. Harold Koda. *Goddess: The Classical Mode*. New Haven: Yale University Press, The Metropolitan Museum of Art, 2003.

성서는 일차적으로 인간이 그린 인간의 삶에 관한 기록이다. 그래서 당대 인간의 문명상의 제반요소를 꿰뚫어야만 성서가 보인다. 예수시대의 의상은 매우 중요한 테마 중의 하나이다. "신들메"의 문제에 관해서는 1, 2의 도움을 받았다. 그리고 19장의 예수의상은 히마티온과 키톤인데 4의 도움을 크게 받았다. 4는 내가 직접 뉴욕 메트로에서 본 전시의 도록이다. 마담 그레(Madame Grēs), 이사도라 던캔(Isadora Duncan), 입생 로랑(Yves Saint Laurent), 베르사치

(Gianni Versace), 기글리(Romeo Gigli), 맥퀸(Alexander McQueen), 구찌(Tom Ford of Gucci), 뽀이레(Paul Poiret), 포르튜니(Mariano Fortuny) 등이 희랍여신의상을 응용한 의상작품들을 전시한 것이다. 깊은 감명을 받았고, 그 의상을 구조적으로 이해한 후부터 희랍·로마의 조각·회화예술품을 감상할 수 있는 안목이 생겼다.

【희랍·로마의 역사·철학류】

1. Sarah B. Pomeroy, Stanley M. Burstein, Walter Donlan, Jennifer Tolbert Roberts. *A Brief History of Ancient Greece*. Oxford: Oxford University Press, 2004.

2. J. B. Bury. *A History of Greece to the Death of Alexander the Great*. London: MacMillan & Co. Ltd., 1959.

3. Mary T. Boatwright, Daniel J. Gargola, Richard J. A. Talbert. *A Brief History of the Romans*. Oxford: Oxford University Press, 2006.

4. Edward Gibbon, *The History of the Decline and Fall of the Roman Empire*. Vol. I ~ VIII. London: The Folio Society Ltd., 1997.

5. Dero A. Saunders, ed. *The Portable Gibbon: The Decline and Fall of the Roman Empire*. New York: The Viking Press, 1958.

6. William Whiston, tr., *The Works of Josephus*. Complete and Unabridged, New Updated Edition. Peabody, MA: Hendrickson Publishers, Inc., 2006.

7. 시오노 나나미 지음. 김석희 옮김. 『로마인 이야기』. 전15권. 서울: 한길사, 2007.

8. 데로 손더스 발췌. 황건 번역. 『에드워드 기번 로마제국쇠망사』. 서울: 까치, 2000.

9. 車河淳 著. 『西洋史總論』. 서울: 探求堂, 1979.

10. 崔東熙, 金永喆, 申一澈. 『哲學概論』. 新訂版. 서울: 日新社, 1967.

11. 박종현 역주. 『플라톤의 국가·政體』. 서울: 서광사, 1997.

12. 박종현·김영균 공동역주. 『플라톤의 티마이오스』. 서울: 서광사, 2000.

13. 박종현 지음. 『헬라스 사상의 심층』. 서울: 서광사, 2001.

14. Bertrand Russell. *A History of Western Philosophy*. New York: Simon and Schuster, 1972.

15. William S. Sahakian. *History of Philosophy*. New York: Barnes and Noble Books, 1968.

16. Richard Tarnas. *The Passion of the Western Mind: Understanding the Ideas That Have Shaped Our World View*. New York: Ballantine Books, 1991.

17. Karen Armstrong. *A History of God: The 4,000-Year Quest of Judaism, Christianity*

and Islam. New York: Ballantine Books, 1993.

18. W. K. C. Guthrie. *The Greek Philosophers: From Thales to Aristotle*. New York: Harper & Row, 1975.

19. W. K. C. Guthrie. *A History of Greek Philosophy I : The earlier Presocratics and the Pythagoreans*. Cambridge: Cambridge University Press, 1978.

20. W. K. C. Guthrie. *The Sophists*. Cambridge: Cambridge University Press, 1979.

21. John Burnet. *Early Greek Philosophy*. London: Adam and Charles Black, 1892.

22. Alexander P. D. Mourelatos, ed. *The Pre-Socratics: A Collection of Critical Essays*. New York: Anchor Books, 1974.

23. Reginald E. Allen, ed. *Greek Philosophy: Thales to Aristotle*. Third Edition Revised and Expanded. New York: The Free Press, 1991.

24. Jonathan Barnes. *Early Greek Philosophy*. London: Penguin Books, 2001.

25. G. S. Kirk, J. E. Raven. *The Presocratic Philosophers*. Cambridge: Cambridge University Press, 1979.

26. G. S. Kirk, J. E. Raven and M. Schofield. *The Presocratic Philosophers*. Second Edition. Cambridge: Cambridge University Press, 2005.

27. Eduard Zeller. *Outlines of the History of Greek Philosophy*. New York: Dover Publications, 1980.

28. A. A. Long, ed. *The Cambridge Companion to Early Greek Philosophy*. Cambridge: Cambridge University Press, 2005.

29. Richard Kraut, ed. *The Cambridge Companion to Plato*. Cambridge: Cambridge University Press, 2005.

30. David Sedley, ed. *The Cambridge Companion to Greek and Roman Philosophy*. Cambridge: Cambridge University Press, 2003.

31. Jonathan Barnes. *The Presocratic Philosophers*. London: Routledge, 2000.

32. Kathleen Freeman. *Ancilla to The Pre-Socratic Philosophers: A complete translation of the Fragment in Diels, Fragmente der Vorsokratiker*. Cambridge, MA: Harvard University Press, 1977.

33. M. R. Wright. T*he Presocratics: The main fragments in Greek with introduction, commentary & appendix containing text & translation of Aristotle on the Presocratics*. London: Bristol Classical Press, 2001.

34. John Dillon, *The Middle Platonists: A Study of Platonism 80 B.C. to A.D. 220*. London: Duckworth, 1977.

35. Richard T. Wallis, ed. *Neoplatonism and Gnosticism*. Albany: State University of New York Press, 1992.

36. Elmer O'brien, tr. *The Essential Plotinus*. Indianapolis: Hackett Publishing Co., 1984.

37. Thomas H. Tobin, S. J. *The Creation of Man: Philo and the History of Interpretation*. Washington: The Catholic Biblical Association of America, 1983.

38. David Winston, tr. *Philo of Alexandria: The Contemplative Life, The Giants, and Selections*. Mahwah, NJ: Paulist Press, 1981.

39. David Winston. *Logos and Mystical Theology in Philo of Alexandria*. Cincinnati: Hebrew Union College Press, 1985.

40. Dr. Louis Feldman. *Studies in Judaica: Scholarship on Philo and Josephus(1937~1962)*. New York: Yeshiva University, 1963.

41. Alfred North Whitehead. *Adventures of Ideas*. New York: The Free Press, 1967.

42. Alfred North Whitehead. *Process and Reality*. Corrected Edition. ed. by David Ray Griffin and Donald W. Sherburne. New York: The Free Press, 1978.

43. Frederick Copleston, S. J. *A History of Philosophy*. 8 vols. Westminster, Maryland: The Newman Press, 1966. vol. 9. London: Search Press, 1975.

이 많은 문헌 중에서 가장 중요한 책 하나를 들라고 한다면 내가 서슴치 않고 들 수 있는 책이 바로 32의 프리만 번역서이다. 이 32야말로 소크라테스 이전 희랍철학자들의 희랍어원전을 영역한 것이며, 다른 모든 책들은 이 단편집을 풀어낸 것에 불과하다. 그런데 이 책은 쉽게 구할 수가 없다.

그리고 13의 박종현 교수의 책은 한국인이 한국말로 희랍철학에 관하여 쓴 책으로서 세계적으로 자랑할 수 있는 명저이다. 방대한 원전번역실력을 토대로 희랍철학정신을 매우 명료하게 요약하고 있다. 일독을 권한다.

그리고 34의 중기플라토니스트들에 관한 책도 우리가 간과하기 쉬운 중요한 시대를 세밀하게 다루고 있다. 37, 38의 필로 책은 요한복음과 관련하여 필독서로 꼽을 수 있다.

10의 『철학개론』은 내가 고려대학교 철학과에서 처음 수강한 철학개론교재였는데, 아직까지도 참고하고 있다. 개론서 한 권이라도 어렸을 때에 완전히 이해하는 것이 중요하다.

1은 희랍역사를 전체적으로 파악하는 데 매우 유용하다.

【희랍예술 · 기타 미술사류】

1. John Boardman. *Greek Art. Fourth edition.* New York: Thames & Hudson Inc., 1996.

2. T. H. Carpenter. *Art and Myth in Ancient Greece.* New York: Thames & Hudson Inc., 1991.

3. John Boardman. *Greek Sculpture: The Classical Period.* New York: Thames & Hudson Inc., 1985.

4. Niegel Spivey. *Greek Art.* London: Phaidon Press Limited, 1999.

5. John Lowden. *Early Christian & Byzantine Art.* London: Phaidon Press Limited, 1998.

6. Jaromir Malek. *Egyptian Art.* London: Phaidon Press Limited, 1999.

7. J. J. Pollitt. *The Art of Ancient Greece: Sources and Documents.* Cambridge: Cambridge University Press, 1990.

8. J. J. Pollitt. *Art and Experience in Classical Greece.* Cambridge: Cambridge University Press, 2006.

9. John Griffiths Pedley. *Greek Art and Archaeology.* Third Edition. Upper Saddle River, NJ: Prentice Hall, Inc.,

10. Richmond Lattimore, tr. *The Odyssey of Homer.* New York: Perennial Classics, 1999.

11. Richmond Lattimore, tr. *The Iliad of Homer.* Chicago: The University of Chicago Press, 1961.

12. Anthony Snodgrass. *Homer and the Artists: Text and Picture in Early Greek Art.* Cambridge: Cambridge University Press, 1998.

13. Susan Woodford. *The Trojan War in Ancient Art.* Ithaca: Cornell University Press, 1993.

14. Richard Buxton. *The Complete World of Greek Mythology.* New York: Thames & Hudson Inc., 2004.

15. J. E. Zimmerman. *Dictionary of Classical Mythology.* New York: Bantam Books, 1971.

16. 존 보드먼 지음. 원형준 옮김. 『그리스 미술』. 서울: 시공사, 2003.

17. 나이즐 스피비 지음. 양정무 옮김. 『그리스 미술』. 서울: 한길아트, 1998.

18. 에르메 뒤셴 지음. 김정희 옮김. 『트로이』. 서울: 시공사, 2004.

19. 알랭 카롱 AC 외 지음. 김호영 옮김. 『알렉산드리아』. 서울: 창해, 2000.
20. 네빈 아주 샤인 NHC 외 지음. 김종명 옮김. 『레바논』. 서울: 창해, 2000.
21. 장 로이크 르 클레르 JLLQ 외 지음. 김보현 옮김. 『사막』. 서울: 창해, 2002.
22. 이브 토라발 지음. 김선겸 옮김. 『이슬람교』. 서울: 창해, 2002.
23. 정수일 지음. 『이슬람문명』. 서울: 창작과 비평사, 2002.

철학을 공부하는 사람들이 미술사를 공부하지 않고, 미술사를 공부하는 사람들이 철학을 공부하지 않는 것이 대체적 경향이다. 참 답답하다. 희랍철학의 많은 문제들이 간단한 몇 권의 희랍예술사 서적의 독파로 생생한 의미를 띠고 나타난다. 그리고 미술사를 알아야 철학사에서 다루지 않고 있는 그 이전시대에 관한 생생한 정보를 얻을 수 있다. 성서를 이해하는 데 있어서도 희랍미술사의 지식은 절대적으로 필요하다. 상기의 책 중에서 내가 인상적으로 읽은 책을 꼽으라면 1과 9이다. 모두 시대별로 아주 잘 요약되어 있다. 1의 한국어 번역이 16이다. 그리고 19, 20의 창해ABC북으로 나온 책도 성서이해를 위해 반드시 참고해야 할 좋은 서적이다. 성서의 생동하는 전체적 역사분위기를 파악하는 것이 중요하다.

【한국기독교사 · 역사류】

1. 李能和 著. 『朝鮮基督教及外交史』. 京城府: 朝鮮基督教彰文社, 1928. 서울: 永信아카데미韓國學硏究所, 1977.
2. 샤를르 달레 原著. 安應烈 · 崔奭祐 譯註. 『韓國天主敎會史』. 전3권. 서울: 한국교회사연구소, 2000.
3. 浦川和三郞. 『朝鮮殉教史』. 東京: 國書刊行會, 1973.
4. 柳洪烈 著. 『增補한국천주교회사』. 전2권. 서울: 가톨릭출판사, 2004.
5. 문규현 신부 씀. 『민족과 함께쓰는 한국천주교회사』. 전2권. 서울: 빛두레, 1997.
6. 도날드 베이커 著. 金世潤 譯. 『朝鮮後期 儒教와 天主教의 대립』. 서울: 一潮閣, 2000.
7. 李元淳 지음. 『한국천주교회사 — 주고받는 이야기로 된』. 서울: 探求堂, 1980.
8. 咸錫憲 著. 『뜻으로 본 韓國歷史』. 성남시: 第一出版社, 1982.
9. 佐伯好郎 著. 『景教の研究』. 東京: 東方文化學院東京硏究所, 1935.
10. 佐伯好郎 著. 『唐宋時代の支那基督教』. 東京: 名著普及會, 1979.
11. 佐伯好郎 著. 『元時代の支那基督教』. 東京: 名著普及會, 1979.
12. 佐伯好郎 著. 『明時代の支那基督教』. 東京: 名著普及會, 1979.
13. 佐伯好郎 著. 『淸時代の支那基督教』. 東京: 名著普及會, 1979.

14. 佐伯好郎 著.『元主忽必烈が歐洲に派遣したる景教僧の旅行誌』. 東京: 名著普及會, 1979.

15. 山本澄子.『中國キリスト教史研究』. 東京: 山川出版社, 2006.

16. 鈴木中正 編.『千年王國的民衆運動の硏究』. 東京: 東京大學出版社, 1982.

17. 서굉일 · 김재홍 지음.『北墾島民族運動의 先驅者 圭巖 金躍淵先生』. 서울: 도서출판 고려글방, 1997.

18. 安重根 著.『安應七歷史』. 신용하 엮음.『안중근유고집』내에 수록. 서울: 역민사, 1995, pp.101~158.

19. 朴鍾鴻. "西歐思想의 導入批判과 攝收 — 其一 天主學,"『實學思想의 硏究』. 高麗大亞細亞問題硏究所 韓國硏究室 編. 서울: 玄岩社, 1974.

20. 李丙燾 監修, 李東歡 校勘.『校勘三國遺事』. 韓國古典叢書 1. 서울: 民族文化推進會, 1982.

21. 崔漢綺 著.『明南樓全集』. 全三册. 서울: 驪江出版社, 1986.

22. 國史編纂委員會.『朝鮮王朝實錄』. 전49권. 표점본. 서울: 探求堂, 1970.

23. 震檀學會.『韓國史』. 전7권. 서울: 乙酉文化社, 단기4292.

24. 國史編纂委員會 編.『한국사』. 전25권. 서울: 국사편찬위원회, 1984.

25. 國史編纂委員會 編.『한국사』. 전52권. 서울: 국사편찬위원회, 2002.

26. 韓沽劤 著.『改訂版 韓國通史』. 서울: 乙酉文化社, 1987.

27. 玄相允 著.『朝鮮儒學史』. 서울: 民衆書館, 1971.

28. 李進熙 著.『廣開土王陵碑の硏究』. 東京: 吉川弘文館, 1974.

29. 王健群 著. 林東錫 譯.『廣開土王碑硏究』. 서울: 한국학술정보, 2004.

30. 柳得恭 지음. 송기호 옮김.『발해고』. 서울: 홍익출판사, 2005.

31. 김재선 · 엄애경 · 이경 역편.『한글 동이전』. 서울: 서문문화사, 1999.

32. 韓永愚 著.『鄭道傳思想의 硏究』. 改正版. 서울: 서울大學校出版部, 1999.

33. 韓永愚 著.『왕조의 설계자 정도전』. 서울: 지식산업사, 2002.

34. 權五榮 著.『崔漢綺의 學問과 思想硏究』. 서울: 集文堂, 1999.

35. Nym Wales and Kim San. Song of Ariran: A Korean Communist in the Chinese Revolution. San Francisco: Ramparts Press, 1941.

36. 김산 · 님 웨일즈 지음. 조우화 옮김.『아리랑』. 개정증보판. 서울: 동녘, 1994.

37. 도올 김용옥 연출 · 각본 · 출연 · 편집 · 나레이션.『도올이 본 한국독립운동사』. EBS 해방60주년특집 다큐멘터리. 제1부 피아골의 들국화, 제2부 용담의 새벽, 제3부 두만강을

넘어서, 제4부 청산이여 말하라, 제5부 아무르의 열 세 발자국, 제6부 서간도 바람부는 임청각, 제7부 십자령에 뿌린 의혈, 제8부 밀양 아리랑, 제9부 올기강은 흐른다, 제10부 황포의 눈물. 서울: EBS한국교육방송, 2005.

이 책들 중에서 우리가 특별히 주목해야 할 책은 9번의 佐伯好郎(사에키 요시로오) 선생의 경교(景教)에 관한 연구대작이다. 나는 이 책을 일본유학시절에 내가 다닌 와세다쿄오카이(早稻田教會)의 우에마쯔 선생(植松健一)의 소개로 알았었는데 최근 사에키 선생의 친필 싸인이 들어있는 고본(古本)을 한 권 구입하였다. 그 기쁜 감회는 이루 다 형언할 수 없었다. 이 책을 보면 기독교가 중국문명에 얼마나 예로부터 깊게 침투했었나 하는 것을 알 수 있고, 그 기독교가 우리가 생각하는 삼위일체론 이후의 교조화된 기독교가 아니라 초기신앙공동체의 오리지날한 모습을 보존한 그 무엇이라는 것을 말해주고 있다. 그리고 중국에 남아있는 소중한 금석문 · 문헌자료들을 발굴하여 기록해놓았다. 세계기독교사에 있어서 무시할 수 없는 일대 조류를 정리해놓은 1,200페이지가 넘는 대작이다.

37은 내가 영상으로 쓴 우리민족의 역사이다. 비록 20세기 한 세기의 현대사를 다루고 있지만 한국역사를 제대로 알고 싶은 사람은 이 다큐멘터리 10부작은 꼭 봐야 한다. 나는 이 작품을 통하여 새로운 "역사적 인간"으로 태어났다고 자임한다. 내 인생과 사상을 뒤바꿔 놓은 역작이다.

【중국고전류】

1. 『十三經注疏』. 精裝全八册. 重刊宋本. 嘉慶二十年江西南昌府學開雕. 臺北: 藝文印書館, 1973.
2. 漢 太史令 司馬遷 撰. 『新校史記三家注』. 全5册. 臺北: 世界書局, 1972.
3. 白川靜 著. 『孔子傳』. 東京: 中央公論社, 1983.
4. 도올 김용옥 지음. 『도올논어』. 전3권. 서울: 통나무, 2000.
5. 도올 김용옥 지음. 『노자와 21세기』. 전3권. 서울: 통나무, 1999.
6. 도올 김용옥 지음. 도올서원 재생 述. 『도올先生中庸講義』. 서울: 통나무, 1994.

3은 공자에 관하여 쓰여진, 인류사에 남을 위대한 전기문학이다. 예수와 공자를 같이 생각할 수 있게 만드는 치열한 정신의 소산이다. 시라카와 시즈카 선생은 평생을 중국의 고문헌 · 고문자의 연구에 바친 석학이다.

4는 나의 『논어』 번역인데, 기독교 복음서의 예수 로기온과 많은 비교를 하였다. 5는 나의 『노자 도덕경』 번역이다.

【불전 관련】

1. 水野弘元 著. 『原始佛敎』. 京都: 平樂寺書店, 1981.
2. 李載昌 著. 『佛敎經典槪說』. 서울: 東國大學校附設譯經院, 1993.
3. 水野弘元, 中村元, 平川彰, 玉城康四郎. 『佛典解題事典』. 東京: 春秋社, 1983.
4. 釋徹宗 著. 『親鸞の思想構造 — 比較宗教の立場から』. 東京: 法藏館, 2002.
5. Dennis Hirota. 『親鸞 — 宗教言語の革命者』. 東京: 法藏館, 1998
6. 平雅行. 『親鸞とその時代』. 東京: 法藏館, 2001.
7. 도올 김용옥 지음. 법정 스님 서문. 『금강경강해』. 서울: 통나무, 1999.
8. 도올 김용옥 지음. 『話頭, 혜능과 셰익스피어』. 서울: 통나무, 1998.
9. 도올 김용옥 지음. 『달라이라마와 도올의 만남』. 전3권. 서울: 통나무, 2002.

1은 원시불교를 이해하는 데 엄청난 지혜를 가져다주는 세기의 명저이다. 초기기독교를 이해하는 데도 큰 도움을 준다. 3은 불교경전을 이해하는 데 결정적 도움을 주는 좋은 사전이다. 4, 5, 6은 모두 신란(親鸞, 1173~1262)을 다룬 최근의 연구서인데, 신란은 불교사상가이지만 일본의 기독교를 토착화시키는 데 엄청난 영향을 주었다. 그의 불교사상은 기독교사상의 본질과 상통한다고 많은 학자들이 주장한다. 7의 『금강경』은 요한복음과 성립시기가 비슷하며, 서로 대조될 수 있는 좋은 경전이다. 8은 중국의 선(禪)의 종지(宗旨)를 전하는 『벽암록』의 번역이다. 9는 나와 달라이라마의 인도 성지에서의 대화를 기록한 책인데 원시불교와 기독교에 관한 풍부한 통찰을 담고 있다.

【Q자료 관련】

1. Marcus Borg, ed. *The Lost Gospel Q: The Original Sayings of Jesus*. Berkeley: Seastone, 1996.
2. John S. Kloppenborg, Marvin W. Meyer, Stephen J. Patterson, Michael G. Steinhauser. *Q — Thomas Reader*. Sonoma, California: Polebridge Press, 1990.
3. Maurice Casey. *An Aramaic Approach to Q: Sources for the Gospels of Matthew and Luke*. Cambridge: Cambridge University Press, 2002.

4. John. S. Kloppenborg, ed. *The Shape of Q: Signal Essays on the Sayings Gospel*. Minneapolis: Fortress Press, 1994.

5. John S. Kloppenborg. *The Formation of Q: Trajectories in Ancient Wisdom Collections*. Harrisburg, PA: Trinity Press International, 1999.

6. Burton L. Mack. *The Lost Gospel: The Book of Q & Christian Origins*. New York: HarperSanFrancisco, 1994.

Q자료에 알고 싶은 한국독자들이 아주 쉽게 접근할 수 있는 책은 1이다. 그리고 관점도 매우 새롭다.

【쿰란 관련】

1. Chaim Rabin. *Qumran Studies*. New York: Schocken Books, 1975.

2. Yigael Yadin. *The Message of The Scrolls*. New York: A Touchstone Book, 1957.

3. A. Powell Davies. *The Meaning of the Dead Sea Scrolls: The Documents that Shed a Brilliant New Light on Christianity*. New York: A Mentor Book, 1956.

4. John Allegro. *The Dead Sea Scrolls: A reappraisal*. New York: Penguin Books, 1982.

5. G. Vermes. *The Dead Sea Scrolls in English*. New York: Penguin Books, 1980.

6. Hartmut Stegemann. *The Library of Qumran: On the Essenes, Qumran, John the Baptist, and Jesus*. Grand Rapids, Michigan: William B. Eerdmans Publishing Company, 1998.

7. Jodi Magness. *The Archaeology of Qumran and the Dead Sea Scrolls*. Grand Rapids, Michigan: William B. Eerdmans Publishing Company, 2003.

8. Yizhar Hirschfeld. *Qumran in Context: Reassessing the Archaeological Evidence*. Peabody, MA: Hendrickson Publishers, LLC, 2004.

9. James H. Charlesworth, ed. *Jesus and the Dead Sea Scrolls*. New York: Doubleday, 1992.

10. Robert Feather. *The Secret Initiation of Jesus at Qumran: The Essene Mysteries of John the Baptist*. Rochester, Vermont: Bear & Company, 2005.

11. Daniel J. Harrington, S. J. *Wisdom Texts from Qumran*. New York: Routledge, 2004.

12. 오병세 지음. 『사해문서연구』. 서울: 개혁주의신행협회, 1993.

13. 천사무엘 지음. 『사해사본과 쿰란공동체』. 서울: 대한기독교서회, 2004.

상기의 책 중에서 배울 것이 가장 많은 책은 나의 느낌으로는 6이었다. 쿰란문서와 공동체에 관하여 매우 이론적인 분석을 가하고 있다. 7은 쿰란의 고고학으로서는 정석이라고 할 수 있는 책이다. 13의 천사무엘의 책은 한국인이 쉽게 접할 수 있는 좋은 개론서이다. 내용이 간결하고 정확하다.

【도마복음서 관련】

1. R. McL. Wilson. *Studies in the Gospel of Thomas*. London: A. R. Mowbray & Co. Ltd., 1960.

2. Stephen J. Patterson. *The Gospel of Thomas and Jesus*. Sonoma, CA: Polebridge Press, 1993.

3. Stevan Davies. *The Gospel of Thomas and Christian Wisdom*. Oregon house, CA: Bardic Press, 2005.

4. Marvin Meyer. *The Gospel of Thomas: The Hidden Sayings of Jesus*. New York: HarperSanFrancisco, 1992.

5. Richard Valantasis. *The Gospel of Thomas*. London: Routledge, 2000.

6. Stephen J. Patterson, James M. Robinson, Hans-Gebhard Bethge. *The Fifth Gospel: The Gospel of Thomas Comes of Age*. Harrisburg, PA: Trinity Press International, 1998.

7. Marvin W. Meyer, tr. *The Secret Teachings of Jesus: Four Gnostic Gospels*. New York: Vintage Books, 1986.

8. John Dart & Ray Riegert. Commentary by John Dominic Crossant. *Unearthing the Lost Words of Jesus: The Discovery and Text of the Gospel of Thomas*. Berkeley, CA: Seastone, 1998.

우리나라에 도마복음서의 본격적 연구서가 하나도 없다는 것은 참으로 유감이다. 앞으로 도마복음서의 연구가 없이 신약학을 운운하기 어렵다. 도마복음서는 성서의 가장 고층대의 원형을 보존하고 있는 순결한 문헌이다. 많은 관심을 바란다. 도마복음서에 관하여 가장 쉽게 알 수 있는 책은 8이다. 그리고 6도 매우 훌륭한 입문서이다.

【진리복음서 관련】

1. Kendrick Grobel, tr. *The Gospel of Truth: A Valentinian Meditation on the Gospel*. New York: Abington Press, 1960.

2. Jacqueline A. Williams. *Biblical Interpretation in the Gnostic Gospel of Truth from*

Nag Hammadi. Atlanta. SBL Dissertation Series 79. Georgia: Scholars Press, 1988.

【유다복음서 관련】

1. Rodolphe Kasser, Marvin Meyer, and Gregor Wurst, ed. *The Gospel of Judas: from Codex Tchacos*. Washington D.C.: National Geographic, 2006.

2. Bart D. Ehrman. *The Lost Gospel of Judas Iscariot: A New Look at Betrayer and Betrayed*. Oxford: Oxford University Press, 2006.

유다복음서는 한국사람들이 생각하듯이 괴이한 내용의 이단적 복음서가 아니다. 그 나름대로 우리의 성서이해의 내용을 풍부하게 만드는 깊은 세계관을 말하고 있다. 그리고 초대교회의 다양한 생각들을 전하고 있다. 상기의 두 책은 매우 잘 쓴 학문적인 서적들이다.

【나그 함마디 관련】

1. John Dart. *The Laughing Savior: The Discovery and Significance of the Nag Hammadi Gnostic Library*. New York: Harper & Row, Publishers, 1976.

2. John Dart. *The Jesus of Heresy and History*. New York: Harper & Row, Publishers, 1988.

3. Christopher Tuckett. *Nag Hammadi and the Gospel Tradition*. Edinburgh: T. & T. Clark, 1986.

4. James M. Robinson and Helmut Koester. *Trajectories Through Early Christianity*. Eugene, OR: Wipf and Stock Publishers, 2006.

5. Charles W. Hedrick, Robert Hodgson, Jr., ed. *Nag Hammdi, Gnosticism, and Early Christianity*. Eugene, OR: Wipf and Stock Publishers, 2005.

6. Marvin Meyer. *The Gnostic Discoveries: The Impact of the Nag Hammadi Library*. New York: HarperSanFrancisco, 2005.

7. 金容沃. 『절차탁마대기만성』. 서울: 통나무, 1987.

2는 1의 증보판이다. 1은 매우 재미있게 쓰여진 책이다. 다트는 엘에이타임스신문의 종교관련기자였다. 그래서 글을 쉽게 쓴다. 6은 최근의 연구성과를 평이하게 잘 반영하고 있다. 7은 내가 귀국하여 바로 쓴 책인데 우리사회에 엄청난 반향을 일으킨 책이다. 수십만 부가 팔렸다. 그런데도 우리나라 신학계는 나그 함마디에 관하여 함구불언하고 있다. 나그 함마디 문서에 대한 연구를 도외시하고 21세기 신학을 운운한다는 것은 근원적으로 불가능하다. 그리고 이 문서연구는 앞으로 기독교의 미래를 위하여 매우 혁명적이고도 건강한 역할을 담당하게 될 것이다.

【영지주의 관련】

1. Hans Jonas. *The Gnostic Religion. The Message of the Alien God & the Beginnings of Christianity*. Boston: Beacon Press, 2001.

2. Karen L. King. *What is Gnosticism?*. Cambridge: Harvard University Press, 2003.

3. Timothy Freke & Peter Gandy. *The Jesus Mysteries*. New York: Harmony Books, 1999.

4. Timothy Freke & Peter Gandy. *The Hermetica*. New York: Penguin Putnam Inc., 1999.

5. 티모시 프리크 외 지음. 승영조 옮김. 『예수는 神話다』. 서울: 동아일보사, 2002.

영지주의에 관하여 전통적으로 가장 권위있는 저술은 1이다. 한스 요나스(1903~1993)는 불트만과 하이데가의 제자였으며, 히틀러의 탄압을 받고 도미하여 미국의 뉴 스쿨(New School)에서 철학교수로 활약하였다. 체노보스키온문서를 알기는 했지만 그 연구성과가 충분히 반영되기 전에 이론적 틀을 만들었기 때문에 영지주의를 너무 실체적으로 다루고 있다.

2는 하바드대학교 신학대학의 초기기독교교회사 교수가 쓴 것인데 매우 획기적인 저작이다. 체노보스키온문서를 철저히 해부하여 매우 색다른 견해를 제출하고 있다.

3은 세계를 뒤흔든 유명한 책이다. 예수는 실존한 인물이 아니고, 바울이 환상 속에서 신화적으로 구성한 미스테리아운동이 초기기독교의 실체였다고 주장한다. 그리고 영지주의야말로 기독교의 원래 모습이었다는 것이다. 우리나라에서도 동아일보사에서 번역되어 나왔다. 미국 유니온신학대학원 현경 교수가 매우 정중한 평을 썼다. 그러나 나는 본 서에서는 이 책의 관점을 다루지 않았다. 프레케와 갠디의 가설은 재미는 있지만, 이론적 근거가 좀 박약하다. 그러나 초기기독교역사를 이해하는 데 매우 풍부한 통찰을 길러주는 좋은 책임에는 틀림이 없다.

【교회사류】

1. Williston Walker and Richard A. Norris, David W. Lotz, Robert T. Handy. *A History of the Christian Church*. Fourth Edition. New York: Scribner, 1985.

2. 윌리스턴 워커 著. 류형기 譯編. 『기독교회사』. 서울: 한국기독교문화원, 1993.

3. J.W.C. 완드, M. 딘슬리 지음. 이장식 옮김. 『교회사』. 초대편, 중세편(딘슬리), 근세편 전3권. 서울: 대한기독교서회, 1959.

4. Mircea Eliade. *A History of Religious Ideas*. 3 vols. Chicago: The University of Chicago Press, 1985.

5. Helmut Koester. *Ancient Christian Gospels: Their History and Development*. Harrisburg, PA: Trinity Press International, 1990.

6. Robert M. Grant with David Tracy. *A Short History of the Interpretation of the Bible*. Second Edition. Philadelphia: Fortress Press, 1984.

7. Robert M. Grant. *Gnosticism and Early Christianity*. 2nd ed. New York: Columbia University Press, 1966.

8. Walter Bauer. *Orthodoxy & Heresy in Earliest Christianity*. Mifflintown, PA: Sigler Press, 1971.

9. Burton L. Mack. *Who Wrote the New Testament? The Making of the Christian Myth*. New York: HarperSanFrancisco, 1995.

10. G. R. Evans., ed. *The First Christian Theologians*. Malden, MA: Blackwell Publishing, 2006.

11. R. Joseph Hoffmann, tr. *Celsus On the True Doctrine: A Discourse Against the Christians*. Oxford: Oxford University Press, 1987.

12. Molly Whittaker, ed. and tr. *Tatian: Oratio and Graecos*. Oxford: Clarendon Press, 2003.

13. Howard Clark Kee. *Jesus in History: An Approach to the Study of the Gospels*. Third Ed. Orlando, FL: Harcourt Brace & Company, 1996.

14. 길희성. 『마이스터 엑카르트의 영성 사상』. 왜관읍: 분도출판사, 2003.

1은 교회사의 대표적 저술이다. 2는 1의 번역인데 초기판본을 바탕으로 했다. 5의 저자 헬무트 쾨스터는 불트만의 직전제자이며 하바드대 신학대학 신약학 교수로 활약했다. 이 책은 4복음서의 형성사에 관해서는 꼭 참고해야 할 고전이다. 아직도 깊은 통찰력을 우리에게 던져준다. 8은 초기기독교회사에 있어서의 정통과 이단의 문제를 다룬 역작인데 많은 시사점을 던진다. 11은 초기기독교에 대한 지독한 험담의 비평이다. 그런데 그것은 오늘날의 비평이 아니라 AD 170년경의 비평이다. 그의 비평은 매우 날카롭고 논리적이다. 당대 초대교회가 감당해야만 했던 비판의 시각들을 미루어 알 수 있다. 14는 길희성 교수의 서양 중세 사상가 마이스터 엑카르트(1260~1327년경)의 영성에 관한 심오한 분석이다. 길 교수의 문제의식은 우리나라 기독교계의 한 양심이다. 동 · 서양사상의 천박한 분별을 초월하는 영성을 그는 추구하고 있다.

【문헌비평류】

1. Richard N. Soulen, R. Kendall Soulen. *Handbook of Biblical Criticism*. Third Edition. Louisville, Kentucky: Westminster John Knox Press, 2001.

2. Robert Morgan with John Barton. *Biblical Interpretation*. Oxford: Oxford University Press, 2003.

3. Edgar V. McKnight. *What is Form Criticism?*. Eugene, Oregon: Wipf & Stock Publishers, 1997.

4. Norman Perrin. *What is Redaction Criticism?*. Eugene, Oregon: Wipf & Stock Publishers, 2002.

5. Mark Allan Powell. *What is Narrative Criticism?*. Minneapolis: Fortress Press, 1990.

6. 게르하르트 로핑크 지음. 허혁 옮김. 『당신은 성서를 어떻게 이해하십니까?—평신도를 위한 양식비평학』. 왜관읍: 분도출판사, 1982.

7. Matthew Black. *An Aramaic Approach to The Gospels and Acts*. Third Edition. Oxford: Oxford University Press, 1967.

1은 사전식으로 되어있어 참고하기 편리하다. 6은 매우 친절한 책이다. 6의 뒤편에 허혁 교수의 "韓國에서의 歷史批判學의 諸問題"라는 논문이 붙어 있다. 7은 위대한 책이다. 이 책에 부록으로 버메스(Geza Vermes) 교수의 인자(人子)에 관한 분석논문이 붙어있다.

【가톨릭신학류】

1. Walter M. Abbott, Joseph Gallagher, ed. *The Documents of Vatican II*. England: Geoffrey Chapman, 1966.

2. Karl Rahner. *Hearer of the Word*. tr. by Joseph Donceel. New York: The Continuum Publishing Co., 1994.

3. Karl Rahner. *Foundations of Christian Faith*. tr. by William V. Dych. New York: Crossroad, 2005.

4. Hans Küng. *On Being A Christian*. tr. by Edward Quinn. New York: Image Books Doubleday, 1984.

1은 1963~1965년의 제2차 바티칸 공의회의 16개의 공식텍스트와 그에 대한 해설과 반응을 결집한 책으로 가톨릭신학을 이해하는 데 필수의 책이다. 그리고 2, 3, 4는 모두 가톨릭신학이 어디까지 와 있나를 아는 데 도움을 주는 대표적 신학책들이다. 상당히 개방적이고 비독단적인 자세를 보여주는 명저들이다. 개신교신학자들의 연구성과를 흡수하였다.

【예수에 관하여】

1. Rudolf Bultmann. *Jesus and the Word*. tr. by Louise Pettibone Smith, Erminie Huntress Lantero. New York: Charles Scribner's Sons, 1958.

2. Rudolf Bultmann. *Jesus Christ and Mythology*. New York: Charles Scribner' s Sons, 1958.

3. Rudolf Bultmann & Five Critics. *Kerygma and Myth*. New York: Harper Torchbooks, 1961.

4. Rudolf Bultmann. *Theology of the New Testament*. 2 vols. New York: Charles Scribner's Sons, 1955.

5. C. H. Dodd. *About The Gospels. The Coming of Christ*. Cambridge: Cambridge University Press, 1958.

6. C. H. Dodd. *The Founder of Christianity*. London: Collins Fontana Books, 1973.

7. C. H. Dodd. *The Parables of the Kingdom*. New York: Charles Scribner's Sons, 1961.

8. C. H. Dodd. *Gospel and Law*. New York: Columbia University Press, 1968.

9. Geza Vermes. *Jesus the Jew*. London: Collins, 1973.

10. Marcus J. Borg. *Jesus: A New Vision*. New York: HarperSanFrancisco, 1991.

11. A. N. Wilson. *Jesus*. London: Harper Collins Publishers, 1993.

12. John Dominic Crossan. *Jesus: A Revolutionary Biography*. New York: HarperSanFrancisco, 1995.

13. John Dominic Crossan. *The Historical Jesus: The Life of a Mediterranean Jewish Peasant*. New York: HarperSanFrancisco, 1992.

14. John Dominic Crossan. *In Fragments: The Aphorisms of Jesus*. New York: Harper & Row, 1983.

15. Albert Schweitzer. *The Quest of the Historical Jesus*. New York: Dover Publications, Inc., 2005.

16. Jaroslav Pelikan. *Jesus Through the Centuries: His Place in the History of Culture*. New Haven: Yale University Press, 1999.

17. John Shelby Spong. *The Sins of Scripture: Exposing the Bible's Texts of Hate to Reveal the God of Love*. New York: HarperSanFrancisco, 2005.

18. A. E. Harvey. *Jesus and the Constraints of History*. Philadelphia: The Westminster

Press, 1982.

19. E. P. Sanders. *Jesus and Judaism*. Philadelphia: Fortress Press, 1985.

20. Joachim Jeremias. *New Testament Theology: The Proclamation of Jesus*. New York: Charles Scribner's Sons. 1971.

21. 에버하르트 윰겔 著. 허혁 譯.『바울과 예수』. 서울: 梨花女子大學校 出版部, 1982.

22. 요아킴 예레미아스 지음. 허혁 옮김.『예수의 比喩』. 왜관읍: 분도出版社, 1982.

23. 루돌프 불트만 著. 허혁 譯.『共觀福音書傳承史 — 文獻史的研究』서울: 대한기독교서회, 1981.

24. 田川建三 著. 서남동 監修. 김명식 譯.『原始그리스도교研究 — 福音書文學의 成立』. 서울: 사계절, 1983.

지금 이 부문에 들어와 있는 책들은 신학도이거나 심각한 신앙인이라면 모두 다 봐야 할 책이라고 나는 생각한다. 이 중에서 내 인생에 가장 깊은 영향을 끼친 책은 1이다. 우리나라에서는 불트만신학이 마치 한물 건너간 시대조류처럼 생각하는 경향이 있는데 그것은 천부당만부당의 착각이다. 우선 우리나라 신학계는 불트만을 이해하지도 않았고 수용하지도 않았고 토론하지도 않았다. 그러나 불트만신학은 20세기의 최고봉이며, 불트만을 안 거치고 21세기 신학을 운운할 수 없다. 21세기의 대부분의 신학 리더들이 그의 직전제자이거나 사숙제자이다. "비신화화"라는 말 한마디 때문에 우리나라의 피상적인 학도들에게 그의 사상내용에 관한 그릇된 인상을 주고 있지만, 그 비신화화가 소기하는 목적은 지극히 보수적이고 정통적인 입장이다. 아기 목욕물을 버린다고 아기까지 내버릴 수 없다는 것이 불트만의 입장이다. 자유주의 신학에 반대하면서, 신화적 설명방식으로부터 케리그마의 본질을 건져내자는 것이다.

1은 매우 심오하고도 간결하면서 포괄적인 최고의 명저이다. 2는 내가 19살 때 독파한 책이다. 3은 비신화화의 대강을 파악할 수 있게 해준다. 5는 다드의 명저이다. 1949년 BBC방송 내용이라서 이해가 쉽다.

9는 사해문서의 권위인 버메스가 예수를 유대인이라는 토착적 맥락에서 이해한 명저이다. 아주 영향력있는 명저이다. 10은 최근의 연구성과를 반영하여 예수를 매우 리얼하고 심도있게, 그리고 상식적으로 그려내고 있다. 평이하게 썼으며 예수에 대한 우리의 심상을 깊고 맑게 해주는 명저이다. 11은 역사적 예수를 접근해간 재미있는 책이다. 12는 역사적 예수에 관한 여태까지의 모든 성과를 종합한 사계의 최고봉이다. 뜻있는 독자들의 필독을 권한다.

15는 슈바이쳐가 "역사적 예수"를 탐색한 세기적 명저이며, 20세기 역사적 예수의 추구가 이 한 책으로 시작되었다고 해도 과언이 아니다. 슈바이쳐는 여기서 탐색한 예수의 심상에 따라 아프리카 의료선교에 나섰던 것이다. 24도 마가복음서 연구로서는 내가 접한 가장 충실한 연구서이다.

【신학류】

1. David F. Ford with Rachel Muers, ed. *The Modern Theologians: An Introduction to Christian Theology since 1981*. Malden, MA: Blackwell Publishing Ltd., 2005.

2. Paul Tillich. *Systematic Theology*. 3 vols. Chicago: The University of Chicago Press, 1963.

3. Paul Tillich. *A History of Christian Thought*. ed. by Carl E. Braaten. New York: A Touchstone Book, 1968.

4. Paul Tillich. *Christianity and the Encounter of the World Religion*. New York: Columbia University Press, 1963.

5. Paul Tillich. *Theology of Culture*. ed. by Robert C. Kimball, Oxford: Oxford University Press, 1977.

6. Paul Tillich. *What Is Religion?*. tr. by James Luther Adams. New York: Harper Torchbooks, 1973.

7. G. 폰라트 著. 허혁 譯. 『舊約聖書神學』. 전3권. 왜관읍: 분도출판사, 1982.

8. 金二坤. 『출애굽기의 신학』. 서울: 한국신학연구소, 1989.

9. 金二坤. 『구약성서의 고난신학』. 서울: 한국신학연구소, 1989.

10. R. 불트만 著. 허혁 譯. 『新約聖書神學』. 개정제6판번역. 서울: 聖光文化社, 1981.

11. 루돌프 불트만 著. 허혁 譯. 『西洋古代宗教思想史—기독교의 성립을 중심으로』. 서울: 梨花女子大學校 出版部, 1977.

12. 귄터 보른캄 著. 허혁 譯. 『바울: 그의 生涯와 思想』 서울: 梨花女子大學校 出版部, 1981.

13. 토를 라이프 보만 지음. 허혁 옮김. 『히브리적 思惟와 그리스적 思惟의 比較』. 왜관읍: 분도출판사, 1982.

14. R. 불트만 著. 허혁 譯. 『學問과 實存』. 전3권. 서울: 聖光文化社, 1981.

15. 柳東植 著. 『韓國宗教와 基督教』. 서울: 大韓基督教書會, 1973.

16. 柳東植 著. 『韓國巫教의 歷史와 構造』. 서울: 延世大學校 出版部, 1981.

17. 柳東植 著. 『韓國神學의 鑛脈—韓國神學思想史 序說』, 서울: 展望社, 1982.

18. 柳東植 著. 『風流道와 한국의 종교사상』. 서울: 연세대학교 출판부, 1997.

나는 그다지 틸리히에게서는 큰 배움을 얻지 못했다. 불트만에 비하면 너무 평범하다고나 할까? 하여튼 조직신학의 대가이니까 읽을 만한 책들이다. 8, 9의 김이곤 선생은 내가 신학대학 다닐 때 강사를 하셨던 분인데 문익환 선생의 제자이다. 그리고 매우 히브리어에 능통하시고 사유의 깊이가 있으신 분이다.

14, 15, 16, 17의 유동식 선생님의 책들은 한국적 신학의 남상(濫觴)이라고 보아야 한다. 앞으로도 영원히 빛날 시도이다. 한국감리교교단의 건강한 정신을 대변하고 있으며, 우리민족 고유의 영성을 발현하여 외래기독교를 토착화시킬 수 있는 실마리를 제공하고 있다.

【성서역사류】

1. 文定昌 著. 『韓國~수메르 이스라엘의 歷史』. 서울: 柏文堂, 1979.
2. 게오르크 포오러 지음. 방석종 옮김. 『이스라엘역사』. 서울: 성광문화사, 1999.
3. 마르틴 노트 지음. 박문재 옮김. 『이스라엘 역사』. 고양시: 크리스챤 다이제스트, 2001.
4. J. 맥스웰 밀러 · 존 H. 헤이스 지음. 박문재 옮김. 『고대 이스라엘 역사』. 고양시: 크리스챤 다이제스트, 2004.
5. 문희석 엮어 지음. 『구약성서배경사』. 서울: 대한기독교서회, 2006.
6. 에두아르트 로제 지음. 박창건 옮김. 『신약성서배경사』. 서울: 대한기독교출판사, 1995.
7. 노우호 지음. 『쉽게 이해되는 신구약 중간사』. 서울: 도서출판 하나, 2005.
8. 한상인 지음. 『신약 고고학과 배경사』. 서울: 대한기독교서회, 2003.
9. 노세영 · 박종수 지음. 『고대근동의 역사와 종교』. 서울: 대한기독교서회, 2003.
10. 한동구 지음. 『고대 이스라엘의 사회사』. 서울: 대한기독교서회, 2001.
11. 롤랑 드보 지음. 이양구 옮김. 『구약시대의 생활풍속』. 서울: 대한기독교서회, 1983.
12. 스티브 메이슨 지음. 유태엽 옮김. 『요세푸스와 신약성서』, 서울: 대한기독교서회, 2003.

요세푸스를 알기 위해서 12는 좋은 입문서이다. 6은 신약 배경을 이해하는데 好.

【기타】

1. James B. Pritchard, ed. *Ancient Near Eastern Texts Relating to the Old Testament*. Third Edition. Princeton: Princeton University Press, 1974.
2. Arnold Toynbee. *Christianity Among the Religions of the World*. New York: Charles Scribner's Sons, 1957.

3. George Fraser Black. *Grammar of the Coptic Language with Easy Reading Lessons*. Willits, CA: British American Books. 1893년판 영인본.

4. 클로드 레비 스트로스 지음. 임옥희 옮김. 『신화와 의미』. 서울: 이끌리오, 2000.

5. 八代修次, 海津忠雄 解說. 『レンブラントのイエス傳——素描と銅版畵による』. 東京: 新教出版社, 1975.

6. Marcus Aurelius. *Meditations*. tr. by A. S. L. Farquharson. intro. by D. A. Rees. New York: Dutton Everyman's Library, 1967.

7. 마르쿠스 아우렐리우스 지음. 천병희 옮김. 『명상록』. 고양시: 숲, 2005.

8. Rudolf Otto. *Mysticism East and West*. tr. by Bertha L. Bracey and Richenda C. Payne. New York: Macmillan, 1970.

9. R. C. Zaehner. *Mysticism Sacred and Profane: An Inquiry into some Varieties of Praeternatural Experience*. Oxford: Oxford University Press, 1978.

10. Thomas a Kempis. *The Imitation of Christ*. tr. by Leo Sherley-Price. London: The Penguin Classics, 1956.

11. Augustine. *The City of God*. tr. by Henry Bettenson with an introduction by David Knowles. New York: Penguin Books, 1981.

12. 정병욱 저. 『한국의 판소리』. 서울: 집문당, 1984.

13. 蘇鎭琸 著. 『人體寄生蟲學』. 서울: 新光出版社, 1987.

14. Joan Aruz with Ronald Wallenfels, ed. *Art of the First Cities: The Third Millennium B.C. from the Mediterranean to the Indus*. New York: The Metropolitan Museum of Art, 2003.

1은 프린스턴대학 출판부에서 나온 고대 근동의 성서들의 모음이다. 이집트, 히타이트, 아카디아, 메소포타미아, 아람어, 바빌로니아, 앗시리아, 수메르의 경전, 법전, 송가, 역사서, 신탁, 지혜서 등이 결집되어있다. 2는 내가 한국신학대학 다닐 때 주재용 선생이 영어강독을 했던 교재이다. 옛 생각이 새롭다. 5는 내가 동경에 유학하고 있는 기간 동안에 매주 일요일 한 번도 안 빠지고 출석한 와세다쿄오카이(早稻田教會)의 성도들이 내가 유학생활을 마치고 떠날 때 모두 이름을 싸인해서 선물한 책이다. "金容沃兄・崔玲愛姉, 早稻田教會における主にある交わりを記念して. 一九七七年二月十三日. 早稻田教會一同"라고 쓴 글씨가 앞장에 있고 뒷장에 사발통문처럼 성도들의 이름이 동그랗게 쓰여져 있다. 그리운 사람들이다. 본 서에 들어간 렘브란트(Rembrandt, 1606~1669)의 삽화는 이 책에서 따온 것이다.

렘브란트의 그림은 그 자체가 요한복음의 한 실천이라고도 말할 수 있다. 섬세한 소묘와 명암(chiaroscuro)의 대비, 그리고 강렬한 심리묘사는 바로 어둠 속의 빛을 통해 생명을 발견한 요한의 사상을 그림으로 구현한 것이라고도 말할 수 있는 것이다. 그는 빛의 화가였다. 렘브란트 이전의 성화는 모두 양식적이었다. 십자가에 못박힌 그림이라든가, 성모 마리아 품에 안겨있는 예수의 모습 등, 몇 개의 고정된 양식을 표현한 것에 불과했다. 그러나 렘브란트는 예수의 생애를 실제로 살아있는 인간으로서 그 자신의 삶 속에서 발굴해냈다. 판에 박힌 양식적 붓질에서 완벽하게 벗어나 예수의 생애 굽이굽이의 사건을 영화 찍듯이 살려냈다. 몇 개의 캐릭터의 묘사만에 중점을 둔 것이 아니라 주변의 건물, 실내정물, 소도구, 의상, 전망, 심리묘사 등, 그 모든 것을 리얼하게 구성해낸다. 본서 175쪽의 예수가족을 보면 마리아가 예수를 너무도 정겨웁게 껴안고 있고 그 옆에 고양이가 웅크리고 앉아있으며 그 뒷켠에 창문 밖으로는 남편 요셉이 보고 있는데, 예수 뒷면으로는 할로가 빛나고 있다. 이 책의 뒷표지에 나타나는 그림을 보면 예수가 쓰러진 자를 일으켜 세우는 모습의 진지함과 그 상징성은 예수라는 인간의 본질에 관하여 너무도 많은 것을 직접적인 감동으로 전해주고 있다.

이 책은 렘브란트의 그림과 더불어 빛난다. 렘브란트 그림의 시퀀스가 예수의 생애에 관한 그 나름대로의 전기문학을 구성해 나아가고 있는 것이다. 그것은 렘브란트가 삶의 수많은 고뇌를 겪으면서 매달려야 했던 기도며 구원이었다. 그의 그림 자체가 자기의 삶 속에 예수의 삶을 구현해나간 하나의 간절한 소망이었으며, 기도였던 것이다. 독자들은 렘브란트의 그림들을 자세히 살피고 느껴보면서 17세기 중엽의 위대한 예술정신이 도달했던 신앙의 진리에 접근해주기를 나 도올은 갈망한다.

8, 9는 동·서양의 신비주의에 관한 명작들이다. 신학도라면 꼭 봐야 할 책이다. 9는 요한복음의 핵심사상을 인도철학, 융의 심리학, 엑카르트의 영성사상과의 관련속에서 폭 넓게 논의하고 있다.

이상의 책 목록은 나의 서재에 꽂혀있으며 내가 실제로 본 책이라는 데 의미가 있다. 단 한 권도 내가 소장하고 있지 않은 책은 여기 적지 않았다. 任重而道遠! 학문의 길은 넓고도 멀다. 앞으로 이 땅에서 자라날 신학도들에게 자극의 계기가 되었으면 한다. 신학도 문·사·철의 포괄적 배경이 없이는 참다운 신학이 될 수 없다.

2007년 2월 9일 밤 10시 5분 목록 탈고.

도올 김용옥 선생님의 저술목록

『여자란 무엇인가』, 『東洋學 어떻게 할 것인가』
『절차탁마대기만성』, 『루어투어 시앙쯔』(上·下)
『아름다움과 추함』, 『어찌 묻힌단 말 있으리오』
『이땅에서 살자꾸나』, 『새츈향뎐』, 『三國遺事引得』
『老子哲學 이것이다』, 『나는 佛敎를 이렇게 본다』
『길과 얻음』, 『醫山問答 : 기옹은 이렇게 말했다』
『白頭山神曲·氣哲學의 構造』, 『新韓國紀』
『태권도철학의 구성원리』, 『이성의 기능』, 『도올논문집』
『天命·開闢』, 『도올세설』, 『石濤畵論』
『삼국통일과 한국통일』(上·下)
『대화』, 『너와 나의 한의학』, 『도올선생 中庸講義』
『건강하세요 I』, 『氣哲學散調』, 『話頭, 혜능과 셰익스피어』
『도올 김용옥의 金剛經 강해』, 『노자와 21세기』(1·2·3)
『달라이라마와 도올의 만남』(1·2·3), 『논술과 철학강의』(1·2)
『기독교성서의 이해』, 『도마복음한글역주』(1·2·3), 『큐복음서』
『논어한글역주』(1·2·3), 『효경한글역주』, 『대학·학기한글역주』
『중용한글역주』, 『중용, 인간의 맛』, 『계림수필』

도올문집 시리즈

제1집: 『도올의 淸溪川 이야기』 — 서울, 유교적 풍류의 미래도시
제2집: 『讀氣學說』 — 최한기의 삶과 생각
제3집: 『혜강 최한기와 유교』 — 『기학』과 『인정』을 다시 말한다
제4집: 『삼봉 정도전의 건국철학』 — 『조선경국전』 『불씨잡변』의 탐구
제5집: 『도올심득 東經大全』 1 — 플레타르키아의 신세계
제8집: 『도올의 국가비전』 — 신행정수도와 남북화해
제9집·10집: 『앙코르와트·월남가다』(上·下) — 조선인의 아시아 문명탐험

요한복음강해

2007년 2월 30일 초판발행
2014년 6월 10일 3판 4쇄
2018년 11월 11일 3판 5쇄

지은이 도올 김용옥
펴낸이 남호섭
펴낸곳 통나무

서울 종로구 동숭동 199-27
전화: (02) 744-7992
팩스: (02) 762-8520
출판등록 1989. 11. 3. 제1-970호

값 16,000원

ISBN 978-89-8264-112-1 (03230)